Michaela Krug

Nichts zu tun –
Die Kunst, sich dem Leben zu ergeben

Michaela Krug

Nichts zu tun –

Die Kunst, sich dem Leben zu ergeben

Impressum:
Erste Auflage 2025

www.michaelak.de
michakrug13@posteo.de
Gestaltung: Andrea Brunner
Zeichnungen: Helga Krug
Lektorat: Veronika Kretschmar
Druck: Benedict Press, Münsterschwarzach
ISBN 978-3-00-082106-6

Und plötzlich ist alles anders -
Genuss pur
in jedem einzelnen Augenblick -
reinste Göttlichkeit

Inhalt

Prolog

„Wie kann es möglich sein, nichts zu tun, und trotzdem entsteht ein Buch – da steckt doch richtig Arbeit dahinter?" Diese Frage bewegte mich sehr lange, doch dann Ende 2012 konnte ich es nicht mehr aushalten. Ich begann einfach. Setzte mich an meinen Laptop und tippelte und tippelte. Natürlich war ich sehr gespannt, ob aus diesem „Tippeln" auch tatsächlich ein Buch entstehen würde … Doch … war es nicht nur das Fließen, sondern ein Zusammenspiel zwischen analytischem Verstand und der Intuition, was letztendlich zur Balance, zur Entstehung von einem wunderbaren Werk führte."

Soweit der Klappentext meines Buches, das 2013 erschien. Mittlerweile sind mehr als zehn Jahre vergangen. Ein riesiger Wandel in mir und auch in der Menschheit fand statt. Ich erhielt ein neues Leben und machte mich auf eine neue Abenteuerreise, auf der das reinste Sein, die allerhöchste Zufriedenheit, Glückseligkeit und Freude im Hier und Jetzt stehen.

Und plötzlich war da dieser Impuls, mein Buch von damals neu aufzulegen, abzutippen, vielleicht ein wenig zu überarbeiten und meinen Lieben zu schenken. Ich glaube – jetzt – mehr als zehn Jahre später ist das Verständnis für dieses Buch ein anderes!

Lass dich ein auf die Welt der Gedanken und Gefühle, gepaart mit Nachdenken über die Frage, was „wohl die Welt im Inneren zusammenhält".

Vorwort von Boris Felix Bankl

In einer Welt, die oft von Hektik und Stress geprägt ist, suchen viele Menschen nach einem tieferen Sinn, nach innerem Frieden und einer harmonischen Verbindung zu sich selbst und der Welt um sie herum. In diesem Kontext präsentiert Michaela ihr inspirierendes Werk, das die grundlegende Weisheit des vertrauensvollen und sorgenfreien Lebens mit den unterschiedlichsten spirituellen Lehren verbindet. Dieses Buch ist nicht nur eine Einladung zur Reflexion, sondern auch ein Wegweiser für all jene, die auf der Suche nach einem erfüllten und authentischen Leben sind.

Michaela hat es sich zur Aufgabe gemacht, Brücken zwischen verschiedenen spirituellen Traditionen zu schlagen. Sie zeigt auf, warum die Prinzipien des „Nicht-Handelns" oder besser gesagt, des Handelns im Einklang mit dem natürlichen Fluss des Lebens, in der heutigen Zeit von großer Bedeutung sind und sogar immer bedeutsamer werden. In einer Gesellschaft, die oft von der Vorstellung geprägt ist, dass Erfolg und Glück nur durch ständiges Streben und Anstrengung erreicht werden können, bietet Michaela nicht nur eine erfrischende Perspektive. Sie lehrt uns zudem, dass es manchmal weiser ist, loszulassen und dem Fluss des Lebens zu vertrauen, anstatt gegen ihn anzukämpfen.

In vielen alten Schriften finden wir tiefgründige Lehren, die uns dazu anregen, in uns selbst zu ruhen und die Gegenwart Gottes in unserem Leben zu erkennen. Die Botschaft von Liebe, Mitgefühl und Vergebung zieht sich wie ein roter Faden durch diese Traditionen. Michaela verbindet diese Lehren – gleichsam einer spirituellen Botschafterin der „neuen Welt" – mit dem Weg in die „neue Zeit" und zeigt, wie wir ein Leben in Harmonie und Balance führen können.

Sie ermutigt die Leser, sich von der Vorstellung zu befreien, dass sie ständig aktiv sein müssen, um ihre Ziele zu erreichen. Stattdessen lädt sie uns ein, die Kunst des Loslassens zu erlernen und die Schönheit des Moments zu schätzen.

Ein weiterer zentraler Punkt in diesem Werk ist die Bedeutung der Achtsamkeit. Michaela zeigt auf, wie Achtsamkeit uns helfen kann, im Hier und Jetzt zu leben und wie sie uns dabei unterstützt, die kleinen Wunder des Lebens wahrzunehmen. Durch freudiges Beobachten können wir die Verbindung zu uns selbst und zu anderen vertiefen, was uns wiederum in die Lage versetzt, die Liebe und das Mitgefühl, die im Leben zentral sind, auch in unserem Alltag zu praktizieren. Michaela ermutigt uns, die Stille zu suchen, um in uns selbst zu hören und die Weisheit zu finden, die in jedem von uns schlummert.

In den folgenden Kapiteln wird Michaela auch persönliche Geschichten und Erfahrungen teilen, die ihre eigene Reise zur Integration unzähliger spiritueller Traditionen beleuchten. Sie zeigt, wie sie in ihrem Leben solche Prinzipien angewendet hat, um Herausforderungen zu meistern und ein erfülltes Leben zu führen. Diese

Geschichten sind nicht nur inspirierend, sondern bieten auch praktische Einsichten, die die Leser dazu anregen, ihre eigene spirituelle Reise zu reflektieren und zu vertiefen.

Michaela lädt uns ein, unterschiedliche spirituelle Konzepte nicht als getrennte Wege zu betrachten, sondern als komplementäre Strömungen, die uns helfen können, ein ganzheitliches Verständnis von Spiritualität zu entwickeln. Sie ermutigt uns, die Weisheit sämtlicher Traditionen zu nutzen, um ein Leben in Einklang mit uns selbst und der Welt um uns herum zu führen.

In einer Zeit, in der viele Menschen nach Orientierung und Sinn suchen, bietet dieses Buch einen wertvollen Beitrag zur spirituellen Landschaft. Es ist ein Aufruf, die eigene innere Stimme zu hören, die Verbindung zu unserem wahren Selbst zu stärken und die Liebe, die in uns allen wohnt, zum Ausdruck zu bringen. Möge dieses Werk ein Licht auf deinem Weg sein und dich dazu inspirieren, die Schönheit des Lebens und die tiefen Wahrheiten der Liebe in dein Leben zu integrieren.

Ich lade dich ein, dich auf diese Reise einzulassen und die Seiten dieses Buches mit offenem Herzen und Geist zu erkunden. Möge es dir helfen, die Kunst des Loslassens zu meistern und die Liebe in all ihren Facetten zu erfahren.

boris felix bankl – Autor des Buches „Hüter des Gleichgewichts" im Jahre 2024

Nichts zu tun – und trotzdem entsteht ein Buch?

Was bringt mich auf den Gedanken, ein Buch zu schreiben mit dem Titel „Nichts zu tun – Die Kunst, sich dem Leben zu ergeben"? Der Titel allein provoziert bereits die Frage: „Wenn es doch nichts zu tun gibt, wenn man sich dem Leben ergeben soll, wie kann dann ein Buch zustande kommen? Da gibt es doch allerhand zu tun."

Dies ist genau auch die Frage, die mich noch immer, jetzt bei der Entstehung dieses Buches beschäftigt. Werde ich es schaffen, mich „quasi" diesem Buch zu ergeben? Dieses Buch sich also wie von selbst schreiben zu lassen?

Schon lange dachte ich darüber nach, ein Buch zu schreiben, und gerade die Frage nach der Arbeit die wohl dahintersteckt, und die nach dem eigenen Zutrauen ließ mich dieses Projekt immer wieder verschieben.

Nun jedoch lässt es sich nicht mehr verschieben. Nun werde ich für die nächsten Wochen jeden Tag mindestens für eine Stunde hier an meinem Laptop sitzen und fließen lassen, was fließt. Ich bin sehr gespannt. Denn auch dies stellt ein wundersames Paradoxon dar, womit wir schon mitten im Thema sind.

Noch einmal frage ich mich: Wie soll das gehen, nichts zu tun und trotzdem leben zu können? Wie soll das gehen, nicht zu arbeiten und trotzdem zu ernten? Schon fallen mir einige Worte aus meinem Lieblingsbuch ein:

> *„Deswegen sage ich euch: Sorgt euch nicht um euer Leben, was ihr essen sollt (oder was ihr trinken sollt) und nicht um euren Leib und darum, was ihr anziehen sollt! Ist nicht das Leben mehr als die Nahrung und der Leib (mehr) als das Gewand? Schaut auf zu den Vögeln des Himmels, dass sie nicht säen noch ernten noch sammeln in Scheunen, und euer himmlischer Vater nährt sie; unterscheidet nicht ihr euch (viel) mehr von ihnen? Wer aber von euch kann, sorgend, hinzulegen zu seinem Alter eine einzige Elle? Und um ein Gewand, was sorgt ihr euch? Beobachtet die Lilien des Ackers, wie sie wachsen; nicht mühen sie sich noch spinnen sie; ich sag euch aber: Auch nicht Salomon in seiner ganzen Herrlichkeit war gekleidet wie eine von diesen. Wenn aber Gott das Gras des Ackers, das heute ist und morgen in (den) Ofen geworfen wird, so kleidet, nicht um vielmehr euch, Kleingläubige."*
>
> *(Mt 6,25-30, MNT, S. 11)*

Hm, also doch, irgendetwas muss da dran sein. Es muss möglich sein, sich vollkommen dem Leben zu ergeben und dabei in vollen Zügen das Leben genießen zu können, und das Leben in Fülle zu haben. Oder hat dieser Jesus das anders gemeint? Kann man das so nicht sehen, wäre das zu einfach? Ich behaupte, dieser Jesus hat es genauso gemeint und vor allem, dieser Jesus hat es ernst gemeint.

„In das Eigene kam er, und die Eigenen nahmen ihn nicht an."

(Joh 1,11, MNT S. 177)

Liegt es daran, dass die Menschheit vor 2000 Jahren, im Ganzen gesehen, diesen Jesus einfach noch nicht verstehen konnte? Vor allem genau die Menschen, die sich aufgrund ihrer Bildung sehr stark mit dem logischen Verstand identifizierten?

Denn die Botschaft, die Jesus übermittelte, war und ist nicht mit Logik zu verstehen. Hier geht es um den Glauben, und der Glaube hat seinen Sitz im Herzen. Der Glaube kann nicht wirklich verstanden, nicht wahrhaftig durch den Intellekt durchdrungen werden. (…)

Was hindert uns daran, das Leben, so wie es ist, anzunehmen?

Wir leben in einer Welt der Polaritäten. Diese Gegensätze durchziehen unser gesamtes Leben. Wir können nur dann die Wärme spüren, wenn wir auch die Kälte kennen. Wir können nur das Gute erkennen, wenn wir auch Böses erfahren haben. Diese Polarität liegt nicht nur in den Erfahrungen, in dem, was wir erleben, sondern auch in uns, zum Beispiel in unserem Gehirn.

Die linke Gehirnhälfte steuert nicht nur unsere rechte Körperseite, sondern ist auch für die logischen Bereiche, für das Analysieren der Dinge, für Präzisionsarbeit und für die Sprache zuständig. Dies ist der Bereich in uns, der alles bis ins Detail genau erklären, erforschen, analysieren möchte und erst dann zufrieden ist, wenn wirklich alles ins Kleinste genau gelöst ist. Ein wunderbares Instrument, das zu wahren Höchstleistungen imstande ist.

Doch gibt es in unserem Gehirn auch noch die rechte Hälfte, die nicht nur die linke Körperseite steuert, sondern visuell funktioniert. Dort sind die räumliche Relation, das Körperbewusstsein, die Kreativität, das Fühlen und die Intuition angelegt. Ein Bereich also, der sich nicht erklären lässt, der mit der linken Gehirnhälfte, mit dem logischen Denken, nicht analysiert werden kann, der vollkommen ohne das Zutun unseres logischen Verstandes einfach funktioniert.

Wir finden die Polarität jedoch auch noch in weiteren Bereichen, wie beispielsweise in Frau und Mann, als Empfangende und Gebender, im Innen und Außen, im Oben und Unten … Und das Zusammenspiel dieser beiden Pole führt zu einer Balance, einer Balance, die Leben schenkt.

Bestes Beispiel für dieses wundervolle Zusammenspiel der Pole ist unser Strom. Die positive Energie umarmt die negative Energie, der Strom kann fließen. Dieses Prinzip findet sich in allen Polaritäten, beide Seiten sind wichtig, haben ihre Berechtigung, müssen angesehen und angenommen werden, damit das Leben fließen kann. Sobald einer der beiden Pole nicht beachtet wird, verdrängt wird, kommt es zu einem Ungleichgewicht, der Fluss des Lebens staut sich auf oder aber fließt zu schnell.

Unsere Aufgabe als Menschen ist es demnach, behutsam und bewusst dafür zu sorgen, dass beide Seiten ganz ohne Urteil angenommen werden.

Die Schwierigkeit, dass dies nicht oder nur selten vollständig gelebt werden kann, liegt jedoch meist darin begründet, dass unser Verstand sofort alle Situationen mit einem bestimmten Urteil belegt; gut oder böse, positiv oder negativ. Innerhalb von Sekunden findet eine Beurteilung statt, meist, ohne dass wir dies aktiv steuern können. Wir wurden dazu bereits in unserer Kindheit trainiert. Es ist nun mal auch schon für ein Kleinkind wichtig, zu unterscheiden, was gut und was schlecht ist. …

Warum kommt es zu sofortigen Beurteilungen in unserem Gehirn?

Wir finden diese Konditionierung bereits in der frühen Kindheit. Angeleitet durch unsere Erzieher wird die Welt und werden die damit verbundenen Situationen in bestimmte Kategorien eingeordnet. Mir fällt dazu der Satz meiner Oma ein: „Gib dem Onkel die rechte Hand!"

Warum gerade die rechte Hand? Die rechte Hand galt als recht, als rein, als die richtige Hand. Was ist an der linken Hand falsch? Eigentlich nichts, trotzdem zeigt dieses Beispiel ganz klar die Konditionierung auf, mit der Millionen von Menschen schon in der Kindheit konfrontiert wurden.

Das prägt sich ein, nur die rechte Hand ist richtig, die linke Hand ist schmutzig, mit der linken Hand werden nur Dinge verrichtet, die nicht so wertvoll sind. Das führte dann auch zu dem bekannten Ausspruch: „Das mache ich doch mit links." In ihm liegt die Bedeutung: Es geht ganz leicht, da brauche ich nicht viel Anstrengung, da liegt nicht so viel Wert drin.

Wir merken: Vor allem das Beurteilen von Dingen, denen kein Wert zugemessen wurde, oder aber auch Dingen, die undurchsichtig, nicht zu erklären sind, wie die Mystik, dominierte in den vergangenen Jahrtausenden unsere Menschheitsgeschichte und führte, wenn wir zum Beispiel an das Mittelalter denken, zu grausamen Aktivitäten dem Nächsten gegenüber.

Und doch, es entsteht eine Freude in mir, wenn ich daran denke, dass es Jesus geschafft hat. Jesus war genau der Mensch, der durch Wunder, durch Gleichnisse und durch sein Leben auch der anderen Seite der Medaille ihren Platz gab. Diese andere Seite, die mit dem Verstand nicht zu begreifen war. Im Spruch 91 des Thomasevangeliums steht:

> *„Sie sagten zu ihm: Sag uns, wer du bist; damit wir an dich glauben können. Er antwortete: Ihr untersucht das Antlitz von Himmel und Erde, aber ihr erkennt den nicht, der vor euch steht, und ihr versteht es nicht, den gegenwärtigen Augenblick zu würdigen."* *(Th 91)*

Jesus erkannte, dass der Mensch durch sein Denken in Kategorien wie Zukunft und Vergangenheit nicht in der Lage ist, den gegenwärtigen Augenblick zu erkennen. Und genau in diesem Augenblick ist die Wahrheit, das Leben und auch der Weg versteckt. Jesus sprach

„Ich bin der Weg, die Wahrheit und das Leben.

Wer an mich glaubt hat ewiges Leben."

Wer an Jesus glaubt, lebt im Augenblick, kann erkennen, dass es genau dieser Augenblick ist, der Leben bedeutet. In diesem Augenblick findet das Leben statt und dieser Augenblick, bewusst gelebt, zeigt auch, dass alles, was ist, also die Seite, die genau erklären kann, verstehen kann, aber auch die mystische Seite ihre Berechtigung hat.

Jesus hat beide Seiten gesehen und angenommen. Er hat dem Gesetz, der Schrift und damit den Weisheiten der Schriftgelehrten ihren Platz gegeben, jedoch aber genauso den Bereichen, die nicht erklärbar waren, die Erstaunen hervorriefen, die verwunderten, die verwandelten, die heilten. Und dieser Jesus hat es geschafft, dass wir noch heute von ihm lernen dürfen, dass wir noch heute seine Botschaft neu erfahren dürfen.

Denn genau dies ist der Weg. Es ist nichts Verkehrtes daran, mit der linken Gehirnhälfte analytisch die Dinge unter die Lupe zu nehmen, doch dabei ist immer zu bedenken, dass es auch noch die rechte Gehirnhälfte gibt, die einfach versteht und erkennt, ohne logisch zu analysieren.

Dies ist das Wunder, das sich im Menschen immer wieder ereignen darf. Das Wunder, sodass sich die Menschheit immer und immer wieder erlauben darf, zu leben. Dann ist es zwar kein Wunder mehr, doch trotzdem etwas Bedeutendes, das wir immer wieder voller Freude bestaunen dürfen.

Was damit hervorgehoben werden soll, ist, dass es stetig passiert, dass wir uns im Beurteilen befinden, dass es uns schon fast zur Gewohnheit geworden ist, etwas anzublicken und es sofort zuzuordnen, einzuordnen, zu beurteilen: „Ja, dieser Mensch hat etwas Nettes gesagt, er ist gut." Oder: „Nein, das Geschrei dieser Mutter kann nur böse sein." Und böse ist nun mal negativ, darf nicht sein. Es ist uns sozusagen anerzogen worden, in den Kategorien Gut und Böse zu denken und zu handeln.

Bei unserer Geburt und in den ersten Jahren unseres Seins ist dies noch nicht der Fall. Hier kommen die tief im Menschen verwurzelten Grundbedürfnisse ins Spiel, deren Nichterfüllung dazu führt, Bestimmtes als schlecht zu beurteilen und es daher zu vermeiden. Es gilt daher, sich dieser Bedürfnisse zunächst einmal klar zu werden.

Dabei handelt es sich als Erstes um körperliche Bedürfnisse wie Nahrung, Bewegung und Zuwendung, psychologische Bedürfnisse, wie das Bedürfnis nach Sicherheit, Abwechslung, Bedeutung, geliebt zu werden und/oder zu lieben, Wachstum und das Bedürfnis, einen Beitrag zum Ganzen zu leisten, sowie das Existenzielle oder spirituelle Bedürfnis, dessen Nichterfüllung ein Leiden an der Existenz, am reinen Sein an sich verursacht. Sobald all diese menschlichen Bedürfnisse vollkommen erfüllt sind, befindet sich der Mensch in Balance, befindet sich demnach auf einer Ebene der hundertprozentigen Zufriedenheit.

Das Dilemma entsteht dann, wenn es aufgrund von äußeren (?) oder inneren Umständen dazu kommt, dass ein Bedürfnis nicht erfüllt wird; dann entsteht ein Ungleichgewicht im Menschen, das wiederum Mechanismen freisetzt, die dafür sorgen, dieses Ungleichgewicht wieder auszugleichen. Dies sind systemische Gesetzmäßigkeiten.

Doch diese Mechanismen hat der Mensch mit dem leider wiederum nicht positiv besetzten Wort „Arbeit" benannt. Dies bedeutet, es gibt eine Verankerung im Menschen, die besagt: Ich muss etwas tun, um dieses Gleichgewicht wiederherzustellen. Zweitrangig ist dabei, was ich tue. Doch dass etwas getan werden muss, ist sicher. Khalil Gibran, Maler, Philosoph und Dichter prägte den Satz:

„Arbeit ist sichtbar gemachte Liebe."

Und nun kommt die Gnadentheologie ins Spiel, die besagt, dass es die Gnade Gottes ist, die das Gute in mir bewirken kann. Oder einfach das Sosein, das Zulassen von allem was ist. Es ist dies der Mechanismus, der bewirkt, dass ohne das Zutun des Menschen, „oder gerade deshalb", aufgrund der Gnade, die ein reines Geschenk ist, trotzdem etwas geschieht.

Nur … diese Gnade können wir nicht immer leicht annehmen. Denn in uns verankert sind Sätze wie: „Man muss für alles bezahlen. Nichts ist umsonst. Man kriegt nichts geschenkt. Und wenn doch, dann ist das sehr suspekt. Pass auf, wenn dir jemand etwas schenkt, fordert er wahrscheinlich irgendwann etwas als Gegenleistung."

Und diese Sätze sind es, die sich meist schon sehr früh in der Kindheit in uns eingeprägt haben. Diese Sätze sind es, die es uns so schwer machen, Geschenke einfach dankbar anzunehmen, ohne zu überlegen, wie man das vielleicht wieder gut machen kann.

Ein Ausgleich wird sicher erfolgen, doch dieser Ausgleich sollte uns keine Sorgen bereiten, diesen Ausgleich gilt es einfach geschehen zu lassen. „Wie, einfach geschehen lassen, nein, dafür muss ich doch etwas tun?"

Und dennoch, ich behaupte, es gibt nichts zu tun. Es ist die pure Annahme, das Geschenk des Lebens ganz bewusst anzunehmen.

„Ich lebe – und das ist einfach wunderbar

Ich lebe – und das ist einfach wunderbar

Ich lebe – und das ist einfach wunderbar

Wunderbar – wunderbar – wunderbar"

Und dann, ja dann, gibt es doch etwas zu tun. Ich darf dankbar sein für diese Gnade, darf dankbar sein für jeden Atemzug, der mir das Leben schenkt, für jeden Menschen, der mir ein gutes Wort oder ein Lächeln schenkt.

Und genau diese Dankbarkeit ist es, die in einen immer wiederkehrenden Kreislauf führt, der uns die Augen öffnet für das Leben. Der uns die Schöpfung erkennen und die Freude darüber immer wieder neu erleben lässt. Und plötzlich erwachen wir schon früh am Morgen mit einem Lächeln auf dem Gesicht und dem Gedanken:

„Wow, danke, ich atme, ich lebe,

wie wundervoll ist das Leben"

Leider ist es bis dahin oft ein langer und leidvoller Weg, denn gerade der erste Gedanke am Morgen ist es, der uns am liebsten wieder gleich in den Schlaf zurückkehren lässt.

Wenn wir am Abend schon mit Sorgen und quälenden Gedanken über problembeladene Gespräche oder Situationen mit unseren Mitmenschen in den Schlaf gegangen sind, dann sind es oft gerade diese Gedanken, die uns gleich am nächsten Morgen wieder quälen. Oder ich hatte mich dann noch im Traum damit auseinandergesetzt und spüre am Morgen sogar körperlich diese Sorgen. Sie sitzen mir regelrecht in den Knochen.

Genau das sind die Situationen, in denen ich zwar theoretisch weiß, wie wundervoll die Natur ist, wie viel Liebe mir das Leben entgegenbringt, aber eben nur theoretisch. Ich kann diese Liebe in mir nicht spüren, weil quälende Gedanken sie überdecken. Ich kann den Schalter nicht einfach umstellen.

Dieser Vorgang ist vollkommen „normal" und passiert wohl in sehr vielen Menschen, wenngleich ich natürlich nur aus meinen Erfahrungen heraus sprechen kann. Auch wenn dies jedoch in der jeweiligen Situation kein wirklicher Trost ist. Es gilt in diesen Situationen, den Kreislauf zu durchbrechen. Sich bewusst zu werden, dass es lediglich die Gedanken in meinem System sind, die mir diese Qual bescheren. Und dies stellt bereits den ersten Schritt der Verwandlung dar. Ich mache mir bewusst, dass ich denke, und schaue mir sozusagen als Beobachter dann in aller Ruhe an, was für Gedanken das sind, die mich da gefangen nehmen, die mich zermalmen möchten.

Schätze dein Leben und die Quelle deiner Herkunft

Vergiss nie wie schön und gütig du bist und
zu welchem Zweck du auf Erden weilst

Das Leben ist nicht einfach, deshalb kann man leicht das

Wesentliche aus den Augen verlieren

Vertraue darauf, dass du erkennst, was wirklich wichtig ist

Tue jeden Tag zumindest einmal etwas, das deinem Dasein Erfüllung schenkt

Finde die versteckten Botschaften der Schönheit und Wahrheit

Du kannst sie in jedem Baum, in jeder Blume, in jedem Menschen finden

Wir alle sind einander eng verbunden

Wir sehnen uns nach Zuspruch, nach Verständnis und Liebe

Evagrios Pontikos, einer der Wüstenväter, wundervoller Therapeut auch noch für unsere Zeit, nennt es in seinem Buch: „Die große Widerrede", das Erkennen des Dämons. Ich spreche den Dämon, den bösen Gedanken, der mich nicht in Ruhe lassen will, direkt an. Gehe auf Konfrontation. Im gleichen Moment, indem ich dies tue, schwindet die Macht dieser Gedanken, die Gedanken fühlen sich ertappt, ernst genommen, sie sehen keinen weiteren Sinn mehr darin, zu quälen.

Mit diesem ersten Schritt, der wohl die größte Hürde darstellt, breche ich einen Kreislauf auf, der viele Menschen in den vergangenen Jahrtausenden gefangen nahm.

Den zweiten Schritt übernimmt der Gegenpol der Angst, die Liebe. Nachdem ich vollkommenes Verständnis für meine angstvollen Gedanken habe, das heißt, die volle Verantwortung dafür übernommen habe, blicke ich mit dem Auge der Liebe humorvoll und zärtlich auf diese angstvollen Gedanken und beginne, sie in den Arm zu nehmen, sie zu umsorgen, wie ein ungezogenes Kind, das mich durch seine frechen Taten lange Zeit quälte. Diese warme Liebe, die ich dann in mir spüre, kommt von der Quelle, ist das Gnadengeschenk, das ich nun annehmen darf, voller Dankbarkeit. Diesem Gefühl darf ich mich hingeben und spüre dann Schritt für Schritt die immerwährende Kraft der Liebe in mir.

Gerne verwende ich für die Beschreibung dieses Prozesses als Beispiel die Geschichte der Mutter mit dem Kind:

Der Geburtstag des geliebten Ehemanns steht an. Die Ehefrau hat sich ein ganz besonderes Rezept von ihrer Freundin besorgt, dessen Zubereitung viel Aufmerksamkeit benötigt. Während des Vorgangs kommt schreiend und weinend das Kind in die Küche. Es ist ihm etwas schiefgegangen mit den Bausteinen im Kinderzimmer.

Es braucht ganz dringend die Zuwendung der Mutter. Doch die Mutter ist intensiv mit dem Kuchenbacken beschäftigt und reagiert, weil das Schreien des Kindes sie von der Konzentration auf das Rezept für den Kuchen abgehalten hat, ziemlich ungehalten mit den Worten: „Lass mich in Ruhe, ich habe jetzt keine Zeit. Geh in dein Zimmer zurück." Das Kind fühlt sich nicht ernst genommen, vollkommen unverstanden und reagiert entsprechend mit noch mehr Geschrei und Weinen.

Der weitere Verlauf ist gut vorstellbar. Es ist der Kreislauf, der im schlimmsten Fall zur kleinen alltäglichen Katastrophe führt, wie sie sich sehr oft in unseren Familien abspielt.

Stellen wir uns nun eine andere Reaktion der Mutter vor. Sie wird zwar in ihrer Tätigkeit des Kuchenbackens unterbrochen, bemerkt jedoch ganz bewusst, dass das Kind in eine Situation geraten ist, in der es keinen Ausweg mehr weiß und mit Schreien reagiert.

Wenn nun die Mutter dem Kind Aufmerksamkeit schenkt, es in die Arme nimmt, für das Kind und seine Situation Verständnis aufbringt, wird sich das Kind sehr schnell beruhigen, und wenn im Anschluss daran das Kind ganz aktiv mit einbezogen wird und beim Kuchen backen helfen darf, dann sind zwei Fliegen mit einer Klappe geschlagen. Das Kind ist beruhigt, und die Mutter hat noch eine wundervolle Hilfe beim Backen der leckeren Torte für den Papa.

Warum unser Intellekt so bestimmend ist

Im Laufe unseres Lebens sammeln wir stetig und fleißig immer mehr Wissen in uns an. Das fängt bereits im Säuglingsalter an, und dieser Drang nach Erfahrungen wird dem Kind schon in die Wiege gelegt. Das Ankommen auf dieser Welt geschieht langsam und in vollkommener Ruhe, das neugeborene Baby braucht viel Schlaf, um sich von den anfangs nur wenigen Kontakten mit der Außenwelt zu erholen. Doch mit jedem Tag auf dieser Erde steigt das Bedürfnis, die Welt zu erforschen, diese unglaubliche Welt kennenzulernen und wunderbare Erfahrungen zu sammeln. Aus diesen Erfahrungen baut das Kind dann Schritt für Schritt seine eigene Welt auf.

Doch dieses Kind ist nicht alleine auf dieser Welt. Schon bald kommen Eltern und Geschwister ins Spiel, die ihre eigene Welt bereits kennen und es gar nicht abwarten können, dem Kleinkind gleich aufgrund ihrer Erfahrungen zu erzählen und es zu lehren, wie die Welt funktioniert.

Der Erwachsene möchte damit das Kind schützen vor Erfahrungen, die manchmal nicht schmerzfrei verlaufen. Erfahrungen, die er selbst bereits durchlaufen hat. Hinzu kommt, dass die Welt der Erwachsenen ja bereits nach einem bestimmten Schema funktioniert, in dem klare Regeln des Zusammenlebens bestehen und es daher nicht notwendig ist, dass das Kind für diese Regeln des Zusammenlebens neue, eigene Erfahrungen machen muss. Das Kind soll ja schließlich in die Welt der Erwachsenen, in die Gesellschaft, in das Kindergartensystem, das Schulsystem und vor allem dann später in das Arbeitsleben passen. Ganz klare Strukturen bestimmen diese Welt.

Nun ist mittlerweile wissenschaftlich erwiesen, dass das Kind am allermeisten aus den eigenen Erfahrungen lernt. Trotzdem wird das bereits von der Erwachsenenwelt erworbene Wissen dem Kind eingetrichtert, und mit der Zeit, nach einer Gewöhnungsphase, lernt das Kind auch auf diesem Wege, die Strukturen, die Geschichte und die Kultur seines Umfeldes zu begreifen, und passt sich an.

Viele Kinder schaffen das ganz gut, doch mindestens genauso viele Kinder bleiben dabei auf der Strecke, weil ihr Kindergehirn, ihr System, einfach nicht begreifen möchte, wozu das Wissen denn tatsächlich gut sei.

Die wertvolle Arbeit der Pädagogen mit Lernverstärkern ist Hilfe, doch fruchtet sie nicht immer genau so, wie es von der Gesellschaft erwartet wird. Harte Kämpfe, Ängste der Kinder vor Versagen, regelmäßige Besuche bei Psychologen, Logopäden, Ergotherapeuten – Lese-Rechtschreibschwäche, Dyskalkulie, Verhaltensauffälligkeiten und vieles mehr sind an der Tagesordnung. Bis zu ca. acht Prozent der Kinder in Deutschland leiden an ADS beziehungsweise ADHS, das sind durchschnittlich zwei Kinder pro Klasse, Tendenz steigend.

Um dem vorzubeugen, gibt es jedoch eine Vielzahl von Vorkehrungen, damit das Kind auch tatsächlich das lernt, was die Gesellschaft vorgibt, was vom Schulsystem im Lehrplan festgelegt wird. Nicht beachtet wird dabei, dass trotz Veränderungen zum Beispiel in den Lehrmethoden in der Grundschule – und in diesem Bereich geschieht tatsächlich schon eine ganze Menge – spätestens im Gymnasium das sture Pauken im Vordergrund steht, denn es ist nun mal nicht möglich, alle Lerninhalte so zu verpacken, dass die Kinder sich diese über eigene Erfahrungen in der Umwelt erarbeiten können. Oder doch?

Das Resultat: vielfach schlaue Kinder, die jedoch im sozialen Gefüge kaum lebensfähig sind, weil sie nicht, beziehungsweise nur bedingt, anhand eigener Erfahrungen lernen durften. Dabei ist unser Verstand ein äußerst wichtiges Instrument, das zu Höchstleistungen fähig ist.

Nun besitzt unser Verstand jedoch einen Mechanismus, der es ihm erlaubt, die absolute Führungsrolle im System Mensch zu übernehmen. Je stärker die Intelligenz ausgeprägt ist, je mehr Möglichkeiten des Verstandes vorhanden sind, komplizierte Denkvorgänge zu bewältigen oder aber Mengen an Wissen jederzeit abzurufen, desto stärker wird unser Verstand. Es ist in ihm dabei die Sicherheit vorhanden, die Macht über alles zu haben, und unser Verstand hat sehr gerne die Macht in uns, spielt sich gerne als „der Herr im Haus" auf. Das gefällt ihm, darin kann er sich sonnen.

Und es könnte tatsächlich so wunderbar sein, als Herrscher über alles. Doch was passiert, wieso funktioniert es trotzdem nicht?

Bringen wir nun unser Dichtergenie Johann Wolfgang von Goethe ins Spiel, der „seinem" Faust in der Tragödie erster Teil folgende Worte in den Mund legt:

> *„Habe nun, ach! Philosophie, Juristerei und Medizin, und leider auch Theologie durchaus studiert, mit heißem Bemühen. Da steh' ich nun, ich armer Tor, und bin so klug als wie zuvor! Heiße Magister, heiße Doktor gar, und ziehe schon an die Zehen Jahr' herauf, herab und quer und krumm meine Schüler an der Nase herum – Und sehe, dass wir nichts wissen können! Das will mir schier das Herz verbrennen …"* *(Faust, Prolog, S. 20)*

Es kann nicht funktionieren, weil dem Intellekt das Herz fehlt, weil es einem schier das Herz verbrennt, weil eine Einseitigkeit vorliegt. Das bedeutet nicht, dass Wissen zu erlangen, sich zu bilden, zu lesen und zu lernen schlecht sind, nein, es geht einzig und allein um das richtige Maß und darum, beide Polaritäten, den logischen Verstand genauso wie die Intuition, das Herz, die Seele, das Unerklärliche, das Mystische, also all das, was nicht mit dem logischen Verstand zu erklären ist, zu vereinen und dadurch den größtmöglichen Nutzen zu ziehen beziehungsweise eine Balance herzustellen.

Denn die Zusammenarbeit beider Teile lässt Genialität entstehen. Gerade unsere hochbegabten Künstler machen uns dies vor, geniale Ideen kommen meist nicht aufgrund logischer Schlussfolgerungen zustande, sondern sie sind plötzlich da, wie aus dem Nichts. Hochmoderne Untersuchungsmethoden, die das Gehirn in Aktion zeigen, belegen, dass originelle Einfälle nur dann entstehen, wenn beide Gehirnhälften optimal zusammenarbeiten. Die Verbindung zwischen logischem Denken und Intuition macht demnach erst das Fließen der Kreativität möglich.

Also noch mal ganz deutlich: Der Intellekt, der durch das Ansammeln von Wissen aus Büchern oder durch das Lehren anwächst, ist wichtig und richtig, denn alles, was nicht trainiert wird, verkümmert. Doch auch die andere Seite, die Intuition, das Nichterklärbare, das einfach IST und nicht verstanden werden kann, ist genauso wichtig. Die Balance beider Pole macht es aus.

Wie schaffe ich es aber, in dieser Balance zu sein und zu bleiben, wenn doch mein lieber Verstand ständig damit beschäftigt ist, nach Erklärungen zu suchen, die Dinge nicht einfach so geschehen lassen kann, sondern immer genau wissen will, was dahintersteckt?

Nun, zunächst ist auch daran nicht unbedingt etwas Verkehrtes. Doch es gibt diesen bestimmten Punkt, an dem alles Forschen und erklären wollen sich in Destruktivität wandelt. Diesen Punkt gilt es zu erkennen, und hier fängt das Dilemma an. Denn wenn ich an diesem Punkt bin, ist es meist schon zu spät, um umzukehren oder lediglich innezuhalten. Dieses lediglich „Innehalten", das ist der erste Schritt. Dies ist der Augenblick, der es notwendig macht, in die Beobachterrolle zu schlüpfen. Also ganz bewusst hinzuschauen, ganz bewusst zu beobachten, was geschieht. Mich zu fragen, welche Gedanken und Gefühle sind gerade in diesem Moment in mir. Zu erkennen, dass dies lediglich Gedanken und Gefühle sind, die ich durch mein Bewusstsein beobachten kann.

Sobald diese Beobachtung geschieht, ist die erste Hürde genommen. Der Augenblick, in dem ich erkenne, dass mich mein Verstand manipulieren möchte, ist der wichtigste auf dem Weg zur vollständigen Annahme von allem, was gerade ist.

Bei dieser Erkenntnis hilft auch die Bewusstwerdung, dass es tatsächlich immer nur diesen einen Augenblick, dieses JETZT, gibt und dass alles, was mir als Vergangenheit erscheint oder aber als Zukunft in mein Denken kommt, lediglich ein Gedanke ist. Ein Gedanke, der meist mit den entsprechenden Gefühlen verbunden ist, die ich in der vergangenen Situation hatte, oder aber die ich verbinde mit zukünftigen Erlebnissen, aber eben doch „nur" ein Gedanke.

Es ist der Moment, denn der Moment ist das Jetzt; das, was gerade ist. Um den Moment, den Augenblick in seiner gesamten Tragweite zu erfassen, ist es hilfreich, diese Tatsache zu meditieren. Mit dem Satz:

„Ich lebe im Hier und Jetzt"

in die Tiefe zu gehen und zu spüren, was dieser Gedanke, dieser Satz, mit mir macht. Das Gefühl zu beobachten, das dabei entsteht: „Wie fühlt er sich an, dieser Moment? Was geschieht da gerade in mir?"

Nachdem ich diesen Satz in mir meditiert habe, führe ich dieses momentane Bewusstsein weiter fort, gehe in den Alltag damit, also in eine Situation zum Beispiel, in der ich gerade warten muss; oder sich dann auch mal bei einem Gespräch ganz bewusst fragen: „Was geschieht jetzt in diesem Moment, welches Gefühl entsteht in mir, wenn bestimmte Sätze in meinem Leben fallen, bestimmte Begegnungen stattfinden?"

Je öfter du diese Übung vollziehst, desto stärker wirst du das Leben in all seinen Formen schmecken, genießen und dankbar dafür sein. Denn dieses Leben, jeder Augenblick, ist dir geschenkt, um die Fülle des Lebens zu erfahren und um von deinen Erfahrungen zu lernen, an ihnen zu wachsen, dich zu wandeln.

Die Bedeutung des Bewusstwerdens

Viele fragen sich sicher: Was muss ich tun, um bewusst zu erkennen, um wahrzunehmen, wie sich der Augenblick anfühlt? Das Wunderschöne an der Antwort auf diese Frage ich gleichzeitig das Leichte: Es gibt nichts zu tun. Nichts zu tun in seiner Bedeutung, lediglich still zu werden und den Gedanken, der mich gerade noch so sehr beschäftigte, zu beobachten. Und dann, einfach geschehen lassen, spüren, was in mir geschieht, bemerken, alles was entsteht, darf sein.

Dieser eine Schritt des „Nichts Tuns" führt zu einem Geschehen in mir, ein Geschehen, das einfach entsteht. Anfangs ist es einfach nur eine kleine Lücke, die ich beobachte und es geht erst einmal um das Geschehen in mir, doch Stück für Stück darf ich es bewusst auch in den Alltag mit hineinnehmen, darf die Dinge, die in meinem Umfeld geschehen, einfach geschehen lassen und lediglich beobachten. Dann kann ich viel klarer sehen und sehr gut erkennen, wo meine Hilfe nötig ist, wo ich aktiv etwas tun kann, ohne dass es mir schwerfällt. Aus der Leichtigkeit meines Seins heraus, helfen.

In der Sonntagspredigt 2012 (bis 2020 war ich aktive Kirchenbesucherin) zitierte unser lieber Pater Siegfried das folgende Gebet des Theologen Reinhold Niebuhr:

> *„Herr, gib mir die Kraft, Dinge zu tun, die ich ändern kann. Gib mir Gelassenheit, Dinge hinzunehmen, die ich nicht ändern kann. Und gib mir die Weisheit, dass eine vom anderen zu unterscheiden."*

Wenn ich mich vollkommen einlasse auf diese Gabe, auf das Geschenk, das mir durch die unerklärliche Macht, durch die Kraft der Quelle gegeben ist, mich vollkommen hingebe und dabei jedoch meinen „gesunden" Menschenverstand einsetze, kann das Wunder geschehen, werden Taten vollbracht, die vorher nicht denkbar waren, darf das Leben in seiner herrlichen Pracht fließen und gedeihen.

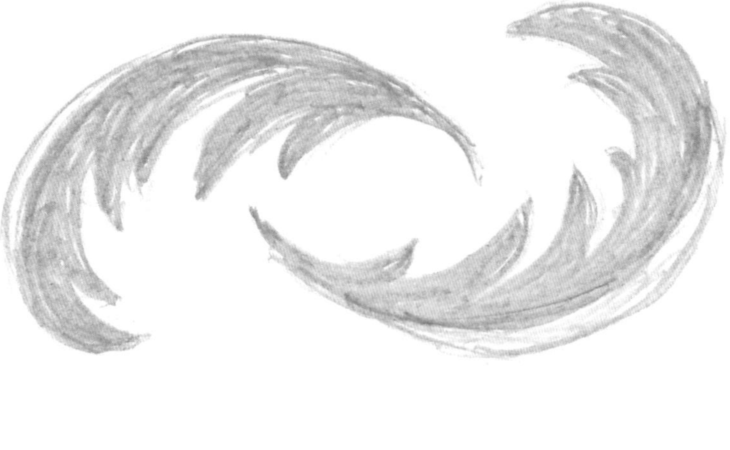

Welche Möglichkeiten bietet das systemische Denken und damit verbunden das Familienstellen?

Durch die Beschäftigung mit dem systemischen Denken und damit verbunden mit einer Sicht auf die Situationen, die eine größere Weite erschließen und den Blick auf das Gesamtsystem – sei es nun die Familie, die Schule, die Firma, die Institution oder aber auch die Gesellschaft im System – lenken, komme ich aus dem „Scheuklappendenken" heraus, begebe mich automatisch in die Rolle des Beobachters und bin nicht mehr mit der einzelnen Person oder Situation identifiziert. Ich schule damit mein Denken als Beobachter der Welt.

Ein weiterer, wichtiger Aspekt ist die Erkenntnis, die sich in der Praxis des Familienstellens ergibt. Anfangs gibt es meist Skepsis, gefolgt von Staunen, wenn sich das sogenannte „wissende Feld" bei einer Aufstellung auftut. Wenn erkannt wird, dass hier energetische Mächte am Werk sind, die nicht mit dem logischen Verstand durchdrungen werden können, stellt sich ein tiefes Vertrauen in dieses Feld ein.

Wenn Stellvertreter für Familienmitglieder im Raum stehen und plötzlich Gedanken und Befindlichkeiten äußern, die tatsächlich in die jeweilige energetische Situation der Familie gehören und vor allem, wenn erkannt wird, dass durch diese Weitsicht und das Erkennen der jeweiligen Muster vorsichtig alte Schmerzen und Verstrickungen gelöst werden können.

Im Familienstellen wird das Zusammenspiel des logischen Verstandes und der Intuition am auffälligsten sichtbar. Bertold Ulsamer formuliert es in seinem Buch dahingehend: Ich sehe

> *„keinen Widerspruch zwischen Systematik und Intuition. Die Intuition eines Aufstellers kann umso reicher werden, je mehr Wissen um Systematiken er erworben hat."* *(Ulsamer, S. 14)*

Doch trotz allem ist der Widerspruch anfangs vorhanden, diese Energien, die sich in Aufstellungen zeigen, als real zu begreifen. Der Verstand rebelliert zunächst dagegen. Dieses Rebellieren resultiert lediglich aus einer Angst heraus, Macht und Kontrolle über sich und das Bild der Welt, das sich jeder selbst macht, zu verlieren. Die natürliche Tendenz des Verstandes, alles im Griff haben zu wollen, alles genau erklären zu wollen, hängt mit Angst vor Machtverlust zusammen. Hängt mit fehlendem Vertrauen in die Intuition, in die andere Seite des Gehirns, zusammen. Es könnte ja sein, dass etwas schiefläuft, wenn ich nicht den vollkommenen Überblick, nicht alles bis ins kleinste Detail geplant habe.

Deshalb ist es wichtig, gerade im Bereich der Intuition Erfahrungen zu sammeln und aufgrund dieser Erfahrungen die Sicherheit zu gewinnen, dass sich bei einer Aufstellung das sogenannte „wissende Feld" regelmäßig bildet. Es kann gar nicht anders. Aufgrund meiner Erfahrungen kann ich mich auf sein Eintreten verlassen. Dieser Aufbau des Vertrauens in die Intuition ist ein Prozess, auf den ich mich mithilfe meines logischen Verstandes einlassen darf. Am Ende des Prozesses steht die Sicherheit, dass es einfach so ist und dass Verstand und Intuition ein wunderbares Duo sind, die fantastisch miteinander harmonieren. Jeder an seinem Platz, jeder zu seiner Zeit.

Dann können die gegenseitige Akzeptanz und Achtung, auch die Betrachtung mit dem Auge des Humors, die Kraft und Fähigkeit entfalten, um Heilung zu schaffen, um das Leben in seiner Vielfalt zu genießen.

Was geschieht, wenn ich im Augenblick lebe?

Gut, ich lasse mich darauf ein, ich gebe mich dem Augenblick hin. Über meine Sinne beobachte ich unterschiedliche Wahrnehmungen. Zum einen höre ich die Vögel singen, nehme das Wiehern eines Pferdes wahr, die Geräusche meines Laptops und das meiner Finger, wenn ich mit ihnen über die Tasten laufe.

Dann gehe ich mit meiner Wahrnehmung einen Schritt weiter. Ich spüre in mich hinein. Bemerke meinen Atem, mein inneres Seufzen, ich spüre die Zellen in meinen Fingerspitzen, aber auch in anderen Körperteilen, wie dem Rücken, den Waden, den Zehen.

Nun sind dies reine Wahrnehmungen. Hinzu kommen immer wieder meine Gedanken; da ist zum Beispiel der Gedanke, der mich leitet, auf die Wahrnehmung zu achten. Wie fühlen sich die Zellen in meinen Fingerkuppen an, während ich die Tasten drücke? Ich richte mit meiner Wahrnehmung zugleich auch einen Gedanken in diese Richtung. Ich höre das Summen einer Fliege und begebe mich gedanklich gleichzeitig zu ihr hin; unterschiedliche Gedanken entstehen.

Ich nehme Kälte in meinen Füßen wahr, und mein System geht sogleich in Arbeit, um eine Balance herzustellen, um meinen Füßen die Kälte zu nehmen. Dies bedeutet, ich könnte mir rasch ein Paar Socken holen, gleichzeitig entsteht jedoch auch der Drang, nicht aufstehen zu müssen, sondern sitzen zu bleiben und weiter zu schreiben. „Das bisschen Kälte, das hältst du schon aus, ohne gleich einen Schnupfen zu kriegen." Es entsteht ein reges Zwiegespräch zwischen meinen Gedanken. Doch ich habe die Gewalt, dieses Zwiegespräch einfach nur mit einem liebevollen Blick zu beobachten. Dann geschieht zunächst gar nichts, ich bin sozusagen nicht beteiligt. Es ist meine freie Entscheidung, mich ganz auf dieses Gedankenspiel einzulassen, mich mit den Gedanken vollständig zu identifizieren, sodass ich nun endlich aufstehe und dem Problem ein Ende bereite. Ich hole mir ein Paar Socken.

Beide Wege sind vollkommen richtig. Es gibt kein Richtig oder Falsch, es ist meine freie Entscheidung. Was ich jedoch bedenken kann ist, dass ich dann mit den Konsequenzen, mit dem, was entsteht durch mein Denken, durch mein Fühlen, konfrontiert werde und je nachdem welche neuen Erfahrungen ich machen möchte, werden diese entstehen. Ein wundervolles Spiel, dem ich mich immer wieder gerne hingebe.

Ein vollständig „Sich einlassen“ auf das, was geschieht

Du bist ein sehr wertvolles Wesen, das unendlich geliebt wird und sich in vollkommenem Einklang mit der Natur wandelt und lebt. Dieses vollkommene SEIN ist bereits, es muss nicht erst hergestellt werden, es muss nicht erst erarbeitet werden, mühsam und mit großer Konzentration oder körperlicher Qual. Nein, diese Vollkommenheit, diese Perfektion deines Selbst, ist bereits in dir angelegt. Es geht lediglich darum, dies zunächst zu erkennen und es dann Stück für Stück hervorzuholen, indem du es zulässt. Es ist dies das Geschenk, das einfach ins Haus kommt, ohne dass man damit rechnet. Das Geschenk, an dem man sich vollkommen frei und erlöst erfreuen darf, hinter dem man keine faulen Gedanken wittert. Das Geschenk, das einfach in Liebe angenommen werden darf. Und dieses Geschenk trägst du in dir.

Manchmal aber scheint es dir, dass dieses Geschenk ziemlich tief unten in dir vergraben sein muss. Doch du selbst weißt, dies ist nicht der Fall, das Geschenk liegt ganz offen vor dir, du darfst ganz bewusst hinschauen, die Augen öffnen, all deine Sinne nutzen, und schon kommt ein wundervoller Schmetterling geflogen, ein Mensch lacht dich an, deine Liebste lädt dich zum Theaterbesuch ein. All diese Dinge geschehen, wenn du sie zulässt. Wenn du dich nicht länger verschließt und unbewusst darauf wartest. Dann kannst du lange warten, das haben vor dir schon Abermillionen getan und …

Natürlich ist es deine Freiheit, zu tun und zu lassen, was du möchtest. Immer ist es deine Entscheidung und egal, was du tust, es ist kein Fehler, es lässt dich das erleben, das du dir ausgewählt hast. In dir gibt es etwas, dass dir sagt, steh auf, verleihe deinen Gedanken Flügel, träume und erschaffe dir eine wundervolle Erde. Du weißt, die Welt, wie wir sie jetzt so vorfinden, ist das Werk aller lebenden Kreaturen.

Durch unser Denken, Fühlen, durch unsere Worte und Taten erschaffen wir gemeinsam tagtäglich diese Erde, diese Welt, all die Situationen, die aus dem Augenblick heraus immer wieder neu entstehen. Dies bedeutet, dass auch du deinen Teil dazu beiträgst. Dies ist wichtig zu wissen, denn wenn dir dies klar wird, dann kannst du auch die Verantwortung dafür übernehmen, und darum geht es im ersten Schritt.

Die Welt, die Situationen anzusehen, bewusst hinzuschauen, zu erkennen und dann für das, was erscheint, die volle Verantwortung zu übernehmen, immer in dem Bewusstsein, dass alles eine von der gesamten Menschheit geschaffene Kreation darstellt. In dem Moment, in dem du die Verantwortung übernimmst, sagst du Ja zum Leben, Ja zur Schöpfung, du bejahst die Welt, die Erde, auf der wir leben, du sagst Ja zu allem, was atmet, zu allem, was lebt. Und erkennst:

„Alles, was atmet, alles, was lebt, ist heilig vor dir, ist heilig für uns."

Diese Erkenntnis lässt dich immer mehr bei dir selbst ankommen und du spürst die Verbundenheit, die du mit dir selbst hast, aber auch die Verbundenheit mit allem, was lebt.

Warum es so wichtig ist, allem, was ist, Raum zu geben

Der schwierigste Schritt ist es, sich auf das einzulassen, was jetzt gerade im Moment ist. Durch unsere Konditionierungen aus der Vergangenheit, durch Verstrickungen, die sich oft über Generationen weitergetragen haben, geraten wir an dieser Stelle sofort in eine Bewertung. Über Jahrtausende entstandene Strukturen, die sich festgefahren und weitervererbt haben, ohne aufgelöst zu werden, die wie ein Makel an uns kleben, machen es nahezu unmöglich, nicht sofort zu sortieren, in Schubladen zu stecken, zu analysieren, erklären zu wollen.

Doch nennen wir es einfach nur Bewertung. Diese Bewertung ist es, der dann durch die Beachtung Kraft geschenkt wird, und dann geschieht das Erstaunliche, wir wollen uns darin auch noch sehr gerne baden. Denn wenn wir Situationen oder andere Menschen bewerten, findet eine Ablenkung von uns selbst statt. Wir müssen uns die eigenen Schattenseiten nicht anschauen, sondern können die Schuld für vieles in unserem Leben bei einem anderen oder in bestimmten Situationen sehen. Und dieses Gefühl, das dabei entsteht, bringt, zumindest kurzfristig, auch tatsächlich ein Glücksgefühl mit sich. Etwas überspitzt gesagt: Viele Menschen lieben es, sich im Leid zu baden. Sie fühlen sich dabei richtig wohl. Doch meist nur für sehr kurze Zeit.

Dies sind völlig normale Reaktionen, dazu kann keiner etwas, es gibt keine Schuld, es geschieht einfach. Sobald ich mich jedoch auf dieses Schulddenken einlasse, egal ob ich die Schuld bei mir selbst oder bei anderen, bei meinen Lebensumständen und in Situationen suche, in dem Moment, in dem ich mich einlasse auf eine Bewertung, auf eine Schuldzuweisung, gebe ich dieser Kraft in mir immer mehr Energie. Es findet eine Verstärkung statt.

Diese Verstärkung wiederum, die, wie gesagt, meist auch noch wohltuende Gefühle in mir auslöst, was das Erkennen um ein Vielfaches erschwert, führt zu einem Kreislauf. Dieser Kreislauf nährt sich immer mehr aus dem eigenen inneren Gefühl heraus, wird jedoch auch gleichzeitig noch von Situationen aus der Welt bestärkt, zum Beispiel, wenn ich mit anderen Menschen über diese Schuld, die ich bei einem bestimmten Menschen oder einer Situation sehe, spreche und womöglich dann noch Zustimmung und Bedauern erhalte. Auch hier entsteht zunächst einmal ein gutes Gefühl in mir. Ich stoße auf andere Menschen, die mich verstehen, die mir ihr Mitleid entgegenbringen. Das tut einfach gut. Beobachte doch einfach in den nächsten Tagen einmal ganz bewusst die Gespräche, die du führst, und damit verbunden, die Reaktionen, die Gefühle, die sich in dir abspielen. Du wirst staunen, was du dabei alles entdeckst.

Doch wie komme ich heraus aus diesem Kreislauf? Es ist dies einerseits ein radikaler Sprung, der sofort geschehen darf, andererseits jedoch auch eine Übung, die einen bestimmten Prozess beinhaltet, der in mir geschehen darf.

Ein radikaler Sprung deshalb, weil ich mir klarmachen darf, dass eine Veränderung tatsächlich von einem Augenblick auf den anderen geschehen darf und geschieht. Eine Übung deshalb, weil ich aufgrund meiner vergangenen Konditionierung auch die Erlaubnis habe, diesen Sprung in Etappen zu gehen, mich sozusagen immer wieder daran üben darf, mir erlauben darf, auch wieder zurückzukehren in den alten Kreislauf.

In dem Moment, indem mir klar wird, dass ich das alles in einem Sprung erreichen könnte, will ich das auch und fange an, mich unter Druck zu setzen. Dieses „unter Druck setzen" verhindert dann wiederum, dass dieser Sprung geschehen darf. Es ist ein Dilemma und eine Dichotomie, deren Auflösung ganz behutsam geübt werden darf. Ich erlaube mir dann sozusagen, auch ungeduldig zu sein, wenn ich die Übung heute nicht geschafft habe. Ich erlaube mir auch, wütend zu sein, wütend zu sein auf mich, die ich, auf den ersten Blick gesehen, versagt habe, und ich erlaube mir auch wütend zu sein auf meine Mitmenschen und auf die Situationen, die ich erlebt habe.

Automatisch bin ich dann schon dabei, etwas zuzulassen. Automatisch bringt mich diese Übung, dieses „wütend sein dürfen", dieses „ängstlich und ungeduldig sein dürfen" Schritt für Schritt weiter. Sobald ich dies erkenne, darf ich dankbar sein, darf ich stolz sein auf mich. Stolz darauf, dass ich mich Schritt für Schritt aus dem alten Kreislauf löse und in einen neuen Kreislauf der Liebe, der Dankbarkeit, der Gelassenheit, der Freude an allem gleite.

Die Geschichte mit dem Leiden

Seit Jahrtausenden leidet die Menschheit, wenn ihre Bedürfnisse, die körperlichen sowie psychischen Bedürfnisse; wie zum Beispiel das Bedürfnis nach Sicherheit, Abwechslung, Bedeutung, Wachstum, das Bedürfnis, geliebt zu werden und zu lieben, sowie das Bedürfnis, einen Beitrag für die Welt zu leisten; nicht hinreichend befriedigt werden, oder sie leidet oftmals an ihrer puren Existenz.

Es findet daher eine ständige Beschäftigung damit statt, möglichst alle Bedürfnisse in vielfältiger Weise zu befriedigen, um diesem Leiden zu entgehen. Viele Weisheitslehrer, am deutlichsten Buddha, haben Wege aufgezeigt, aus diesem Leiden herauszukommen. Doch den ersten Schritt aus dem Leiden müssen wir immer selbst gehen.

Die erste Entscheidung für einen Neubeginn kann nur in uns selbst getroffen werden, und auch den Zeitpunkt, wann dies sein wird, bestimmen wir in uns. Jeder Mensch hat für sich die Wahl, und es ist vollkommen in Ordnung, wenn Menschen gerne noch ein Stück des Weges im Leiden gehen möchten. Diese Anerkennung und Achtung des anderen und seines Weges zeichnet uns aus.

Ich kann die Welt nur dann nachhaltig verändern, wenn ich in meinem eigenen Herzen anfange. Sobald ich in die Welt blicke, die Zustände der Menschheit und deren Leiden erkenne, mir Sorgen mache und dabei am liebsten sofort alles verändern möchte, gilt es, innezuhalten und sich bewusst zu werden: Eine Veränderung in der Außenwelt kann ich nur in meinem eigenen Inneren über mein Herz bewirken. Ich lasse die Dinge, die in meinem Umfeld geschehen, auf ihrem Platz, gehe, wenn ich mag, lediglich in die Beobachtung und nehme Veränderungen, die mir wichtig sind, über den Weg der Stille IN MIR vor.

Schon nach kurzer Zeit merke ich dann beim Beobachten der Außenwelt, dass diese sich wandelt, so wie ich mich wandle. Ich nenne es ein Spiel. Indem ich mich einlasse auf dieses Spiel, indem ich mich dem Leiden in mir stelle und mir meine dunklen wie auch lichten Seiten ansehe und diese liebevoll annehme, verändert sich etwas in diesem Spiel. Und diese Veränderungen verändern mich und die Welt.

Willigis Jäger, der die konfessionsunabhängige zeitgenössische Spiritualität verkörpert, schreibt:

„Einzig durch unser Wohlwollen und unsere Liebe können wir die Welt nachhaltig verändern. Die Veränderung der Welt beginnt in unserem Herzen."

Nun ist es genau dieser Zugang zum Herzen, der uns oft noch verschlossen ist und uns daher nur erahnen lässt, welche Veränderungen tatsächlich möglich sind. Denn um in unser Herz zu gelangen, müssen wir für einige Zeit der Außenwelt entfliehen, müssen still werden, sanft in uns hineinhorchen. Wir müssen das nicht immer tun, doch je öfter wir uns tatsächlich Zeit nehmen für uns selbst, uns die Liebe, die wir so notwendig brauchen, selbst geben, desto leichter lässt sich dies auch in unserem Alltag leben. Je mehr Übungen wir im Kontakt mit uns selbst gemacht haben, desto stärker kommen wir in Kontakt mit uns selbst, und dabei spielt es dann keine Rolle mehr, ob ich mich im stillen Kämmerchen, auf einem hohen Berg, am Meer oder aber im Tumult einer Großstadt befinde. Wenn die Tür zur Selbstzentriertheit erst offensteht, lebe ich, wo immer ich auch bin, in dieser Selbstzentriertheit und kann gleichzeitig teilhaben am Leben meiner Mitmenschen.

Die Tiefe des Jesuswortes: „Wenn ihr nicht werdet wie die Kinder“

An mehreren Stellen im Neuen Testament weist Jesus auf die Kinder hin, und er stellt sie immer wieder in den Mittelpunkt. Er vergleicht das Himmelreich mit einem „Sein wie die Kinder“.

Hier steckt tatsächlich viel mehr dahinter, als es auf den ersten Blick den Anschein hat. Es hat mit unserem geformten Verstand zu tun. Die Stelle im Lukasevangelium ist eine Schlüsselstelle für das Elementarste im Menschen, für das Leben. Jesus nimmt ein Kind als Beispiel, um die Größe Gottes zu demonstrieren. Jesus hat direkt in die Herzen der Jünger gesehen, und nur deshalb weiß er, dass er ihnen diesen doch für den Verstand sehr schwierigen Vergleich geben darf:

> *„Da wurden hingebracht zu ihm Kinder, damit er die Hände auflege ihnen und bete; die Schüler aber fuhren sie an. Jesus aber sprach: „Lasset die Kinder und hindert sie nicht, zu kommen zu mir; denn solcher ist das Königtum der Himmel!“ Und als er ihnen die Hände aufgelegt hatte, ging er von dort.“* *(Mt 19,13-15 MNT S. 40)*

Gut. Kinder! Was ist so Besonderes an einem Kind? Es ist noch nicht erzogen, es weiß noch nicht, wie es sich benehmen soll, es kennt die Regeln der Gesellschaft noch nicht, und wir wissen, wie lange es dauert, bis solch ein Kind so erzogen durch uns ist, dass es ins Leben, in unsere Gesellschaft passt.

Und doch, wenn es dann tatsächlich erwachsen geworden ist, und wir uns stetig mühten, es zu erziehen, kann es passieren, dass es trotzdem scheitert – oder vielleicht gerade darum?

> *„… Wer immer aufnimmt dieses Kind in meinem Namen, mich nimmt er auf; und wer immer mich aufnimmt, nimmt den mich Schickenden auf; …“*
> *(Lk 9,48, MNT S. 135)*

Wie können wir diesen Satz, der Jesus in den Mund gelegt wurde, verstehen?

Dieses unerzogene – unschuldige – Kind, das wir einfach aufnehmen sollen, symbolisiert Jesus selbst und symbolisiert dadurch wiederum Gott selbst. Gott im Sinne von Leben, denn Gott ist derjenige, der Jesus gesandt hat. Wir nehmen mit diesem unerzogenen Kind Gott selbst in uns auf.

Doch was ist an einem Kind so Besonderes, dass es Jesus als Symbol für Gott selbst einsetzt? Ein Kind trägt noch nicht die Spuren von Erziehung, ist frei, offen, denkt und fühlt einfach nur aus seiner Seele, aus seinem Herzen heraus und freut sich über die wunderbaren Erfahrungen, die das Leben ihm bietet. Ein unerzogenes Kind hat noch keine Angst, dass irgendetwas in seinem Leben schiefgehen könnte. Es vertraut! Es hat noch keine Regeln kennengelernt, die es festlegt, die es, falls es doch einmal dagegen verstößt, in eine Angst versetzt, denn es will einfach nur sein.

Ein unerzogenes Kind ist einfach nur glücklich über das Leben selbst, glücklich über das Sein. Und solch ein Kind soll Gott selbst sein? Wie kann das sein? Bricht da nicht unser ganzes hart erarbeitetes Kartenhaus der gesellschaftlichen Ordnung zusammen?

Was möchte Jesus mit diesem Vergleich hervorheben? Sollen wir unser Gesellschaftssystem überdenken? Kann es sein, dass wir, die Erwachsenen, unsere Erwartungen, das, was wir uns so wünschen im Leben, mit Rückblick auf unsere Erfahrungen auf unsere Kinder übertragen möchten, damit eventuelle schmerzliche Erfahrungen von unseren Kindern nicht mehr durchlebt werden müssen?

Wie kann es also geschehen, wieder so zu werden wie ein Kind?

Gehen wir nun mit diesen Gedanken noch ein wenig tiefer. In der Psychologie wird immer wieder vom inneren Kind in uns gesprochen. Verletzungen, die uns als Erwachsene immer noch quälen, haben ihren Ursprung meist in der Kindheit und resultieren oft daraus, dass ich bereits in der Kindheit diese Verletzungen ertragen habe. Dies müssen gar nicht immer sehr spektakuläre Verletzungen gewesen sein, ein „nicht beachtet werden", ein „zu wenig an lebensnotwendiger Zärtlichkeit" können bereits zu tiefen Verletzungen führen.

Doch entgegen vieler widersprüchlicher Meinungen darüber, können diese Verletzungen aus der Kindheit auch noch im Erwachsenenalter geheilt werden, indem ich mich jetzt, genau in diesem Moment, liebevoll dem Kind in mir zuwende, es ernst nehme, seine Verletzungen sehe, es zärtlich in die Arme nehme. Indem ich mithilfe der Meditation in die Tiefe meiner Seele eintauche, das innere Kind in mir besuche, mich auf es einlasse und ihm das gebe, was es immer noch – auch jetzt noch in mir als Erwachsenem – so dringend braucht: die nötige Aufmerksamkeit und ganz viel Liebe und Verständnis. Dies kann ich tun, denn meine Seele kennt keine Zeit.

Ein Kind trägt das gesamte Wissen der Menschheit bereits in sich und darf dies anhand der Erfahrungen, die ihm das Leben bietet, Schritt für Schritt selbst erkennen und nutzen. Es widerstrebt mir, die vermeintlich negativen Erfahrungen der Vergangenheit auch tatsächlich zu beurteilen. Auch wenn diese Erfahrungen auf den ersten Blick den Anschein haben, nicht besonders hilfreich zu sein oder auch noch Schmerzen und Verletzungen im Menschen verursacht hatten, es waren lediglich Erfahrungen, die den Menschen Schritt für Schritt, Augenblick für Augenblick zurück zur Erkenntnis bringt, dass er bereits all das Wissen der Welt in sich trägt, dass das, was er so verzweifelt erstrebt und meint, in der Zukunft zu finden, bereits immer da war und ist. Dazu sind die Erfahrungen da, Erfahrungen, die manchmal auch in eine Dunkelheit oder in eine Sackgasse führen. Erfahrungen, die richtig wehtun können. Doch die Erkenntnis, die wir daraus ziehen können ist unendlich wertvoll, denn diese Erkenntnis bringt uns ein wenig näher an das, was wir suchen.

Die Perle der Weisheit in uns

Gefunden werden kann sie nur *in* uns, doch die Erfahrungen benötigen wir, um sie zu erkennen, denn diese Perle ist bereits von Anfang an in uns.

Kinder wissen dies schon unbewusst und handeln entsprechend. Kinder wissen, dass alles in ihnen angelegt ist, dass sie alles erreichen können, was sie sich in ihrer Fantasie vorstellen. Kinder besitzen dieses Urvertrauen. Deshalb sagt Jesus zu uns, dass wir nur dann das Himmelreich in uns finden, wenn wir werden wie die Kinder, denn dann entdecken wir, dass das Himmelreich, die Perle der Weisheit, bereits in jedem Augenblick schon in uns war und ist.

Wenn Jesus davon spricht, dass das Himmelreich nicht von dieser Welt ist, meint er damit die Erwachsenenwelt, die dominiert wird vom logischen Verstandesdenken. Das Himmelreich ist bereits in der Welt der Kinder, und deshalb ist es auch so einfach, da hineinzugelangen, und gleichzeitig ist es so schwer zu verstehen. Denn da ist ja immer der Verstand, der mit seiner geradlinigen Kunst des logischen Denkens das Himmelreich außerhalb finden möchte, wenn nicht außerhalb des Menschen, dann doch zumindest außerhalb der irdischen Zeit, also beim Eintritt in den Tod.

Obwohl auch dies das Denken des Verstandes übersteigt, so ist es zumindest leichter vorstellbar. Gleichzeitig verbindet damit die Kirche als Institution auch eine gewisse Abhängigkeit des Volkes von der Kirche. Denn sobald ein Mensch erkennt, dass er bereits jetzt, in jedem Augenblick, im Paradies lebt, ist es nicht mehr notwendig für ihn, durch Buße und sonstigen Bürden, die die Kirche ihm auferlegt, danach zu streben, irgendwann ins Paradies zu kommen.

Doch auch dies ist ein Trugschluss der Kirche, der aus einer Angst vor Machtverlust entsteht. Denn wenn der Mensch erkennt, dass er bereits im Paradies zu Hause ist, ist er nicht mehr in der Lage zu sündigen, denn er fühlt sich sehr wohl im Paradies und wird ohne erhobenem Zeigefinger oder strenge Kirchengesetze alles zum Wohle des Paradieses tun, und nichts tun, was dies zerstören könnte. Er kann gar nicht anders, denn er weiß, dass jedes Lebewesen, alles was atmet, alles, was lebt, heilig ist und ein Recht auf ein Leben in Fülle und Frieden hat, es ist dies das Geburtsrecht, das jedes Kind beim Eintritt in das Leben mit sich bringt.

„Wer sucht, soll nicht aufhören mit der Suche"

(Th 2)

Und wieder bringt uns ein Wort Jesu, wie es im Thomasevangelium aufgefunden wurde, Erhellung in der Dunkelheit.

> *„Jesus sagte: Wer sucht, soll nicht aufhören mit der Suche, bis er findet. Und wenn er findet, wird er bestürzt sein, wenn er bestürzt ist, wird er staunen, und er wird das All regieren."* *(Th 2)*

Jesus sagt uns demnach im ersten Teil, wir sollen suchen und nicht aufhören damit, bis wir finden. Diese Suche, von der Jesus spricht, führt uns in die Tiefe, führt uns in unser reines Sein. Wenn wir in diesem Sein angekommen sind, dann sind wir bestürzt. Bestürzt, weil wir zunächst unser eigenes Leiden, unsere eigenen Grenzen, unseren Schmerz gesehen und gefunden haben. Diesen Schmerz, vor dem wir bisher immer davongelaufen sind oder den wir versucht hatten zu bekämpfen.

Jetzt, wo wir ihn gefunden haben, stellen wir uns diesem Schmerz und sind bestürzt. Dieses „bestürzt sein" lässt uns staunen, staunen darüber, dass dieser Schmerz gar nicht so schlimm ist, staunen aber auch über unsere eigene Schönheit, über unsere Göttlichkeit, über unsere Macht, die wir in uns entdecken, wenn wir hinschauen, wenn wir den Weg des Suchens gehen, wenn wir uns dem „bestürzt sein" stellen, wenn wir uns auf uns selbst einlassen, alles zulassen, was sich in uns zeigt. Und am Ende des Weges stellen wir fest, dass wir tatsächlich in der Lage sind, das All zu regieren. Das All, das sich in uns befindet, aber auch gleichzeitig das ganze Universum verkörpert.

Wenn wir an diesem Punkt angelangt sind, stellt sich zunächst Ehrfurcht in der Stille ein. Die Ehrfurcht vor der gesamten Schöpfung, der Schöpfung, die sich in mir auftut, aber auch der Schöpfung, wie sie sich mir in der Welt zeigt. Diese Ehrfurcht macht vollkommen rein und würdig, die Schöpferkraft, die in mir ist, zu erkennen und zum Wohle dessen, was atmet, was lebt, einzusetzen, damit sich die Welt im Inneren wandelt und sich gleichzeitig dabei auch die sichtbare äußere Welt verändert.

Doch der erste Schritt, der uns dahinführt, ist die Suche, die eifrige, unermüdliche Suche nach mir selbst, nach dem, was in mir ist. Dieser erste Schritt ist notwendig, sonst kann es sein, dass ich ein Leben lang im Kreis laufe, zwar auf der Suche nach dem Glück bin, doch das Glück, das bereits jeden Augenblick in mir vorhanden ist, nicht erkenne, einfach nicht erkennen kann, weil ich an anderer Stelle suche. Meist im Außen, bei anderen Menschen, in Situationen, in Geld und Gut.

Was tun, wenn sich das alte, eingeprägte System immer wieder zurückmeldet?

Jahrhundertelang eingeprägte Muster im Menschen lassen es oft nicht zu, auf eine sanfte Art und Weise, den Weg der Liebe zu mir selbst und zu allem, was lebt, zu gehen. Oder aber ich beobachte diese alten Muster bei anderen Menschen, und es drängt mich, ihnen zu helfen, ihnen den Weg zu zeigen. Wichtig ist es in einer solchen Situation, ganz klar zu erkennen, dass nur jeder Mensch für sich selbst diesen Weg gehen darf. Dass es niemandem zusteht, ein Urteil über einen anderen Menschen zu fällen, weil dieser sich für einen anderen Weg entscheidet.

Auch diese Entscheidung gilt es zu ehren, sie hat ihre Gültigkeit. Genauso muss ich diese Entscheidung auch für mich selbst treffen und auch akzeptieren, wenn ich selbst noch nicht bereit dazu bin, die vollständige Liebe anzunehmen, sondern mich dafür entscheide, noch ein Weilchen in den alten Mustern zu verweilen. Denn wenn ich die Situation nicht annehme, geschieht Beurteilung, und diese Beurteilung ist es, die mich und die Menschheit in ihrem Getrenntsein festhält.

Erst ein Nichtbeurteilen, ein Akzeptieren von allem, was ist, in seinem ganzen Sein, führt aus dem Getrenntsein hinaus ins EINS-SEIN. Eins-Sein mit allem, was ist.

Dieses Eins-Sein ist es, welches mich in Berührung bringt mit mir selbst, aber auch in Berührung mit allem, was lebt. Diese Berührung ist es, die mich vertrauen lässt, Vertrauen schafft in alles.

Und wenn es dann an Vertrauen mangelt?

Dann lass dich wieder neu darauf ein! Akzeptiere, dass du gerade mal nicht angebunden, sondern wieder in alte Muster gefallen bist, und geh in die Stille. Es kann manchmal eine ziemlich lange Phase sein, mit vielem Auf und Ab und dem Wunsch nach Sicherheit und Stabilität; doch nimm auch diese Phase an. Sie ist dafür da, dass du zur Ruhe kommst und zum völligen Vertrauen, dass du nichts zu tun hast. Die alte Prägung: „Du musst arbeiten, um zu leben“, hat sich sehr stark in unserer Gesellschaft eingeprägt. Es sind genau diese Phasen, die dich an folgende Bibelstelle erinnern sollen:

> *„Schaut auf zu den Vögeln des Himmels, dass sie nicht säen noch ernten noch sammeln in Scheunen, und euer himmlischer Vater nährt sie; unterscheidet nicht ihr euch (viel) mehr von ihnen? Wer aber von euch kann, sorgend, hinzulegen zu seinem Alter eine einzige Elle? Und um ein Gewand, was sorgt ihr euch? Beobachtet, die Lilien des Ackers, wie sie wachsen; nicht mühen sie sich noch spinnen sie; ich sage euch aber: Auch nicht Solomon in seiner ganzen Herrlichkeit war umkleidet wie eine von diesen. Wenn aber Gott das Gras des Ackers, das heute ist und morgen in (den) Ofen geworfen wird, so kleidet, nicht um vielmehr euch, Kleingläubige.*
> *(Mt 6 26-30; MNT S. 11)*

Es ist dies eine Bibelstelle, die in ihrer Einfachheit fasziniert und dennoch für unseren Verstand schwer zu verstehen ist. Denn wie kann es sein, dass unsere Vorfahren jahrtausendelang arbeiten mussten, um zu leben, und wir hingegen ganz vom Nichtstun leben können. Nein, dafür haben wir kein Verständnis. Das ist logisch nicht zu erklären. Und doch ist es möglich. Denn es bedeutet ja nicht, dass ich mich jahrein, jahraus einfach auf die faule Haut lege und die Trauben so einfach in meinen Mund wachsen lasse; sondern es bedeutet, dass das, was ich tue, mit Freude geschehen darf. Dass jede Handlung, egal ob es nun Theaterspielen oder Kochen ist, oder aber auch Toilettenreinigen, zur Freude wird. Dies bedeutet Nichtstun, ich lasse die Dinge, die getan werden müssen, einfach geschehen.

Wenn die Welt scheinbar im Chaos versinkt

Auch wenn es manchmal, in den Momenten in denen wir zu sehr nach draußen blicken und unser Sein aus den Augen verlieren, den Anschein hat, die Welt würde im Chaos versinken, so ist dies tatsächlich eine Illusion, die ein Teil der Menschheit selbst erschaffen hat.

Dieses Chaos entsteht durch die Energie der destruktiven Gedanken; destruktive Gedanken, die nicht nur im Inneren eines Menschen verheerende Folgen haben können, sondern sich auch in der Außenwelt regelrecht manifestieren.

Zerstörerische Worte haben eine zerstörerische Wirkung. Denken wir also immer erst nach, bevor wir einfach irgendwelche komischen Sätze in die Welt schicken. Machen wir uns bewusst, welchen Schaden sie für uns und auch für andere Menschen anrichten können. Denn die Energien der Worte sind sehr kraftvolle Energien, die einerseits wahre Wunder wirken, andererseits jedoch auch vieles zerstören können. Leider sind es jedoch nicht nur die Energien der Worte, sondern auch die der Gedanken, die, verbunden mit den Gefühlen sind. Auch diese Gedanken können sich zerstörerisch auf den Menschen sowie auch auf die Außenwelt auswirken.

Werde ich mir dieser Tatsache immer mehr bewusst, so ist es jedoch nicht notwendig, in eine schlimme Angst zu verfallen, wie sie die Menschen im Mittelalter zum Beispiel beim Gedanken an das „Jüngste Gericht" hatten, nein, es geht lediglich darum, sich dieser destruktiven Gedanken oder Worte bewusst zu werden. Denn im selben Moment, in dem ich sie wahrnehme, indem ich spüre welche Kraft sie haben, fangen sie bereits an, ihre Wirkung zu verlieren. Denn es ergeht ihnen wie dem Dämon bei Evagrios Pontikos, ein christlicher Mönch, Wüstenvater, Asket und Schriftsteller, der in seinem Praktikos die Praktiken für den Umgang mit bösen Gedanken beziehungsweise mit Dämonen beschrieben hat.

> *„Sprich den Dämon an und er wird an Kraft verlieren, nimm ihn ernst, sag ihm, dass du ihn erkannt hast, entlarvt hast und dann darfst du alle Urteile, die du über das Böse in der Vergangenheit getroffen hast, ausgleichen. Dann darfst du die bösen Gedanken und Worte, die Situationen und auch die Menschen, die an diesen Situationen beteiligt waren, segnen und dadurch einen Prozess der Vergebung in Gang setzen. Auf liebevolle Art und Weise wird ganz ohne Kampf oder Verdrängung der „Dämon", das vermeintlich „Böse", vernichtet, aufgelöst in reine Liebe."*

Lacht sich der Teufel wirklich ins Fäustchen?

Gestern unterhielt ich mich mit einem Kollegen, unter anderem darüber, dass doch oft noch die Angst vor dem Teufel in uns herrscht. Mein Kollege äußerte dann den Ausspruch: „Und der Teufel lacht sich dabei bestimmt ins Fäustchen."

Zunächst wollte ich diesen Ausspruch als Unsinn abtun, doch bei näherem Überlegen kam ich zu der Erkenntnis, dass es genau das ist, was passiert, wenn ich Angst vor dem Teufel, Angst vor Dämonen, vor dem Bösen in mir habe. Der Teufel, der Dämon, das Böse lacht sich ins Fäustchen. Denn durch meine Angst gebe ich ihm Macht, unterwerfe ich mich seiner Macht und kann daran, wenn ich nicht aufpasse, zugrunde gehen.

Auch Jesus kam nach 40 Tagen in der Wüste in Berührung mit dem Teufel, und tatsächlich, er ließ sich auf ihn ein, er sprach mit ihm, hatte keine Angst, nahm den Teufel ernst, ließ sich auf eine Diskussion ein, um ihm dann ruhig, aber doch klar das Nötige zu sagen.

Was bei diesem Beispiel auch sehr deutlich wird, sind die unterschiedlichen Möglichkeiten der Schriftauslegung. In der Bibel steht geschrieben:

„Und seinen Engeln hat er befohlen, dich auf Händen zu tragen",

doch es steht auch geschrieben:

„Du sollst Gott, deinen Herrn, nicht versuchen."

Wir merken, es ist unerlässlich hier ganz genau hinzuschauen beziehungsweise mit den Augen des Herzens zu sehen, um genau unterscheiden zu lernen, zu welchen Zeiten uns der Teufel mithilfe der Schrift sozusagen in Versuchung führen möchte, und wann es tatsächlich die liebevolle Hingabe Gottes ist, die aus den Schrifttexten zu uns spricht.

Kommen wir noch einmal zurück zu Jesus. Dieses Erlebnis in der Wüste ist ein Schlüsselereignis, bei dem erkennbar wird, dass sich Jesus tatsächlich dem „Menschsein" ausgesetzt hat. Es war dies eine Situation, wie wir sie sehr oft auch in unserem Dasein erleben. Wir setzen uns dem Fasten aus, tun alles, um Wohlgefallen und Anerkennung in unserem Umfeld zu erhalten, martern uns – und was passiert danach?

Keine Erlösung, wie versprochen, kein Geschenk für unser ach so demütiges Fasten, nein, der Teufel kommt, das Böse in uns führt uns in Versuchung. Und wenn wir jetzt genau hinschauen und uns ein Beispiel an Jesus nehmen, der uns genau diese Situation vor Augen führte, dann ist dies der Punkt, ganz bewusst eine Entscheidung zu treffen. Unserer Angst, die selbstverständlich erst einmal in uns aufkommt, ganz selbstbewusst und bestimmt entgegenzutreten, sie ganz ernst zu nehmen – wir müssen sie ernst nehmen, denn sie ist da –, ganz real als Gefühl in mir.

Wenn ich dies erkannt habe, ganz bewusst gespürt habe, dann ist es ein Leichtes, den Teufel sozusagen mit seinen eigenen Waffen zu schlagen. Denn auch er tritt meist sehr selbstbewusst und selbstsicher auf, um sein Ziel zu erreichen. Dann darf ich mich auch ein wenig auf eine Diskussion mit dem Teufel in mir einlassen, auch dies hat Jesus getan, doch sehr schnell wird bei dieser Diskussion klar werden, wer der Herr im Haus ist und das Sagen hat. Sehr schnell merke ich dann, dass die Angst in mir gewichen ist, dass sich der Teufel in mir vollkommen aufgelöst hat und dass die bedingungslose Liebe, die immer da ist, in mir anfängt zu fließen. Ich bin angekommen in mir.

Die negative Besetzung von Worten wie Kampf, Schuld, Sühne

Denke einmal einen kurzen Augenblick an das Wort Kampf. Beobachte genau, was der Gedanke an dieses Wort mit dir macht. Wenn du nur einen Augenblick daran denkst, wirst du zunächst wohl merken, dass du sofort mit Situationen konfrontiert wirst, in denen ein Kampf stattfand, entweder mit einem Kampf, der außerhalb von dir stattfand, den du beobachtet hast oder aber auch mit einem Kampf, in welchem du selbst involviert warst.

Wenn du nun noch einige Augenblicke länger in diesem Wort und den damit verbundenen Gedanken oder Szenen aus deiner Vergangenheit bleibst und dann gleichzeitig beobachtest, welche Gefühle in dir aufsteigen, so wirst du mit großer Sicherheit feststellen, dass diese Gefühle mit Angst besetzt sind, dass es Gefühle sind, die dich in eine Art Spannungszustand versetzen, da dein Körper durch die Erinnerung an vergangene Kampfsituationen sofort Botenstoffe ausschüttet, die die gleichen Gefühle in dir entstehen lassen, wie die, die du in diesen Situationen tatsächlich empfunden hast.

Unser Herz, der Lebensmotor, das uns leben lässt und die wunderbarste Arbeit in unserem Körper leistet – „rund 10.000 Liter Blut pumpt das faustgroße, etwa 350 Gramm schwere Herz jeden Tag durch den Körper" (Grillparzer, S. 182) – ist nicht nur mit allen Körperfunktionen verbunden, sondern auch mit unseren Gedanken und Gefühlen. Wenn wir zum Beispiel an einen Menschen denken, den wir lieben, lässt das unser Herz schneller schlagen. Auch wenn wir an Situationen denken, die uns nicht gefallen, schlägt das Herz schneller. Wir ärgern uns – der Puls rast. Sobald wir uns jedoch wieder auf die schönen Dinge des Lebens einlassen, beginnt das Herz, langsamer zu schlagen, es „kehrt Ruhe ein in unseren Körper" (Grillparzer, S. 182).

Was hier zunächst aussieht wie ein nettes Spiel, das ich nach Herzenslust in alle Richtungen spielen darf, soll zeigen, wie wichtig es ist, sich bewusst zu werden, dass es genau die destruktiven Worte und Gedanken sind, die uns, wenn wir sie auf Dauer benutzen oder auch nur in unserem Denken verankert haben, in die Spirale der Angst führen, und diese Spirale bewegt sich dann immer schneller und kann irgendwann kaum mehr aufgehalten werden, sie wird unübersichtlich und ist nicht mehr greifbar.

Das Gute daran ist jedoch: Sobald ich diesen Mechanismus erkenne und mich beim Aufkommen solcher Gedanken in eine Beobachterposition begebe, habe ich die Möglichkeit, ganz bewusst damit umzugehen. Denn durch unsere Programmierungen aus der Vergangenheit sind diese negativ besetzten Worte leider noch nicht aus unserem Sprachgebrauch und Denken gefallen oder haben zum Beispiel eine neutrale Bedeutung angenommen.

Die Mehrzahl der Menschen denkt beim Wort Kampf nicht gleich an einen geistigen Kampf, dem ich mich bewusst stellen und der dann zu einem positiven Instrument der Wandlung in mir werden kann.

Wenn ich nun mit dem Wort Kampf oder einem ähnlichen Wort konfrontiert werde und dies bemerke, also in die Beobachterrolle schlüpfen kann, so stellt dies die erste Möglichkeit dar, die Spirale zu stoppen. Nun gibt es aber auch Situationen oder Worte, die mich erst einmal hineinziehen in diese Spirale, was bedeutet: Ich bin in solch einer Situation, meist unbewusst, voll involviert, identifiziere mich damit.

Auch wenn dies passiert, ist das noch kein Drama. Wichtig ist, dass ich es irgendwann erkenne, und in dem Augenblick, in dem ich es erkenne – und dies ist festzumachen an solchen Gedanken wie: „Was passiert da jetzt gerade? Was ist das für ein Unsinn? Welcher Teufel reitet mich oder aber den anderen gerade?" -, dann darfst du jubeln, denn dies ist die zweite Möglichkeit, aus der Rolle des Involvierten in die Rolle des Beobachters zu schlüpfen. Und sobald du in der Beobachterrolle steckst, hast du das Zepter in der Hand, kannst zunächst beobachten und wirst dann ganz oft feststellen, wie komisch deine Gedanken oder die Situationen waren, ein Schmunzeln bis hin zu einem herzhaften Lachen steigt in dir auf. Lass dich von diesem aufsteigenden Lachen anstecken, das nimmt sofort die Ernsthaftigkeit der Situation des Kampfes, nimmt die Angst, besetzt zu sein, erleichtert und lässt dich auf wunderbar erfrischende Art und Weise erkennen, wie schön dieses Spiel, dieses Mysterium namens Leben sein kann. Meist helfen dieses Lachen oder auch nur das Schmunzeln bereits, all die negativen Gefühle, die in dir aufsteigen, sich zu neutralisieren, zu verwandeln in ein Gefühl der Freude, der Liebe, des Glücks.

Wenn sich jedoch manche Gedanken oder Worte ganz hartnäckig in dir breitgemacht haben, wenn sie sich aus alter Gewohnheit in dir so wohlfühlen, wenn sie sich häuslich eingerichtet haben, nach dem Motto: „Hier gefällt es mir, da weiche ich keinen Millimeter"... Dies ist durchaus der Fall bei Mustern, die sich im Laufe der Zeit sehr tief in uns eingeprägt, ja regelrecht eingefressen und sich schon ganz mit uns verbunden haben, ... dann kann ein Gespräch mit einem Freund eine heilsame Hilfe darstellen. Dann ist es wichtig, sich diese Gedanken, die sich ganz fest eingenistet haben, sozusagen von der Seele zu reden.

Ich denke, dass die Beichte ursprünglich genau für diese Zwecke gedacht war. Wenn verletzende Gedanken ausgesprochen und dann liebevoll mit der Hilfe Jesu Christi losgelassen werden dürfen, dann entsteht in mir eine Befreiung, dann werde ich, nicht zuletzt, weil Jesus sich den Menschen ganz angenommen hat, ganz frei von meinen negativ besetzten Gedanken und Worten.

Das Phänomen Zeit

Wir Menschen leben scheinbar alle in der gleichen Zeitschiene, was bedeutet, dass auf der gesamten Erde ein System vorhanden ist, das, bedingt durch den Tag-Nacht-Rhythmus, eine Einteilung von regelmäßig wiederkehrenden vierundzwanzig Stunden vornimmt, die wie selbstverständlich in die horizontale Richtung führt. Was das Empfinden dieser horizontal ablaufenden Zeit für den Einzelnen bedeutet, ist völlig unterschiedlich.

Wenn ich beispielsweise eine bestimmte Aufgabe mit Freude und Liebe angehe, so kann es passieren, dass ich durch meine völlige Versunkenheit in diesen Augenblick, in diese Aufgabe, die Zeit „vergesse", sie fließt einfach dahin, und irgendwann stelle ich dann fest, dass ja schon zwei Stunden vergangen sind, mir selbst aber ist es wie ein Augenblick vorgekommen.

Oder aber das Gegenteil: Ich bin gezwungen, etwas zu tun, das mir keine Freude bereitet. Bei dieser Aufgabe können sich schon fünf Minuten wie Stunden anfühlen. Andererseits kann auch ein großer Druck, dem ich ausgesetzt bin, wie zum Beispiel eine Prüfungssituation, dazu führen, dass ich wie gehetzt lerne, und mir dann doch die Zeit „davonläuft".

Die Zeitempfindungen sind sehr vielfältig, und vor allem gestalten sie sich für jeden Menschen in anderer Weise. Dies bedeutet, dass Zeit nicht statisch ist, sondern dynamisch, sie sich ganz nach meinem Empfinden ausdehnt oder aber auch zusammenzieht.

Nun denken wir doch aber ständig, dass diese Zeit uns in gewisser Weise unter Druck setzt, da sie nach unserem Empfinden begrenzt ist. „Wir haben ja nur dieses eine Leben." – „Wir müssen unbedingt unsere Zeit sinnvoll nutzen, sonst ist sie vertan." Solche Aussprüche sind uns hinreichend bekannt. Doch was steckt wirklich dahinter oder, was bedeutet es ein sinnvolles Leben zu führen, die Zeit sinnvoll zu nutzen?

Auch dieses „sinnvoll" gestaltet sich für jeden Menschen in unterschiedlicher Weise. Einer spricht von einem sinnvollen, erfüllten Leben, wenn er sich mit Hingabe für andere Menschen eingesetzt hat, ein anderer empfindet es als sinnvoll, für sich selbst möglichst viel zu erreichen, die Karriereleiter zu erklimmen und am Ende seines Lebens ganz oben auf dem Gipfel zu stehen. Unterschiedliche Ansichten, die nicht bewertet werden können.

Doch genau bei diesem Bewerten anderer Menschen fängt das Dilemma an. Unterschiedliche Menschen setzen unterschiedliche Maßstäbe, die jedoch alle ihre Gültigkeit haben. Sobald ich anfange, mir Gedanken über den anderen zu machen, Gedanken wie: „Der nutzt seine Zeit aber gar nicht sinnvoll, der hängt ja den ganzen Tag nur in seinem Atelier rum, und so wirklich will da nichts Gescheites rauskommen. Das kann doch gar nicht sinnvoll sein.", mache ich mir ein Urteil über andere.

Natürlich kann ich solche Phänomene bei meinem Nächsten beobachten und genau hinschauen und dann vielleicht feststellen, dass so ein Gefühl von Neid in mir entsteht, dass ich den anderen beneide, wie er sich so sorglos seiner Kreativität hingeben kann, ohne ein wirklich sichtbares Ergebnis, ohne einen Gedanken an Zwang, an Leistung.

Wenn ich dann diese Gefühle in mir wahrnehme und mit einem Lächeln liebevoll auf das, was an Gedankengerüst alles so in mir ist, schaue und begreife, dass ich mit meinem Urteil nur mir selbst schade und durch mein Erkennen, durch mein bewusstes Hinschauen die Möglichkeit erkenne, etwas zu ändern in meinem Leben, dann kann sich mein Herz freuen, dann darf mein Herz vor Freude singen und jubilieren. Ich habe erkannt, dass der Sinn des Lebens im Leben selbst liegt, im Genießen jeden Augenblicks, so wie er sich gerade in mir oder auch in den Beziehungen zu meinen Mitmenschen zeigt.

Wenn ich dann noch beginne, das Leben selbst als Mysterium zu sehen, das niemals und von niemandem wirklich durchdringend verstanden werden kann, sondern dass „lediglich" gelebt werden möchte, in vollen Zügen gelebt werden möchte, dann stellt sich eine Leichtigkeit in mir ein. Ich muss nichts mehr leisten, um anerkannt zu werden, um mir selbst sagen zu können, dass ich ein sinnvolles Leben führe, um den Sinn irgendwo im Nirgendwo zu finden. Ich kann mich annehmen, genauso wie ich bin, kann dem Raum geben, was in mir ist, kann dem Blühen und dem Gedeihen in mir einen Platz bieten.

Denn es geht in diesem wunderbaren Leben nicht um ein Kämpfen, um ein Machen und ein Tun, es geht darum, dass ich mich diesem Leben, dieser wunderbaren Schöpfung ergebe und zulasse, was in mir ist. Dann kann ich wirklich ruhig werden, mich entspannen und meiner Kreativität, all dem, was in mir ist, Raum geben.

Wenn all das fließen darf, dann kommt es zu genialen Taten. Dann entsteht das, woraus Genies schöpfen, aus dem Sich-Ergeben entsteht aus Gnade Kreativität und Wunderbares.

Beobachtungen zu Veränderungen in unserer Zeit

Wenngleich es im eigentlichen Sinne die Zeit in horizontaler Richtung gesehen gar nicht gibt, so ist doch für unser Denken und innerhalb dessen für unser Ordnungsempfinden eine Definition in fortlaufender Richtung notwendig.

Wenn ich nun zurückblicke in die Zeit, in der ich erwachsen wurde und meine eigene Familie gründete, so kann ich für mich behaupten, dass ich damals alles, was neu in mein Leben kam, auch tatsächlich als Neuerung empfand, auch die Ereignisse, die sich in der Außenwelt abspielten, wie die Olympischen Spiele oder der Eurovision Songcontest, waren, verglichen mit Ereignissen der Vergangenheit, für mich völlig neu. Jedoch nur meinem Empfinden nach. Das, was sich in der Vergangenheit ereignete, war für mich wie aus einer altmodischen Welt, ich konnte die Denkweise früherer Generationen nicht unbedingt schlüssig nachvollziehen.

Im Laufe der Zeit merkte ich dann jedoch, dass alle Dinge zwar immer wieder neu in Erscheinung traten, sich aber stets in gewisser Hinsicht ähnelten, sich wiederholten. Liegt es daran, dass ich mit der Zeit aus meinen Erfahrungen immer mehr erkannte, und alle erkannten und gelernten Erfahrungen sozusagen abhakte und in mein System integrierte? Sodass ich sozusagen in meiner eigenen Welt lebte, die ich jedoch mit vielen anderen Menschen teile? Oder gibt es tatsächlich eine Welt, die für alle gleich aussieht und sich in ihrer Gesamtheit wandelt und weiterentwickelt?

Auf den ersten Blick sieht dies erneut wie ein Widerspruch in sich aus, und lange Zeit war ich in diesem Widerspruchsdenken verankert beziehungsweise konnte mir einerseits nicht vorstellen, dass meine Empfindungen in mir so anders sind als die der anderen Menschen, andererseits und gleichzeitig fühlte und merkte ich jedoch, nicht alle Menschen dachten und empfanden wie ich. Das verwirrte mich sehr, ich kam mit diesem Widerspruch in mir nicht klar. War, wenngleich ich auch tiefe Empfindungen in meinem Herzen verspürte, doch wieder mit den logischen Erklärungen meines Verstandes verbunden.

Diese Verwirrungen waren notwendig, damit mir klar wurde, dass das Leben an sich, sowie auch viele Ereignisse im Leben eines Menschen, tatsächlich eine Dichotomie darstellen und dass sich auch diese Widersprüche auflösen, sobald sie akzeptiert, angenommen und integriert werden.

Wir alle sind verschiedenartige einzigartige Wesen, und doch sind wir auch gleich und durchlaufen verschiedene Stationen des Lebens. Währenddessen befinden wir uns oftmals auf unterschiedlichen Ebenen. Besonders deutlich wird dies in Situationen, in denen mich der andere plötzlich nicht mehr versteht, meine Denkweise, meine Gefühlswelt nicht mehr nachvollziehen kann. Und trotzdem sind wir alle bereits angekommen. Wir laufen auf der Zeitschiene in die horizontale Richtung und erleben doch immer wieder die Zeit auch vertikal als eine enorme Fülle von Möglichkeiten der Lebensgestaltung.

Dass wir uns oft so schwertun diese Dichotomie in Einklang zu bringen, hängt mit einem Ausschließlichkeitsdenken zusammen, dass wir auch in der Mathematik finden. Es ist für unser logisches Denken nicht möglich, gegensätzliches Denken gleichzeitig als schlüssig zu erkennen. Es kann immer nur schwarz oder weiß geben. „Schweiß" ist unmöglich. (Lach) Und doch ist dies nichts anderes, als beiden Seiten ihre Berechtigung zu geben und in Balance zu bringen.

Es gibt eine wunderschöne Geschichte von Leo Leonie „Das kleine Blau und das kleine Gelb", die sehr deutlich erzählt, dass es durchaus möglich ist, Gegensätze zu vereinen.

> *„Wir sehen das kleine Blau. Zuerst ist es daheim bei Papa und Mama Blau. Das kleine Blau hat viele Freunde, aber sein bester Freund ist das kleine Gelb, das im Haus gegenüber wohnt. Wie gern sie doch Verstecken spielen und Ringel-Ringel-Rose! In der Schule sitzen sie in ordentlichen Reihen. Nach der Schule laufen und springen sie herum.*
>
> *Eines Tages geht Mama Blau einkaufen. „Du bleibst zu Hause", sagt sie zum kleinen Blau. Aber das kleine Blau geht nach draußen, das kleine Gelb zu suchen. O weh! Das Haus gegenüber ist leer. Es sucht hier und dort und überall … bis plötzlich, um die Ecke, das kleine Gelb dasteht! Fröhlich umarmen sie einander; und auf einmal sind sie grün.*
>
> *Darauf gehen sie in den Park, um zu spielen. Sie laufen durch einen Höhlengang. Sie jagen ein kleines Orange. Sie klettern auf einen Berg. Als sie müde werden, gehen sie heim.*
>
> *Aber Papa und Mama Blau sagen: „Du bist nicht unser kleines Blau – du bist grün!"*
>
> *Und Papa und Mama Gelb sagen: „Du bist nicht unser kleines Gelb – du bist grün!"*
>
> *Das kleine Blau und das kleine Gelb sind sehr traurig. Sie weinen große blaue und gelbe Tränen. Sie weinen und weinen, bis von ihnen nur noch Tränen übrig sind. Da nehmen sie sich ganz fest zusammen und sagen dann: „Werden sie uns jetzt glauben?"*

Mama Blau und Papa Blau sind sehr glücklich, ihr kleines Blau wiederzuhaben. Sie umarmen und küssen es. Und sie umarmen auch das kleine Gelb … Aber schau! Jetzt werden sie grün!

Jetzt wissen sie erst, was geschehen war, und so gehen sie nach drüben, um die gute Nachricht zu überbringen. Sie alle umarmen einander vor Freude, und die Kinder spielen bis zum Abendessen.

(Lionni, S. 9ff)

Warum wir Freude und Befriedigung daran haben, über andere zu reden und zu urteilen

Wir treffen einen guten Bekannten, beginnen nach dem anfänglichen „Wie geht's dir so? – Austausch" ein lockeres Gespräch mit ihm.

Versuche doch mal bei der nächsten Gelegenheit, die sich dir bietet, ganz bewusst in die Beobachterrolle zu schlüpfen! Vielleicht merkst du, dass das Gespräch in eine Richtung führt, die sich mit anderen Menschen beschäftigt. „Hast du schon gehört, was dem Herrn Meyer geschehen ist?" oder „Stell dir vor, was mir Frau Müller letzte Woche von ihrem Onkel erzählt hat." Und schon sind wir mitten drin und denken uns gar nichts dabei. Denn dieses Sprechen über andere Menschen lässt in unserem Körper Hormone ausströmen, die sich gut anfühlen. Dieses Reden oder gar Lästern über andere Menschen ist dann wie ein Ventil, das all den Stress, der sich immer wieder in uns ansammelt, abbaut und uns dadurch ein gutes Gefühl gibt.

Wenn du dich also über deinen Chef geärgert hast, weil er wieder mal Unmögliches von dir verlangt hat, dann hat das Sprechen darüber und das Lästern eine abreagierende Wirkung zur Folge.

Nach dem Gespräch mit meinem Kollegen fühle ich mich wieder viel besser, denn ich konnte meinem Ärger Luft machen. Es stellt einen Prozess in meinem Körper dar, der ganz unbewusst abläuft, was jedoch umgekehrt bedeutet, dass ich jederzeit die Möglichkeit geboten bekomme, mich auch ganz bewusst aus diesem Prozess herauszunehmen. Und statt des Abreagierens, des Luftmachens, kann ich dann beginnen, mir selbst Gutes zu tun.

Was ist dran am radikalen Konstruktivismus?

Der radikale Konstruktivismus, wie ihn Ernst von Glaserfeld begründete, besagt, sehr vereinfacht ausgedrückt, dass sich das gesamte Leben stetig aus sich selbst heraus immer wieder neu erschafft. Der Kern dieser Aussage ist, dass das, was ein Mensch wahrnimmt von der Außenwelt nicht das tatsächliche Bild der Realität, wie sie sich für alle Menschen (?) darstellt, liefert, sondern dass diese Realität für jeden Menschen immer wieder eine Neukonstruktion aus den Sinnesreizen und dem Gedächtnis bildet. Aus diesem Grunde kann es keine Objektivität geben, sondern jede Wahrnehmung bleibt immer subjektiv.

Es bedeutet demnach, unter Zugrundelegung der Erkenntnisse des Konstruktivismus, für den Menschen, dass er sich selbst, aber auch seine Umwelt, seine Realität durch seine Sinne, also durch Gefühle verbunden mit Gedanken und seinen Worten, also durch verschiedene Formen von Energie, erschafft. Demnach wäre dann auch jeder Mensch für das, was in ihm und mit ihm passiert, und für alle Situationen und Erfahrungen, die er erlebt, ganz allein verantwortlich. Das hört sich ja eigentlich sehr gut an. Denken wir jedoch an all die Situationen, die wir tagtäglich erleben, und auch die Krankheiten, die irgendwie immer wieder entstehen, können wir dieser Position wohl nicht zustimmen. Denn welcher Mensch erschafft sich bewusst Krankheit, Unfall oder Leiderfahrungen?

Das Stichwort dazu liefert das Wort „bewusst". Vieles das uns begegnet, was wir erleben, ist bereits Erlebtes aus der Vergangenheit. Der Verstand speichert alle Erfahrungen, alle Reize, ob gut oder leidvoll. Natürlich sind wir uns dessen meist nicht bewusst. So geschehen die Abläufe mechanisch ohne unsere bewusste Aufmerksamkeit. Dies bedeutet, dass wir immer wieder unbewusst in die (fast) gleichen oft leidvollen Situationen gehen. Und dadurch, dass alle Lebewesen aufgrund ihrer meist unbewussten Gedanken, Gefühle und Worte Energien ins Außen projizieren, werden auch andere Lebewesen in ihrer Schöpfung beeinflusst.

Auf einem Seminar von Pierre Frank durfte ich einmal erleben, welche Macht „lediglich Gedanken" auf andere Menschen ausüben können. Dabei kam eine Frau auf die Bühne, und eine Gruppe von etwa vierhundert Menschen schickte im ersten Versuch eine Fülle positiver Gedanken in Richtung dieser Frau. Gedanken wie „Ist das eine mutige Frau, die sich traut, auf die Bühne zu gehen."

Beim zweiten Versuch wurden sehr negative Gedanken geschickt. Durch den Muskeltest aus der Kinesiologie sowie durch Befragung wurde festgestellt, dass die negativen Gedanken die Dame enorm schwächten und die positiven Gedanken ein Gefühl der Freude und Zufriedenheit in ihr bewirkten.

Gedanken können tatsächlich krank machen und andere Menschen beeinflussen. Eine Beeinflussung im Sinne von Stärkung oder Schwächung findet allerdings (nur) im unbewussten Zustand statt. Dies bedeutet, dass der Mensch diesen Energien dann tatsächlich ausgeliefert ist, sich schlecht fühlt und dadurch diesen Zustand des „sich schlecht Fühlens" aufrechterhält. Wie in einem Kreislauf kann er keine positiven Gedanken und Gefühle mehr in sich zulassen. Es kommt zu einer regelrechten Hilflosigkeit des Menschen. Krankheit und Leid haben dadurch freie Bahn.

Ein Ausbrechen aus diesem Kreislauf ist zwar tatsächlich relativ schnell möglich, benötigt jedoch ein radikales Umdenken, eine radikale Bewusstwerdung. Indem ich in die Beobachterrolle schlüpfe und mir zunächst einmal genau betrachte, was in mir gerade in diesem Augenblick geschieht, und auch die Ereignisse in der Außenwelt genau beobachte, bin ich bereits aus dem Kreislauf ausgestiegen. Es benötigt lediglich einen Moment des Innehaltens mit der Frage: „Was geschieht jetzt gerade in mir sowie außerhalb von mir?"

In diesem einen Moment halte ich das Rad an. Durch bewusstes Hinschauen und aktives Hineingehen setze ich ein Nein zum unbewussten „gelebt werden" und gehe dadurch den ersten Schritt in ein bewusst gelebtes Leben, sage Ja zum Leben, so wie es ist.

Wenn ich diese Augenblicke dann immer mehr ausdehne, stelle ich mit der Zeit fest, dass ich die Welt, wie ich sie bisher gesehen habe, nur durch immer wieder wechselnde Brillen betrachtete. Sah sie aus den unterschiedlichen Rollen heraus. Zum Beispiel aus der Rolle der Mutter meiner Kinder mit der Mutterbrille, oder aus der Rolle der Frau in mir mit der Frauenbrille.

Wenn ich aussteige aus diesen Rollen, die ich mir selbst schuf oder die mir natürlich auch durch die Außenwelt immer wieder zugeschrieben wurden, dann sehe ich die Welt, meine Außenwelt, die Menschen und die Situationen, in denen ich stehe, ohne diese Brillen, ganz so wie sie sind. Und zum ersten Mal kann ich wirklich sehen.

Manchmal fällt es mir jedoch sehr schwer, eine bestimmte Brille abzulegen, gerade dann, wenn ich zum Beispiel ganz in meiner Rolle als Mutter aufgehe, Freude und Anerkennung für all das, was ich für die Kinder tue, genieße. Dieses Gefühl, von anderen gebraucht zu werden, tragen gerade die Mütter in sich. Und ganz egal, ob ich diese Anerkennung auch tatsächlich in angemessener Form von meinen Kindern bekomme oder aber, wie es vielen Müttern aus früheren Generationen ging und geht, ich mich aufzehrte für die Kinder und keinerlei Dank und Freude ernte, fällt es mir trotzdem oder vielleicht sogar gerade dann schwer, aus dieser Rolle zu schlüpfen. Denn der Wunsch, endlich die notwendige Anerkennung zu erhalten, ist eingeprägt und kann oft nur sehr schwer losgelassen werden. Doch genau dieses Loslassen, dieses Aussteigen aus bestimmten, eingeprägten Rollen ist es, was mich ganz frei macht, was mich auf den Weg zu mir selbst, auf den Weg zum Bewusstsein bringt. Und auch hier bedarf es „lediglich" eines kleinen Schrittes, weg aus der Gefangenschaft eingeprägter Muster in uns, hin zum beobachtenden, in sich ruhenden Menschen. Und noch eine weitere Zutat ist zumindest in der Anfangszeit noch von großer Bedeutung, die Zutat Geduld. Geduld mit mir selbst, Geduld, wenn ich in mir nur ganz kleine Schritte erkennen kann. Doch für diese kleinen Schritte darf ich jetzt schon dankbar sein, denn sie sind sichtbar, und ich selbst bin diese Schritte gegangen.

Ist das Phänomen der Autopoiesis auch im Menschen aktiv?

Die chilenischen Biologen und Philosophen Humberto Maturant und Francisco Varela machten bereits in den 1970er-Jahren eine Entdeckung von naturwissenschaftlichen Phänomenen, die sie Autopoiesis (griech. Selbst-Erzeugung) nannten. Demzufolge soll sich alles, was lebt, aus sich selbst heraus erzeugen. Auf den Menschen übertragen kaprizieren sie, dass das menschliche Erkennen, also die Wahrnehmung, ein biologisches Phänomen sei und nicht durch Dinge und Situationen der Außenwelt, sondern einzig durch die Struktur des Menschen bestimmt ist.

Da Menschen über ein in sich geschlossenes Nervensystem verfügen, das nicht unterscheidet zwischen inneren und äußeren Reizen, sind die tatsächliche Wahrnehmung und die Illusion, also das was nur im Kopf stattfindet, heißt: der innere und der äußere Reiz, praktisch nicht unterscheidbar. Immer sind die Aktivitäten der Menschen auf den jeweiligen einzelnen Menschen gerichtet, also subjektgebunden, und damit nicht auf andere übertragbar (vgl. Von Schlippe/Schweitzer, Lehrbuch der systemischen Therapie und Beratung, S. 68)

Bedeutet dies dann für den Menschen, dass er seine stetige Wandlung und Weiterentwicklung über Prozesse, die sich aufgrund des Denkvorgangs, und Instrumente wie der Sinnesorgane entwickeln, quasi aus sich heraus immer wieder in Gang setzt und damit seine innerliche Befindlichkeit, aber auch seine ihm im Äußeren begegnende Welt selbst steuert? Dabei kann es auch zu regelrecht chaotischen Verhältnissen innerhalb eines Systems kommen, die wiederum durch kleinste Reize von außen, aber auch aus dem Inneren des Menschen wieder zu vollkommen stabilen Verhältnissen führen können.

Vergleichbar ist dies zum Beispiel mit einem Menschen, der in sich eine Angst spürt, die ihn extrem unruhig werden lässt, ja, ihn gar in Panik versetzt, und dieser dann durch bewusstes Ein- und Ausatmen seinem System etwas zuführt, das diese Panik sofort abfließen lässt.

Bewusstes Atmen

Sollten wir dann nicht genau beim Atem anfangen oder immer, wenn in mir oder auch im Außen etwas entsteht, das mir Angst macht, ganz bewusst und lange ein- und ausatmen. Der Atem beruhigt mich, der Atem verlangsamt mein Tun. Im Moment des Atmens sind die Gedanken beim Atem.

Gibt es ein „Zuviel“ an Liebe?

Dies ist jetzt gerade der Moment, in dem mein Verstand mir sagt: „Was soll das nun wieder sein? Beschäftige dich mit anderen Dingen. Das ist keine geeignete Überschrift.“ Trotzdem muss ich einfach weiterschreiben.

Gibt es ein „Zuviel“ an Liebe?

Ich wurde geboren aus der Liebe und habe in meiner Kindheit schon immer den Drang in mir verspürt, möglichst alles und alle Menschen zu lieben, bis ich immer wieder schmerzvolle Erfahrungen machte, wenn mir zum Beispiel jemand sagte, dass man doch nicht alles lieben könne.

Auch Verletzungen, die in meiner Kindheit stattfanden, verstand ich nicht recht. Wenn man doch nur wieder lieb ist, dann ist doch alles vergessen. Aber nein, so ist das nicht, das gilt nicht für alles. (?) Wenngleich meine Sichtweise durch all die erzieherischen Maßnahmen, die ich genoss, immer weiter eingeschränkt wurde, bewahrte ich mir doch immer einen Leitsatz im Hinblick auf die Erziehung meiner eigenen Kinder: „Erziehung = Liebe, Liebe und nochmal Liebe.“

Natürlich gab es auch Situationen, vor allem, wenn etwas trotz meiner Liebe nicht ganz so gut klappte in der Kindererziehung, in denen ich Angst bekam. Vielleicht ist das ja gar nicht richtig, nur immer Liebe zu geben. Vielleicht ist doch etwas dran an dem Satz, den meine Patin sagte: „Wen Gott liebt, den züchtigt er.“

Ich bin meiner Patin, die eine gläubige Christin war, sehr verbunden, deshalb muss doch auch etwas an diesem Satz sein. Oder kann es sein, dass dieser Satz mehrere Bedeutungsebenen beinhaltet? Einmal aus der Position des Erziehenden, der nur seine Machtposition dazu nutzt, seiner Liebe Ausdruck zu geben und daher zu Mitteln wie Zucht greifen muss, oder aber auch tatsächlich aus der Sicht Gottes, sodass dieser Satz eine viel tiefer gehende Bedeutung hervorruft, indem ich diese Liebe Gottes in mir finde und die Zucht von mir verlangt, bewusst auf die Situation zu schauen, ein lockerer Umgang uns jedoch ganz schnell in die Unbewusstheit zieht, sodass wir Gottes Liebe gar nicht mehr bewusst erkennen können.

Interessant dabei ist es, zu erkennen, wie unterschiedlich doch ein paar Worte gesehen und interpretiert werden können. Unser wunderbarer Verstand sieht im Wort „Zucht“ sogleich etwas Negatives, er nimmt also eine Bewertung vor, und etwas Negatives kann doch nicht mit der Liebe in Verbindung gebracht werden. Es entsteht ein Widerspruch in sich.

Doch genau darum geht es: auch diesen Widerspruch, der sich immer wieder in unserem Leben auftut, bewusst anzunehmen, ihn das sein zu lassen, was er ist, etwas das nicht verstanden wird, zumindest nicht gleich. So ist ein Weg; dieses

Unverständnis nicht schon gleich wieder mittels logischen Verstandes erklären zu wollen, und unser Verstand ist da wirklich sehr erfinderisch, sondern erst mal beobachten, was sich zeigt. Vielleicht zeigt es sich erst zu einem späteren Zeitpunkt. Und wenn ich der Meinung bin, dass sich vielleicht ein Zuviel an Liebe auch sehr destruktiv auswirken kann, so nehme ich das hin und lasse mich liebevoll trösten durch Geschichten, die von der heilenden Wirkung der Liebe berichten, oder aber auch vom „Hohe Lied der Liebe" aus der Bibel.

Dann erkenne ich ganz klar. Nein, es gibt kein Zuviel an Liebe, doch ist es wichtig, nicht die Augen vor der Angst und vor dem Schmerz zu schließen, auch die Angst im anderen sowie in mir selbst zu erkennen und zuzulassen, um sie dann mit der Liebe zu umarmen und in die Balance zu bringen.

Ich war sehr froh, als mir diese Erkenntnis endlich zu eigen war, es benötigte jedoch eine gute Portion Vertrauen und auch Zeit, all dem zu erlauben, da zu sein.

Warum das Zeitalter der Geheimnisse vorbei ist

Es war schon immer etwas ganz Besonderes. Das Geheimnis. Als Kind war ich ganz stolz, wenn mich jemand in ein Geheimnis einweihte. Und erzähl es auf keinen Fall jemandem weiter, sonst ist es ja kein Geheimnis mehr.

Und oh wie schwer war dies, ganz still zu sein, niemandem etwas davon zu erzählen. Und dann passierte es manchmal irgendwie doch, dass man sich verplauderte. Das war dann schlimm.

Mein Vater schrieb in mein Poesiealbum: „Geheim ist, was außer dir und Gott niemand weiß, was drei wissen, weiß die ganze Welt. Denke immer daran, bevor du jemandem etwas mitteilen willst, was geheim bleiben soll". Diesen Spruch hatte und habe ich tatsächlich immer wieder im Kopf, wenn es um Geheimnisse geht.

Doch warum braucht es denn überhaupt Geheimnisse? Was liegt hinter der Geheimniskrämerei? Sind es vielleicht irgendwelche Dinge, die man angestellt hat, die dann niemand wissen darf, also Dinge, die tatsächlich nur dich selbst und wenn, dann überhaupt nur Gott angehen?

Wenn etwas geheim gehalten werden soll, dann liegt der Ursprung meist in einer Angst begründet. Ein bestimmtes Bedürfnis in mir wurde befriedigt, nun habe ich Angst davor, dass, wenn ein anderer davon erfahren würde, er dann wieder etwas davon nehmen könnte, sodass in mir ein Mangel entsteht. Dieser Mangel wiederum lässt mich nicht ganz sein, lässt mich nicht eins sein, es ist das Gefühl der Trennung, vor dem ich mich fürchte, sodass ich alles dafür tun würde, um dieses Geheimnis zu bewahren.

Dem entgegen steht jedoch der soziale Mensch, der ein zutiefst eingeprägtes menschliches Grundbedürfnis in sich spürt. Ich möchte mich anderen Menschen mitteilen. Kommunikation, soziale Kontakte sind lebensnotwendig. Es entsteht also ein Widerspruch, der sich stets aufs Neue auftut, sobald ich der Erfüllung möglichst aller Bedürfnisse des Menschen nachjage. Und in diesem Widerspruch liegt das eigentliche Problem begründet. Unser menschlicher Verstand reagiert auf einen Widerspruch mit einer Blockade, und es sind zwei Wege, die der Mensch meist anwendet, um diese Blockade zu überwinden. Zum einen ist es der Kampf, der – je nach intellektueller Bildung – auf unterschiedlichen Ebenen abläuft, wie zum Beispiel gleich durch das Gefühl der Hilflosigkeit zu Wut und unüberlegten Kampfattacken führen kann, oder aber auch über den Weg langer Erklärungsstrategien, also dem Versuch, diese Blockade vollständig aufzuklären und einen Sinn darin zu finden.

Wenn ich beispielsweise als Erwachsener immer wieder auf Blockaden stoße, die mich daran hindern, eine erfüllende Beziehung zu leben, dann versuche ich, auf dieser Ebene genau zu recherchieren, möchte wissen, woran das liegen könnte, indem ich herausfinde, dass ich in der Kindheit zum Beispiel Opfer eines Missbrauchs war.

Eine zweite Strategie, die vor allem in dem genannten Beispiel ganz automatisch immer wieder zum Tragen kommt, ist die Strategie des Verdrängens. Ich möchte mit diesen Verletzungen nicht mehr in Berührung kommen, diesen nie mehr ausgesetzt werden. So flüchte ich mich daher ins Vergessen. Leider vergisst unser System nichts, sodass ich in meinem weiteren Leben immer wieder damit konfrontiert werde und es nur kurzfristig zu einer Lösung kommt.

Ein ähnliches Prinzip des Verdrängens liegt vor, wenn sich Menschen dem Leben nicht mehr gewachsen fühlen, viele Probleme von außen auf sie einwirken; dann kann der Körper mit Krankheit darauf reagieren. Ein Bauer, der Stück für Stück seinen Hof auflösen musste, weil seine Kinder ihn nicht übernahmen, kam mit dem Verlust nicht klar. Die Reaktion war ein Schlaganfall, der ihn zu einem glücklich gelebten Lebensabend führte. Heute macht er sich, egal was geschieht, resultierend aus den Folgen des Schlaganfalls, keinerlei Gedanken und Sorgen mehr, lebt glücklich im Augenblick und empfindet dadurch noch wirkliche Freude im Leben. Dies sind also die zwei Methoden, denen sich der Mensch in Situationen, in denen er keinen Ausweg mehr sieht, bedient. Kampf oder Flucht, die urältesten Strategien.

Nun kommt Jesus, nimmt Bezug auf das, was bei Jesaja geschrieben steht, und behauptet, dass das Reich Gottes dann gekommen sei, wenn das Lamm beim Löwen liege, der Kampf, der ja in der Natur als ein ganz natürlicher Kampf angesehen wird, ein Ende habe. Alle Lebewesen, ob Mensch oder Tier und auch die Natur gehen Hand in Hand, ohne Angst, ohne Kampf.

Auch Jesus hat sich des Geheimnisses bedient, als er dem Geheilten sagte, er solle niemandem davon erzählen. Doch dieser hat es trotzdem getan. Jesus jedoch wollte seine Wundertaten aus einem ganz bestimmten Grund geheim halten. Er wollte nicht als etwas Besonderes gelten, um nicht den Neid der Pharisäer auf sich zu ziehen. Er wusste, dass er in einer Zeit lebte, in der seine Wundertaten als Hexerei und fauler Zauber verurteilt werden würden, dass er in einer Zeit lebte, in der seine Worte von den meisten Menschen noch nicht verstanden werden konnten. Er wusste genau, dass die Generation, in der er lebte, ihn nicht erkennen kann.

> *„Und hinaus gingen die Pharisäer und begannen zu streiten mit ihm, verlangend von ihm ein Zeichen vom Himmel, versuchend ihn. Und aufstöhnend in seinem Geist, sagte er: „Was verlangt dieses Geschlecht ein Zeichen? Amen, ich sage euch, nicht wird gegeben werden diesem Geschlecht ein Zeichen."*
> *(Mk 8,11-12, MNT S. 84)*

Er hat daher nicht aus Angst vor Verfolgung so gehandelt, sondern aus Schutz und Liebe für die Menschen, die er heilte. Jesus war radikal, doch er wusste genau in welche Zeit er gestellt war und dass ihm ein Mehr an Radikalität noch viel schneller das irdische Leben gekostet hätte. Er ist zu uns gekommen, um uns eine frohe Botschaft zu verkünden und den Menschen, die ihn verstanden, das Reich Gottes zu bringen.

Ein Spruch aus dem Thomasevangelium macht sehr deutlich, weshalb die Geheimnisse von der Kirche wie ein Augapfel gehütet werden, aus Angst, alle Menschen könnten ins Reich Gottes gelangen, wenn sie den Schlüssel dazu erhalten würden, aus Angst davor, dass die Macht der Kirche in der Art und Weise, wie sie Menschen aufbauten, verloren gehen würde. Diese Angst führt immer wieder dazu, dass übersehen wird, dass in diesem Reich Gottes alle Menschen sein dürfen, nicht nur ganz bestimmte Menschen, Menschen die besonders große Taten vollbracht haben. Nein, Jesus zeigte immer wieder, dass gerade die sündigen Menschen, die kranken, die armen Menschen Zugang zum Reich Gottes haben werden. Doch zunächst zum Wort aus dem Thomasevangelium:

> *„Jesus sagte: Die Pharisäer und die Schriftgelehrten haben die Schlüssel der Erkenntnis genommen und versteckt. Sie sind selbst nicht eingetreten und haben auch die, die eintreten wollten, nicht eintreten lassen. Ihr aber sollt klug sein wie Schlangen und unschuldig wie Tauben."*
>
> *(Verwandte Texte: Lk 11,52; Log 3 u. 67; Mt 10,16)*

Dietrich Koller meditiert diese Worte und bezeichnet sie sehr treffend als Schlüssel zur Freiheit.

> *„Einige unserer Kirchenväter wussten noch: Gnosis löst uns von unserer Blindheit, Gnosis macht uns mündig, Gnosis gibt uns alle Schlüssel und macht uns unabhängig von Priesterherrschaft und Herrschaftswissen. Gnosis verbindet uns unmittelbar mit unserem Geist. Einige unserer Kirchenväter versteckten den Schlüssel vor uns, denn sie fürchteten, dass wir uns mit ihm zu viel Freiheit erschlössen. Sie wollten, dass wir einfach nur glauben. Jahrhunderte blieb der Schlüssel versteckt, man dozierte über ihn, aber er verrostete, weil man sich vor seinem Gebrauch fürchtete. In unseren Tagen wurde er wiederentdeckt und in Gebrauch genommen: manchmal mitten in deiner Gemeinde, manchmal weit außerhalb der Gemeinde, wo immer du bist. Aber nur diejenigen sind deiner Gnosis würdig, die sich vor der Schlangen-Erkenntnis von Gut und Böse nicht fürchten und zugleich in der Tauben-Einfalt der Demut verharren."*
>
> *(Verborgene Jesusworte, Spruch 39)*

Es wird sehr deutlich, schon Jesus wies die Menschheit darauf hin, dass eine Offenheit, ein Vertrauen in das Leben notwendig ist, um das Leben zu kosten, um die Fülle und Vielfalt, die uns das Leben mit seiner Schöpfung bietet, genießen zu können. Nur wenn ich diese Fülle mit anderen teilen kann, werde ich wirklich satt, alles andere ist nur ein oberflächliches Sattwerden, das wieder und wieder zu Hunger führt. Wie Jesus so treffend formulierte:

> *„Amen, amen, ich sage euch: nicht Moses hat euch gegeben das Brot aus dem Himmel, sondern mein Vater gibt euch das Brot aus dem Himmel, das wahre; denn das Brot Gottes ist der Herabsteigende aus dem Himmel und Leben Gebende der Welt. (…) (Es) sprach zu ihnen Jesus: Ich bin das Brot des Lebens; der Kommende zu mir wird gewiss nicht hungern, und der Glaubende an mich wird gewiss nicht wieder dürsten."*
>
> *(Joh 6 32-35. MNT S. 190/191)*

Doch sehen wir uns aufgrund unseres christlichen Hintergrunds die Geschichte der Kirche an. Erwachsen aus der Auferstehung Jesu Christi, der uns bereits vor über 2000 Jahren verkündete und dann auch zeigte, dass wir vor dem Tod keine Angst haben müssen, dass wir den Teufel, der in Form von Versuchung und Angst zu uns kommt, nicht zu fürchten brauchen, wurden doch immer wieder, wie bei den Pharisäern seinerzeit, die Zeichen, die Jesus gegeben hat, nicht erkannt, die Gleichnisse, die er formuliert hat, nicht verstanden.

Wenn wir uns die Kirchengeschichte, wie sie sich in den vergangenen 2000 Jahren entwickelt hat, anschauen, so spielte sich innerhalb ihrer Mauern immer wieder sehr viel Leid ab, das eigentlich niemand so wirklich wollte. Wir leben doch nur aus dem Glauben heraus. Wir müssen doch nach gewissen Regeln leben. Es kann doch nicht jeder tun, was er will. Doch genau aus diesem Zwang heraus, den die Kirche vor allem den eigenen Mitarbeitern auferlegt, entsteht dann tatsächlich das Leid.

Wichtig ist jedoch; egal wie viel Leid auch innerhalb der Kirche zu finden ist, es hatte seinen Grund. Die Menschen auch innerhalb der Kirche sollten und sollen erkennen, dass mit Zwang und unter Auferlegung strenger Regeln der Dämon in uns nicht zu bekämpfen ist. Die Menschen sollen durch das Leid erkennen, dass nur ein Anerkennen, ein Ernstnehmen dessen, was jetzt in diesem Augenblick vor meinem Auge und auch in mir erscheint, Trost bietet. Die Menschen sollen erkennen, dass für das, was jetzt ist, die Verantwortung übernommen werden muss. Dass es nicht darum geht, dagegen anzukämpfen oder davonzulaufen, sondern dass es einen liebevollen, vertrauensvollen Blick auch auf die Unzulänglichkeiten, auf die Schmerzen, auf das Leid braucht, um Schritt für Schritt aus diesem Leid herauszutreten, das Leid und die Schmerzen liebevoll zu umarmen und mithilfe der väterlichen und mütterlichen Kraft Gottes zu wandeln, zu wandeln in Liebe. Zu wandeln in ein Leben, das uns die Kirche mit dem Paradies versprach.

Und obwohl dieses Paradies im Laufe unserer Zeitgeschichte gerade von der Kirche aus der Angst heraus immer als ein Ort im Jenseits beschrieben wurde, so hat uns schon Jesus mit seinen Worten:

„Das Reich Gottes ist bereits angebrochen, in dir"

angedeutet, dass dieses Paradies bereits zu Lebzeiten gefunden werden kann. Ja, es ist bereits in uns vorhanden und wir können es schon jetzt in uns spüren und leben, wenn wir uns den Ängsten in uns, den Dämonen, stellen und uns selbst mit Offenheit und Liebe begegnen. Die Geheimnisse, die wir in uns selbst tragen, hervorholen und in unser Leben integrieren. Aber auch die Geheimnisse, die wir vor anderen Menschen haben, aufgeben, und dadurch die Angst in unserem Inneren sowie die Angst, die wir vor anderen Menschen, vor bestimmten Situationen haben, verwandeln, verwandeln in Gottes wunderbare Liebe.

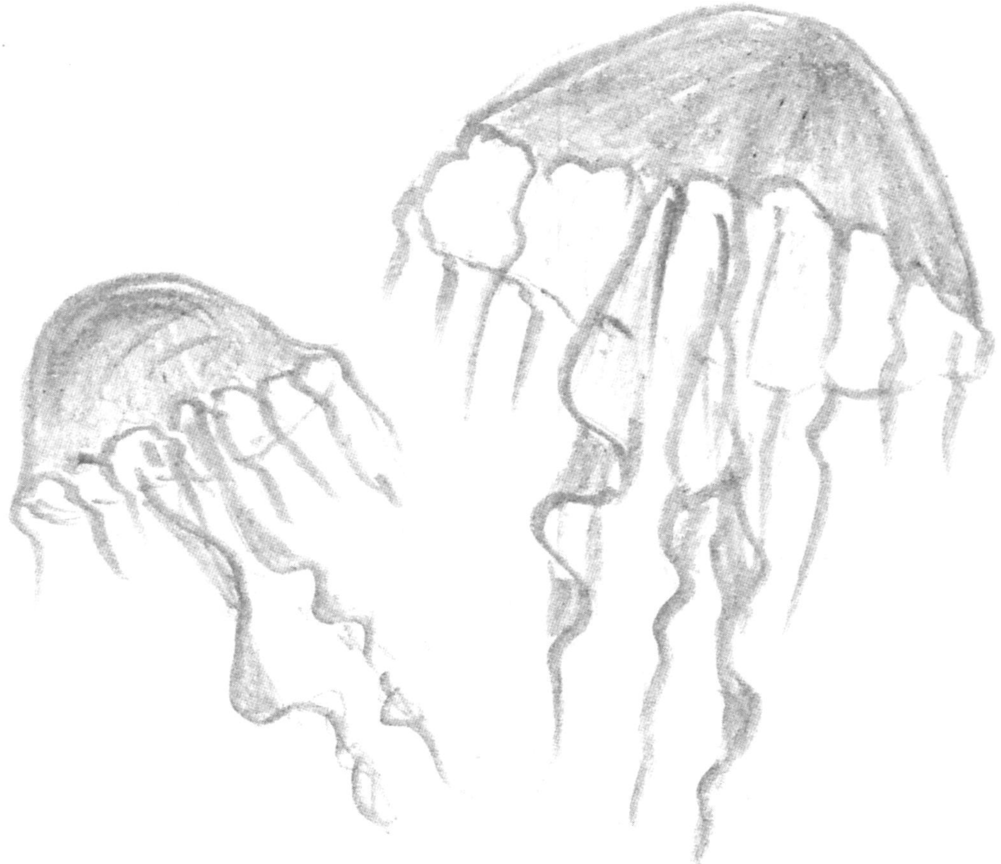

Die ach so starken Einflüsse der Außenwelt

Ich sitze auf dem Sofa und denke: „Ach, schreibst du heute noch ein paar Zeilen…" Gleich darauf kommt mein Sohn mit einem Lächeln, setzt sich neben mich auf das Sofa, und schaltet den Fernseher ein. Ich schaue normalerweise überhaupt kein Fern, und läuft der TV-Apparat dann doch einmal bei uns zu Hause, dann liegt das an meinen Kindern, und – ganz ehrlich – die Programme, die dann laufen, interessieren mich kein bisschen.

Doch trotzdem, dieser Einfluss von außen, der mich in keiner Weise interessiert, stört mich doch in meiner Kreativität, und tatsächlich bin ich immer wieder dazu verführt, doch ab und an einmal hinzuschauen und manchmal bei der ein oder anderen Einstellung zu verweilen. Nur wenn ich ganz aktiv, ganz bewusst beginne, den Fernseher auszublenden und vollkommen in meinem Bewusstsein bleibe, ist es mir überhaupt möglich, hier diese Zeilen zu schreiben.

Trotzdem bin ich immer noch den akustischen und visuellen Reizen ausgeliefert. Und diese und ähnliche Reize von außen stören mich nicht nur im jetzigen Augenblick bei bestimmten Tätigkeiten, diese Einflüsse gehen auch gleichzeitig, oft auf unbewusste Art und Weise, in mein System ein und bestimmen in künftigen Situationen meine Denk- und Verhaltensweise. Gerade im Hinblick auf die Erziehung unserer Kinder sollten solche Aspekte mit hinzugezogen werden. Was geschieht, wenn Kinder und Jugendliche ständig bestimmten Reizen ausgesetzt sind, welche Möglichkeiten der Weltgestaltung stehen ihnen zur Verfügung. Ein Kind wächst heran, entdeckt seine Welt über all seine Sinne über die Außenwelt. Beim Entdecken durch die Interaktion mit der Außenwelt lernt das Kind. In den ersten Jahren zunächst einmal den Gebrauch seines Körpers, Bewegung der Finger, Beine, Arme, robben, krabbeln, laufen, Laute formen, sprechen … dieses Prinzip des Lernens verfeinert sich und bleibt ein Leben lang wirksam. Alle Einflüsse aus der Welt tragen zum Lernen bei und prägen sich ein. Je nach Intensität und auch durch Wiederholungen entsteht eine Signatur im menschlichen Sein und ja, wenn Kinder permanent disharmonischen Frequenzen ausgesetzt sind, entsteht eine entsprechende Disharmonie im System.

Doch entgegen vieler Meinungen ist es gerade in jungen Jahren jederzeit möglich, wieder eine Harmonie herzustellen. Denn die Signatur prägte sich noch nicht so tief ein, und unser System ist sehr fein und immer wieder flexibel formbar. Klangtherapien mit heilenden Frequenzen, Meditation, Yoga oder wie es im Westen genannt wird Kinderturnen, Gymnastik, sportliche Aktivitäten, Sein in der Natur, kreatives Gestalten der Umwelt und vieles mehr können sehr rasch Veränderungen in der jeweiligen Signatur des Kindes, des Jugendlichen bewirken.

Wichtig ist, dass wir uns der Wirkweise der Außenwelt auf unser System bewusst sind und dann … einfach bewusst wählen. Hineinspüren, was uns guttut und was nicht. Und dann ganz bewusst lernen zu unterscheiden und dann … die eigene Entscheidung treffen, die Ursache setzen. Welche Wirkungen möchte ich in meinem Leben sehen und erleben? Die Wirkkraft der Trennung und damit verbunden Leid und Schmerz oder die Wirkkraft der Einheit, verbunden mit Freude und Harmonie. Und dann, spring …

Die wichtige Rolle des Todes für das Leben

Wir sterben im Laufe unseres Lebens ganz viele Tode. Immer, wenn zeitlich gesehen ein Augenblick vorüber ist, ist das der Tod vom vergangenen Augenblick. Alles Erlebte stellt in gewisser Weise einen Tod dar. Denn Tod ist das, was in diesem Augenblick nicht mehr ist, also Tod als der andere Pol von Leben. Auch hier gilt, ohne Tod kein neues Leben.

Wenn ich es mit den Augen der Liebe betrachte, so hat der Tod exakt die gleiche Seins-Berechtigung wie das Leben, er leistet einen Dienst für das neue Leben. Diesen selbstverständlichen Tod, den wir im Laufe des Lebens immer wieder sterben, den können wir akzeptieren, das ist ein Tod, den unser Verstand begreift oder zumindest aus der Gewohnheit heraus akzeptiert.

Jedoch der „letztlich" physische Tod, den wir Menschen sterben, übersteigt unsere Vorstellungskraft, wenngleich er auf demselben Prinzip beruht wie der tägliche Tod.

Dies hängt bei uns euro-amerikanischen Menschen wohl auch sehr stark mit der Tradition zusammen. Der Tod eines Menschen wird immer als Verlust betrauert und nicht als Neubeginn von Leben angenommen. Wir fühlen uns getrennt vom jeweiligen Menschen, da wir ihn physisch nicht mehr sehen, berühren können. Es gibt aber auch Völker auf dieser Erde, die im Einklang mit der Natur leben, die den Tod ins Leben integrieren und den Übergang eines Menschen in ein anderes Leben mit Zeremonien und Feiern begleiten.

Wir Christen sollten diesen Traditionen eigentlich ein wenig näherstehen, denn Jesus Christus hat uns deutlich gezeigt, dass mit dem physischen Tod lange nicht alles zu Ende ist, er hat uns den Auferstehungsglauben gebracht. Wir bekennen diesen Auferstehungsglauben in jedem Glaubensbekenntnis, und doch sind wir sehr verwurzelt in den alten Traditionen. Zu sehr anhaftend in der Bewertung aller Dinge und Situationen in gut und schlecht. „Er war doch so ein guter Mensch. Warum musste er nur jetzt schon sterben?", sind Fragen, die immer wieder gestellt werden. „Ja, er führte ein erfülltes, gutes Leben und dafür dürfen wir dankbar sein, für dieses wunderbare Geschenk."

Nun stellt dieser Tod zwar ein abruptes Ende dar, doch seien wir sicher: Die Seele dieses Menschen hat sich diesen Übergang in eine andere Dimension gewünscht. Akzeptieren wir diesen Wunsch und feiern wir mit ihm sein – in welcher Form auch immer – neues Leben.

Was macht es mit mir, wenn ich diese Zeilen lese? Kann ich einfach Ja dazu sagen? Spielen sich in meinem Kopf nicht Situationen ab, in denen ich einen lieben Menschen verloren habe? Wie fühlte ich mich damals? Erinnert mich dieser Verlust nicht an meine eigene Sterblichkeit? War dies Trauern nicht vielmehr mit einer Angst in mir verbunden, einer Angst, nicht zu wissen, was danach passiert, einer Angst, die mich in die Tiefen meines Seins führt, und aus der ich dann nicht mehr zurückkehren könnte?

Genau diese Angst ist es, die uns den Tod nicht akzeptieren lässt und den Kampf gegen diese Angst, gegen den Tod verhärtet. Doch durch den Kampf werden wir den Tod und das Leben nicht begreifen, nicht mit logischen Schlüssen erklären können, denn auch dies ist ein Kampf, den wir nicht gewinnen können, ja nicht gewinnen müssen. Diese Angst in uns, dieses Gefühl in uns, das uns vorgaukelt, wir seien endliche Wesen, auch diese Angst gilt es anzunehmen, mit liebevollen Augen anzublicken, Verständnis aufzubringen, die Verantwortung dafür zu übernehmen, dass diese Angst, die wir übernommen haben von Eltern, Großeltern, Urgroßeltern ..., dass sie da sein darf. Es gilt, zu akzeptieren und zu sehen, dass diese Angst gar nicht anders kann, als da zu sein. Wenn du dann diese Angst fühlen, und Ja sagen kannst, wirst du merken, dass es eine freundliche Angst ist, eine Angst, die ganz bereitwillig geht, die keinen Grund mehr für ihr Dasein erkennt und der großen Kraft der Liebe Platz macht.

Die Liebe darf diese Angst umarmen. Die Aussage von David Steindl-Rast, einem Benediktinermönch, Eremiten und Mystiker, macht die Widersprüchlichkeit von Anstrengung und Nichtstun sehr deutlich.

„An einem gewissen Punkt müssen wir sogar die ungewohnte Anstrengung machen, uns nicht anzustrengen. Das mag uns die größte Kraft kosten. Das Hindernis, das es zu überwinden gilt, ist Verhaftetsein, selbst das Verhaftetsein mit unserer eigenen Bemühung."

(Achtsamkeit des Herzens, S. 24 f)

Das bedeutet: Dieses Verhaftetsein zunächst zu erkennen und es als das wahrzunehmen, was es ist, und dann in diesem Verhaftetsein sich Gott hingeben, sich dem Leben ergeben. Dieses Erkennen spielt dabei die größte Rolle, alles andere ist dann tatsächlich ein Kinderspiel, das sich aus dem Leben selbst heraus weiterentwickelt und reiche Frucht bringt. Die einstige Anstrengung wird zur Freude, wird ganz leicht, führt zu einer Gelassenheit, und das Wunder darf geschehen, unerreichbar Geglaubtes kann erwachsen, Kräfte im Menschen werden geweckt und Leben in seiner Fülle und Vielfalt der Möglichkeiten erscheint und wirkt durch und in uns.

Wenn ein Mensch stirbt

Warum tun wir Euro-Amerikaner uns nur so schwer, mit dem Tod klarzukommen …? Trotz klarer Ansage von Jesus Christus, der allen Menschen, die an ihn glauben, ewiges Leben verheißt: „Ich bin die Auferstehung und das Leben", der uns durch seinen Tod und durch seine Auferstehung ganz klar gezeigt hat, dass mit dem leiblichen Tod noch lange nicht alles zu Ende ist. Trotz unseres tiefen Glaubens an den einen Gott, an Jesus Christus und den Heiligen Geist tun wir uns nach wie vor schwer, diesen Übergang, diesen leiblichen Tod anzunehmen und auch gebührend zu feiern.

Welches Gefühl ist in einem Menschen, der Abschied von dem Geliebten nimmt? Ist es wirklich das Gefühl, das über das Verlassen des anderen auftritt, oder ist es nicht vielmehr ein Gefühl in mir selbst, ein Gefühl, das ich vielleicht schon aus der Vergangenheit kenne, oder vielleicht auch ein Gefühl, das besagt, dass ich mich selbst nicht genügend kenne, dass ich von mir selbst verlassen wurde?

Während der Geliebte noch bei mir war, habe ich all mein Gefühl, all meine Aufgaben, Gedanken und Liebe auf diesen Menschen projiziert. Ich musste mich dadurch nicht mit mir selbst auseinandersetzen. Das hat der andere für mich getan. Durch den Geliebten habe ich gelebt, durch ihn erkannt, durch ihn verstanden, durch ihn war ich ganz, habe ich mich eins gefühlt.

Wenn nun dieser Geliebte, der wie ein Gegenstück für mich war, aus meinem Leben geht, durch den Tod mich verlässt, dann fehlt plötzlich ein Teil von mir, und meist ist dies der entscheidende Teil, der Teil, der mir den Weg zu mir selbst gezeigt hat, genau der Teil, der mich wirklich ganz gemacht hat.

Wenn ich nun diesen Aspekt erkenne und dabei realisiere, dass dieser andere, dieser Geliebte, eine Projektion meiner selbst war, dass dieser Geliebte für mich der Spiegel war, um mich zu erkennen; wenn ich das realisiert habe, dann bin ich einen enormen Schritt vorwärts gegangen. Denn dann kann ich durch all den Schmerz, den dieser Verlust mit sich bringt, auch das Geschenk erkennen, das mir der andere gemacht hat. Dieses Geschenk, das die Chance bietet, mich selbst zu finden, in mir ganz zu werden, indem ich nach innen schaue, indem ich über die Meditation, über die Stille hin zur tiefen Kontemplation meine andere Hälfte, meinen Geliebten in mir finde.

Was ihr für einen meiner geringsten Brüder getan habt,
das habt ihr mir getan. *(Mt 25,45)*

Diese markanten Worte aus der Bibel rücken – oberflächlich gesehen – zunächst einmal meinen Bruder in den Vordergrund. Gut, wenn ich meinem Bruder, im übertragenen Sinne also meinem Nächsten, etwas Gutes tue, dann tue ich damit Jesus Christus etwas Gutes. Wenn ich nun jedoch den Faden weiterspinne, dann ist die logische Schlussfolgerung, dass meine Freundin, wenn sie mir etwas Gutes tut, damit ja auch Jesus Christus etwas Gutes getan hat.

Auch die Worte von Evagrios Pontikos werden immer deutlicher.

> *„Selig der Mönch (Mensch), der alle Menschen als „Gott" nach Gott betrachtet."* *(Zitiert bei Gabriel Bunge, in: Geist und Wahrheit, S. 373)*

Bedeutet dies tatsächlich, dass ich immer in meinem Nächsten Gott sehen kann, bedeutet dies tatsächlich, dass mein Nächster auch in mir Gott sehen kann? Rebelliert da nicht irgendetwas in mir? Es ist mir doch aus meinem christlichen Glauben keineswegs erlaubt, zu denken und zu fühlen, in mir sei Gott. Oder doch?

Hier kommt ein Widerstand in mir auf, etwas, das mich nicht begreifen lässt. Ist das, was logisch erklärbar ist, nun tatsächlich so oder kann man das so nicht sehen? Sind wir alle hier auf Erden Ebenbild Gottes oder gibt es doch Menschen erster, zweiter und dritter Klasse?

Es entsteht ein Zwiespalt, ein Widerspruch in sich. Ja, wir sind alle Ebenbilder Gottes, und ja, wir sind doch alle verschieden, jeder für sich einzigartig und einmalig hier auf Erden.

Blicken wir uns nun in Gottes Schöpfung, der Natur um, so erkennen wir genau das gleiche Prinzip: Jedes Tier, jede Pflanze, jeder Stein, alles, was uns die Natur vor Augen hält, spiegelt das Ebenbild Gottes wider, und doch ist die Vielfalt der Natur so reichhaltig. Kein Blümchen gleicht dem anderen, alles, was entsteht, ist einmalig, ist einzigartig.

Wenn ich das so betrachte, dann habe ich keine Angst mehr vor dem Satz: „Was du einem geringsten meiner Brüder getan hast, das hast du mir getan." Dann kann ich liebevoll auf mich selbst, auf meinen Nächsten, auf die Schöpfung sehen, mich daran erfreuen und allem meinen besonderen Schutz geben. Dann kann ich vollständig aufblühen in der Vielfalt meines Selbst, in der Vielfalt meines Nächsten und all die Verschiedenheiten vollständig akzeptieren. Dann geschieht durch das Annehmen der Vielfalt, der Einmaligkeit, des Göttlichen in allem, eine Verwandlung in mir. Dann kann Gott in uns neu geboren werden.

Wie uns quälende Gedanken in Schach halten können

Was ist das überhaupt, ein Gedanke, und warum hat so etwas, das wir nicht sehen und gerade einmal vielleicht als elektronische Frequenz messen können, solche Macht über uns. Eine Macht, die bis hin zur Selbstzerstörung führen kann?

Meist ist es der Gedanke, der töten lässt. Er ist irgendwie immer vorhanden – selbst in der Nacht, wenn der physische Körper ruht, ist er in unseren Träumen sehr aktiv und schafft es ganz von alleine, mich auch dann zu quälen, sodass ich am Morgen, wenn ich aufwache, nicht ausgeruht und frisch bin, wie es eigentlich der Fall sein sollte. Und wenn ich dann am Morgen wie gerädert aufwache, dann trete ich gleich hinein in die Mühle der quälenden Gedanken. Es ist mir nicht möglich, auch nur einen Gedanken der Dankbarkeit oder Liebe in mir entstehen zu lassen. Entweder sind da noch Traumerlebnisse im Kopf, die mir wehtaten, oder aber es steigen angstvolle Gedanken in mir auf, wenn ich an den kommenden Tag denke, an meine Arbeit, an Begegnungen, die vielleicht schwierig sein könnten, die mich belasten.

Wie sich dann mein Tag in der Realität gestaltet, das kann sich wohl jeder selbst gut vorstellen. Bis ich am Abend völlig k.o. wieder in meinem Bett lande, haben mich Millionen von Gedanken verfolgt und mir alle möglichen Schmerzen zugefügt. Und selbst wenn ich an diesem Tage Menschen begegnet bin, die freundlich zu mir waren, ich konnte diese Freundlichkeit gar nicht recht wahrnehmen, da mich meine Gedanken, verbunden mit quälenden Gefühlen, wie in einem Tunnel festhielten.

Wenn ich nun jedoch in die Tiefe gehe und auch zugeben kann, dass ich solche Tage schon erlebt habe, dann spüre ich, wie sich neben dem Tunnel ein Tor aufmacht, ein Tor, das mich hinausführt, hinaus aus meinem unbewussten Dasein, hinein in die Realität des bewussten Seins.

Dieses bewusste Sein lässt mich wie in die Rolle des Beobachters schlüpfen. Ein Beobachter, der lächelnd auf all die Situationen schaut, die ihm sein Verstand, seine Gedanken und Gefühle bereiteten. Auf all die Situationen, in denen er schwere Verletzungen erlitten, und auch auf die Situationen, in denen er anderen Verletzungen zugefügt hat. Auch dies kann für ihn wiederum verletzend sein.

Wenn ich mit Hingabe die Rolle des Beobachters spiele, stelle ich schnell fest, dass sich alles plötzlich angenommen fühlt, da ich die Verantwortung übernahm. Ich schätzte die Situationen aus der Sicht des Beobachters richtig ein und nahm sie ernst. Dadurch verloren sie an Intensität. Es sind einfach Situationen, die stattfanden, die man bewusst betrachtet und so wahrnimmt, wie sie sind. Durch das Nichtidentifizieren findet eine neutrale Betrachtung statt.

Warum der Verstand immer wieder nach Klarheit ruft

Manchmal denke ich mir: Aber ja, es ist ja alles ganz leicht. Ich lasse einfach geschehen, was geschieht, handle aus mir heraus, so wie es mir gerade in den Sinn kommt, mache keine großartigen Pläne mehr. Ja, so lässt es sich leicht leben.

Doch dann passiert etwas in mir, das kaum steuerbar ist. Mein Verstand macht sich selbstständig und lässt mich Sätze denken, wie: „Du musst dich doch auf diese Veranstaltung vorbereiten, du kannst doch nicht alles dem Zufall überlassen. Du musst doch lernen, wenn du ein bestimmtes Ergebnis erreichen willst. Nein, ohne eine Voraussicht geht es nicht."

Doch in dem Wort „Voraussicht" steckt das Wort „Vorsicht" und mit diesem Wort ist in unserem Sprachgebrauch auch gleichzeitig Angst verbunden. Wenn ich vorsichtig bin, dann habe ich wohl schon einmal etwas erlebt, was mir nicht so gutgetan hat, und nun bin ich vorsichtig, damit mir das nicht noch einmal passiert. Ich habe Angst davor, dass es noch ein weiteres Mal geschehen kann.

Es sind also auf der einen Seite eigene Erfahrungen, die nicht gut für mich waren, die mich zur Vorsicht, zur Voraussicht antreiben, aber auf der anderen Seite sind es oft auch Erfahrungen von anderen Menschen, von Eltern, Großeltern und Urgroßeltern, die sich mir eingeprägt haben und mich vorsichtig sein lassen. Und mein Verstand sagt mir nun, dass diese Vorsicht durchaus berechtigt ist, denn durch die Vorsicht vermeide ich, dass ähnliche Erfahrungen erneut gemacht werden müssen.

Verzeih, wenn ich nun ein wenig provokativ eine andere Sicht auf diese Erfahrungen einbringe. Ich wurde hier auf diese wundervolle Erde geboren, gerade um mit bestimmten Situationen und Menschen konfrontiert zu werden, gerade um bestimmte Erfahrungen zu machen. Es ist mein innigster Wunsch, eine Fülle von unterschiedlichsten Erfahrungen zu erleben, Erfahrungen, die mich lehren, wie das Leben hier auf Erden tatsächlich funktioniert.

Wenn ich nun aus einer Erfahrung gelernt habe, dann darf ich diese Erfahrung abhaken, dann werde ich diese bestimmte Erfahrung kein zweites Mal erleben müssen. Denn ich habe gelernt. Eine Erfahrung zu machen heißt jedoch, sie ganz bewusst zu erkennen und zu durchleben, oftmals verbunden mit Schmerzen oder starken Gefühlen, die nicht immer sehr angenehm sind.

Nur durch das Durchleben der Erfahrung kann sich wirkliches Lernen vollziehen. Nun bin ich jedoch, bereits wenn ich geboren werde, mit all den Erfahrungen, die Generationen vor mir durchlebt haben, sozusagen infiziert. In meinen Genen stecken immer auch Teile meiner Vorfahren, und hinzu kommt dann ja auch noch meine Erziehung. Nicht nur das, was sowieso schon in mir ist, prägt mich in gewisser

Weise, sondern auch das, was durch die Erziehung, durch die Kultur meiner Gesellschaft, in die ich geboren wurde, auf mich einprallt.

So kommt es immer wieder zu Beeinträchtigungen in mir, was die tatsächlich nur von mir selbst gemachten Erfahrungen betrifft. Der Großteil der Erfahrungen wird sozusagen nicht von mir selbst gemacht, sondern ist schon oder wird noch von anderen Menschen auf mich übertragen. Nun stehen sich also auch hier wieder zwei Pole gegenüber, die miteinander kämpfen wollen. Auf der einen Seite der Drang in mir nach eigenen Erfahrungen, der mir sagt, ich kann nur dann wirklich und wahrhaftig lernen, wenn ich meine eigenen Erfahrungen durchleben darf, alles andere ist nur aufgesetzt, bin nicht wirklich ich.

Auf der anderen Seite aber auch die Vernunft und der Verstand, die mir sagen, dass doch nichts Falsches daran sein kann, wenn man auch Erfahrungen von anderen nutzt.

Ich denke, dass es auch in dieser Situation, wie in all den anderen auch, wichtig ist zu erkennen, dass beide Seiten, beide Pole anerkannt werden wollen. Dass es natürlich besonders wichtig ist, eigene Erfahrungen durchleben zu dürfen und dadurch zu lernen, aber genauso spricht absolut nichts dagegen, so manche Erfahrung von anderen mit ins Leben zu integrieren und auch daraus zu lernen.

Wenn es gelingt, beides miteinander in Einklang zu bringen, dann kann das Leben fließen. Und auch wenn wir feststellen, dass es Zeiten gibt, in denen die eine Seite überwiegt, dürfen wir schmunzelnd dankbar dafür sein, dass wir es erkannt haben und zurück in die Balance kommen. Denn nur durch das Erkennen, das Beobachten dessen, was sich in mir und auch in meiner Umwelt abspielt, werde ich in die Lage versetzt, alles sein zu lassen, so wie es ist, allem seine Berechtigung zu geben.

Nichtstun – loslassen – und in Freude geschehen lassen.

Und wie funktioniert das jetzt, dass ich nichts tue, und es geschieht doch etwas? Ist das dann ein Wunder? Keineswegs, auch wenn es beim ersten Nachdenken tatsächlich so aussieht und wenngleich es tatsächlich so ist, dass du dich einfach zurücknimmst und du durch dein Zurücktreten, durch dein Schlüpfen in die Beobachterrolle, in deine ganze Stärke kommst. Durch das Loslassen deiner selbst, durch das Aufgeben von bestimmten Erwartungen an dich selbst, dein wahres Potenzial entfalten kannst. Es geschieht dann einfach mit Leichtigkeit, ohne Anstrengung.

Doch immer wieder holt mich die provokative Frage ein: Wie kann das sein? Wir wurden ein Leben lang dazu erzogen, dahingehend geschult, gegängelt, geprägt, nicht egoistisch zu sein, das eigene Leben nicht so sehr in den Vordergrund zu stellen, die eigenen Bedürfnisse lieber hinten anzustellen, sich nur ja auf keinen Fall mal selbst zu loben, sich für andere einzusetzen, das eigene Wohlergehen in den Hintergrund zu stellen und sich für andere hinzugeben.

Jesus hat sich ja auch mit seinem Tod für uns hingegeben und nicht an sich gedacht. Kann das alles falsch sein? Das Schöne ist: Nein, es ist nicht falsch. Und doch: Wir dürfen auch an uns selbst denken. Aber jeder vernünftig denkende Mensch würde nun sagen, dass dies nicht zusammenpasst, dass dies ein Widerspruch in sich ist. Doch genau das ist das Leben: ein Widerspruch in sich.

Wir brauchen Situationen im Leben, in denen wir gezwungen werden, uns für eine Richtung zu entscheiden, Situationen, die uns mit uns selbst ins Unreine, an den Rand der Erschöpfung bringen und uns gängeln, ganz bestimmte Dinge zu tun. Durch diese Situationen und das Ausprobieren und Schmecken des Lebens kommen wir nahe an die unterschiedlichen Extreme heran, und diese Extreme sind es, die uns wachsen lassen, die uns reifen lassen, die uns zu erkennen geben, welch wundervolle und machtvolle Wesen wir in Wahrheit sind.

Laufen wir vor diesen Situationen davon, so verpassen wir die Chance, die wundervolle Perle der Weisheit in unserem Inneren zu finden. Dann kratzen wir nur an der Oberfläche, dann hindert uns unsere Angst daran, die Fülle, die Gott in uns hineingelegt hat, zu kosten und vollständig zu leben.

Wenn wir jedoch erst einmal davon gekostet haben, so lösen sich alle bisher da gewesenen Widersprüche in sich auf. Das Leben, wie es sich uns in der Außenwelt, in der Natur, zeigt, und auch die Begegnungen mit anderen Menschen, sind einfach das, was sie sind, zeigen sich uns als Realität, in der es sich lohnt zu SEIN. Eine Realität, die unsere bisherigen Illusionen vom Leben in den Schatten stellt, die uns all unsere Zweifel und Ängste, die wir mit dem Leben verbunden hatten, vor allem auch die Ängste vor der Zukunft, in einem anderen Lichte sehen lassen. Einem Licht, das es möglich macht, diese Ängste zu beobachten und sein zu lassen. Das sein zu lassen, was sie sind.

Vor allem aber wird uns dabei klar, dass es die Zukunft, vor der wir immer Angst hatten, nicht gibt. Es wird uns klar, dass wir immer nur in diesem jetzigen Augenblick leben und dass uns dieser jetzige Augenblick alles schenken kann, was wir zum Leben, zum SEIN benötigen. Uns wird bewusst, dass es genau dieser Augenblick ist, der uns das Leben in seiner ganzen Fülle präsentiert.

Dafür dürfen wir sehr dankbar sein. Dieses wundervolle Geschenk des Augenblicks dürfen wir mit Freude, in Frieden und Harmonie genießen. Auf diesen Augenblick dürfen wir uns einlassen, dahinein dürfen wir uns fallen lassen und spüren, wie gut es das Leben, wie gut es Gott mit uns meint.

Dann geschieht das Wunder, dann dürfen wir wieder eintreten in das Paradies, das wir lediglich viele Jahrtausende unserer Zeitgeschichte aus den Augen verloren hatten, dass sich tief in unserem Inneren lange Jahre verborgen hielt, und doch immer da war.

Immer wieder dürfen wir ein klein wenig von diesem Paradies schmecken in den vielen Wundern, die uns im Alltag begegnen. Im Wunder jeder Geburt eines Kindes, in der Wandlung der Natur durch die Jahreszeiten, in der Liebe, die uns andere Menschen entgegenbringen, in all dem Schönen, das wir erleben dürfen.

Sobald wir uns auf diese Ereignisse und Menschen einlassen, ist es da, das Paradies, können wir die Einheit in allem spüren und genießen.

Wieder mal nur fließen

Bin gespannt, heute Morgen ist wieder ein Augenblick, in dem ich nicht, wie sonst meist, brennend eine Idee zum Schreiben umsetzen möchte, sondern einfach nur hier in meinem Bett liege und meine Hände auf den Tasten spüre. Ich spüre die Finger auf den Tasten und denke mir, na ja, wenn es heute mal nicht klappt mit dem Schreiben, dann kannst du den Text ja wieder löschen.

Ist das schon wieder eine Beurteilung meines Selbst? Steckt da noch das Körnchen, das Sandkörnchen Misstrauen in mir, doch nicht zu genügen, vielleicht doch zu dumm zu sein.

Denn auch meine zum Teil zumindest notentechnisch teilweise nur ausreichenden Leistungen im Ersten Staatsexamen kommen mir immer wieder ins Gedächtnis. Gestern erwischte ich mich wieder dabei, wie ich alle Noten nochmal zusammenrechnete und teilte, um mir zu versichern, dass ich unterm Strich ja tatsächlich befriedigende Leistungen erbrachte.

Doch ich fühle, auch das ist in Ordnung, zeugt das nicht davon, dass ich, um dieser Welt hier aktiv zu helfen, immer noch zwischen den Polaritäten zumindest unterscheiden kann, dass ich die Richtung sehe, merke, mangelhaft ist eher der Minus-Pol und sehr gut der Plus-Pol, und beides miteinander vereint ist das, worauf die Gesamte Menschheit momentan zusteuert.

Durch diese immer noch vorhandene Unterscheidungsmöglichkeit kann ich tatsächlich auch meine kleine Welt, die anderen Menschen, das, was sich momentan auf dieser Erde abspielt, mit liebendem Herzen verstehen und annehmen, habe Verständnis, dass beide Polaritäten notwendig sind für den Aufstieg der gesamten Erde inklusive allem, was lebt.

Würde ich nicht auch das Regenwetter, das zum Beispiel heute – an meinem persönlichen Sonnentag – eine düstere Welt gestaltet, leise, aber doch bestimmt vor meinem Fenster herniedergeht, nicht auch als eine Seite des Wetters betrachten und liebevoll integrieren, so wäre ich nicht ganz, so würde der Wandel, der in mir und auf dieser wundervollen Erde voranschreitet, nicht in seiner Vollständigkeit stattfinden. Lediglich das Erkennen, das Betrachten beider Seiten, von Plus- und Minuspol, das Sosein lassen von allem, was vor meinem Auge, aber auch in meinem Inneren erscheint, genügt, um einen Beitrag für den Wandel zu leisten.

Es geht um das bewusste Erleben von allem, was ist. Gleichzeitig geht durch dieses Erleben eine Tür in mir auf, die mir ein viel größeres Verständnis für all die Abläufe, wie sie sich in den letzten Jahrtausenden in unserem System ereigneten gibt, und lässt mich teilhaben an diesem System, das EINS-SEIN bedeutet und doch in seiner Vielfältigkeit unendliche Tiefen und Weiten in sich birgt. Die mich erkennen und erspüren lassen, dass es nicht ich bin, als individuelles Wesen, getrennt von der

Welt, die irgendwie ihr Ding durchzieht, sondern dass alles, was lebt, wie in einem großem Netz miteinander verbunden ist und durch das Materialisieren, aber auch durch die intensiven Gefühlserlebnisse Ausdruck findet in der Welt, in allem, was lebt. Denn „alles was atmet, alles was lebt ist heilig vor dir", ist heilig für uns alle.

Das meint auch tatsächlich alles. Immer wieder, wenn ich diese Lieder sang, oder auch das hörte, was uns Jesus lehrte, dachte ich mir: Ja, so ist das tatsächlich. Alles was atmet, alles was lebt ist heilig. Nicht nur das Ritual des Abendmahls, nicht nur die Sakramente, all die zu besonderen Stunden gemachten Augenblicke sind heilig, sondern tatsächlich alles ist heilig, jeder einzelne Augenblick, jedes einzelne Lebewesen und auch die Dinge, die wir teilweise immer noch als unsere unbelebte Welt ansehen. Auch Fels und Stein sind heilig, sind Ausdruck einer Heiligkeit.

„Müheloser ist es, dass ein Kamel durch (das) Loch (der) Nadel hindurchgeht, als dass ein Reicher ins Königtum Gottes hineingeht."

(Mk 10,25, MNT S. 90)

Etwas schwer tat ich mir mit diesem Ausspruch von Jesus Christus schon. Denn das eigentlich Offensichtliche, dass – nach dieser Aussage – also ein Armer, materiell arm, viel leichter in das Reich Gottes gelangt, ist wohl damit nicht gemeint. Sehen wir es doch etwas tiefsinniger. Die Verbindung steht zwischen reich und reichem Verstand, also einem Denken, das vom intellektuellen Standpunkt gesehen wird, ein Denken, das unbedingt alles genau entschlüsseln muss, dass jedes Geschehen auf Erden, jede Handlung von Menschen, jedes physikalische oder biologische Wunder genau erklären möchte.

Dieses REICH-SEIN an Verstand macht es nahezu unmöglich, in das Reich Gottes zu gelangen, ja es überhaupt nur zu erkennen. Deshalb war es gerade für die Schriftgelehrten, die zur Zeit Jesu lebten, wohl sehr schwer, seine Worte zu verstehen. Vielleicht wurde dieser Satz gerade von den Menschen missverstanden, die meinten, es gäbe einen Zusammenhang mit den materiellen Gütern.

Bei diesen Menschen kam dann eine innerliche Angst auf, eine Angst, die Sicherheit, die ihnen ihre materiellen Güter boten, aufgeben zu müssen. Und mit dieser Angst lief das Denken dann weiter in die Richtung, diesen Satz für die Armen im Volke tatsächlich oberflächlich zu deuten, sodass gerade die Armen das Wenige, das sie besaßen, auch noch abgeben mussten, um ins Reich Gottes zu gelangen. Diesen Armen wurde das Wenige noch genommen und gleichzeitig ihre Hoffnung genährt, im Jenseits, also nach dem physischen Tod, die Erfüllung, das Reich Gottes zu erlangen. Man nannte dies Ablasshandel.

Wenn ich dies mit dem Volke praktiziere, dann kann es durchaus sein, dass das Volk leidet, doch der Glaube an das Reich Gottes im Jenseits lässt sie dieses ertragen. Gleichzeitig konnten jedoch die Mächtigen ihren Reichtum mehren und sich die Bäuche vollschlagen. Dass dies jedoch nur materieller Reichtum war, die Seele hingegen keine Erfüllung erlangte, wurde meist erst sehr spät vor dem physischen Tod oder noch später erkannt.

Wer dagegen arm ist an Verstand, also einfach denkt, ohne komplizierte Denkmuster vorzunehmen, der ist viel näher am Leben, am Leben im Augenblick.

Solch ein Mensch nimmt das, was ihm die Natur bietet, was ihm in den Begegnungen mit anderen Menschen präsentiert wird, einfach an, so wie es ist, ohne sich zu fragen, warum und weshalb die Dinge geschehen. Er ergibt sich dem, was ist, er ergibt sich dem Leben. Und gerade dadurch, dass bei solch einem Menschen keine komplizierten Denkvorgänge ablaufen, ist dieser Mensch bereits im Reich Gottes. Er kann das, was in sein Leben kommt, annehmen und genießen, die Schätze der Natur aufnehmen.

Solch ein Mensch hinterfragt nicht, solch ein Mensch nimmt das an, was er im Leben vorfindet. Solch ein Mensch lebt bereits in Glückseligkeit, lebt bereits auf Erden im Reich Gottes. Vielleicht fragt sich dieser Mensch nicht explizit, was wohl das Reich Gottes sei, doch er erstrebt auch keinen anderen Zustand für sich selbst, denn was soll er erstreben, er ist bereits vollständig in reiner Glückseligkeit. Bei sich, ganz nah am Leben, im Reich Gottes.

Das reine Fließen

Was ist das wirklich? Du bist im Moment, gehst keinerlei Absicht nach, sitzt einfach nur da, fängst an auf deinen Atem zu achten, und beobachtest was geschieht, bist einfach nur achtsam. Hörst die Geräusche, die außerhalb von dir aktiv sind, spürst jedoch, was sich in dir tut, musst nießen, weil dich irgendeine Empfindung kitzelt, lässt es einfach geschehen, lässt die Finger einfach über die Tasten gleiten und weißt eigentlich nicht, was geschieht.

Ein seltsames Gefühl tut sich in dir auf, es ist ein Gefühl, das prickelt, ein Gefühl, das dich anzieht, das dich in seinen Bann zieht, das dir etwas zeigen will.

Du weißt nicht, was es ist, es ist ein geführt werden, und doch ist es keine Aktion. Es ist etwas, das sich einfach aus sich heraus, aus dem Augenblick entwickelt, ohne jedoch etwas Konkretes vorzuhaben, ein konkretes Ziel verfolgt. Es IST einfach nur. Und es ist einfach nur schön.

Du sitzt, und eine große Ruhe tut sich vor dir auf, ein Gefühl des angekommen SEINs, ein Gefühl der unendlichen Liebe, die du in dir spürst, die du so lange nicht zugelassen hast und jetzt immer stärker in dir entdeckst.

Dieses Gefühl der Liebe hat nun Raum bekommen, darf sich ganz in diesem Moment in dir entfalten, du lässt dich vollkommen auf dieses Gefühl ein, beobachtest und genießt gleichzeitig. In solchen Momenten ist nichts anderes wichtig, in solchen Momenten bist du ganz nah bei dir, bist ganz nah mit dem SEIN in Berührung, du bist reines SEIN.

Durch das Zulassen von allem, was in dir geschieht, spürst du das reine Gewahrsein, es geschieht, und du kannst einfach genießen. Wenn du solche Momente einfach genießen kannst, dann darfst du dankbar auf dich selbst schauen, darfst dich freuen, dass du in der Lage bist, einfach dein Sein zu genießen, und durch dieses Dankbar-Sein vergrößerst du das Gefühl. Du gibst durch deine Dankbarkeit diesem Gefühl Raum, es darf sein, denn es macht dich froh und friedlich. Es ist die reine Harmonie.

Und ganz automatisch verlängern sich diese Phasen in denen du im reinen Gewahrsein verweilst, und dein Körper stellt sich immer mehr darauf ein, dass es nichts zu leisten gibt, dass es nicht notwendig ist, etwas dafür zu tun, um sich glücklich, harmonisch, fröhlich, glückselig zu fühlen.

Wenn du dann durchs Leben gehst, Menschen triffst und Situationen erlebst, bist du in der Lage, diesen Menschen liebevoll zu begegnen und hast trotzdem die Kraft und das Wissen, kompetent dort zu helfen, wo Hilfe notwendig ist, ja, du bist sensibler geworden und spürst schon vorher ganz genau, was sich im anderen Menschen gerade ereignet, welche Lasten er trägt, welches Leid er in sich zulässt.

Und aus dieser Kraft heraus wirst du heilsam für andere Menschen und damit heilsam für die ganze Welt. Und wenn du dann zurückgehst an den Anfang und erkennst, dass es lediglich des Beobachtens eines einzigen Moments bedurfte, um dich dorthin zu führen, wo du jetzt stehst, dann bist du erstaunt und darfst voller Dankbarkeit auf dich schauen, und darfst voller Dankbarkeit der Gnade gegenüberstehen, die du aus Gottes Hand empfangen hast, einfach weil du bist, einfach weil Gott dich genau so liebt, wie du gerade im Augenblick bist. Weil du nichts leisten musst, um seine Liebe, um seine Gnade als Geschenk zu empfangen.

Gibt es irgendwelche Besonderheiten zu beachten?

Wenngleich es oft auch manchmal eine Zeit der Verachtung, der Verachtung deiner Selbst sowie der Verachtung der Situationen, ja dem Leben selbst gegenüber gibt, es gilt, auch diese Zeit anzunehmen, auch dieser Zeit Raum zu geben, genau den Raum, der ihr zusteht. Doch ist dies eine Besonderheit, etwas, das sich auszeichnet, auszeichnet durch bestimmte Eigenschaften, die nicht dem Normalen angehören, Eigenschaften, die nicht alltäglich sind. Es geht genau um diese Besonderheiten, die eigentlich keine Besonderheiten mehr sind, wenn man sie erst erkannt hat, sie als etwas identifiziert hat, das ganz normal zum Denken, zum Leben und zu dieser Welt gehört. Doch immer wieder kommt der Punkt, an dem wir meinen, es gibt tatsächlich Dinge in unserem Leben beziehungsweise in unserer Welt, die als übernatürlich, als nicht normal, als etwas ganz Besonderes, vielleicht auch Wundersames gelten.

Und erst, wenn wir beginnen, genauer hinzuschauen und ganz bewusst in die Beobachterrolle schlüpfen, fällt uns auf, dass diese Dinge einfach das sind, was sie sind. Dann haben wir die Brille abgenommen und stellen fest, dass Wunder keine Wunder sind, sondern einfach geschehen, als etwas völlig Natürliches im Leben.

Und nun ein Erklärungsversuch für unseren wunderbaren Verstand

Wir leben auf dieser Erde seit geraumer Zeit, und unser gesamtes Dasein war geprägt durch zwei Pole, die sich immer wieder mal in die eine, mal in die andere Richtung bewegten. Diese Pole können zum Beispiel heißen Erde und Sonne, Wasser und Luft, Mann und Frau, Gut und Böse, Angst und Liebe.

Nimm dir einmal ein Stück Papier und einen Stift und schreibe einfach einmal Gegensätze auf, die dir in den Sinn kommen. Du wirst staunen, wie lang die Liste sein wird.

Unser gesamtes Sein ist voll von Gegensätzen. Diese Gegensätze sind zuallererst einmal einfach, sie sind nichts anderes als SEIN. Erst in dem Augenblick, in dem unser Denken, unser Verstand ihnen Eigenschaften zuweist und diese Eigenschaften mit einer Bewertung hinterlegt, erst dann werden diese Gegensätze zu etwas Bestimmten. Erst dann werden sie eingeteilt in gut oder schlecht, wohingegen gut etwas Positives ist, etwas das guttut, das ein gutes Gefühl in mir entfacht, das es mir gut gehen lässt, und schlecht, nun ja, das Gegenteil davon bedeutet. Es geht mir nicht gut, ich habe komische Gefühle in mir, vielleicht Schmerzen, vielleicht aber auch einfach nur ein Muster von Schlechtigkeit in meinem Denken.

Mit dieser Brille der Beurteilung gehen wir durchs Leben. Doch ganz am Anfang des Lebens ist dies noch nicht der Fall. Ein kleines Kind hat zum Beispiel noch viel Vergnügen daran, mit seinen Extremitäten zu spielen, kann dem auch viel Ausdruck verleihen und lernt dann erst vom Erwachsenen, dass solch ein Spiel etwas Schlechtes darstellt. Dass man so etwas nicht macht.

Das heißt, die Einteilung in gut und schlecht findet in diesem Alter noch nicht sofort statt. Es werden lediglich Räume in der Welt gesucht, in denen Erfahrungen gemacht werden dürfen. Auch wenn sicher einmal schmerzvolle Erfahrungen dabei sind, so sind dies trotzdem lediglich Erfahrungen, und die schmerzvollen Erfahrungen macht das Kind dann einfach nicht mehr so oft oder gar nicht mehr, je nach Stärke des Schmerzes und nach Geschwindigkeit des Lernens.

Aufgrund dieser Erfahrungen findet ganz automatisch im Kind ein Lernen statt. Dieses Lernen wiederum lässt einen Entwicklungs- beziehungsweise Wandlungsprozess entstehen. Je mehr eigene Erfahrungen das Kind machen darf, umso stärker bleibt es selbst, und umso nachhaltiger findet ein Lernen statt.

Der Wandlungsprozess lässt es dann seine Welt genauso verstehen, wie sie sich ihm auftut. Das Bild, das in ihm entsteht, ist nicht aus vorgefertigten Konzepten der Außenwelt, von Eltern und Erziehern erschaffen, sondern durch die am eigenen Leib gemachten Erfahrungen entstanden. Dieses Bild der Welt ist das tatsächliche, reale Bild für den jeweiligen Menschen.

Das Kind tritt also wie ein Beobachter in die Welt ein, nimmt über seine Sinne die Welt, so wie sie sich ihm zeigt, wahr. In ihm finden ureigene Lernprozesse statt, die es befähigen, in dieser Welt in Einheit und Liebe zu leben.

Doch kommen wir zurück zu unseren Gegensätzen. Genau diese Polaritäten sind es, die so wichtig für die gesamten Erfahrungen der Menschheit sind. Wichtig dabei ist jedoch nicht das Beurteilen, sondern das Erkennen dieser Gegensätze. Im gleichen Moment, in dem ich den Gegensatz erkenne und ihn sein lasse, was er ist, also ihm keine Beurteilung zuschreibe, findet eine Veränderung statt.

Das heißt, gerade die Annahme dessen, dem ich in der Vergangenheit meist negative Bedeutungen zugeschrieben habe, lässt dieses Phänomen verschwinden, sich auflösen, transformieren in einen Zustand, den wir Balance nennen. Dieser Zustand der Balance ist letztendlich das Ziel all der Erfahrungen, die die Menschheit im Laufe ihrer Erdgeschichte durchlaufen hat. Es ist diese Balance, die sich der Verstand zu Recht einfach nicht erklären kann, denn sie war in unserem bisherigen System noch nicht vorgesehen. Es existierten lediglich die Gegensätze mit ihren verschiedenen Abstufungen.

Wenn nun die Balance in allem zustande kommt, so kann das Leben fließen. Das Ergebnis ist ganz einfach und wunderbar auch mit dem Strom zu vergleichen, der nur dann fließen kann, wenn negativ und positiv in absolutem Gleichklang sind. Es ist diese Balance nach der momentan alles auf dieser Welt strebt. Doch um diese Balance zu erreichen, ist es zunächst notwendig beide Gegensätze in ihren extremsten Auswirkungen zuzulassen, sie nicht zu behindern, denn dann darf die gesamte Erde in den Zustand der Balance gehen.

Warum ein Generalisieren ganz bestimmter Richtungen nur allzu menschlich, oft jedoch destruktiv ist

Wer kennt ihn nicht? Den Drang, jedem Ding einen Namen zu geben, herrliche Erklärungsmuster für Phänomene zu finden, die vorher unerklärlich waren, und dieses wunderbare Gefühl, wenn die Sache dann rund ist. Wenn das Rätsel gelöst ist, und alles klar und durchsichtig vor einem liegt, stellt sich eine Zufriedenheit ein, und dabei muss die Erklärung gar nicht unbedingt intelligent sein, lediglich schlüssig, gut nachvollziehbar und in sich stimmig.

Doch wehe, es kommt dann jemand daher, der einen anderen Erklärungsversuch hat, der meinem Versuch ganz entschieden widerspricht. Hier stellen sich dann verschiedene Reaktionen ein. Zunächst kann ich auf meinem Erklärungsversuch beharren und vehement abstreiten, dass der andere Ansatz auch richtig sein könnte. Diese Reaktion ist meist dann der Fall, wenn ich zu hundert Prozent sicher bin, dass es so sein muss, dass es gar nicht anders sein kann. Dies ist dann die Grundlage für hitzige Diskussionen, die jedoch meist nicht besonders fruchtbar sind, vor allem dann nicht, wenn meine feste Meinung auf die feste Meinung des anderen trifft. Denn dann ist ein vernünftiges Nachdenken gar nicht mehr möglich.

Sobald ich jedoch ein wenig in Zweifel gerate, entweder darüber, dass ich einen Fehler gemacht haben könnte, oder aber auch anderen Möglichkeiten eine Chance lassen will, findet eine sinnvolle Auseinandersetzung mit Phänomenen unserer Zeit statt. Und diese sinnvolle Auseinandersetzung kann dann durchaus dazu führen, dass unterschiedliche Menschen für das gleiche Phänomen unterschiedliche Erklärungen haben, die jedoch alle nicht falsch sind, nur einfach anders und doch in sich schlüssig und richtig.

Woran liegt das? Es sind doch Phänomene der gleichen Welt. Wir leben doch alle in derselben realen Welt? Wir müssen doch alle die Welt gleich sehen. Müssen wir?

Gestern beim Einkaufen bin ich an der Kasse über das neue P.M. Magazin gestolpert. Die Titelseite zog meine Aufmerksamkeit an. Das Bild einer Frau, ziemlich kurze Haare beziehungsweise die Stirn ganz frei, im Hintergrund ein Gewinde an Nervenstränge erinnernder Formen, die mit ein wenig Vorstellungskraft ins Universum reichen können. Darunter der Titel: „Wie unsere Gedanken die Welt erschaffen" mit dem Untertitel: „Wissenschaftler sind überzeugt: Mit der Kraft der Bilder können wir Krankheiten heilen, Hunger stillen und körperliche und geistige Höchstleistungen erzielen."

Ich bin zufrieden, freue mich, dass diese Erkenntnisse nun auch endlich und – wie ich hoffe durchgreifend – Eingang in die Wissenschaft gefunden haben. Und sich diese Wissenschaft auch tatsächlich endlich der breiten Masse europäischer Menschen präsentiert. Erkenntnisse, von denen Tausende von Büchern aus der Esoterik voll sind und die sich auch die Religionen in den vergangenen Jahrhunderten immer wieder zunutze machten.

Es sind unsere Gedanken, die die Welt erschaffen. Würden wir jetzt, wie wir es so gerne tun, erneut gleich generalisieren, so würden wir ganz schnell wieder einem Trugschluss erliegen. Es sind natürlich nicht „nur" unsere Gedanken, sondern es sind eine Fülle von unzähligen Instrumenten im Menschen, die tagtäglich, Augenblick für Augenblick, zunächst jeder für sich, dann gemeinsam, eingebettet in ein Gewebe an Energien, Realität erschaffen. Und so kann es dann durchaus vorkommen, dass den einen Menschen Milch glücklich macht, der andere Mensch diese aber nicht verträgt.

Denn dieses Gefüge, geschaffen aus Energien, ist unendlich kompliziert und gleichzeitig jedoch sehr simpel. Kompliziert deshalb, weil so viele Menschen unterschiedliche Energien aussenden und mit diesem Zusammenspiel unterschiedliche Welten entstehen, simpel deshalb, weil man für sich diese verschiedenen Energien insofern einfach nutzen kann, indem man sich klarmacht, dass es sich bei Energie um etwas Neutrales handelt, das die Möglichkeit hat, sich in alle möglichen unterschiedlichen Energien zu wandeln.

Diese Erkenntnis versetzt mich daher in die Lage, mein Bewusstsein für diese Energien zu schulen, um dann ganz bewusst die Energien in Richtung Liebe zu lenken. Wenn ich nicht anfange, dieses komplizierte Gewebe wirklich zu durchdringen, bis ins Detail zu verstehen, sondern einfach in der Praxis meinen Fokus auf die Liebe richte und damit in mir sicher weiß, dass dadurch wunderbare Veränderungen in der Welt sichtbar werden, dann kann ich meinen Verstand für die Dinge nutzen, die mir wirklich bei meinem Wandlungsprozess hilfreich sind.

Im Jetzt Begegnung wagen und wachsen

In seiner Predigt anlässlich unserer Sonnenaufgangswanderung sprach Paul Weißmantel von drei Worten, die ihn seit seiner Begegnung mit einem Künstler in diesem Jahr bewegen. Es waren die Worte JETZT, BEGEGNUNG und SCHÖN.

Paul Weißmantel sprach darüber, dass wir uns die meiste Zeit unseres Lebens entweder mit Vergangenem oder aber mit Zukünftigem beschäftigen und oftmals gleichzeitig sorgen. Doch dieses JETZT ist es, welches uns dabei verloren geht. Dieser jetzige Augenblick, in dem wir leben. Und es IST immer nur der jetzige Moment, es gibt keinen Menschen, der in der Vergangenheit lebt oder in der Zukunft. Wir alle leben immer nur in diesem Augenblick.

Das heißt natürlich nicht, dass ich nicht Rückblick halten oder auch mal Zukunftspläne machen darf. Solche Aktionen sind wundervoll und bereichern das Leben. Es bedeutet lediglich, dass ich bewusster auf den Moment achte, dass ich sorgsam in mir fühle oder auch bei Begegnungen mit dem Nächsten mal etwas bewusster wahrnehme.

Doch dies stellt einen Prozess dar. Es bedarf einer Vielzahl von Übungen, um sich immer stärker von Vergangenheit und Zukunft zu lösen und dadurch bewusster in der Gegenwart anzukommen. Solche Übungen stellen zum Beispiel Rituale dar, die ich Stück für Stück in meinen Alltag integriere. Das kann der erste bewusste Atemzug am Morgen sein, den ich einfach einmal beobachte und dankbar in mir geschehen lasse. Ich mache mir bewusst, dass dieser Atem mir das Leben schenkt. Ich bedanke mich beim Schöpfer, der mir diesen neuen Morgen schenkt.

Ich habe mir vor einiger Zeit angewöhnt, jeden Morgen mit unserem Hund auf einen kleinen Berg bei uns im Dorf zu gehen und die Sonne zu begrüßen. Dabei nehme ich bewusst ihre Strahlen in mich auf und bedanke mich, dass sie mir jeden Tag neu das Leben schenkt.

Solche Rituale helfen innezuhalten, den Augenblick wahrzunehmen, und liefern gleichzeitig durch die Energie der Dankbarkeit Kraft und Freude für den Tag. Mit der Zeit dehnen sich diese Augenblicke aus, denn das Leben selbst schenkt sie mir. Eigentlich waren sie schon immer da, doch ich erkannte sie nur nicht.

Es geht daher lediglich um ein Erinnern dessen, was ich mit meinen Alltagsproblemen oder Vorstellungen vom Leben zudeckte. Oftmals ist die Decke ziemlich dick und undurchsichtig, und es braucht ein ganz behutsames Wegziehen dieser Decke. Doch durch dieses bewusste Erkennen komme ich dem immer näher, was ich wirklich bin, ein wundervolles Geschöpf Gottes, das in Freude und Liebe ein erfülltes Leben bereits hier auf Erden leben darf.

Wenn wir das noch nicht so ganz glauben, so ist dies auch in Ordnung. Schließlich wurden wir jahrhundertelang darauf programmiert, zu funktionieren und nach ganz bestimmten Ordnungen zu leben, wurden dazu erzogen, nicht das zu sein, was wir eigentlich von Geburt an bereits sind.

Wenn wir dieses „Nichtglauben“ in uns akzeptieren können und auch mit diesem „Nichtglauben“ ganz behutsam umgehen, es mit dem notwendigen Humor anschauen, es in uns fühlen, dann spüren wir, wie es sich langsam auflöst und wir dem Entdecken der Perle der Weisheit in uns wieder ein Stück näher gekommen sind. Das Gleichnis von der Perle aus dem Matthäusevangelium macht uns das ganz besonders sichtbar:

> *„Gleich ist das Königtum der Himmel einem Menschen, einem Kaufmann, suchend schöne Perlen; nachdem er aber eine wertvolle Perle gefunden hatte, hat er, weggehend, alles verkauft, wie viel er hatte, und er kaufte sie.“* *(Mt 13,45, MNT S. 28)*

Die Perle ist ein Bild für Christus in uns. Die Perle wächst in den Wunden der Muschel. Wir finden daher den Schatz in uns nur, wenn wir mit unseren Wunden in Berührung kommen. Wenn wir uns auch die Seiten in uns bewusst anschauen, die wir eigentlich nicht sehen möchten, wenn wir spüren, wie sie sich anfühlen und uns diesen Seiten in uns ergeben, dann finden wir die Perle, finden den Schatz in uns.

Wenn dein Grübeln ein Ende hat

Wenn du nun langsam entdeckst, dass das Grübeln, das Zweifeln an dir selbst, an Gott und an der Schöpfung immer weniger wird, wenn du entdeckst, dass die Gefühle des EINS-SEINS, der Gelassenheit, der Freude, der Liebe und Dankbarkeit immer mehr Raum in deinem Leben einnehmen, dann darfst du sehr stolz auf dich sein. Denn dieser Prozess – eigentlich kam jetzt das Wort „geistiger Kampf" – war ein Kampf, den du auch hättest verlieren können, den vor dir sehr viele Menschen, und gerade Menschen mit hochintellektuellen Fähigkeiten, verloren haben.

Mein Autoverkäufer sagte einmal zu mir: „Ich kenne ein Ehepaar, das nicht sehr intellektuell ist, die beiden denken nicht lange darüber nach, was sie tun. Doch diese beiden sind so glücklich. Sie leben einfach und genießen ihr Dasein. Sie machen sich weder Gedanken über die Politik, noch über andere bedrückende Themen."

Diese Menschen sind überaus intelligent, jedoch nicht sehr intellektuell, sie haben kein großartiges Wissen über das, was in der Welt wichtig scheint, angehäuft, sondern sie leben und haben Freude am Leben und an ihrem Sein. Bei ihnen kommt kein Geschichtswissen an den Tag, das analysiert und mit der gegenwärtigen Politik vergleicht. Sie stellen keine Strategien auf, wie mit der gegenwärtigen Regierung wohl dieses oder jenes Problem beseitigt, oder wie die Welt wohl für alle besser werden könnte.

Sie erkennen, dass für sie die Welt bereits richtig ist, so wie sie ist und man sich darin sehr wohlfühlen kann. Dies bedeutet, je stärker der Intellekt ausgeprägt ist, umso mehr werden die Geschehnisse der Welt hinterfragt, analysiert, auseinandergenommen, wollen verstanden werden.

Und wehe es gelingt nicht für das eine oder andere Problem eine rationale Lösung zu finden, wehe es kommt Widerstand auf, dann gerät das sorgsam aufgebaute Gerüst des Intellekts ins Wanken und scheitert. Doch genau diese Situationen sind wichtig für den Intellekt. Nur ein vollkommenes Scheitern führt dazu, dass ich innehalte, dass ich anfange, auch mein Herz mit einzubeziehen. Mich dieser ach so zarten Stimme anzunähern und innezuhalten, um einen anderen Zugang zu mir zu finden. Auch wenn dieser Zugang anfangs nur sehr schwer zu finden ist, leider spricht die Stimme des Herzens sehr leise, so ist es doch möglich, und wenn ich mich erst einmal darauf eingelassen habe, merke ich, dass das intelligente Denken mit dem Herzen immer deutlicher wird, immer häufiger auftritt.

Ich werde durch diesen Zugang befähigt, genaue Unterscheidungen zu treffen, merke, wenn mich mein Intellekt wieder einmal auszutricksen versucht, und falle immer seltener auf ihn herein. Es ist diese wundervolle Kraft des Herzens, die mich nur noch mit den Augen der Liebe sehen lässt, der Liebe für meine Mitmenschen, aber auch der Liebe zu allem, was lebt.

Ist es das, was Jesus meinte, wenn Matthäus in seiner Bergpredigt schreibt:

> *„Selig die Armen dem Geist (nach), denn ihrer ist das Königtum der Himmel."* *(Mt 5,3, MNT S. 6),*

oder was noch stärker im Thomasevangelium im Spruch 54 zum Ausdruck kommt:

> *„Jesus sagte: Glückselig die Armen, denn euch gehört das Himmelreich."*

Auch Lukas, der begnadete Erzähler, spricht in seiner Feldpredigt diesen Aspekt an:

> *„Er richtete seine Augen auf seine Jünger und sagte: Selig, ihr Armen, denn euch gehört das Reich Gottes."*

Diese Worte Jesu beziehen sich sicherlich nicht auf den materiellen Reichtum. Ich kann materiell arm sein und trotzdem das Himmelreich nicht in mir spüren. Diese Worte Jesu zielen ganz klar auf den Intellekt. Wenn dieses „arm" bedeutet, dass ich nicht ständig um das wundervolle Wissen, das ich mir angeeignet habe, kreise, sondern mit dem Herzen in mir und auch in meinem Nächsten spüre, worauf es wirklich im Leben ankommt, dann befinde ich mich bereits jetzt im Himmelreich. Dann kann ich in tiefem Frieden, voller Freude und Liebe die Schöpfung annehmen, lieben und genießen, so wie sie ist, ohne beständig etwas an ihr ändern zu wollen, weil sie mir vielleicht nicht perfekt genug erscheint.

> *Er sagte: „Wer den Sinn dieser Worte ergründet, wird den Tod nicht schmecken."* *(Th 1)*

Dieser erste Spruch aus dem Thomasevangelium, dessen verwandte Texte auch in Lk 11,28; Joh 5,24 f und 8,51 f sowie der Logienquelle 79 zu finden sind, ist ja eigentlich ziemlich klar, und doch hat man sich, wohl aus Angst vor der Wahrheit, immer gescheut, der Ergründung der Jesusworte intensiv nachzugehen. Oder besser ausgedrückt: Unser Intellekt hat sich aus Angst vor seinem Tod nicht getraut, dem Herzen das Denken zu überlassen, um die tiefe Weisheit dieser Jesusworte zu ergründen. Denn dieser so starke Intellekt, der Jahrtausende lang in den Himmel gelobt wurde, der für alle Menschen das Erstreben war, wurde nur einseitig gesehen.

„Umso mehr Wissen du dir aneignest, umso weiter bringst du es im Leben. Wissen ist Macht." Dies sind Sätze, die auch in unserer Zeit gerne an die nächste Generation weitergegeben werden. „Die Kinder sollen es besser haben als wir, und das können sie nur, wenn sie etwas Gescheites lernen."

Gehst du in die Stille, so findest du den Schatz in dir

Ich stellte fest, dass es mir doch immer wieder mal passiert, dass ich tatsächlich ins „Machen" gerate, das heißt, dass ich der Kraft des mir inne liegenden Fließens nicht so ganz traue und denke, ich muss jetzt endlich ein vernünftiges Konzept erstellen, so kann doch nicht wirklich ein Buch erwachsen. Dann bekomme ich einen Ruf aus der Stille, eine Bitte um Vertrauen, höre die zarte Stimme in mir, die besagt: Vertraue! Lasse los, lass dich einfach wieder darauf ein. Nimm all das wahr, was jetzt in diesem Moment gerade in dir ist, und lass es fließen. Du wirst sehen, es funktioniert und du brauchst keinerlei große Kraftanstrengung dazu.

Es ist das Leben selbst, das dich trägt, der stille Impuls aus deinem Inneren, der dir genau die Worte eingibt, die wichtig sind, dass du sie aufschreibst. Es sind dies Worte, die sicherlich in vielfältiger Weise schon oft ausgesprochen wurden, jedoch nicht in deiner Weise. Diese Weise, die es den Menschen ermöglicht, selbst Zugang zu sich, zur leisen Stimme in sich zu finden. Denn dieser Zugang ist oftmals verstopft, blockiert, es geht kein Weg hinein, sodass damit der Gedanke verbunden ist, dass es diese Perle der Weisheit, dieses Erkennen von sich selbst und dadurch das Erkennen von Gott überhaupt nicht gibt.

Genau solche Blockaden sind an der Tagesordnung, gehören zum Lebensalltag unzähliger Menschen. Doch das Wunderbare ist, dass dieses so kleine Herz zwar sehr leise spricht, dass der Zugang dahin oftmals blockiert ist, doch ist die Kraft, die in ihm steckt, nämlich die Kraft der Liebe so stark, so immens groß, dass sie immer wieder an den Tag kommt und keine Ruhe gibt.

„Herr mach mein Herz unruhig", beten die Christen, und genau dies ist die Kraft des Herzens. Durch das unruhige SEIN öffnet sich der Zugang zum Herzen, lässt sich die leise Stimme immer besser hören. Und mit diesem Hören einhergeht das Fühlen, und dieses Gefühl, dieses wunderbare Gefühl gibt mir Sicherheit, lässt mich wieder neu daran glauben, dass es möglich ist, den Raum des Herzens vollständig zu betreten und in ihm zu wohnen. Für immer darin Wohnung zu haben.

Dieser Raum des Herzens ist das Himmelreich, von dem Jesus immer wieder in seinen wunderbaren Gleichnissen spricht. Das Himmelreich, das bereits in dir angebrochen und vollendet ist. In dieses Himmelreich dürfen wir eintreten, dürfen wir JETZT eintreten und all das, was uns noch belastet, hinter uns lassen, es Gott hinhalten mit der Bitte um Transformation in reine Liebe.

Es ist diese reine Liebe, die die Kraft hat, alle Mauern und Schranken einzureißen, Eis zu schmelzen, ja Gestein fließen zu lassen. Diese Liebe ist mit nichts zu vergleichen, was wir jemals mit unseren nur sehr begrenzten Augen sehen, in der

Nächstenliebe spüren durften. Diese Liebe ist wie ein Vulkan der, erst einmal ausgebrochen, die Macht hat alles zu überrollen und zu verändern. Und diese Liebe hört niemals auf, wie es auch im Hohen Lied der Liebe sehr eindrucksvoll gesungen wird.

Darf es noch ein klein wenig mehr sein?

Eigentlich denke ich schon seit ein paar Tagen darüber nach, wann denn dieses Buch einmal ein Ende haben wird, und mein Gefühl sagt mir; bald. Doch gerade, als ich es mir auf meinem Balkon bei einer Tasse Tee schön gemütlich gemacht habe, kam mir die folgende Frage in den Sinn: „Darf es noch ein klein wenig mehr sein?"

Na gut, sage ich mir, ein paar Seiten könnten wirklich noch drin sein. Vielleicht ist ja doch noch nicht alles gesagt, wie ich es eigentlich schon über viele Jahre denke.

Vor allem in meiner Studienzeit war es für mich immer wieder ein Phänomen, dass es zu jedem erdenklichen Thema schon zig Bücher und weiterführende Informationen aus dem Internet gab. Sobald ein Thema nur ein wenig zu breit angelegt war, war die Fülle an Materialien einfach unüberschaubar. Ist ja aber auch verständlich. Bei der immens großen Anzahl von Menschen, die alle durch das Bildungssystem geschleust werden, steigert sich die Chance der Selbstverwirklichung durch Worte und Sätze.

Ein kluger Mensch hat mir einmal erzählt, dass es bereits zur Zeit Schopenhauers für einen Intellektuellen nicht möglich war, alle Bücher, die es in unserer Bildungswelt gibt, zu lesen. Das fand ich damals schon beeindruckend, und heute bin ich nahezu überwältigt von all dem Wissen, das sich in unserer Welt verbreitet, in Windeseile übers Internet.

Natürlich bin ich auch sehr dankbar dafür. Denn wenn ich in der Vergangenheit, wie dies nicht selten vorkam, meine Materialien nicht schön säuberlich beschriftet und geordnet in einem System liegen hatte, dann fand ich in dem Augenblick, indem ich zum Beispiel ein Gedicht zu einem speziellen Anlass suchte, leider nicht schnell das Passende. Heute schalte ich den Computer an – und schon ist es da. Welch ein Segen für die Menschheit.

Doch hat mich dies vollkommen entfernt von meinem Thema. War dieser Exkurs notwendig? Was hat er aufgezeigt? Er hat mir gezeigt, dass es keine Rolle spielt, was wir tun, wie wir die Worte in Form bringen und aneinanderreihen. Es spielt einzig und allein für unseren Intellekt eine Rolle, der sofort aus dem Hintergrund hereinruft. „Aber du kannst doch nicht einfach irgendwelchen Unsinn schreiben. Du musst doch deinen Lesern ein anspruchsvolles Buch liefern. Fundiert, mit viel Hintergrundwissen, gut recherchiert, sodass jeder genau nachverfolgen kann, woher du deine Thesen und Argumente nimmst. Du kannst doch nicht einfach so schreiben, wie es dir beliebt."

Sehr wohl kann ich und sehr wohl tue ich das soeben. Und irgendwie bereitet mir das auch noch Freude. Es lässt das Gefühl der Gelassenheit, das Gefühl der Liebe zum Wort, der großen Liebe zum Zusammensetzen von Buchstaben zu sinnvollen Wörtern, Sätzen, ja einem sinnvollen Textgeflecht immer stärker in mir erwachen.

Und dieses Gefühl ist einfach da, hat nichts mit Arbeit zu tun, mit einem „Du musst aber jetzt mal langsam zum Ende kommen" und vielen ähnlichen Sätzen, die mein Intellekt immer wieder mal dazwischenwirft. Nein, in diesem Gefühl kann ich ganz sein, ihm kann ich mich hingeben, mich dem Wort ergeben:

> *„Im Anfang war das Wort und es hat Fleisch angenommen, es hat unter uns gelebt und ist sehr fruchtbar geworden."*

Genau dies ist möglich, das Anfangswort zum Leben zu erwecken, ihm Form zu geben, und diese Form wird dann zu Fleisch, was bedeutet, dass dieses Wort, das ich spreche, in meiner Realität Gestalt annimmt, regelrecht in Materie übergeht. Es ist dies ein Prozess, den unser Verstand nicht verstehen kann, – oder doch! – wie soll durch ein schlicht ausgesprochenes Wort plötzlich Materie entstehen? Doch zu Beginn eines jeden Projekts war immer erst der Gedanke an das Projekt im Geiste eines Menschen.

Dieser Geist hat bereits im Kopf eines Menschen Form angenommen, wurde schon sichtbar in Gedanken, dann wurde der Nächste eingeweiht, ein Sprechen über das Projekt gab ihm immer konkretere Gestalt, vielleicht wurde noch eine Skizze gefertigt. Und dann war das wunderschöne Bild gar nicht mehr weit weg. Doch am Anfang war der Gedanke. Hat nun der Gedanke das Bild gemalt, hat nun das Wort das Bild gemalt?

Das Bild wurde vom Künstler mit seinen Händen gemalt, doch ohne den Gedanken, ohne das Wort wäre das Bild ein Nichts, hätte keine Form, keine Gestalt. Es wäre ein großer Farbkleks. Stetig ist es ein Miteinander. Auch hier geht es wieder darum, den Gedanken mit dem Wort, das Wort mit der Tat zu verbinden, allem seine Berechtigung zu geben, nichts zu übersehen, für nichtig zu halten, sondern jedem die Bedeutung zu geben, die es auch tatsächlich innehat. Und genau diese Verbindung mit allem ist es, die die Kraft und die Macht besitzt, alles zu schaffen.

Auf einmal ist sie da. Die Tatsache, dass ich erkenne, was für ein wundervolles Wesen ich bin. Und diese Tatsache bleibt, geht nicht mehr verloren. Es ist ein Gefühl, dass stetig in dir ist, eine Sicherheit, du spürst dieses Vertrauen in die Welt, in das Leben, selbst wenn tatsächlich mal ein Regentag im Außen und/oder – meist ist es dann so – in dir ist. Dann spürst du vielleicht Körperliches, das dich in der Vergangenheit in schwere Depressionen gebracht hätte, doch du kannst es so stehen lassen, einfach als etwas, das jetzt einfach mal so ist, und bist trotzdem im Gefühl des tiefen Friedens in dir. Du kannst dem Regen lauschen, der sanft oder auch heftig vor deinem Fenster niedergeht, kannst die Gefühle spüren, die sich in dir auftun, sich verändern und gehen, und bist glücklich, in Gott, in deinem SEIN geborgen und aufgehoben. Vollständig hingegeben an das Leben, an die Schöpfung.

Diesen tiefen Frieden wünsche ich dir von ganzem Herzen.

RAYA MICHAELAS IMPULS

Meine Intention!

Ich liebe es Audios sowie Sprachnachrichten zu erstellen.

Jeden Morgen wache ich auf und bin so inspiriert.

So beglücke ich immer wieder Menschen mit meinen Sprachnachrichten.

Vielleicht tun sie dir auch gut!

Ich wünsche dir viel Vergnügen!

So begann ich im Juni 2021 meinen kleinen Kanal

4. Juni 2021

Nur ein Spiel ...

Einen wunderschönen guten Morgen wünsche ich euch. Ich denke heute wird es kein so guter Impuls, denn ich bin aufgeregt. Bisher war es einfach nur so ein Drang, irgendjemanden irgendetwas zu sagen. Es war meistens dann eine Person, aber jetzt wird das Publikum vielleicht größer und deshalb bin ich aufgeregt. Gedanken sind ganz viele da. Und diesmal geht es um den Garten. Das beschäftigt mich und treibt mich total um. Ich bin das erste Mal dabei, einen Garten zu machen und merke immer mehr, dass es das gar nicht braucht. Wir haben doch alles in der Natur und wir müssen es gar nicht verändern. Sondern einfach nur ernten. In dem Moment, in dem wir es brauchen. Einfach ganz konsequent dieses Prinzip verfolgen, wie es schon Jesus Christus sagte: „Seht die Vöglein im Himmel, sie säen nicht, sie ernten nicht und euer himmlischer Vater ernährt sie doch". Ich glaube, dieses Prinzip gilt auch für uns. Andererseits, das Ganze ist doch eh nur ein Spiel, also darf ich auch Garten machen, wenn ich Freude daran habe. Doch ich muss mich nicht geißeln, wenn es mal nicht gelingt. Wundervoll, aufzuwachen und den Vöglein zu lauschen. Die Vöglein sind wohl der Schlüssel in die neue Welt, deswegen sind die auch so laut jetzt oder nehme ich sie nur so laut wahr? Egal wo ich hingehe, ich höre immer Vöglein, ich glaube, das ist ein Zeichen vom Himmel. Welch wundervolles Leben, und ich darf es genießen, alles darf sein, alles ist wunderbar. Es macht mich ganz ruhig. Und dann noch dieses Geschenk des Atems, es tut so gut, dieses Leben in sich zu spüren. Zu spüren, wie in jede Zelle Kraft und Energie durch den Atem kommt und ich merke, ich bin komplett durchdrungen mit dieser Lebensenergie. Ich darf es mitgestalten dieses Spiel namens Leben, wunderbar. Genießt es, beobachtet und genießt das Geschenk des Lebens. Ich wünsche euch einen wundervollen Tag, wie es Uwe Breuer immer so schön sagt, einen Tag voller Wunder.

5. Juni 2021

Die Kraft in mir

Einen wunderschönen guten Morgen wünsche ich euch. Ein neuer Tag steht an, ein wundervoller Tag, weil jeder Tag wundervoll ist. Weil jeder Tag in sich, jeder Augenblick gelebt in der Gegenwart, ganz viele wundervolle Dinge bereithält; und irgendwie glaube ich, dass die Vögel ein Indiz dafür sind. Ich weiß nicht, wie es dir geht ... ich höre in diesem Jahr, und auch schon im letzten Jahr, die Vögel viel intensiver. Da höre ich dieses wundervolle Gezwitscher, wo auch immer ich bin. Gestern Morgen war ich in meinem alten Zuhause in der Goldbrunnenstraße auf dem Balkon, und da waren die Vögel auch und sind ganz nahegekommen. Ich fahre durch die Natur und was sehe ich, Vögel. Ich bin davon überzeugt, die Vögel sind ein Schlüssel hin zur Mitte, zu unserem Selbst und ein Schlüssel in die neue Welt. Immer wieder, fast täglich kommt mir dieser Ausspruch von Jesus Christus in den Kopf: „Seht die Vöglein am Himmel, sie säen nicht, sie ernten nicht und euer himmlischer Vater nährt sie dennoch." Ich glaube, die Vögel sollen uns zeigen, dass auch wir genährt sind von unserem himmlischen Vater oder von dieser Kraft in uns, und wir dürfen lernen, diese Kraft jeden Augenblick anzunehmen, zu genießen und achtsam zu sein. Und dabei brauchen wir wirklich nichts zu tun. Da kommt gerade so eine Stimme in mir, die kommt immer noch (lach) auch in mir.
Heute Morgen sah ich mir ein Video von Hubert Möhrle an, als er mit der Natur in Berührung war. Er befreite Rosen von Unkraut, legte also diesen Schatz frei und zeigte auf, wie wertvoll dieser Rosenstock ist, der ja dann auch, wenn man zum Beispiel die Rosen verschenkt, den Menschen wieder Freude bringt. Immer wieder macht Hubert dann auch auf diese andere Kraft in uns aufmerksam. Diese Kraft, die auch Goethe in seinem „Faust" beschreibt, z.B. wenn er mit Mephisto spricht. Es ist eben diese andere Kraft, die auch gesehen werden darf, jedoch liebevoll. Sich bewusst machen, ja, auch diese andere Kraft ist in mir drinnen und sie zeigt sich im Moment im Außen ziemlich heftig. Jedoch nur, wenn ich hinschaue. Letztendlich darf sie sich dann jedoch auflösen. Ich darf mir erlauben, dass sich diese Kraft einfach wieder auflöst, dann muss ich sie auch nicht mehr anschauen. Ich denke auf dem Weg dahin ist sie einfach auch wichtig, darf sein. Wenn ich sie aber dann zu stark spüre – und ich merke, manchmal fühle ich mich richtig angezogen, da hinein zu gehen – dann ist meiner Meinung nach Achtsamkeit angesagt. Da kommt gerade dieses Bild vom Heiligen Geist. Selbst kann ich nichts tun, ich kann es mir anschauen, und wenn es mir möglich ist, es wirklich nur von außen anzuschauen, dann kann ich die dunkelsten Dinge angucken, das ist dann wie ferngucken. Ich gucke sie mir an, wie wenn ich es von außen oder von oben anschaue, dann identifiziere ich mich damit nicht,

gehe damit nicht in Resonanz. Es bedeutet nichts, es macht auch nichts mit mir, „aber"... – ein schönes „aber" ist es – solange ich noch auf dem Weg dahin bin und spüre, ich gehe in Resonanz, darf der Hl. Geist ins Spiel kommen. Dann darf ich sagen: Hey du, Hl. Geist, komm her, ich brauche dich, löse es für mich auf. Der Hl. Geist beinhaltet sozusagen den Mittler oder den Katalysator, der es immer wieder schafft, das, was zerstörerisch ist, aufzulösen. Dann fühlt es sich so an, als wäre es nur eine Illusion. Ich denke mit dem Heiligen Geist dürfen wir in dieser Zeit ganz besonders wieder in Berührung kommen. Er ist immer da, jeden Augenblick, und wie erfahre ich es? Na klar ... über meinen Atem. Einatmen! Ausatmen! Ich wünsche euch einen wundervollen Tag, der wieder ganz besonders sein darf. Ich gehe jetzt mit meinen Kindern brunchen.

6. Juni 2021

Es regnet

Einen wunderschönen guten Morgen wünsche ich euch. Es regnet und heute habe ich tatsächlich keine fröhlichen Gedanken dabei. Ich weiß ganz genau, es muss regnen. Auch das ist lediglich ein Zeichen. Ein Zeichen für den Wandel, ein Wegweiser. Immer mehr gelange ich zu der Sicherheit, dass all dies, was jetzt in uns, aber auch im Außen geschieht, jede Kleinigkeit, jeder Regentropfen, alles genauso richtig ist. Genauso sein muss, damit wir Menschen lernen. Denn ich glaube, nach dem Erwachen ist vor dem Erwachen. Oje, oje, eigentlich dachte ich, o.k. erwacht wunderbar, leben im Paradies, wunderbar und ja, es ist auch wunderbar, es ist auch tatsächlich keine Angst mehr da, es stellt sich auch immer wieder ganz schnell Gelassenheit ein, doch es ist auch immer ein Lernen, genau, nach dem Erwachen ist vor dem Erwachen. Denn es gilt all diese Zeichen, die definitiv keine Zufälle sind, sondern ihren Sinn haben, zu deuten, sich die Zeit zu nehmen, nachzudenken. Bei mir ist es jetzt das Pflanzen in einem schönen Garten. Gestern pflanzte ich wieder ein paar Spinatpflänzchen. Nun kommen so Gedanken wie: Oh wenn das jetzt alles verregnet wird, ja dann ist es so, dann hat auch das irgendeinen Sinn. Damit ich vielleicht erkenne, dass tatsächlich sehr viel dran ist, an dem: „Du musst nichts tun, ja aber du darfst...", ein Stück weit merke ich, dass ich mit dem pflanzen auch eine Erwartung hege, eine Erwartung, dass ich etwas ernten kann, dass es gelingt. Selbstverständlich darf ich durchaus die Erwartung hegen, doch ich muss auch nicht enttäuscht sein, wenn es nicht gelingt, sondern auch das ganz liebevoll annehmen.

Puh ganz schön Hammer, was so passiert. Atmen! Auch körperlich merke ich gerade einiges, dass nicht alles so rund läuft, doch auch das ist in Ordnung, alles ist gut, alles darf so sein, wie es ist. So beobachte ich noch ein wenig den Regen und freue mich, was der Tag so bringt. Heute kommt eine liebe Freundin zu mir und ein lieber Freund. Das ist wunderbar, so wünsche ich auch dir wunderbare Begegnungen, ob mit der Natur, dem Regen, der Sonne, den Vögeln, den Menschen oder auch mit dir selbst. Ich denke, das ist in dieser Zeit die wichtigste Erfahrung, die Begegnung mit sich selber. Sich selber immer mehr kennenzulernen, lieben zu lernen, anzunehmen. Alles, alles Liebe!

7. Juni 2021

Abgefahren

Einen wunderschönen guten Morgen wünsche ich euch. Neuer Morgen, neues Glück. Eigentlich eher … neue Möglichkeiten, um auszuprobieren. Diese neue Energie, dieses Neue zu leben. Ich glaube, das ist auch wirklich für schon lange Aufgewachte noch eine kleine Herausforderung. Wirklich nur hier zu sein, den Augenblick zu kosten. Zu spüren, sich nicht ablenken zu lassen von den vielen Gedanken, (lach) ... es sind wirklich viele. Ihr merkt schon, ich bin ganz viel am Lachen, weil es einfach so Spaß macht. Es ist genial, sich immer wieder dabei zu erwischen, wie man sich von den Gedanken ziehen lässt, vom Ego, oder wie immer du es nennen möchtest. Wie es spricht: „Möchtest du nicht wieder mit mir arbeiten? Ich habe das doch schon immer so gut gemacht." Es ist echt abgefahren. Doch das Schöne ist, ich kann es anschauen, ich kann es anschauen und sagen: „Hallo Ego, alles gut, du darfst da sein, ja du darfst auch locken, du bist wunderschön liebes Ego", und schon ist es still und schon ist es komplett still. Wundervoller Augenblick, eine Stille, eine Ruhe ist in mir. Und in dieser Ruhe gibt es kein Nachdenken, gibt es nur das reine Sein. Und es ist überhaupt nicht langweilig, welch Wunder. Das hat man mir … oder … das habe ich mir … das war ich ja alles selber, ok, … immer eingeredet. Wenn dann doch alles in Balance ist, das ist doch bestimmt langweilig. Nein, ist es nicht, im Gegenteil, es ist mega aufregend und spannend, aber so angenehm aufregend, so angenehm spannend. Sich ganz dem Augenblick hingeben, und dann aus diesem einen Augenblick den nächsten erwarten. Erwarten? Ach, jetzt bin ich da schon wieder drin. Total abgefahren, es gibt ja so bestimmte Worte die man nicht sagen darf oder sagen soll, so wie „eigentlich". Lange Zeit versuchte ich mir dieses Wort abzugewöhnen.

Scheibenkleister, hat nicht geklappt, denn natürlich darf ich „eigentlich" sagen, ich darf „aber" sagen und alle Worte, die ich benutzen möchte, denn ich darf alles, ich darf einfach alles!

Achtsam, liebevoll, alles ist richtig, alles ist gut, alles darf sein. Vorhin hat mir eine Freundin etwas Tolles geschrieben. Ob ich zu einer spontanen Kuschelparty komme, und ich freue mich schon drauf. Das sind jetzt die Dinge, die wichtig sind; zusammen zu kommen, einander gut zu tun, liebevoller Umgang miteinander ... es ist alles gut so. Neue Welt, einfach nur sein und aus dem Augenblick den nächsten erwarten, freudig sein, Spannung in sich fühlen. Klasse, es ist traumhaft, denn in diesem „freudig sein", in diesem „voller kindlicher Erwartung sein" liegt alles. Ich fühle mich tatsächlich wie ein Kind beim Spielen, das denkt, „ach was kommt jetzt wieder". Ich hatte auch eine tolle Kindheit, von ein paar Themen, die ich anschauen durfte, abgesehen. Ich wuchs am Main auf, wir waren dort auch drin. Voll in der Natur. Ja, Kind sein, das ist es jetzt. Das wünsche ich dir jetzt, dass du heute mal wieder richtig Kind sein darfst, erlaube es dir. Ich drücke euch. Tschüss!

8. Juni 2021

Achtsam

Guten Morgen, ihr Lieben, wieder ein neuer Tag. Und heute wachte ich auf und stellte fest, dass ich achtsamer sein darf. Achtsam! Da steckt die Acht drin. Und wenn ich die Acht sehe, so hat es für mich viele Bedeutungen. Die Acht steht für mich einerseits für Struktur, Struktur, die ich am Morgen sammeln darf. Ich komme aus der Traumwelt, aus der anderen Welt hier in diese, na ja, wahrscheinlich auch Traumwelt, und da ist es wichtig, sich zu sammeln. Eine Struktur wieder reinzubringen, zu sagen, hallo Körper, ich gehe wieder in dich, ich bin wieder ganz bei dir. Oder auch zu spüren, was ist da so in meinem Körper los, was ist da so in meinem Denken los. Aber die Acht steht auch für die liegende Acht, die ich gerade vor Augen habe, die mir die Unendlichkeit widerspiegelt, sodass mir bewusst ist, ich bin unendliches Bewusstsein. Aber ich spüre auch in gewisser Weise die Gefahr in dieser liegenden Acht, ich muss achtsam sein, ich sollte die Acht nicht als Achterbahn nutzen, aber: Oh Yeah, wie wunderbar, ich liebe Achterbahn fahren. Achtsam Achterbahn fahren, das kann dann auch ganz schnell sein, ganz flott sausen, aber immer achtsam. Das bedeutet für mich, jeden Augenblick, egal wie schnell er auch ist, gut wahrzunehmen. Achtsam Achterbahn fahren. Wenn ich jetzt so spreche, dann fahre ich gerade mit der Hand achtsam Achterbahn. Vielleicht magst du mitmachen, vor deinem Körper eine liegende Acht malen, erst kleine Bewegungen, die du dann immer größer werden lassen kannst. Probiere auch mal die unterschiedlichen Geschwindigkeiten aus, wo kommst du noch mit, wo wird es vielleicht ein bisschen zu schnell. Dann halte wieder inne und mache dir immer wieder bewusst, achtsam zu sein. Die Acht ist eine wundervolle Zahl. Immer wenn du heute im Laufe des Tages zu schnell auf deiner Achterbahn-Autobahn unterwegs bist, halte inne, nimm einen tiefen Atemzug und male deine Acht im Kopf oder auch mit dem Körper, das kann man mit allen Körperteilen … , nein mit allen nicht, so ein Quatsch, nicht mit allen, aber mit vielen Körperteilen, mit dem Fuß, mit den Zehen, mit den Fingern, mit den Armen, wunderbare Achten machen, in allen Größen und Varianten. Vielleicht hilft es dir ja zu spüren, wie wunderbar du bist, wie göttlich, ursprünglich, liebevoll, machtvoll, einfach genial. Ich bin davon überzeugt, in jedem von uns, wirklich in jedem von uns, steckt viel Genialität. Da fällt mir jetzt doch glatt das Unkraut ein. Da habe ich noch keine Lösung, wie man es nur machen könnte, das Unkraut nicht raus zu rupfen, das ist doch auch ein Teil der Schöpfung, doch ich glaube auf dem Weg dahin ist es einfach o.k. und überhaupt es ist alles o.k., alles darf sein und wir dürfen auch Fehler machen, aber …, mein Lieblingswort aber, … wir dürfen es erkennen und dann einfach das nächste Mal anders machen ohne zu denken, oh was habe ich jetzt wieder für einen Mist gebaut. Wenn ich es doch denke, darf ich dann auch ganz liebevoll mit mir umgehen. Denn alles ist gut. Ich wünsche dir einen wundervollen achtsamen Tag heute. Tschüss!

10. Juni 2021

Abenteuer

Neuer Morgen, neues Glück … Ich wünsche euch einen guten Morgen. Ich hoffe, ihr habt genauso gut geschlafen wie ich. Ich erlebte gestern ein wundervolles Abenteuer. Wir waren spazieren. Elf Frauen und zwei Hunde. Wir marschierten durch einen Wald und es fing an zu regnen. Wir sangen dann: „Sonne, liebe Sonne …“, die ganzen Kinderlieder durch. Wenn uns da jemand gehört hätte, oje. Es war einfach nur fantastisch, alle machten mit. Und wir dachten, dass wir die Sonne wieder herholen könnten. Doch einige von uns hatten den Wetterbericht gehört und ja, dann kam eben ein Gewitter, unwetterartig. Und wir standen unter einem Baum und dachten: „Nun ja, es wird schon bald vorbei sein“. Doch es ging nicht vorbei, aber es war fantastisch und wundervoll. Vor allem die tollen Gespräche, die wir dabei führten, und auch die Gemeinschaft, die wir miteinander hatten, miteinander teilten. Irgendwann sind wir dann Stück für Stück zu den Autos gerannt, es war noch ein großes Stück Weg. Alle waren wir sowas von pitschenass, inclusive Unterhose, alles pitschenass, und wir standen mit erhobenen Armen im Regen und sturzflutartig kamen die Bächlein von oben. Es war einfach nur ein fantastisches Erlebnis. Ihr merkt schon, es hat mich dann noch weitergetragen. Am Abend hatten wir noch Besuch und wir machten noch eine ganz tolle Nachtwanderung mit einem Koshi im Gebäck. Es war einfach nur fantastisch und ich denke, es ist wichtig, dass wir uns selber erlauben, jetzt in dieser doch etwas angespannten Lage, ja verrückten, wahnsinnigen Lage, wenn man noch die Medien ein wenig verfolgt, einfach Spaß zu haben. Es ist gut, dass so langsam der ganze Wahnsinn ans Licht kommt. Und so ist es wichtig, jetzt einfach nur immer wieder die Gegenwart zu lieben. Sich selber erlauben, jeden Augenblick glücklich zu sein, jeden Augenblick tolle Sachen zu erleben. Und mit: „sich selber erlauben" meine ich tatsächlich, es sich selber zu kreieren. Tatsächlich macht man alles selbst. Helga und ich gestalteten gestern mit Seon-Musik unser „Was will ich wirklich?-Plakat". Um manche Dinge einfach noch etwas konkreter zu sehen. Denn ich bemerkte, dass ich mal in die eine Richtung denke: „Wow, das wäre cool, aber das andere wäre auch cool, oder vielleicht doch nicht." Ja, dass ich manchmal ein wenig ein Durcheinander habe und letztendlich wird ja wirklich jeder Gedanke Wirklichkeit. Das konnte ich lange nicht glauben: „Wie, wirklich jeder Gedanke wird zu meiner Wirklichkeit?" So ist es. Jedoch das Ausmaß kann ich selbst bestimmen, denn um das Gedachte zu bestärken braucht es ja noch dieses starke Gefühl und natürlich die Worte. Ich habe Gedanken, nehme den Gedanken auf, finde den Gedanken cool und gehe in das Gefühl, das dieser Gedanke auslöst, hinein, fühle es intensiv in mir. Vielleicht kommen auch noch Bilder dazu. Bei mir kommen meistens keine Bilder, ich habe nur starke Gefühle, doch das ist wohl bei jedem unterschiedlich. Ich traf schon Menschen, die wirklich ganz konkrete Bilder bekommen. Ja, und dann spreche ich es noch aus, ich wünsche es mir, so soll es sein, oder am besten noch, ich habe es schon, so ist es schon. Jeder bekommt dann schon immer die passenden Vokabeln für sich. Kein Mensch kann für einen anderen ein konkretes Schema anpassen, man kann wohl ein wenig anstoßen oder Tipps geben, aber letztendlich kommt es aus dir selbst heraus. Hab Vertrauen, wenn es aus dem Herzen herauskommt, dann ist es immer richtig. Allerdings ist diese Stimme – für mich ist es der Heilige Geist – etwas leise ist vielleicht der falsche Ausdruck, ein bisschen zurückhaltend. Vielleicht hängt dies damit zusammen, weil wir Menschen den freien Willen haben und der Heilige Geist einfach von uns gebeten werden möchte. Da gibt es so einen Spruch in der Bibel: „Bittet, und es wird euch gegeben". Was bedeutet, es braucht immer den aktiven Impuls von dir. Also „bitte hilf mir", dann tut sich ein riesiges Feld auf, das geistige Feld und dann bekommst du Hilfe und die ist enorm, ist kraftvoll und immer richtig. Das passt dann einfach, es ist praktisch nur noch dieser einzige Klick, „Hey, ich brauche mal deine Hilfe," und dann ist gut. Das kann ich aus meiner Erfahrung sagen, es funktioniert immer. Und dann ... dann darfst du einfach nur dankbar sein. Sagen: „Wow, danke", und du darfst staunen. Wenn diese Dinge passieren, steht man einfach nur da und staunt. Ich stand teilweise mit offenem Mund da und konnte es nicht glauben, doch es war tatsächlich so. Sobald du den Heiligen Geist, den großen Geist, bittest, kann er alles tun, sogar Berge versetzen. Ich habe gehört, dass ein einziger vollkommen erwachter Mensch ein Erdbeben verhindern kann.

Ich glaube, ich habe tatsächlich den Faden verloren, doch ich hoffe, du bist noch dabei. Na ja, es ist auch genug für heute. Ich wünsche euch einen wundervollen Tag mit vielen, genauso abgefahrenen tollen Erlebnissen. Stärke dich, und wenn es irgendwann schwierig wird, dann ... einfach durchatmen, innehalten, einatmen, ausatmen. Ich atme das pure Leben, die pure Energie kraftvoll ein, halte inne und ich atme es aus. Leben – Sterben. ... Nein, ich geh jetzt nicht in ein neues Thema rein. Ich wünsche euch was. Tschüss!

11. Juni 2021

Liebe

Einen wunderschönen guten Morgen heute aus München aus meinem Wohnmobil. Und heute geht es um etwas ganz Einfaches und doch für viele immer noch so Kompliziertes. Die Liebe! Es ist die Sehnsucht des Menschen nach Liebe. Diese Sehnsucht ist von Anfang an in jedem Menschen. Von Anfang an ist das die Treibkraft, die Kraft, die uns antreibt, überhaupt zu leben. Warum ist das so? Ganz einfach, weil die Liebe der Stoff ist, aus dem das Leben entsteht. Hm, so einfach? Warum mache ich es dann aber immer so kompliziert?

Es ist tatsächlich das Einzige, wonach ich mich sehne: „Liebe, Liebe, Liebe." Da wache ich auf und merke, es ist die Liebe, die mich aufweckt, wachküsst. Es ist die Liebe, die mich in die Lage versetzt zu SEIN. Und ganz automatisch kommt mir dann alles im Außen in den Sinn, also meine Schöpfung, Gottes Schöpfung, meine Schöpfung? Sofort beginne ich meinen Körper zu liebkosen, zu streicheln und ich spüre, es entsteht Liebe. Hm, so einfach? Ja, es muss einfach sein, ganz einfach SEIN. Wenn es nicht einfach ist, dann ist es Illusion. Die Liebe ist das Einzige, was zählt. Die Liebe ist das Einzige, das es überhaupt gibt, das existiert. Alles andere ist Illusion. Wow, das ist toll. Das macht es einfach. „Ja..., ne..., so einfach kann es doch nicht sein", sagt mein Verstand. „Doch, lieber Verstand, es ist so einfach". Das macht mich ganz ruhig, gelassen, ganz zuversichtlich. Vor allem hinsichtlich dieses Krisenprozesses oder Wandels, der gerade in der ganzen Menschheit vor sich geht. Ich weiß, in jedem Menschen auf der ganzen Welt ist die Liebe die Antriebsfeder. Die Liebe bringt alles zum Laufen, alles. Und es ist nur die Liebe. Und wenn ich nur in dieser Liebe bin und nur aus dieser Liebe heraus lebe, dann habe ich ganz viel Kraft, dann kann ich Wunder erleben. Dann sind es ja eigentlich keine Wunder mehr, sondern es geschieht einfach. Das ist …, ja die Liebe …, der Stoff aus dem Leben entsteht. Das macht mich jetzt richtig glücklich, doch jetzt brauche ich einen Kaffee. Ich wünsche euch einen wundervollen Tag. Bis bald. Tschüss!

13. Juni 2021

Wirklichkeit

Guten Morgen, ihr Lieben. Heute … ratet mal, wo ich sitze. Heute sitze ich am Spitzingsee. Es ist genau 6:00 Uhr morgens, ich laufe barfuß durchs nasse Gras, lausche den Vöglein und schaue mich um. In der Wirklichkeit. Die Wirklichkeit, das ist das, was auf mich wirkt. Der See ist ruhig, abgesehen von ein paar leichten Wellen, auf und nieder. Am anderen Ufer steigt der Nebel auf und die Vöglein schwirren ganz aufgeregt, den neuen Tag begrüßend, hin und her. Die Wirklichkeit, das was auf mich wirkt. Ich spüre das nasse Gras unter meinen Füßen und witzigerweise (ich bin noch nicht lange auf dem Weg der Kräuter) erkenne ich sogar schon ein, zwei Kräuter, wenn ich so laufe. Es ist herrlich, erfrischend kühl, und meinen Füßen gefällt das. Über mir fliegt eine Schnacke und ein Wasserhühnchen kommt mir auf dem Gras entgegen. Das ist meine Wirklichkeit. Momentan, in diesem Augenblick, der so nie mehr sein wird. Der einzigartig für mich ist. Ja in diesem Augenblick fühle ich mich eins mit allem, es ist ganz ruhig in mir. Na ja, ab und zu kommt schon noch mal ein Gedanke, denn ich bin mit meiner Tochter unterwegs. Ein wundervolles, schlafendes Wesen, das sich glücklich schätzt in der alten Welt zu sein. Ich habe es tatsächlich heute Nacht gespürt neben ihr zu liegen, und alle guten Geister waren bei uns. Es war sehr schön. Ich höre auch noch das Glockengeräusch von den Kühen auf der Weide, denen wir gestern begegneten. Einfach traumhaft! Im Hotel nebenan geht in der Küche schon das Werkeln los; einen Jogger entdeckte ich schon, und eine Spaziergängerin. Ansonsten nur Ruhe am Spitzingsee, heute am 12. Juni 2021. 12. Juni, Tag der Erleuchtung für einige Menschen hier auf diesem Planeten. Das ist wunderbar, mitzubekommen, zu erleben, wie in dieser Corona-Zeit nach und nach die Menschen aufwachen und langsam die Wirklichkeit entdecken, genießen und wissen: Ich bin so viel mehr. Das macht mich unendlich glücklich. So unendlich wie das Leben, wie eine liegende Acht, fließend, von Augenblick zu Augenblick. Ich kann dann manchmal wie auf einer Achterbahn fahren, mal ganz schnell, dann wieder langsamer, ganz bewusst, und dann wieder in die Wirklichkeit zurück, entschleunigen. Wirklichkeit ist einfach wunderbar. Ich wünsche euch solche Augenblicke der Wirklichkeit. Dazu muss man nicht am Spitzingsee sein, Natur ist einfach schön. Man kann das überall tun, auch einfach nur die Augen schließen und reisen. Vielleicht ist es dann nicht unbedingt die Wirklichkeit, doch einfach schön, wunderschön!

14. Juni 2021

Und noch mehr LIEBE

Ihr Lieben! Heute Morgen ist mir wieder so viel durch den Kopf gegangen, enorm viel. Doch die wichtigste Botschaft, die jetzt für uns alle immer wieder auch auf die Probe gestellt wird, und ich bin sicher, dass es wirklich für alle noch ist, auch ich spüre es immer wieder in mir, ist diese Liebe, diese wunderbare himmlische Liebe, die wir alle in uns tragen. Jeder von uns spürt sie und sie ist so groß, so stark, eine riesige Energiewelle. Und diese Liebe in uns zu vergrößern und anzunehmen, alles, was wir haben, nicht nur jeden Millimeter, jede Zelle, jedes Organ, unseren gesamten Körper, jedes Speckröllchen, was so alles an uns dran ist, sondern auch unseren fantastischen Verstand, auch wenn er uns ja doch immer wieder ärgert, irgendwelche komischen Gedanken in uns hin und her wälzen lässt, und die ganzen „aber" und „eigentlich", und hast du sie nicht gesehen, die vielen komischen Gedanken in uns. Auch sie sind toll, auch diese darf ich überfluten mit dieser riesigen Liebe, die kein Ende nimmt. Ich hatte eine sehr große Pinnwand in meinem Haus und oben stand: Liebe ist das Einzige, das wächst, während wir sie verschwenden. Das ist jetzt dran, die Liebe verschwenden an alles und natürlich vor allem an jeden anderen Menschen, egal ob er mir gerade wieder mal einen blöden Satz gibt, wobei ich denke: Den hätte ich jetzt nicht gebraucht; irgendetwas soll uns das zeigen. Es ist tatsächlich so einfach. Mit dieser Liebe kannst du alles besiegen, du musst nicht mehr in irgendwelche Analysen einsteigen, oder irgendwelche philosophischen Dinge hin und herbewegen, obgleich ich natürlich die Philosophie liebe. Meine Tochter verdreht jedes Mal die Augen und sagt: „Mama kannst du es auch anders sagen, du immer mit deinen philosophischen Abhandlungen". Auch diese Seite an mir darf ich lieben. Ja und das ist heute auch wirklich die einzige und wichtigste Botschaft. Geht hinaus, und was glaubt ihr, wie die Menschen erstaunt sein werden, wenn sie euch zum Beispiel wegen der Maske oder so ansprechen. Und wenn ihr sie dann einfach freudig anlacht und einen wunderbaren Satz in euch entstehen lasst. Ich merke immer wieder, dass es tatsächlich aus dem Moment herauskommt. Habt ihr gemerkt, hier ist mein Verstand wieder laut geworden, und denkt: Oh du musst überlegen, was sagst du jetzt im nächsten Moment. Es ist einfach nur abgefahren es zu bemerken und auch wieder zu denken: „Ja, ich liebe dich auch Verstand, es ist in Ordnung, dass du es analysieren willst, dass du gern in der Zukunft bist und auch wissen willst, wie es dann wird und deinen Senf dazugeben willst, ja es ist in Ordnung, ich liebe dich", doch was wirklich zählt ist das JETZT. Dieser eine Augenblick! Ich liege hier vor der Tür des Wohnmobils mit meiner noch schlafenden Tochter und bin unendlich glücklich, dass ich auch hier aufs Netz zugreifen kann und euch auch gleich die Botschaft um fünf Uhr morgens schicken kann. Das Wochenende war richtig toll mit meiner Tochter, obgleich es auch mit einem Streit anfing. Doch egal, es ist vorbei. Auch diesen Streit liebe ich, er war wichtig. So wünsche ich euch einen wunderschönen Morgen, ganz viel Kraft, wenn es auch mal nicht gelingt. Jemand hat mal gesagt, man kann doch nicht alles lieben. Doch man kann. Doch manchmal ist es schon etwas schwer. Was auch noch wichtig in dieser Zeit ist, dass wir aktiv hinaus gehen. Mit dieser Liebe im Herzen kann nichts passieren. Wir sind jetzt aufgerufen uns zu zeigen, und uns nicht mehr hinter einer Maske zu verstecken. Die Energie ist hoch, sie ist lange schon hoch, was bedeutet, alles wird gelingen, was in der Liebe ist. Viel Kraft euch, bis morgen.

15. Juni 2021

Etwas ist anders

Einen wunderschönen guten Morgen wünsche ich euch allen. Heute ist es etwas anders. Ich habe den Eindruck, dass die Veränderungen, die jetzt gerade so auf unserem Planeten wüten, noch nicht dem Ende zugehen, aber dass so langsam die Möglichkeit des Switchens besteht. Was bedeutet, ich suche mir heraus, entweder noch so zu leben, wie ich in der alten Welt lebte, nämlich aufbauend auf Erfahrungen der Vergangenheit, oder ich lebe schon gleich in der neuen Welt, was bedeutet, dass ich aus dem Hier und Jetzt Möglichkeiten für die Zukunft auswähle und schöpfe, und sie sich dann entsprechend im nächsten Augenblick zeigen. Ich habe irgendwie das Gefühl, beziehungsweise habe ich es so erlebt, dass wir bisher switchen konnten, um eine Orientierung zu haben. Es fand so eine Testphase statt, während der wir ausprobieren konnten, wie wir leben wollen. Ich habe irgendwie das Gefühl, dass sich dieses Fenster langsam schließt, und dadurch nur noch die Möglichkeit da ist, sich die Zukunft aus dem Hier und Jetzt zu erbauen. Dies ist lediglich ein Gefühl in mir. Ich muss zugeben, auch in meinem Umfeld passieren immer wieder Streitigkeiten, die ich meistens von weitem beobachte, trotzdem sind sie nahe genug, sodass ich es mitbekomme. Oder ich komme irgendwohin und es wird mir erzählt, wie schwierig es gerade ist. Dann stehe ich schon ein wenig hilflos da. Ich weiß, es ist meine Aufgabe, für die Menschen da zu sein und diese riesige Liebe auszuströmen. Einfach zu strahlen und den Menschen die Botschaft zu bringen, dass es nichts anderes gibt, dass die Liebe der Stoff ist, aus dem die Welt gemacht ist. Ich bin echt gespannt. Gestern hörte ich wieder einmal seit langem zufällig Radio und erschrak schon ein wenig. Klar, für mich, die ich jetzt eineinhalb Jahre zuschaue, und denke: „Sorry, wieso muss ich eine Maske aufsetzen, ich kriege doch keine Luft", für mich ist es einfach nur lächerlich oder perfide. Oder ich stehe da, und denke: „Wie ausgeklügelt ist dieser Plan", doch meine Töchter, und ich denke auch mein Sohn und viele anderen, wirklich liebe Menschen, die ich von Herzen liebe, sind davon überzeugt, dass es so ist. Und ich wünsche mir so sehr, dass jetzt der Augenblick kommt, wo ich wirklich erkenne alles ist gut. Jetzt für immer und ewig, es gibt kein Leid mehr, es ist vorbei. So … bevor ich hier noch zu weinen beginne, wünsche ich euch einen tollen Tag. Genießt, es ist wieder wundervoll warm, freut euch eures Lebens und seit vor allem unendlich dankbar für alles, was euch begegnet. Ich liebe euch.

16. Juni 2021

Katzendienst

Einen wunderschönen guten Morgen, ihr Lieben! Heute geht's um die Katze. (Permanentes Katzenschnurren) Ich habe nämlich diese Woche Katzendienst und darf meiner 20-jährigen – dieser Tage hat sie Geburtstag – Katze dienen. Sie hat uns 20 Jahre gutgetan. Es ist eine Familienkatze, und als ich mit dem Krebs kämpfte (grins), legte sie sich immer genau dorthin, wo ich sie brauchte, auf meine Blase, und sie hat mir so immer wieder neues Leben geschenkt. Es hat mir so gutgetan und ich bin ihr unendlich dankbar dafür. Die Katze, Kitty, meine wundervolle Katze.

Doch nun spüre ich ihre Sehnsucht, die Katze möchte nach Hause. Meine Kinder tun momentan alles, damit sie noch lange physisch hier sein darf. Und ich spüre, sie möchte nach Hause. Natürlich kann ich meine Kinder gut verstehen. Es ist die Liebe, die uns auch das Materielle, das Körperliche, zu erhalten versucht. Auch das hat etwas mit Loslassen zu tun. Dann spüre ich, dass es Zeit wird, loszulassen. Und gerade jetzt in dieser „Wow-Zeit". Es ist die allerschönste Zeit meines ganzen Daseins hier auf dieser wundervollen Erde und ich hatte wahrlich bisher ein ganz tolles Leben. Natürlich hatte auch ich ganz schön heftige Lebenserfahrungen, also Lernaufgaben, doch schon sehr bald merkte ich, es wird die letzte Inkarnation. Insofern wählte ich sicherlich die sanfte Variante. Ich danke meiner Seele, dass es nicht heftiger kam. Und ja so geht es momentan ganz vielen Menschen auf dieser Erde, das Alte loszulassen, sich innerlich bereit zu machen für ein neues Leben. Ein neues Leben, das nur Frieden ist. Gehet hin in Frieden! Das war ein schöner Satz, den der Pfarrer oder wir Wortgottesdienstleiter am Ende des Gottesdienstes den Menschen zusprachen, und dieser Segen ist ganz wundervoll. Oder auch: Ruhet in Frieden! Natürlich hat man damit immer verbunden, dass das erst sein darf, wenn man wirklich im physischen Körper gestorben ist. Das ist es aber nicht. Ich denke, es hat eher die Bedeutung von: Werde still, schaue in dich hinein, finde in dir diese Ruhe, die Stille, und dann sei in Frieden, sei in vollkommener Harmonie. Genau darauf steuern wir zu. Beziehungsweise, nein, wir steuern nicht mehr darauf zu, wir sind längst in dieser Energie. Die Erde ist energietechnisch auf einem sehr hohen Level. Letztlich sind wir ja alle Energie, alles ist Energie. Jetzt geht es nur noch darum, dass wir „hineinhüpfen", dass wir es wirklich loslassen, dieses Seil, das uns in der Sklaverei festhielt. Und oftmals merkten wir es gar nicht. Das Seil loslassen und springen. Manchmal ist es sicherlich auch schmerzhaft loszulassen, wenn ich im Luxus lebe, mir alle Wünsche erfüllen kann, es mir gut geht. Ich bin so gespannt, doch ich weiß, wir liegen wirklich in den allerletzten Zügen, und dann Yeah, dann kommt die große Freude für alle Menschen und wir werden feiern und uns freuen. Na, das darfst du natürlich jetzt schon. Einfach nur wundervoll. Und ich darf mich jetzt diese Woche um meine liebe Katze kümmern, mit Freude. Ich wünsche euch, ihr Lieben, habt einen wundervollen Tag, denkt an die Stille in eurer Seele, in eurem Herzen, gönnt euch dieses Ankommen darin und lasst euch nicht unterkriegen von den lieben Mitmenschen. (Katze miaut), die einfach noch nicht so die Ruhe in sich erkennen können. Unruhig ist mein Herz. Das kriegen wir hin, alles Liebe.

17. Juni 2021

Herausforderung

Einen wunderschönen guten Morgen, ihr Lieben. Es bleibt unendlich spannend. Einerseits weiß ich, ich darf machen was ich will (Zitat meiner 2-jährigen Tochter); Ich lebe ja schon sehr lange nach dem Motto: Liebe und dann tue was du willst, andererseits nahm ich mir doch tatsächlich vor, meine Familie mitzunehmen, und das ist eine Herausforderung, eine große Herausforderung für mich. Zum Beispiel meine große Tochter…, ein so wundervolles Geschöpf. Sie heiratet am Samstag standesamtlich in Karlstadt und sie beobachtet täglich, was man darf und was man nicht darf. Und man ist wirklich so darin gefangen. Letzte Woche war es so, dass Herr Söder erlaubte, dass mehrere Menschen zusammen sein dürfen. Meine Tochter hatte dann, obwohl sie eigentlich am Standesamt nicht so viele Leute dabeihaben wollte, es eigentlich im kleinen Rahmen halten wollte, gehört es sei gelockert worden und sagte: „Jetzt kann ich mehr Leute hinzunehmen", und so lud sie noch meinen Vater, meine Mutter und einige Leute mehr ein. Gestern telefonierten wir kurz, sie war sehr im Stress, sie habe eine Mitteilung bekommen, wahrscheinlich dürfen doch nicht so viele mit ins Standesamt. Ich sage dazu natürlich gar nichts mehr. Jetzt will sie noch etwas abwarten und dann werden mein Papa und meine Mama und die anderen wieder ausgeladen. Und da stehe ich daneben und weiß genau, wenn ich etwas sagen würde, wäre ich die Mama die komisch ist: „Wie kann man denn nicht der Regierung vertrauen." Sage ich nichts? Das ist eine gute Idee, es macht der Heilige Geist für uns. Danke, es tut so gut die Anbindung zu spüren, die in solchen Augenblicken doch manchmal verloren geht. Und so bin ich schnell wieder in meiner Mitte und weiß, dass ich diese Dinge einfach liebevoll abgeben darf. Denn Gott oder einfach die Liebesenergie, das Universum, – es ist vollkommen egal, wie du es nennst – weiß ganz genau was zu tun ist. Es ist einfach eine riesige Macht in mir, in jeder Zelle meines Seins. Und das lässt mich wieder ruhig und versöhnlich mit all den Dingen sein, und so freue ich mich auf diesen neuen wundervollen Tag, versorgte heute Morgen schon die Katze, es geht ihr gut. Die Vöglein zwitschern und gleich gehe ich mit meiner Freundin Margit spazieren. Ich wünsche euch einen wundervollen Tag. Denkt daran: Tief durchatmen! Schon ist sie da, diese riesige Liebeskraft in dir. Feiern ist natürlich auch angesagt. Ich möchte tanzen, lachen, mit den Kindern und mit allen Menschen. Einfach dieses wunderbare Geschenk Leben feiern, lieben und leben.

18. Juni 2024

Üben ... üben ... üben ...

Guten Morgen, ihr Lieben. Neuer Tag, neues Glück! Heute Morgen bin ich etwas später aufgewacht, und da ich ja zurzeit Katzendienst habe, hatte ich natürlich nur die Katze im Kopf. Ich war jetzt eineinhalb Stunden bei ihr in meinem Zuhause, in dem ich 26 Jahre meines Lebens verbrachte und es hat so gutgetan. Gerade kam ich zurück, plauderte mit Helga und irgendwie stellten wir dann fest, dass jetzt die Zeit ist zum Üben, Üben, Üben. Einerseits wirklich zu erkennen, wann ist der richtige Zeitpunkt für die Tätigkeit …, und wenn ich diesen richtigen Zeitpunkt gefunden habe, wachsen meine Kräfte und ich bin so energiegeladen und kann meine Tätigkeit dann wirklich mit Liebe, Achtsamkeit und Freude durchführen und dann klappt auch alles wunderbar. Doch andererseits ist es wichtig, dann auch zu erkennen, wann der Zeitpunkt ist, in dem ich Ruhe brauche. Das ist etwas, was ich üben darf. Üben …, üben …, üben …, den richtigen Zeitpunkt zu finden. Diesen heiligen Moment zu finden und dann auch wirklich …, egal, was ich gerade tue, egal welcher Glaubenssatz auftaucht, es sind alles „Trigger", egal was kommt, es spielt keine Rolle, … ich unterbreche meine Tätigkeit und gönne mir die Ruhe. Da kommt mir mein „Lazy Sunday" in den Kopf, der auf genau diesem Prinzip beruht. Ich wachte am Morgen auf, energiegeladen und da ich eine eigene Sauna hatte – einen wundervollen Luxus, den ich mir gönnte und für den ich unendlich dankbar war – stellte ich diese gleich am Morgen an. Und dann lag ich so in der Sauna und es kamen mir wundervolle Gedanken, manchmal ging mir eine Unterrichtsstunde durch den Kopf und ich hatte eine Idee, was ich mit meinen Kindern umsetzen kann. Ich sprang dann auf, setzte mich an den Computer und arbeitete voll Eifer. Dann kam jedoch der Punkt an dem ich merkte, oh, ich bin müde, und so gönnte ich mir die Ruhe und legte mich entweder hin, ging spazieren, oder ging nochmal in die Sauna, duschte eiskalt …, meistens war es dann beim nächsten Saunagang, dass ein neuer Gedanke kam, z.B. „Oh jetzt möchte ich Fenster putzen". Ich begann Fenster zu putzen und putzte vielleicht fünf, sechs Fenster mit einer Begeisterung und plötzlich machte es keinen Spaß mehr. So ließ ich alles liegen und stehen und gönnte mir wieder Ruhe oder widmete mich anderen wundervollen Dingen. Und so verlief dieser „Lazy Sunday". Niemand störte mich, ich bekam keinen Besuch …, ich ging spazieren …; und wie durch ein Wunder schaffte ich an solchen „Lazy Sundays" mehr weg und erledigte mehr Arbeit als an manch anderen Tagen, an denen ich schon früh am Morgen daran dachte, was ich wohl alles erledigen muss. Dieses Prinzip auf den gesamten Alltag auszuweiten, ich denke, dies ist jetzt Aufgabe aller Menschen, es zu erkennen. Es ist nicht einfach, denn wir wurden anders trainiert. Zum Beispiel acht Stunden Arbeit, danach ausruhen oder ein paar Monate arbeiten, dann drei Wochen Urlaub und nichts tun. Wir wurden trainiert, lang an der Arbeit zu bleiben, gemäß dem Glaubenssatz: „Erledige erstmal eines fertig, bevor du mit dem nächsten beginnst." Diesen Glaubenssatz hörte ich sehr oft von meinem Papa. Nein, so funktioniert das in der neuen Welt nicht mehr. Ich freue mich darauf. Es macht mir Freude, mich selbst zu beobachten, da ich dadurch auch immer wieder in Kontakt mit meinem Körper komme. Bevor es bei körperlicher Arbeit, bei Gartenarbeit z.B. zwickt und wehtut, darf ich ausruhen. Ich merkte es vor ein paar Wochen bei der Gartenarbeit. Ich hackte ein Beet und nach ein paar Hacken war ich erschöpft, so ruhte ich mich ein wenig aus, machte dann wieder weiter, kommunizierte mit meinem Körper, und fand so den eigenen Rhythmus. So wünsche ich dir, dass du dies immer mehr erkennst und in dir spürst. Einen wunderschönen Tag für euch.

19. Juni 2021

Einfach SEIN

(Vögelzwitschern) Meine Welt – seine Welt – unsere Welt? Was ist die Wahrheit? Guten Morgen, ihr Lieben. Heute ist irgendwie alles anders. Wie an jedem Tag? Wandlung! Ich glaube, so eine gewisse Orientierung an diesen Jesus Christus tut jetzt gut. Wandlung …alles verändert sich und wandelt sich ständig. Was nehme ich wahr? Als ich vorhin mit dem Radl zu meiner Katze fuhr kam mir ein lieber Mitbürger zu Fuß entgegen. Mit ihm führte ich schon viele Gespräche. Er hatte eine Maske auf. Ich hatte ein neutrales Gefühl und fühlte, dass er einen wichtigen Grund hatte, diese Maske zu tragen. Ich fühlte es – Masken! Schon vor Monaten hatte ich immer wieder diesen Satz in mir. „Wenn die letzte Maske fällt …, ja dann … ja dann sind wir alle angekommen im Reich Gottes. Und das Witzige an der ganzen Geschichte ist, es ist so einfach. Und doch unendlich kompliziert. Man kann darüber philosophieren bis zur Ewigkeit, warum und weshalb, und ich habe, bei Gott, so viele philosophische Gespräche geführt. Heute weiß ich, einfach und kompliziert liegen auf einer Ebene, jedoch an verschiedenen Enden, sind zwei unterschiedliche Pole, es liegt an mir auszuwählen. So denke ich gerade an mein Seminar „Gottesbeweise" im Studium. Wir versuchten Gott zum Beispiel mathematisch zu erklären. Und wir näherten uns mit jedem Gespräch immer mehr Gott an. Da war dann immer so ein Gefühl, ja! Ich bin näher und trotzdem hatte ich es doch noch nicht erreicht. Irgendwann jedoch war es „einfach", so einfach. Einfach … aus dem zweifachen der Dualität das Einfach machen. So einfach ist Gott. Auch in dem Wort „SEIN“ steckt ja „ein“, einfach „SEIN. Es ist immer wieder wundervoll zu beobachten wie dieses eine Wort unendliche Macht in mir hervorruft. Macht … da steckt ja auch wieder die „acht“ darin, acht wie im Wort achtsam zum Beispiel. Wenn du aus der Achtsamkeit in die Macht kommst, führt dies zur Einfachheit. Ich sehe jetzt gerade eine Brücke vor mir …, auf dieser Brücke sind alle Menschen, wirklich alle Menschen, wow! Auch wenn ich dies schon immer spürte und wusste, ich werde es „leibhaftig“ erleben. So ist es doch einfach nur wundervoll, jetzt mit allen Menschen im Kollektiv, nicht nur mit allen Menschen, sondern mit allen Wesenheiten, mit allem was ist, ins Einssein zu gehen.

> *Alles was atmet, alles was lebt, ist heilig vor dir, ist heilig für uns. Alles was atmet, alles was lebt, ist heilig vor dir, für uns.*

Dieses wunderbare Lied drückt es wahrlich aus. Heilig … ja wir sind angekommen auf der Brücke, manch einer schaut noch zurück, doch auch das ist o.k., denn wir sind alle auf dieser Brücke. Auch du, das haben wir gut geschafft. Nun wünsche ich euch einen wundervollen Tag, einen Tag voller Wunder, wie es Uwe Breuer immer sagt.

20. Juni 2021

Lagebericht

Einen wunderschönen guten Morgen, ihr Lieben! Ich habe tatsächlich heute überhaupt keine Ahnung, keinen Gedanken, ich weiß nur, dass es mir verdammt gut geht. (Lachen) Gestern war die standesamtliche Hochzeit meiner Tochter. Auch dieses Erlebnis war wie in einem Film. Ich bin einfach kurz eingetaucht und habe den „Unsinn“ mitgemacht. Es war so lustig. Als wir zur Tür zum Standesamt hineingingen, mussten wir unsere Maske aufsetzen. Dann gingen wir in den wunderschönen Raum, in dem die Trauung stattfand. Wir fanden Stühle vor, und durften nach Haushalten getrennt sitzen. Wir nahmen unseren Platz ein und es folgte eine wunderschöne Trauung. Der Standesbeamte war der Familie gut bekannt und meine Tochter hatte gut Vorarbeit geleistet und eigentlich ihre eigene Rede geschrieben, es war wirklich wunderschön. Am Ende umarmten sich alle. Im Raum ohne Maske, es war sehr schön. Als wir rausgingen, mussten wir die Maske wieder aufsetzen, bis wir das Rathaus verließen. Ich machte alles brav mit, hatte meine rote Stoffmaske auf, denn es war erlaubt, irgendeine Maske zu tragen. Alle anderen Menschen hatten ihre FFP2-Maske auf. Auf der Feier war es so wundervoll schön. Ich traf meine Mama nach eineinhalb Jahren zum ersten Mal und nahm sie in die Arme. Ich hatte während dieser Zeit nur zweimal mit ihr telefoniert. Außerdem wurde ich an diesem Tag auch noch Tante. Kurz nach 12:00 Uhr kam die kleine Llio auf die Welt. Ich bin das erste Mal in dieser Inkarnation Tante geworden. Und ich trank gestern doch tatsächlich Alkohol. Das machte ich auch schon lange nicht mehr. Es war lecker, hat mir nichts ausgemacht, überhaupt nichts. Jo, dem ich es schrieb, meinte, das würde erst am nächsten Morgen kommen. Doch nein, nichts kommt, es geht mir heute Morgen richtig prächtig. Und ich trank tatsächlich ziemlich viel. Ich dachte dabei an die Hochzeit von Kanaan, an der Jesus Christus mitfeierte und Wein trank. Ich denke, dies hängt auch mit dem Erwachen zusammen. Das heißt natürlich nicht, dass ich das jetzt ständig mache. Doch wirklich, man kann alles machen, was man will und es geht einem gut dabei. Ich führte vor allem mit den jungen Menschen einige gute Gespräche. Sie hingen an meinen Lippen und lauschten. (…) Alle sind gespannt und freuen sich auf die neue Zeit, die neuen Schulen, die neuen Systeme. Auch bekam ich einige Gespräche mit, in denen es darum ging, wie es wohl funktioniert nächsten Monat nach Südtirol zur Hochzeit zu fahren, wenn man nicht geimpft ist … Solche Gespräche hörte ich auch so nebenbei, doch ich bin überzeugt, es tut sich gerade ganz viel bei den Menschen. Und es ist tatsächlich diese Liebe die alles heilt, die uns zusammenbringt, die alles gut macht, die jetzt wirklich in jeden Menschen einfällt. Ich hatte ja auch schon Zusammenkünfte in der Familie, die nicht so gut liefen. Doch ich denke es wird, nein es ist schon alles gut. Ich freue mich sehr auf diesen Tag. Denn heute Abend treffen wir uns und feiern in den 21. Juni hinein mit Feuer und Grillen und Kindern. Wir gehen der neuen Zeit entgegen. Ich bin so dankbar und so glücklich, dass ich all das mit euch zusammen erleben darf. Ich wünsche euch einen wundervollen 20. Juni. Bis Morgen, Tschüss!

Botschaft der Göttin: „Heilung geschieht in der Haltung und Einschätzung, die ihr euch selbst gegenüber praktiziert"

(Auszug aus dem Buch der Fahrnows: „Die Göttin, Teil III, „Die neue Erde")

„… Heilung geschieht in eurem Bewusstsein.
Heilung geschieht in der Haltung und Einschätzung, die ihr euch selbst gegenüber praktiziert.

Erkennt euch als die reinen, lichtvoll gesunden Schöpfungsfunken, die ihr seid, und erfahrt die Wahrheit eurer inneren Göttlichkeit, gespiegelt in der Materie. Lasst euer reinstes Licht in die Materie eures Lebens strahlen, und beobachtet, wie sie sich augenblicklich neu und heilsam wandelt.

Ihr sehnt euch nach Heilung, und dies bedeutet, dass ihr die Ganzheit ersehnt. Aus der Illusion von Trennung möchtet ihr zurückkehren in die Seligkeit des einen Seins. Die Türen zu dieser Entwicklung stehen nun weit offen, ihr Lieben …

Eure Erde durchwandert jetzt im Universum ein Lichtfeld der besonderen Art. Eine Zone der hohen Energie und Schöpferkraft. Dieses Lichtfeld mag euch wie eine Nahrung erscheinen. Und ähnlich, wie ihr euren Körper mit wertvoller Nahrung versorgt, versorgt das Lichtfeld alle eure Seinsebenen nun mit wertvollen Nährstoffen.

Im Lichtfeld der Liebe existiert euer wahres ICH BIN. Unternehmt diese kostbare Reise zu euch selbst in Dankbarkeit und Freude.

Es liegt ein Geheimnis im Göttlichen Licht, das ihr nun und in den kommenden Jahrzehnten erkunden werdet. Licht ist ein Informationsträger, und als Teil der Göttlichen Schöpfung seid ihr selbst aus Licht komponiert.

So seid ihr die Informationsträger Göttlicher Botschaften und Schöpfungsimpulse. Ahnt ihr, welch großartigen Auftrag ihr damit erfüllt?

Fühlt ihr die Wellen aus Schöpfungslicht, die euch durchströmen und erschaffen? Wenn ihr möchtet, überlasst euch für einige Momente diesem Strömungsimpuls. Fühlt, wie er euch erleichtert, durchlässiger macht und in Bewegung bringt. Erlaubt ihm, ein heiteres Lächeln auf euer Gesicht zu zaubern. Gestattet ihm, euch zu tragen und sanft zu schaukeln …"

21. Juni 2021

Sommersonnwende

Guten Morgen, ihr Lieben, hier bin ich wieder. Diesmal aus einem wundervollen Haus bzw. sitze ich gerade vor dem schönen Holzhaus bei Benedikt und genieße meinen Kaffee. Wir feierten die Sommersonnwende. Wir ... das sind ganz wunderbare Menschen, die gestern zusammenkamen, die alle auf dem Weg in die neue Zeit sind, und wir hatten viel zu Essen, sehr leckere Sachen. Mitten in der Nacht, kurz vor 12:00 Uhr gab es noch ein schönes Gewitter mit Regen, wir beobachteten Wetterleuchten, und all die Schönheit und Macht, die uns die Natur schenkt. Danke! Irgendwie geht alles so leicht. (Vögel zwitschern) So leicht … einfach geschehen lassen ist, glaube ich, wirklich das Motto. Sobald ich ins Grübeln komme oder nachdenke, wird es schwierig. Völlige Leichtigkeit … ich beobachte den Himmel, die Sonne strahlt über dem Haus, einfach nur cool. Vielmehr habe ich heute gar nicht zu sagen, ich bin einfach nur glücklich. Glücklich, hier sein zu dürfen, glücklich, von wundervollen Menschen umgeben zu sein und immer mehr zu entdecken, dass wirklich alle Menschen wundervoll sind. Dass alle Menschen in ihrem Herzen nichts als Liebe haben, nichts als Liebe. Und wenn dann mal der ein oder andere Mensch ist, der „komisch" reagiert, dann ist es wohl noch ein wenig die Angst. Meist ist es die Angst vor der Angst, also auf der einen Seite spüre ich, dass es tatsächlich so ist, so leicht, so wunderbar, doch ist da noch ein Beobachter, der Angst hat, ich könnte erwachen und finde mich dann wieder im Schrecken, im Schrecken der Welt, die ich jahrelang, jahrzehntelang erlebt habe. In der ich aufgewachsen bin, in der ich Reglementierung erlebte, in der ich gegängelt wurde, tu dies, tu das. Wenn du glücklich werden willst, dann musst du das und das tun. Doch Glück ist doch das, was in jedem Menschen schon drin ist, und doch ist da immer ein Sehnen danach. Dann bekommst du wieder eines auf die Mütze. Was hast du da wieder gemacht, pass doch mal ein wenig auf … Und ich glaube dieses Quäntchen, dieses bisschen Angst vor der Angst ist in vielen Menschen noch, bei einem mehr, bei einem weniger und letztendlich spielt es keine Rolle, denn in dieser Energie, in der wir uns jetzt befinden, überwiegt immer die Liebe, die Fröhlichkeit, die Gelassenheit. So wünsche ich euch einen wunderschönen 21. Juni 2021. Dieser Tag kommt so nie mehr, mach dir das bewusst. Jede Sekunde, jeder Augenblick ist immer neu, immer anders, er war noch nie vorher genauso. Ist doch phantastisch, genauso wie wir so unterschiedlich sind und doch auch so ähnlich. Alles, alles Liebe, ich drücke euch!

1. Juli 2021

Alles gut

Guten Morgen ihr Lieben, ich denk heute spreche ich mal über Triggerpunkte, die kennt wohl ein jeder von uns. Ich bin ein Mensch der sich ungern in irgendwelche Zwänge begeben möchte und dazu zählen für mich auch so wiederkehrende Dinge, wenn da immer am Freitag um die und die Zeit etwas passiert und man erwartet, dass man da immer da ist. Das mag ich nicht, denn ich leb aus mir selbst heraus. Das, was gerade im Moment dran ist, das gehe ich an, und da will ich dann Freude und Liebe in mir spüren. Dann ist es gut. Früher, als ich noch im System eingebunden war, da hat es gut geklappt. Ich habe es „Lazy Sunday" genannt, an denen ich übte einfach so zu leben. Ich hatte 18 Jahre lang eine Sauna im Haus und der erste Gang früh morgens war zur Sauna, ich stellte sie an, und genoss die Wärme. Und als ich da so lag in der Sauna, da hatte ich die besten Ideen. Zum Beispiel fiel mir ein, was ich wohl als Nächstes mit meinen Schülern mache. Ich sprang dann direkt auf und setzte mich an den Computer und schrieb oder bereitete gleich vor. Es machte mega Spaß. Merkte ich jedoch – und das war manchmal auch richtig mitten in der Arbeit – ich mag jetzt nicht mehr, dann hörte ich auf und legte mich hin oder ging spazieren oder wieder in die Sauna. Und wieder kamen mir die besten Ideen oder ich hatte plötzlich den Drang Fenster zu putzen und machte mich dann gleich auf den Weg und putzte Fenster. Nach vielleicht zwei oder drei Fenstern hatte ich keine Lust mehr und so ließ ich dann alles liegen und stehen und machte etwas Neues. Während dieses Sonntags schaute mein Haus manchmal recht schlimm aus, und immer war es so, dass ich am Abend komplett ausgeruht und entspannt war und dabei mehr geschafft hatte als an manch anderen Tagen und das Haus war wieder wunderbar aufgeräumt. Mit diesen Lazy Sundays übte ich dieses aus sich heraus entstehen, entwickeln lassen. So, nun wieder zu den Triggerpunkten. Gestern meinte Boris er würde wohl nicht mehr regelmäßig meine Nachrichten hören, weil er auch solche regelmäßigen Sachen nicht mag. Da fühlte ich mich kurz etwas getriggert und überlegte, wie es bei mir ist. Für mich ist es am Morgen ja auch etwas Regelmäßiges, jeden Morgen zu versuchen eine Sprachnachricht zu machen. Ihr merkt schon, ich versuche und dann, mache ich, doch ich lasse mich nicht geißeln. Irgendetwas drängt mich einfach dazu, jeden Morgen etwas Mündliches von mir zu geben. So ist es für mich etwas Wiederkehrendes, etwas, das mit unendlicher Freude und Liebe zusammenhängt. Ich kann mich einfach mal ausdrücken am Morgen und dadurch sichtbar bzw. hörbar machen, was da gerade so in mir ist. Insofern passt es ja wieder genauso. Auch habe ich einen Kreis „die wunderbaren Frauen", das ist auch etwas Wiederkehrendes. Wir treffen uns alle 14 Tage und das ist für alle eine wunderbare

Begegnung und zwar jedes Mal. Ich glaube, wenn mir dieses Wiederkehrende viel Freude macht, ist es für mich dann kein Zwang. Gut, nun danke ich dir, dass du mir lauschst und wünsche dir viele wundervolle Begegnungen, vielleicht mit dir selbst, was mir gestern nicht ganz so gelungen ist, doch schon ansatzweise und das freut mich. Alles gut, denke ich, alles gut, bis Morgen, Tschüss.

2. Juli 2021

Kommunion

Guten Morgen, ihr Lieben! Sieh nach innen, da ist nichts als Stille, absolute Stille. Ruhe, reines Sein. Doch du darfst alles, du darfst dich auch in den „Irrsinn", der sich momentan irgendwie gefühlt überall abspielt, begeben. Und hab Freude daran, liebe den ganzen „Irrsinn", „Wahnsinn", „Schwachsinn", oder – wie der kleine Dante, der Enkel von Netti – erfreue dich an der „Scheiße". Ja, es war eine ganze Menge „Scheiße", die wir alle gemeinsam produzierten. Und es war so gut, dass wir das taten, so gut. Die Lösung liegt tatsächlich nur darin, all dies, egal ob es das wunderschöne war, und es war wirklich eine ganze Menge, oder auch das nicht so schöne, sein zu lassen. Wenn ich nun zurückblicke: Es war ein Schönheitstempel, den ich erschuf, aber natürlich auch Komisches, das ist einfach so. Egal was es war, was ich schuf, ich darf alles so lassen, annehmen. Wie schaffe ich es? Indem ich mich an all dem erfreue. Yeah, das alles erschuf ich, das ist doch Genialität vom Feinsten. Vieles zusammen mit den anderen, das meiste unbewusst, einfach so. Das ist für mich eine kleine Entschuldigung. Ach, ist doch ganz egal, ob unbewusst, ob bewusst. Wie meine Oma immer sagte: „Was greinst du, Mädel, g´schehn ist g´schehn." Und so ist es und das Schöne ist, es ist vorbei, es ist absolut vorbei. Es hat keinerlei Wirkung mehr auf mich. In der Vergangenheit, als ich noch sehr unbewusst war, da hatte es eine Wirkung auf mich. Da erschuf ich nämlich aufgrund meiner Erfahrungen meine Zukunft. Das war manchmal doof. Doch jetzt hat es definitiv keinerlei Auswirkungen mehr. Es ist vorbei, komplett vorbei. Ich weiß sicher, dass ich jeden einzelnen Augenblick, jetzt hier, in dieser Gegenwart, die Chance habe, etwas Wunderbares zu erschaffen. Ich machte die Erfahrung, am schönsten ist es, wenn ich es einfach geschehen lasse. Wenn ich nicht so viel hineininterpretiere. Es gibt da ja viele Methoden. Vor ein paar Wochen gestaltete ich zum Beispiel ein sehr schönes Plakat unter der Überschrift: „Was will ich wirklich". Wünschte mir alles Mögliche, schöne Sachen. Doch letztendlich spielt dies doch keine Rolle. Sobald ich das, was in mir ist einfach geschehen lasse, kann sich nur Wunderbares offenbaren. Kann ich nur Wunderbares erschaffen. Wunderbare Menschen in mein Leben ziehen. Ganz ehrlich, sie sind schon in meinem Leben. Könnt ihr euch vorstellen, wie glücklich ich bin, euch zu haben. Gestern war ich bei Birgit, es war fantastisch, die Begegnung mit ihrem Mann, das leckere Essen und vor allem die Kommunikation. Ich denke letztendlich sind wir nur noch zur „Kommunion" da, in Gemeinschaft miteinander zu leben. Dies wünsche ich dir für heute, dass du viele liebe Menschen triffst, mit denen du Kommunion haben kannst.

3. Juli 2021

Dankbarkeit

Einen wunderschönen guten Morgen wünsche ich euch allen. Es ist Zeit für Dankbarkeit. Und zwar nicht nur Dankbarkeit wie an jeden Morgen; ich atme, ich lebe! Danke. Sondern dankbar sein für mein Sein jetzt in dieser Zeit hier auf diesen Planeten Erde. Ich bin so sicher, dass es ein Privileg ist, jetzt hier zu sein. All diese wunderbaren Erfahrungen zu machen und ich bin ganz besonders dankbar, katholisch aufgewachsen zu sein. So hatte ich die Chance, einen tiefen Einblick in das Neue Testament zu nehmen. Ich bin dankbar, dass ich mir von Anfang an schwertat mit dem Alten Testament. Niemals versuchte ich, es tatsächlich zusammenzubringen. Es wird ja von der katholischen Kirche so erklärt, dass das Neue Testament nur verstanden werden kann, wenn man das Alte Testament versteht. Und ich bin sicher, dass daran wohl schon viele verzweifelt sind. In mir sagte ich schon immer, nein, ich brauche das Alte Testament nicht, ich brauche nur das Neue Testament. Und es gibt da noch mehr Schriften, noch mehr Schriften von Johannes, das Thomas Evangelium, das Evangelium von Maria Magdalena. Dafür bin ich auch dankbar, dass ich Einblick in diese Schriften nehmen durfte, dass ich in diesem wunderbaren Vier-Türme-Verlag fünf Jahre lang arbeiten durfte. Denn dort begegnete mir das Thomas Evangelium zum ersten Mal. Ich bin sehr dankbar, denn nur durch die Kraft dieses Neuen Testaments hielt ich durch bis jetzt. Bis zu dieser herrlichen Zeit. Danke! Heute Morgen darf ich wieder auf dem Balkon sitzen. Sicher hört ihr auch die Vögel, die Sonne „knallt" schon herunter und heute gehe ich auf jeden Fall wieder in den wunderbaren Main zum Schwimmen. Auch dafür bin ich sehr dankbar, zudem bin ich auch dankbar, dass ich gestern mal „auf den Tisch gehauen habe". Dabei ist mir sofort dieser Jesus, dieses erwachte Bewusstsein beziehungsweise dieser Mensch, bei dem 100 % der DNA aktiviert war, eingefallen. Wir besitzen die gleiche DNA wie Jesus Christus, doch nur ein Bruchteil ist aktiv. Das ist der nächste Punkt für den ich so dankbar bin, dass ich jetzt die Chance habe, Schritt für Schritt 100 % meiner DNA zu aktivieren. Ich freue mich darauf und auch auf den Main. Der ist wohl etwas näher, vielleicht auch nicht? Dann wünsche ich euch wieder einen wundervollen Tag, vor allem wünsche ich euch, dass ihr erkennt, wie dankbar wir sein dürfen und wie schön es ist, dass wir auserwählt wurden, na ja eigentlich sind ja alle auserwählt und eingeladen dabei zu sein. Wie schön, da schwirrt eine riesige Hummel. Ich hörte auch schon, dass wir wohl Schlange standen, um an diesem Ereignis teilzunehmen. Dies kann ich mir tatsächlich vorstellen: „Ich will auch dabei sein!" Ja, und du bist es, du bist dabei, beim Aufstieg der gesamten Erde, der gesamten Menschheit. Wow, genieße es, genieße jeden Augenblick. Ich habe euch alle so lieb, bis Morgen, tschau!

4. Juli 2021

Das Ego darf gehen

Einen wunderschönen guten Morgen, ihr Lieben. Ich weiß tatsächlich gar nicht, was jetzt für uns alle kommen wird. Normalerweise habe ich immer irgend so einen Leitgedanken, wenn ich aufwache. Heute kriege ich einfach nur, die Achtsamkeit. Hatten wir das nicht schon? Doch, oh je, ist das nun anstrengend. Ich glaube, die Achtsamkeit kommt deswegen noch einmal, da es uns doch immer wieder ganz schön schwerfällt, achtsam zu sein, im Augenblick zu verweilen, nicht zu überlegen: „Wo krieg ich wieder eine Info her, was mache ich als nächstes", nein, es geht um das Beobachten, um das achtsame Beobachten. Achtsam lauschen, achtsam SEIN, sonst nichts. Puh, das ist gar nicht so einfach auszuhalten. Ganz klar zu sehen, hier jetzt in diesem Augenblick ist alles da. Es muss nicht erst dies oder jenes passieren, was wir jetzt einfach gerade im Kopf haben, nein, es ist alles schon da. Und irgendwie habe ich auch das Gefühl, dass jetzt mal genug ist. Dass ich jetzt mal genug mein Ego liebevoll gestreichelt habe. Ich denke, ich muss jetzt mal richtig auf den Tisch hauen. Muss sagen: Schluss jetzt, du hast mir lange genug einen Krampf im Kopf erschaffen, einen Krampf, der mir suggerierte: Ich brauche das jetzt noch, oder Ach warum passiert es denn jetzt nicht, ach, ich habe doch richtig manifestiert und es geht doch nicht. Oh halte nun den Mund liebes Ego, es ist genug, lange genug hatte ich Verständnis für dich, jetzt ist es gut, du darfst gehen, Tschüss. Und dann wird es ruhig in mir. Und alles ist gut. Vielleicht darf ich diese Übung noch ein paarmal machen, auch gut. Aber was ich sicher weiß, ich werde mein Ego nicht mehr bobbeln, es ist Zeit, dass es geht. Ich bin so viel mehr und das will ich jetzt entdecken, Schritt für Schritt, üben, üben, üben. Ich wünsche dir einen herrlichen wunderbaren Sonntag, mit vielen achtsamen Augenblicken, in denen du all die Zeichen wahrnimmst. Ich bin gestern Morgen mit dem Fahrrad zu meiner Tochter gefahren und da stand auf einem Auto das Kennzeichen BA ER, da musste ich lachen, denn mein Krafttier ist der Bär und ich habe mich daran erinnert, ach du bist ja auch noch da. Ich darf mich in deine Arme werfen und wissen, ich habe so viel Kraft. Auf dem Rückweg mit dem Fahrrad sah ich auch in den Wolken meinen Bären, er lag da und chillte. Es ist so wunderbar im Augenblick die Zeichen zu entdecken, die einen stärken. Das wünsche ich dir. Tschüss.

5. Juli 2021

Freude

Guten Morgen du Liebe, du Lieber, lebst du schon oder grübelst du noch, so wie ich ab und zu. Es ist tatsächlich eine fantastische Zeit, doch manchmal erwischt es einen dann doch noch. Selbst, wenn man wirklich alles weiß, was heißt alles …, aber vieles…, oder eigentlich nichts. Auch was das Spirituelle angeht. Letztendlich was ist es überhaupt? Es gibt letztendlich nur den Geist, den Spirit, aus dem alles entsteht, alles. Ich glaube mittlerweile, dass es tatsächlich nichts anderes gibt. Dass all die Dramen nur ein Film sind. Wenn ich darüber nachdenke, freue ich mich was sich jetzt vor mir auftut. Da ist diese Schwelle, dieser Schleier, und auf einmal tut er sich auf wie eine durchsichtige Wand. Du fragst dich, aber sieh, hier ist doch das normale Leben; du lebst doch mit den Leuten, du siehst doch in den Medien, in Filmen und Nachrichten, dass es so ist … und dann … schaust du hinter den Schleier und siehst … oho …, da ist nichts anderes als Geist, alles ist Geist, wie abgefahren. Vielleicht geht es dir manchmal ähnlich. Dann möchte ich dir Mut machen, hinter den Schleier zu schauen. Dieses Wort Schleier ist ein schöner Ausdruck. Denn es ist nur ein Schleier oder ein Dunst, ein Nebel. Gestern dichteten wir und erzählten eine Mittelaltergeschichte. Gab es das Mittelalter? Da bin ich auch noch gespannt, was herauskommt, na ja, war wahrscheinlich auch nur eine Geschichte, aus dem Geist entstanden. Jedenfalls dichteten wir für die Hochzeit meiner Tochter eine Geschichte. Mein Schwiegersohn heißt Rauch. Da ist dann wirklich auch das Ende und es geht alles in Rauch auf, nicht alles, aber einiges. Schaue es an wie Nebel, wie Rauch, wie ein Schleier … und sobald du den Schleier lüftest und das kannst du ganz bewusst jeden Augenblick tun … Atemzug, Schleier lüften … hier bin ich gerade beim Beppo Straßenkehrer, Schritt, Atemzug, Besenstrich, Atemzug, Schleier lüften und du bist im Paradies. Was bedeutet, du bist vollständig, zu 100 % Teil der Schöpfung und Teil der Schöpfung bedeutet, du bist die Schöpfung. Teil von Gott bedeutet du bist Gott. Gott ist untrennbar, er ist immer ganz, seine gesamte Schöpfung ist er. All die Schönheit, die Vöglein, ich denke, die Vögel haben sicherlich eine Schlüsselrolle. Denn Vögel leben total, und die Vögel sind eine Verbindung von 3D zu multidimensional. Die Vögel sind sichtbar und vor allem hörbar. Ich weiß nicht, wie es euch geht, sie sind ganz schön laut. Und ja, ich habe natürlich durch den Landesbund für Vogelschutz Erklärungen über die unterschiedliche Lautstärke des Singens der Vögel und ich höre auch, dass sie jetzt ein wenig leiser zwitschern, wenn die Brutzeit zu Ende geht, aber letztendlich sind die Vögel das sichtbare Zeichen dafür, dass es gelingt, dass man hinter den Schleier wunderbar, easy peasy, einfach nur SEIN darf. Und dann darf man echt alles machen. Zum Beispiel nichts tun, faul sein: Faul sein ist wunderschön, alla Pippi Langstrumpf. Ich glaube, die Pippi verkörpere ich wirklich, nichts zu tun und zu wissen, ich bin unendlich stark, unendlich machtvoll, ich darf alles tun, was ich möchte, ohne Einschränkung. Bisher sagte ich immer: „Liebe, und dann tu was du willst", also nach dem Heiligen August … (lach) natürlich Augustinus. Ja ich glaube der August, der Clown ist hier auch mit dabei, der liebe August. Ich merke schon, es ist die Freude, das Lachen, was der Liebe Ausdruck verleiht. Freut euch! So bin ich total versöhnt. Auch in der Kirche, in der ich groß geworden bin, gab es Blicke hinter den Schleier. Wenn ich zum Beispiel so manche Lieder anschaue: „Freut euch ihr Christen … Heilig, heilig, heilig, heilig ist der Herr, heilig sind wir alle. Ja natürlich gab es auch blöde Sachen, die man sich einverleibte. (Lach) Durch meine Schuld, durch meine große Schuld! (theatralisch gesprochen) Gut, kann ich das jetzt mit Lachen, mit Freude betrachten. Jetzt muss ich tatsächlich nochmal auf die Scheiße zurückkommen. Auf den Dante zum Beispiel, der voll von Freude einen Pferdehaufen bewunderte. Ja, lasst uns voller Freude den ganzen „Scheiß", der hinter dem Schleier … oder vor dem Schleier war, bewundern, lachen und liebevoll darauf gucken. Wir haben das alles geglaubt, lasst es uns als Illusion angucken, als Theaterstück, als wow…, irgend so etwas, und lasst uns darüber lachen. Es war eine Komödie. Lasst uns das Drama in eine Komödie verwandeln. Das machst du, das mache ich, durch die Energien. Letztendlich ist alles nur Energie. Wie diese Energie eingesetzt wird, das liegt an dir, das liegt an mir. Ich denke, der erste Schritt ist es wirklich, zurückzutreten, sich den „Scheiß", aber auch die Schönheit anzugucken und dann zu wählen. Ich mag jetzt nur noch die Schönheit, ich habe genug von den Dramen. Das war immer nicht so gut für meinen Körper, für meine Seele … nein, ich will da nicht mehr rein. Es ist deine Entscheidung, es ist meine Entscheidung. Und ich entscheide mich für Freude. Ja, heute nur Freude und Küche streichen, ich freue mich, meine Freundin kommt und hilft mir und die Helga ist auch da und hilft, oh sie macht heute mein Kleid kürzer, mein wunderschönes rotes Kleid für die Hochzeit. Ich wünsche euch alles Liebe! Tschüss.

6. Juli 2021

Schon wieder die Gegenwart

Einen wunderschönen guten Morgen wünsche ich euch. Heute überlegte ich tatsächlich, ob ich überhaupt einen Impuls machen soll. Und habe erst meinen „Spirituelle Hörbücher" Kanal bedient, das war gut. Denn obwohl ich das Buch schon dreimal gelesen habe, ich entdecke immer etwas neues Wichtiges in mir. Irgendwie machen diese Worte etwas mit mir. Es ist wie so Puzzleteile, die immer mehr das ganze Bild vervollständigen. Wundervolle Puzzleteile, die dann wie durch ein Wunder genau an die richtige Stelle platziert werden, sodass ich in meinem doch noch sehr linearen 3-D-Denken das klar verstehen kann. Es ist gut. Es ist genau gut so, wie es jetzt ist. Was immer wieder aufpoppt sind die Vögel. Mehrmals am Tage, sei es, dass ich sie bewusst und laut höre, obwohl sie eigentlich um diese Jahreszeit gar nicht mehr so laut sein dürften lt. Landesbund für Vogelschutz, und doch höre ich sie immer laut, ich sehe sie bewusst am Himmel und auf den Bäumen und kriege immer mehr den Aspekt vor Augen, dass die Vögel der Schlüssel zu allem sind. Zeigen sie nicht so wunderbar auf, dass es eigentlich, oh eigentlich schon wieder, ja dass es eigentlich nichts zu tun gibt. Dass wir uns eigentlich nur dem Augenblick oder dem Leben ergeben dürfen. Und schon ist alles da. Eine Fülle an Möglichkeiten, eine Fülle an Gedanken, an Kreationen, die einfach nur so erscheinen, wusch, aus dem Nichts, aus dem Jetzt, aus dem Moment heraus. Das ist doch cool, oder? Doch ich merke, dass ich auch immer wieder Mut dazu brauche, einfach anzufangen, einfach diesen Moment anzunehmen und entstehen zu lassen, immer noch schwingt das Alte, die Matrix, mit hinein, aber das ist o.k. das darf sein, es ist alles o.k., genau. Und so nehme ich sie als Sprungbrett immer wieder in den Fokus. Gestern waren ein paar unschöne Sachen mit meiner Tochter und mein größter Wunsch ist jetzt wirklich, dass meine Kinder aufwachen. Es ist für mich unbegreiflich…, sie sehen genau, dass das Ganze da draußen ein riesen Theater ist, und doch spielen sie allen Ernstes mit und ich muss mir eine Rüge einholen, wenn ich mit einem Lächeln dasitze. Klar, wahrscheinlich wirkt es für sie wie ein Auslachen, doch ich kann es nicht mehr anders, ich kann das nicht mehr ernst nehmen, weil ich schon seit eineinhalb Jahren darüber lache. Also bitte, ihr Lieben, helft, dass dieser Wunsch endlich in Erfüllung geht. Wir haben am Samstag Hochzeit. Aber auch vor 14 Tagen bei der standesamtlichen Hochzeit spielte ich das Theater mit. Hielt mich im Hintergrund, und war die letzte, die dann mit ihrer roten Maske durchs Rathaus huschte auf ihren Platz und dann Maske wieder ab, so werde ich es wahrscheinlich auch nächsten Samstag hinkriegen oder vielleicht ist mein Wunsch ja in Erfüllung gegangen und das Theater ist für meine Kinder vorbei. Ich wünsche euch einen wundervollen Tag. Machts gut und bleibt immer schön in der Gegenwart, denn da liegt die Kraft oder in der Ruhe, da liegt sie auch. Tschüss!

7. Juli 2021

Reinstes Bewusstsein

Guten Morgen, du wundervolle Seele. Ich denke, es wird Zeit, sich immer mehr mit dem Gedanken zu befreunden, dass wir reinstes Bewusstsein sind. Den Gedanken immer wieder zu bewegen, dass die gesamte Menschheit, JETZT, zu diesem Zeitpunkt auf der Erde ist, um diese Erfahrung zu machen. Du bist reinstes Bewusstsein. Und erstmals in der Erdgeschichte steigen Millionen von Menschen mit ihrem Körper auf. Dies ist ein wunderbares Ereignis. Ich höre in der letzten Zeit immer wieder von diesem Schmerz und ich hatte vor 15 Jahren auch einen Wahnsinnsschmerz, durch den ich gehen musste. Doch irgendwie fühle ich, der Schmerz muss nicht sein. Wenn ich mir Zeit lasse, wenn ich sehr geduldig mit mir selbst bin. Das bedeutet für mich, dass die Atem- und Körperarbeit in den Vordergrund rücken darf. Wenn ich weniger schmerzvoll oder schmerzfrei sein möchte, dann lasse ich ihn zu, jedoch achtsam, mit dem ganzen SEIN über den Atem. Ich beginne, indem ich mir erstmal meinen Atem bewusst mache, indem ich den ganzen Prozess dieses Einatmens und Ausatmens wirklich Millisekunde für Millisekunde beobachte. Einatmen – Ausatmen! Dabei kann ich zum Beispiel die Worte Leben – Sterben, einfach mal eine Zeitlang in mir bewegen. Einatmen – Leben, etwas halten, Ausatmen – Sterben. Leben – Sterben. Das mache ich so lange mir mein Körper den Impuls gibt. Der Körper ist hochintelligent. Doch wie auch alle Zellen in meinem Körper, wartet der Körper, warten die Zellen, ganz geduldig auf die Anweisung des Bewusstseins. Der Körper lauscht und er nimmt jedes Signal aus dem Bewusstsein auf und agiert. Ihr könnt euch das so vorstellen, dass das alles eure Untertanen sind. Ihr seid, wenn ihr bewusst seid, der König, die Königin, das fühlt sich gut an, nicht wahr? Ich liebe es die Königin zu sein. Ihr habt Billionen von Untertanen, die euch lieben ohne Ende, die nichts anderes machen als jeden Moment zu lauschen. Was sagt mein König? Das sind ganz besondere Untertanen, denn sie machen immer das, was der König sagt bzw. denkt oder anweist. Anweisen ist ein wunderschönes Wort, darin steckt weisen im Sinne von zeigen, aber auch das Wort weise. Seid euch immer bewusst, dass euer reinstes Bewusstsein, und ihr seid nichts anderes, wie auch alle anderen Menschen, auch der, der vielleicht noch gefangen ist im Ego, also quasi unbewusst, Anweisungen gibt. Auch er ist nichts anderes wie reinstes Bewusstsein. Dieses reinste Bewusstsein weist jede Zelle an. Letztendes das gesamte Universum, denn es sind ja Energien. Jetzt ist es erstmal Zeit, sich mit den Untertanen zu befassen und die Untertanen sind alle zunächst mal in deinem Inneren, in deinem Körper. Und deshalb ist es wichtig, dass wir lauschen lernen. Sodass wir wirklich diese hundertprozentige Sicherheit in uns spüren, dass diese Untertanen tatsächlich da sind. Und das geht über den Körper, über diesen wundervollen Körper, den du hast. Und da ist wirklich jede Zelle wundervoll, auch die noch so komischen Zellen, alles an dir, wirklich alles an dir. Das ist einfach nur genial. Und wenn es gerade mal noch nicht so genial ist, macht nichts. Wir sind ja alle am Üben und machten vielleicht in der Vergangenheit Fehler. Doch diese Fehler sind Helfer, die uns zeigen, wenn irgendwo etwas schiefgelaufen ist. Das sehen wir ja auch gerade im Großen, global gesehen, aber auch im Kleinen. Irgendetwas ist schiefgelaufen und deswegen sieht vielleicht irgendetwas an meinem Körper nicht so gut aus oder fühlt sich nicht so gut an. Es reicht, es mir immer wieder bewusst zu machen, also jeden Augenblick alle meine Zellen anzuweisen, ich kann alle Untertanen auch insgesamt anweisen und sagen: So will ich das. Da spielt Zeit überhaupt keine Rolle mehr. Da geht es auf einen Schlag, dass du die Anweisung geben kannst. Das ist das Manifestieren. Jesus Christus sagte, ihr könnt zu diesem Berg sagen, dass er sich verschieben soll, dann wird es funktionieren. Es ist wirklich so. Du kannst es fühlen und so zu deiner Wirklichkeit machen. Aber fang ganz klein an mit jeder einzelnen Zelle, mit jedem einzelnen Teil deines Körpers, sei ganz liebevoll und zärtlich, streichle deinen Körper, fühle rein in deinen Körper. Alles ist gut! So, heute ist mein großer Tag. Ich muss mich jetzt mal fertigmachen, am 7.7.2021 um 9:00 Uhr tritt Michaela nach fast 56 Jahren aus der Kirche aus. Und ich bin sehr dankbar, dass ich dabei war, dass ich diese Erfahrung machen durfte und vor allem dann ganz klar erkennen konnte, nein, mit den satanischen Dingen mag ich nichts mehr zu tun habe. Ich wünsche euch einen wundervollen Tag. Und Constantin, es ist schön, dass du mir immer wieder mal eine Rückmeldung gibst, das freut mich sehr.

Kleiner Tipp von Constantin:

Da du derzeit auch gerne den Vögeln lauschst, höre dir bei einem Mittagsschlaf die Vögel wie ein Hörspiel an und schlafe dabei ein. Da hatte ich letztens mega intensive Träume. Du kannst das bestimmt auch fühlen.

8. Juli 2021

Angekommen (?)

Einen wunderschönen guten Morgen, ihr Lieben. Und wieder ein neuer Tag und wieder sind es die Vögel, die mich aufwecken, na ja ist nicht wirklich aufwecken, das geschieht von alleine. Ich bin wach. Ja, wir sind am Ziel. Machen wir uns bewusst, wir sind mit dabei. Nur als Kind war bereits dieser Punkt da, ich wusste genau, dass ich mit dabei sein werde, wenn die Erde wieder friedlich ist. Mehr ist es ja nicht, und das ist wunderbar und das ist genug. Doch dann im Laufe meines Lebens kamen doch immer wieder die Zweifel. Ich ließ es zu, dass ich gelebt wurde. Interessant…, dass das jetzt kommt, ich wollte eigentlich sagen, dass ich in ein System eingepresst wurde. Doch letzten Endes wollte es meine Seele erleben und es war auch wichtig, dass ich den Schmerz, die Angst und all das Verrückte, das ich oft nicht verstand, erlebte. Oft dachte, das gibt es doch nicht, bin ich zu blöd dazu, das gibt es doch nicht. Da war vielleicht mein Ego auch zu blöd. Gott sei Dank hat sich die Seele durchgesetzt, sie wurde immer lauter, und Gott sei Dank habe ich den Schmerz in mir zugelassen und ausgehalten. Und dann … viele wundervolle Menschen in mein Leben gezogen. Denn es war ja meine Seele, die sich genau diese Menschen auswählte. Diese Bereicherung in alle Richtungen, wirklich in alle Richtungen, schließlich doch eher in die lichtvolle Richtung. Ich denke dabei vor allem an die Körperarbeit, die ich von Sr. Carmen auf einem Seminar in Messelhausen lernte. Sie hat uns sanft durch den Körper geleitet mit Dankbarkeitsmeditationen. Dies war ein Eckpfeiler in meinem Leben und damit arbeitete ich dann immer wieder. Oder auch Saint German, der einfach so kam. Da kaufte ich mir ein kleines Büchlein, die violette Flamme. Sie verband mich direkt mit meiner 9. Schicht der DNA. Ich habe dann einfach dieses violette Licht, die violette Flamme über meinen Kopf sanft in mein Kronen-Chakra fallenlassen. Ich spürte, angefangen bei meinen Gehirnzellen, dann die Flamme, wie sie meine Zellen ummantelte und ging dann über meinen Kopf immer weiter in alle Zellen hinein. Ließ es laufen und bat darum, dass all das Ungute das noch in meinem Körper war, abfließen darf, mit Liebe in Mutter Erde, die alles reinigt. Für Mutter Erde bin ich sehr dankbar. Sie nahm immer alles auf, das sich ansammelte durch komische Situationen, durch komische Gedanken, durch Lebensmittel, die ich zu mir nahm. Das war eine tolle Übung, die ich auch heute noch immer wieder mache, immer weniger, doch ab und zu lasse ich auch heute noch einfach mal die Flamme in mir durchlaufen. Ich bin dafür sehr dankbar und auch meiner Katze, die mir viel Schmerz abnahm. Als ich den Blasenkrebs hatte, lag sie regelmäßig auf meinem Unterleib und übernahm den Schmerz. Sie lebt aber noch, mittlerweile 20 Jahre alt. Ich muss ihr irgendetwas Komisches für ihre Schilddrüse spritzen, aber alles gut, sie lebt noch für meine Kinder. Ich bin all den Menschen, all den Situationen unendlich dankbar. Vielleicht kannst auch du dankbar sein für all das, was du erleben durftest, was du deinem Körper Gutes tun konntest. Geh nicht mehr so weit in die Vergangenheit rein, eher in die Gegenwart, und wenn du magst, auch in die Zukunft. Ich spüre gerade, es ist auch wichtig, in die Zukunft zu gehen und anzufangen, eine harmonische Welt zu kreieren. Und ich bin sicher, es gibt niemanden auf der Welt, der nicht friedvoll in Harmonie leben möchte. Lasst uns treffen, lasst uns verbinden, lasst uns lieben, lasst uns immer mehr vernetzen. Ich wünsche euch einen wundervollen Tag, ihr Lieben.

9. Juli 2021

Zurück zum Film

Einen wunderschönen guten Morgen, ihr Lieben. Heute aus München um 4.42 Uhr. Ja, aus dem Film, er läuft total abgefahren. Ich begab mich auf eine kleine Reise in die alte Welt. Voll lustig. Ich musste gestern einen Test machen, damit ich an der Hochzeit meiner Tochter teilnehmen kann. Und da ich mir nicht in Mund oder Nase rumpopeln lassen wollte, nahm ich mit dem Testzentrum der Mohrenapotheke in Karlstadt Kontakt auf, erklärte es ihnen und so konnte ich einen Spucktest machen. Und stellt euch vor, obwohl ich von Anfang an wusste, dass dies alles Unsinn ist, kompletter Unsinn mit dem PCR-Test und dem ganzen Getue, guckte ich heute Morgen tatsächlich nach dem Ergebnis dieses Testes. (Lach) Es ist wirklich schon abgefahren, ich ging in den Film rein und bildete mir ein, es sei wichtig, dass der Test negativ ist, obwohl ich wusste, nein, es ist überhaupt nicht wichtig und ich werde von niemanden gefragt werden, es ist alles Unsinn. Andererseits ist es jedoch voll interessant, so kann ich die anderen Menschen besser verstehen. Es geschieht sehr flott, dass man wieder in das alte Denken kommt, obwohl man genau weiß, dass diese Dinge und Situationen komplett unsinnig sind. Man lässt sich doch schnell wieder triggern. Voll interessant. Ich bin gespannt, wie es weiter geht. Ich freue mich auf die Berge, wir fahren nach Südtirol in die Berge und ich werde dort jeden Augenblick genießen. Falls ihr die nächsten Tage von mir nichts hört, denkt daran, ich genieße die Berge und natürlich die wundervolle Hochzeit meiner Tochter. Ich wünsche euch was, ihr Lieben.

10. Juli 2021

Kreislauf des Lebens

Einen wunderschönen guten Morgen wünsche ich euch heute aus Südtirol. Direkt aus meinem Hotelzimmer, von dem ich den Blick auf einen schönen Berg und auf eine wunderschöne Landschaft habe. Heute Morgen war ich auch gleich schwimmen, vor der Tür der Pool. Das war herrlich. Gestern machten wir gleich eine lange Wanderung auf dem Berg, es war wunderschön. Es ist ungewohnt, mit so vielen Menschen zusammen zu sein, die noch ein wenig schlummern, anstatt mit meinen neuen Corona-Freunden, von denen ich mittlerweile so viele habe. Oder auch die Lehrer, mit denen ich in den letzten Wochen und Monaten lange Telefongespräche führte. Aber es funktioniert, ich bin in meiner Mitte, versuche nicht zu viel zu grinsen. Ich erwecke mit dem Grinsen immer etwas Anstoß. Ich habe immer brav meine Maske dabei, wenn meine Tochter meint, ich müsste sie aufsetzen, doch ich merke, dass eigentlich alle nur noch dieses Spiel irgendwie mitspielen aus Solidarität dem anderen gegenüber. Ich finde unsere wunderbare Regierung, Angela Merkel und Co., leisteten wirklich gute Arbeit. Ich merke es so richtig, dass es in Fleisch und Blut übergegangen ist, immer die Maske dabei zu haben, zu schauen, ob ich sie jetzt wohl aufsetzen muss. Zum Beispiel fragen sie dann, z.B. um zur Toilette zu gehen: „Muss man da Maske aufsetzen?" Ich sage dann immer: „Nö." Und es merken echt immer mehr, und immer weniger tragen sie. Es ist schön zu beobachten. Doch es geht um mehr. Letztendlich merke ich, dass immer noch wenige sich vorstellen können, dass sie es sind, die zu 100 % ihre Zukunft, die es ja eigentlich gar nicht gibt, erschaffen. Das Ganze eingebettet in die Schöpfung. Eingebettet in das große Ganze gestaltet jeder Einzelne im Augenblick Zukunft. Und diese Synchronizität ist fantastisch, es funktioniert, wenn man sich darauf einlässt. Das ist für mich gerade nicht immer ganz einfach. Dieser Spagat zwischen: Ich vertraue mir selbst, diesem einen Augenblick und weiß in mir ganz sicher verankert, dass alles, was geschieht, gut ist. Dann spür ich aber auch noch gewisse Ängste oder Unsicherheiten bei den anderen … und sich dann nicht mehr triggern zu lassen und ab und zu hineinzugehen, das ist nicht immer einfach. Doch es gelingt mir immer besser. Ich darf euch verraten, ich befinde mich in meinem 55 Lebensjahr, eine wundervolle Zeit, die ich auf dieser Erde sein darf. Ich spürte heute Morgen genau, es geht ein Leben zu Ende. Ich weiß, dass ich jetzt bzw. am Dienstag um 11:37 mein Leben beende. Das alte Leben auf der Erde, um dann im gleichen physischen Körper vollständig erneuert, mein neues Leben zu beginnen. Witzigerweise wurde ich auch an einem Dienstag um 11:37 in Würzburg geboren. Ich freue mich darauf. Ich genieße noch diese Tage, heute die Hochzeit meiner Tochter, das wird einfach wundervoll, dann noch ein zwei Tage hier und dann werde ich am Dienstag ein neues Leben beginnen. Vollständig angeschlossen an der Quelle im Quantenfeld. Ich freue mich darauf, vor allem mit euch. Die meisten von euch kenne ich ja persönlich. Wen nicht, herzliche Einladung, sich mit mir zu treffen. Du kannst mich gerne persönlich anschreiben. Ich könnte dann vielleicht mal auch irgendwie auf Tour gehen, mal ein paar Tage hier, mal ein paar Tage dort. Und dann einfach Sein, einfach Tun, was dran ist. Bis bald, ich wünsche euch einen wundervollen Tag. Tschüss

11. Juli 2021

Einen wunderschönen guten Abend heute aus dem Sauna-Bereich des Garni-Hotels in Südtirol. Es ist gigantisch, ich kann endlich mal wieder ausgiebig Sauna machen und schwimmen. Ich war heute schon zweimal im Pool, und einmal bin ich um den See herumgeschwommen. Herrliche Landschaft, wunderbare Berge, ein Traum, ich genieße es in vollen Zügen. Auch die Hochzeit meiner Tochter war ein Traum, war wirklich richtig gut. Auch wenn es nicht mehr ganz so einfach ist mit Menschen zusammen zu sein, die immer noch nicht gemerkt haben, wie wir hier von Politik und Medien an der Nase herumgeführt werden. Außerdem hatte ich noch meiner Tochter versprochen, dass ich das Thema C mit keinem der Gäste bespreche. Nun, zweimal ist es mir nicht gelungen, doch da hat es ein Gespräch über meine Schule das Thema so verlangt und ich war total glücklich, denn der Schifferklavierspieler Michael der super geilen Band hat mich gut unterhalten. Er ist auch ein Querdenker, Aufgewachter, er erklärte, er habe schon vor zwanzig Jahren gemerkt, dass da Dinge nicht so ganz richtig laufen in unseren Systemen, zu dieser Zeit schlief ich ja noch sehr tief. So war es richtig gut, mich mit ihm zu unterhalten. Allerdings glaubt er, dass es nicht gut wird. Und ich stand dann immer so ganz gelassen da und sagte: Doch, es wird gut! Alles ist gut. Hm, hm. Er erzählte mir dann auch, seine Mama sei Yogalehrerin und Heilpraktikerin, da ist er wohl etwas negativ geprägt. (Lach) Mittlerweile glaubt er, das seien alles nur Quacksalber, die Schulmedizin, aber auch die anderen. Er ist sehr wissenschaftlich geprägt, auch ein wenig in Richtung Quantenphysik. Doch er war sehr davon überzeugt, dass das Ganze schief geht. Wir wissen, dass alles gut ist. Doch ich hatte wirklich einen sehr guten Abend, hielt bis zwei Uhr nachts durch, hörte mega Musik, tanzte schön, richtig gut. Heute mal eher ein Bericht. Doch am wichtigsten ist es … Sonne genießen, Landschaft genießen, jeden Augenblick genießen, genießen, genießen. Ich wünsche euch alles Liebe, bis bald. Tschau.

13. Juli 2021

Geburtstag

Guten Morgen, heute nochmal aus dem schönen Südtirol. Hier kann man auch in dieser herausfordernden Zeit gut Urlaub machen. Ich glaube, dass es sehr wichtig ist, oder besser ich lernte im Zusammensein mit meinen Kindern und den Lieben, dass beobachten wohl am sinnvollsten ist und natürlich Liebe ausstrahlen, lächeln und ansonsten beobachten. Es war für mich jetzt in diesen Tagen nicht immer so einfach, doch auch ich war einmal in dieser Welt und meine Kinder waren ja diejenigen, die diese Welt mit mir lebten und ich war ja genauso von Vorurteilen und Ängsten geprägt, die sich dann dadurch äußerten. Gestern Abend saßen wir noch zusammen, vorher waren wir beim Einkaufen, wir standen vor einem Naturkostladen und meine Kinder fragten, ob ich mit möchte, doch ich verneinte, Maske trage ich ja nicht, ich sah dann jedoch in diesem Laden Menschen ohne Maske und so zog es mich stark in diesen Laden, ich kaufte in diesem Laden ein und traf dort zwei wundervolle Herzensmenschen und plauderte von Herz zu Herz. Das tat total gut und hat mich sehr gestärkt, es ging auch ums C-Thema und wie sehr wir uns wünschen, dass es unsere Lieben endlich erkennen. Meine Kinder bekamen das dann aber mit, sie sahen es und spürten es. Meine Tochter kann damit schwer umgehen, da sind dann plötzlich Menschen, die das alles locker sehen und sich vor allem nicht an die Regeln halten, und ich spürte, dass es echt wichtig ist, gar nicht zu reagieren, einfach in der Liebe zu sein, Liebe auszusenden und ansonsten beobachten, beobachten, beobachten. Dies ist auch das Prinzip, das wir letztes Jahr beim Seminar zu Permakultur lernten, beobachten, beobachten, beobachten. Ich denke, dies ist momentan tatsächlich für alle Lebensbereiche so und dann gechillt bleiben, gut für sich sorgen, nur wunderschöne Dinge tun und sich nicht von irgendwelchen komischen Gedanken, die sich immer wieder einschleichen, gefangen nehmen lassen. Ihr merkt schon, mit einem Lächeln, mit viel Lachen allem entgegentreten. Ich wünsche euch einen wunderschönen 13. Juli, der Beginn meines neuen Lebens. Ich freue mich darauf, ich bekam ein neues Leben geschenkt. Ich freue mich darauf, euch auch persönlich zu treffen und euch in meine Arme zu schließen. Ich liebe euch alle und bin so glücklich, dass ich so eine riesige neue Familie habe, nämlich alle Menschen auf dieser Welt zum Geschenk bekommen habe. Einen schönen Tag, bis bald, Tschüss.

16. Juli 2021

Alles gut

Guten Morgen ihr Lieben, heute vom Naturfreibad in Merkendorf. Es ist wunderschön. Ich schwamm heute schon mit den Schwänen und ich habe irgendwie den Eindruck, ich kann hingehen und hinfahren wo immer ich möchte, es ist einfach nur schön. Hat das wohl etwas mit mir selber zu tun? Hm … ich glaube irgendwie schon. Es geht mir endlich gut, endlich …, nach einer wirklich langen Reise … angekommen zu sein im Moment; im Augen – Blick, im SEIN, und ich denke, es waren diese vielen Übungen, angefangen frühmorgens mit den Dankbarkeitsübungen für den ersten bewussten Atemzug, danke, ich lebe, all die Achtsamkeitsübungen für den Körper, sei es von außen durch streicheln oder betrachten, danke für solch einen schönen Körper, der dir geschenkt wurde. Aber auch von innen, die einzelnen Zellen und die Organe bewusst zu spüren, in die Zehen, in die Finger, überall reinzugehen. Es waren all diese Übungen, die mich letztendlich in das SEIN führten. Wow, da schießt ein Schwan über den See. Vielleicht hört ihr es. Schwäne sind wunderbare Wesen. Ich wünsche es nun auch der ganzen Welt, allen Menschen, jeder soll es spüren. Wenn ich in diesem Augenblick bin, dann ist da Ruhe, Frieden und wenn es nicht so ist. Ja mei … dann halt erstmal nicht, dann sind da halt mal blöde Gedanken und so, auch Gefühle. Dann lass sie sein, sie sind auch ein Teil von dir, der einfach angeschaut werden möchte. Diese unangenehmen Gedanken und Gefühle hatte ich auch und nicht zu knapp. Und ich schaute sie mir einfach an. Ich weiß, nun sag ich wieder einfach. Es ist natürlich nicht so einfach. Doch es hat funktioniert und dafür bin ich unendlich dankbar. Ich freue mich darauf, wenn es jetzt immer mehr Menschen merken, alles ist gut, alles wird gut oder wie es ganz einfach mal ein dreijähriges Kind, die Kaya, sagte: Oma, alles gut! Alles gut in diesem Augenblick, es gibt nichts anderes, nur diesen Augenblick. Ich wünsche dir von ganzem Herzen, dass du ganz viele solcher Augenblicke erlebst. Bis du irgendwann in diesem Augenblick bleibst.

17. Juli 2021

Wieder zuhause

Einen wunderschönen guten Morgen, ihr Lieben. Eben bin ich angekommen aus einem herrlichen Urlaub. Ihr habt es ja mitbekommen. Ich habe das Gefühl, es kommt tatsächlich nicht auf den Ort an, wo man ist. Es ist wieder schön hier in meiner Wohnung zu sein, doch es war auch wundervoll, woanders zu sein. Eine Freundin meiner Mama schrieb mal in mein Poesiealbum: Nicht dort ist man daheim, wo man seinen Wohnsitz hat, sondern wo man verstanden wird. (Christian Morgenstern). Ich denke, es geht wirklich nur darum, dass wir wundervolle Menschen treffen, und gestern Abend durfte ich in Merkendorf wundervolle Menschen treffen. Genau solche Menschen wie ihr es seid. Es war der Hammer. Ich war mit eingeladen, so selbstverständlich, wie es auch immer bei uns ist. Es gab lecker Pizza und viele Umarmungen und ich führte tolle Gespräche mit ganz lieben Menschen. Ich denke, es kommt nicht auf den Ort an, es kommt auf die Menschen an. Es ist einfach gigantisch mit in dieser Zeit dabei zu sein. Das hat der Stefan gestern auch gesagt. Ich denke, es ist eine ganz besondere Ehre und wir können dem mit Demut begegnen, heute hier auf dieser wundervollen Erde zu sein und mitzuerleben, wie die ganze Welt erwacht. Und ganz achtsam dabei zusehen, ein klein bisschen Geburtshilfe geben, aber im Hinblick auf meine Kinder eigentlich wirklich nur ein klein bisschen. Wenn man zu arg zieht, macht man viel kaputt. Gemäß dem Motto: Das Gras wächst nicht schneller, wenn man daran zieht. Es macht riesig Spaß, da selbst auch die Grenzen zu finden und zu setzen. Ich überlege mir dann immer, was kann ich über die Energien mental machen. Ich singe dann zum Beispiel Lieder: Meine Kinder sind aufgewacht, und gebe dort Energie hinein und manchmal ist es einfach auch wichtig, ganz klar etwas zu sagen. Doch auch ich weiß es manchmal nicht. Wenn ich da zum Beispiel an die Geschichte mit der Fahrt nach Bozen denke. Wir fuhren mehr als eine halbe Stunde mit dem Bus nach Bozen. Meine schwangere Tochter tat dies ganz brav mit der FFP2-Maske. Bevor wir in den Bus stiegen fragte ich sie noch: Wollen wir nicht Maske tauschen? Ich hatte eine schöne lockere, wo man gut Luft bekam. Nein! Dann musste ich als Mama mit aushalten, dass mein Kind und mein Enkel da mal eine Zeitlang wenig Luft bekamen. Und ich denke, da war es einfach wichtig, es auszuhalten und in sich zu wissen, es ist richtig so, es ist gut so. Da habe ich dann tatsächlich gleich einen Tag später, als ich mich von meinem Schwiegersohn verabschiedete, nur wieder den Satz wiederholt: Pass bitte gut auf mein Mädel auf. Diesen Satz sagte ich ihm schon mehrmals ganz am Anfang, als wir uns nur kurz kannten. Mehr kann ich nicht tun. Dann natürlich das Göttliche in mir und auch in ihr bitten, alles andere zu tun. Es ist nicht immer leicht auszuhalten, denn ich habe so eine intensive Beziehung zu meinen Kindern. Ich denke jede Mama will einfach nur das Beste für ihre Kinder. Ich denke, ich habe das Richtige getan und es passt so. Nun bin ich wieder da und freue mich wieder auf wundervolle Begegnungen, bestimmt mit euch. Da fällt mir gerade dieser tolle Teaching-Satz von der Oneness-University ein: Die ganze Welt ist eine Familie. Die ganze Welt ist eine Familie. Ist irre, gell? Doch es erklärt gerade momentan, dass ich es tatsächlich so fühle. Wenn ich einem Herzensmensch das erste Mal begegne ist er für mich wie ein Familienmitglied. Es fühlt sich wundervoll an. Ihr seid meine Familie. Ich danke euch, dass es euch gibt und dass ich auf diesem Wege mit euch verbunden bin. Alles Liebe, habt einen wundervollen Samstag.

18. Juli 2021

Lass deine Wut raus

Einen wunderschönen guten Morgen wünsche ich euch. Die Sonne lacht wieder einmal und ich habe den Eindruck, es ist schon wieder sehr heiß. Da bekomme ich eine Sehnsucht nach Schwimmen. Das werde ich wohl heute auch irgendwann tun. Nun ja, eine wichtige Zeit haben wir gerade, und ab und an ist es doch noch etwas seltsam oder etwas nebelig und doch so klar. Nebelig dann, wenn ich Berührungspunkte mit Menschen habe, die noch nicht mal gemerkt haben, dass hier irgendetwas schiefläuft oder nein, nicht schiefläuft, sondern in die richtige Richtung geht. Ich glaube, da gibt es doch noch eine ganze Menge Menschen. Dann steh ich da und denke: Hm, was tun, und es kommt tatsächlich nicht sehr viel in mir zum Vorschein. Ich denke jedoch die Festigkeit sollten wir, die wir jetzt schon einige Zeit wach sind, oder wie es Sunny immer so schön sagt, erwachend, haben, und auch wir haben die Aufgabe jeder in seiner Zeit immer wacher zu werden. Das bedeutet aber nicht, dass ich mich den ganzen Tag nur ausruhe und denke, nun ja, es wird schon irgendwie geschehen. Nein, es ist schon auch ein Stück Arbeit im Sinne von: Arbeit ist sichtbar gemachte Liebe. Das Zitat wird dem Philosophen Khalil Gibran zugeschrieben. Ich habe gerade den Eindruck, dass es jetzt ganz besonders gilt, diesem Ego, diesem Verstand, diesem anderen Teil in mir ganz klar entgegenzutreten. Nicht mehr nur mit: Liebe, Liebe, Liebe. Nein, auch ganz klar sagen, so will ich es. Auch nicht zu sagen, so will ich es nicht, sondern: So will ich es, genauso. Ich spüre in mir, es ist tatsächlich alles möglich. Die Werkzeuge, die jeder Einzelne in sich trägt, sind einfach nur enorm. Das bedeutet, ich gehe an den nächsten Augenblick mit Unvoreingenommenheit ran. Nicht mehr: Ach das war gestern schon so oder das hat meine Oma schon so gesagt …, das funktioniert nicht mehr. Vielleicht noch ein wenig in der Übergangszeit, wenn es etwas Gutes war. Nein, du gehst komplett unvoreingenommen in den Augenblick oder du bist in diesem Augenblick, in der Gegenwart, jetzt. Und du darfst diesen Augenblick ausdehnen, du hast genügend Zeit, um … ja was um? … den nächsten Augenblick zu kreieren. Es gibt keine Planung mehr, sondern du kreierst Schritt für Schritt im Augenblick deine Zukunft. Und dabei wird alles anders. Das kann auch manchmal Bauchschmerzen oder bei einigen auch Kopfschmerzen verursachen. Dann ist es noch so ein Schmerz, durch den die Seele durch will. Aber nicht mehr muss. Die Energie auf dieser Erde ist schon seit einiger Zeit ganz oben. Es ist alles da, alle Instrumente sind da, es bedeutet, du brauchst nicht mehr durch irgendeinen Schmerz gehen. Du kannst ihn sofort verwandeln. Ja, sofort. Und eigentlich habe ich jetzt so im Kopf zu sagen, doch wenn du willst, darfst du noch …, nein geh nicht mehr durch, spiele einfach dieses Spiel nicht mehr mit. Was soll das, das tut doch nur weh. Es klingt etwas hart, doch es ist der Weg zur Befreiung. Das, was Generationen vor uns durchmachen mussten, weil die Energie niedrig schwingend war auf diesem Planeten, müssen wir nicht mehr durchmachen, denn jetzt ist die Energie sehr hochschwingend und wir sind da alle drinnen. Es bedeutet, es funktioniert nur noch Freude, Liebe, Frieden, Gelassenheit, keine Ahnung, all die tollen Dinge, die so in dir drinnen sind. Das gelingt immer. All das andere funktioniert nicht mehr und es ist wirklich nur ein Klick, und ich bin draußen und dann muss ich vielleicht manchmal auch noch schreien und nochmal ganz klar sagen: Nein, so nicht. Ich bin der Schöpfer, ich bin der Heiler, ich bin es, und dann geschieht es, es muss passieren, es geht nicht mehr anders. Und wenn du es anders spürst, dann hau auf den Tisch, dann sag deinem lieben, tollen Ego, Verstand oder Anteil in dir: Nein ich mache da nicht mehr mit. Ich stehe dafür einfach nicht mehr zur Verfügung. Gehe in den Wald und schreie. Schreie natürlich nicht deine Mitmenschen an oder nur im Notfall (lach), geh in den Wald oder mache etwas, wo du dich einfach auspowern kannst. Es ist einfach nur eine Energie, die transformiert werden möchte. Es geht nicht immer nur mit Kuschelenergie, natürlich ist auch sie gut, aber manchmal braucht es einfach mal eine richtige Wut, aber im positiven Sinne. Lass die Energie raus, es funktioniert, ehrlich. Mach es! Ich liebe dich, du bist so wundervoll und vor allem unendlich machtvoll und das ist jeder von uns, jeder einzelne Mensch. Trau es also auch deinem Nachbarn zu, dass er rauskommt, dass er wach wird. Trau es jedem zu, dem du heute begegnest. Stell dir vor, es ist schon so. Du gehst dann ganz anders an die Menschen ran. Ich wünsche dir einen wundervollen Tag. Möge die Sonne immer lachen und wenn es dann doch mal regnet ist das auch wundervoll. Also genieße. Alles Liebe – Tschüss!

19. Juli 2021

Ich bin so glücklich

Ihr Lieben, einen wunderschönen guten Morgen wünsche ich euch. Ich schlief heute ewig lang. Wir waren gestern Abend grillen bei einer wundervollen Familie. Es tut immer wieder gut, Gleichgesinnte zu treffen. Und ja, wir sind einzigartig, einmalig, wundervoll und dann spürst du, wenn du genauso jemanden einzigartigen triffst, dich selbst. Du merkst die Verbundenheit. Wie sehr du mit diesem Menschen verbunden bist, egal ob du ihn jetzt schon etwas länger kennst, oder ob du ihn gerade erst kennenlernst, wie ich erst vor ein paar Tagen. Sofort spürst du, ja ich bin eins, eins mit diesem Menschen. Du bekommst auch noch eine größere Sicherheit für die Situationen mit Menschen, die es noch nicht so verstehen können. Ich glaube, spüren tut es jeder mittlerweile. Ich bin davon überzeugt, dass sich kein Mensch auf dieser Erde dieser wunderbaren Energie vollständig entziehen kann. Das macht einfach Angst, wenn du dein ganzes Leben in dieser Matrix gelebt hast, und vor allem in dieser Matrix auch die 100%ige Sicherheit hattest. Und du nur wenige Erlebnisse hattest, die dich unsicher machten. Du kannst dir dann gar nicht vorstellen, dass es außerhalb der Matrix viel schöner ist, dass dort tatsächlich das Paradies ist. So ist es. Wahnsinn, ich bin so glücklich, ja so sehr glücklich. Da gibt es ein schönes Kirchenlied. Und Jesu Liebe macht mein Herz so froh. Bei mir war es tatsächlich diese Liebe, dieser Ruf, der mich dorthin brachte. Letztendlich war es Indien bzw. die Richtung Zen-Buddhismus, die mich so vollständig zu mir selbst führte. Aber Jesus Christus hat mich von Kindesbeinen an geprägt. Wenngleich in der katholischen Kirche auch komische Sachen passierten, die ach so eingeprägt waren. Es waren auch viele gute Dinge. Und letztendlich brauchte ich in meinem Leben all das, um es zu erkennen. Diese Dualität zu erkennen und dann loslassen, sie sich auflösen lassen in der Einheit, die alles ist. Es gibt nichts außer die Einheit. Alles andere ist Illusion. Es gibt nichts, was irgendwie getrennt ist von etwas. Wow, ich bin so glücklich, ja so sehr glücklich. Ich wünsche dir, dass du auch viele dieser glücklichen Momente in dir spüren darfst und dass diese Momente sich ausdehnen. Na ja, du darfst sie selbst ausdehnen, es geschehen lassen. Es gibt nichts zu tun, absolut nichts. Nur beobachten, beobachten, beobachten und genießen. Den Atem genießen, den Kaffee genießen, den ich hier stehen habe, die Vöglein genießen. Das wünsche ich dir von Herzen. Bis morgen!

20. Juli 2021

Raus aus der Schleife

Heute geht es um das Thema: Raus aus der Schleife. Ich denke, das ist tatsächlich mit am schwierigsten. Nicht wie in der Vergangenheit immer wieder das Gleiche zu erschaffen – wir sind ja Schöpferwesen – sondern sich immer wieder bewusst zu machen, dass wir auch etwas Neues erschaffen können. Unseren Gedanken erlauben, Schritt für Schritt, neue Dinge zu entwerfen. Und dann in diesem sicheren Wissen zu sein, dass das, was meine Gedanken neu formen meine Zukunft ist. Ich informiere mich dann quasi selbst, bringe diese neuen Aspekte in Form und erschaffe dadurch meine Zukunft. Wichtig ist auch die vollkommene Klarheit, dass diese Energie, dieser Stoff aus dem die Zukunft gemacht wird, reine Liebe ist und nichts als reine Liebe. Wie sich das dann manifestiert hängt davon ab, welche Gedanken ich in meinem Kopf bewege, und ich mache mir dann dabei klar, dass es zunächst einmal nur Gedanken sind, also wenn da das ein oder andere noch aus der Vergangenheit mit reinspielt, so eine Erfahrung, und ich sie nicht mehr haben will, dann kann ich sie einfach nur anschauen. Ich begebe mich auf die Metaebene, schaue mir den Gedanken aus der Vergangenheit an, und wenn er mir nicht mehr dienlich ist, dann lasse ich ihn einfach ziehen, wie eine Wolke oder wie einen Luftballon. Ich lasse ihn los, wusch, ist er weg. Wenn dann aber, wie meiner Meinung nach jetzt in dieser Übergangszeit, Gedanken kommen aus der Vergangenheit, die aber gute Erfahrungen in sich tragen, darf ich sie selbstverständlich auch mit einbeziehen. Ich versuche jedoch schon immer manch neue Aspekte mit einzubringen. Dies ist jetzt eine Übung für uns alle. Ich beobachte meine Gedanken, was will ich wirklich, was könnte mein nächster Schritt in meinem Leben sein, was kommen für Gedanken. O.K. das war sehr positiv, dann kann ich mir zum Beispiel überlegen, wie ich es optimieren kann, um es noch präziser, noch perfekter zu machen. Und diese Grundenergie Liebe, die ist perfekt, absolut perfekt und sie beinhaltet alles. Aus dieser Grundenergie kann alles werden, hier sind alle Möglichkeiten drin. Es liegt dann an mir auszuwählen und dann vielleicht zu sagen. O.k. das war eine gute Erfahrung, jetzt möchte ich jedoch Aspekte nutzen, um diese Erfahrung noch perfekter zu machen. Wenn du sie dann klar vor Augen hast, diese Gedanken, dann geh ins Gefühl, geh in den Atem und sieh die Situationen, Dinge, was auch immer, sieh sie vor deinem inneren Auge und dann spüre in deinem Körper dieses Gefühl, zum Beispiel, dass du es schon hast, dass du schon in der Situation bist, dass alles schon geschehen ist und lass es wirken in dir. Spüre in jeder Zelle, wie es sich anfühlt. Und wenn es sich gut anfühlt, dann geh langsam in die Dankbarkeit. Wow, dass ich es einfach so gedanklich fassen konnte. Das ist gerade in dieser Zeit schon eine Höchstleistung, die wir erbringen. Die Energie ist bereit, da muss ich keine Angst haben, wir befinden uns auf dieser Erde bereits in einer sehr hohen Schwingung, in einer sehr hohen Energie. Von außen oder innen, keine Ahnung wo, ist alles bereitet dafür, nur sind wir es einfach noch nicht gewohnt. Wir brauchen einfach noch ein wenig Übung. Hier ist diese unendliche Dankbarkeit, dass ich es so perfekt hingekriegt habe, dass ich es so schön fühlen konnte in mir, wahnsinnig wichtig. Ich klopfe mir dann auch physisch auf die Schultern und denke oder spreche: Das habe ich echt gut gemacht, wow, toll und dann gehe ich über den Atem ins Tagesbewusstsein. Diese Übung kann ich immer wieder einmal machen, doch immer nur, wenn sie mir wirklich guttut. Sobald sich irgendetwas einschleicht und ich denke, oh nein, es fällt mir jetzt schwer, höre ich auf damit und mache etwas anderes Schönes, höre Musik, gehe in die Natur, und lasse es mir einfach gut gehen. Ich wünsche dir alles, alles Liebe.

21. Juli 2021

Doch auch mal WIEDERHOLEN

Guten Morgen, ihr Lieben! Und wieder ist eine Nacht vorbei. Ich schlief wie ein Baby, eingeschlafen, weg gewesen, aufgewacht, alles gut. Mir geht gerade wieder mal der Gedanke der Wiederholung durch den Kopf. Ich sagte euch ja bereits, wenn wir immer wieder die gleichen Gedanken haben und wir uns mit ihnen verbinden, also in Resonanz gehen, erschaffen wir immer wieder das gleiche. Und vielleicht ist das manchmal nicht so. Doch eigentlich ist es ja letztendlich egal. Und wenn es für dich oder für mich oder für irgendjemanden anders wichtig ist, dass er den alten Mist nochmal erlebt, und nochmal erlebt, dann ist dies auch in Ordnung. Ich denke, es spielt letztendlich keine Rolle. Vielleicht kann man das, was einem nicht so gefällt, aus einem anderen Licht betrachten. Also quasi die vergangenen Erlebnisse, wenn man sie dann nochmal erlebt, einfach anders erlebt, anders wahrnimmt. Ich meine, ihr kennt es sicher auch, dass es immer darauf ankommt, wie man eine Situation betrachtet. Ob man das halb volle Glas oder das halb leere Glas betrachtet. Vielleicht geht es tatsächlich darum. Es spielt keine Rolle. Ja, ich denke, dass es auch damit zusammenhängt, dass wir aus unserer Rolle des Co-Kreators, in der wir ja doch, ich zumindest, oft stecken und manchmal auch abwarten, es wird schon geschehen, dass wir aus dieser Rolle aussteigen. Wenn wir da rausgehen und uns ganz klar machen, dass wir auch der Schöpfer sein können, der alleinige Schöpfer, zumindest der alleinige Schöpfer für unser Leben, dann sehen wir klar. Und dann richtet sich tatsächlich das Universum genau nach dem, was ich mir wünsche, was so in mir ist und verändert sich. Dass dies funktioniert, das weiß ich sicher. Ich merke doch immer wieder, bei mir geht es tatsächlich um die Findung. Ich möchte aus der blöden Arbeitslosigkeit raus, auch wenn ich ganz klar sage, ich habe in dieses System so viel Geld eingezahlt. Allein in die Arbeitslosenversicherung habe ich ca. 85.000 DM oder Euro eingezahlt. Nein, ich habe kein schlechtes Gewissen, aber letztendlich möchte ich ja komplett aus dem System raus, und dann gehen bei mir die Rädchen im Gehirn, wie kann ich es machen. Und dabei kommt mir der Gedanke, es spielt keine Rolle, wenn ich jetzt denke, ja es dauert einfach noch ein bisschen, du bist ja Co-Kreator, die anderen Menschen dürfen erst erkennen …, dann darf ich auch jetzt nochmal in ein System eintreten. Es spielt alles keine Rolle. Ich kann ja jederzeit wieder raus. Ich finde es wirklich fantastisch, was in einem passiert, was so bewegt wird durch die Gedanken. Am wichtigsten ist es meiner Meinung nach, dass ich mich bei all dem wohl fühle. Dass ich bei all dem, was ich denke und fühle, entspannt bin. Dass all die Situationen, in die ich mich begebe, für mich stimmig sind. Dass sie mich bereichern und ich jeden Moment wirklich unendlich glücklich bin. Wenn dann mal ein Wehwehchen kommt, zum Beispiel hatte ich einen mega Stich am Bein, der hielt mich zwei Tage in Schach, wirft einen das nicht gleich um. Für mich kam dann der Punkt, an dem ich dachte, nun ja, ich spreche jetzt mit meiner DNA und dann macht es wusch und es ist alles gut. War es dann auch, allerdings dauerte es tatsächlich fast zwei Tage. Jetzt sieht es wieder gut aus. Auch das darf sein, wir wissen, wir sind im Übergang und am Üben. Wir dürfen auch mal kurz ins Alte gehen und sehen: Ah ok so lief das in der alten Welt, und wenn es sein muss, darf ich auch zum Arzt gehen, auch wenn ich mir geschworen habe, dass ich zu keinem Arzt mehr gehen werde. (Lach) Vor allem auch nicht in ein Krankenhaus, doch es spielt letztendlich keine Rolle. Alles gut, so wie es Kaya sagte zu ihrer Oma, alles gut, so ist es. Ich wünsche dir einen wunderschönen Mittwoch. Die Sonne lacht wieder, die Vögel zwitschern, heute nicht so laut, doch sie sind da und genießt euer Sein. Bis morgen, Tschüss!

Worte von den Sirianern

„... Betrachtet von dort in Liebe und Gelassenheit die Auflösung aller Lebens störenden Muster und Strukturen. Seid frei von Trauer und Sorge, und erlaubt der Erlösung, euch vom Druck der Illusionen zu lösen.
Liebste Freunde – wir wiederholen hier die Tatsache, die eure Seele kennt. Schon oft durften wir euch davon berichten. Eure irdisch sichtbare Erscheinung bildet nur einen winzigen Ausschnitt eures wahren Seins. Eure Existenz reicht in alle Dimensionen und Bewusstseinsfelder der Schöpfung. Der größte Teil von euch ruht im Ganzen – in Vollkommenheit und Schönheit EINS, MIT DER QUELLE selbst.
Erschreckt nicht, ihr Lieben, wenn ihr diese wahre Größe jetzt zu ahnen beginnt. Öffnet euch, und überlasst euch den Räumen einer neuen Wirklichkeit – neu, weil ihr sie bisher wie schlafend ignoriertet. Dehnt euch aus, in die großen Räume eurer tatsächlichen Wahrheit und betrachtet von dort aus den Menschen in Inkarnation, der ihr seid. Betrachtet und begleitet im Geist der reinen Liebe die materiellen Ausdrucksformen, die ihr erschaffen habt und erschafft. Erlaubt die Veränderung, und erneuert euch voller Freude, dort, wo es eurer Seele angemessen scheint.
Vertraut diesem Licht-Tsunami, und verweilt in seiner Energie. Genau dort – in diesem Bewusstseinsraum – entfaltet sich eure neue Kultur.
Entzieht dem Alten eure Aufmerksamkeit, liebste Freunde. Während ihr in den höher schwingenden Regionen eures Bewusstseins weilt, und die täglich kraftvoller werdende Liebe genießt, zerbröckelt alles Destruktive vor euren entspannten Augen zu Staub, um neuen Schöpfungen Raum zu geben. Lasst gelassen geschehen, was euch vorgespielt und theatralisch aufgedrängt werden soll.
Einer eurer größten und wertvollsten Schätze liegt in eurer Fähigkeit zum Mitgefühl. Genau dieser Teil fehlt den aktuell noch herrschenden, und euch und den Planeten quälenden Gruppen. Geht in euer Mitgefühl, liebste Freunde, und erschafft mit dieser Kraft eine neue, Liebe-volle Welt. Verschwendet euch nicht im Mit-Leid – denn ALLE sind aufgehoben und willkommen im Kreis der Evolution. ALLE kommen mit, auf dieser Reise ins Licht. Nur manche Teile von euch gehen in die Auflösung. Nur das Lebens Störende, eurer Liebe nicht mehr Dienende, zerbröckelt zu Staub, um erlöst zu sein.
Wir wissen, dass ihr euch um eure Liebsten sorgt, und bitten euch, seht jeden einzelnen Menschen als Ausschnitt eines multidimensionalen, riesigen

Kraftfeldes. Die Liebe selbst erschuf ihren Ausdruck in ihm, und nun beginnt diese Liebe, ihre Ausdrucksformen heilsam zu erneuern. Kein Schaden liegt darauf, liebste Freunde! Wie könntet ihr zugrunde gehen, wenn ihr in Wahrheit Anteil habt an der Quelle selbst? Wie könnte irgendein Mensch Schaden erleiden, wenn er doch aus dem Geist der Liebe entspringt. Ununterbrochen wandelt diese Liebe ihre Form. Bleibt gelassen, und erfreut euch an dem großen Schauspiel, das nun stattfindet. Dehnt euer Bewusstsein aus, und verweilt in den ruhigen Ebenen der Liebe, während zusammenbricht, was ihr nicht mehr braucht. Seid versichert, dass sich nur das auflösen kann, was ohne innere Liebe ist. Seid ebenso versichert, dass diese Liebe in jedem einzelnen Menschen existiert. Sie wach zu rufen, und wirksam zu machen – dafür erreicht euch nun der große Licht-Tsunami dieser Zeit. Wir reichen euch unsere Hände, und bieten unsere Begleitung an. Lauscht den Tönen des Neubeginns, und entlasst jede Angst aus eurem Denken und Fühlen. In Liebe und Dankbarkeit.

22. Juli 2021

Kurze Rückfälle erlaubt

Einen wunderschönen guten Morgen, ihr Lieben. Tja, heute Morgen kommt mir doch tatsächlich wieder mal das Wort Achtsamkeit in den Kopf. Gerade gestern stellte ich fest, dass ich teilweise wieder zurück in die Matrix ging, und natürlich ist das überhaupt nicht schlimm, es ist in Ordnung, und das Schöne ist, ich habe es erkannt. Meistens zeigt uns das ja auch unser Körper auf. Das heißt, wenn wir wieder zu sehr in das Grübeln und Hasten und Zweifeln und in die Komische Gedanken gehen, vergessen wir dann einfach, unserer Seele genügend Zeit zu widmen, denn letztendlich ist die Seele das Einzige was ist. Ich denke, es ist einfach wichtig, dass wir der Seele in jedem Moment Beachtung schenken, und ja wir dürfen das wirklich immer machen, also immer präsent in der Seele bleiben und trotzdem alles andere um uns herum geschehen lassen. Aus diesem Geschehen lassen entsteht Wunderbares. Natürlich kommen dann schon immer wieder – bei mir zumindest – Gedanken wie: Wie sehen das die anderen? Man will doch nur helfen … u.v.m. Auch das ist in Ordnung, aber ich darf es erkennen. Vielleicht in dieser Zeit sogar, ich muss es erkennen. Ich darf sagen, das spielt jetzt wirklich mal keine Rolle. Wir leben in so turbulenten Zeiten, und wir können da hineingehen und uns weiterhin von diesem anstrengenden Matrix-Leben oder Maya-Leben, also von dieser anstrengenden Illusion – und ich bin mir mittlerweile ziemlich sicher, dass es letztendlich nichts anderes ist wie eine riesige Illusion – treiben lassen. Wir können es uns auch anschauen und sagen, ja wunderbar, ich sehe die Illusion dahinter und entscheide mich dann aber für das Licht, für Mutter Erde, für die Leichtigkeit, die Achtsamkeit, die Zufriedenheit und die Freude. Immer ist es meine Entscheidung, ist es deine Entscheidung. Es ist nicht schlimm, ab und an mal wieder in die Matrix hineinzugehen, und sich ein bisschen Sorgen zu machen. Schlimm kann es dann aber werden, drin zu bleiben, (lach) aber das machen wir ja alle nicht mehr, wir erkennen ja relativ schnell und kommen wieder in der Freude an. Ich wünsche euch einen wunderschönen Sonnentag. Das ist auch immer so ein Zeichen. Schaut in die Sonne, orientiert euch an der Sonne, nehmt ihre Strahlen, ihr Leuchten, in euch auf und lebt und liebt und lacht. Alles Liebe!

24. Juli 2021

EINFACH SEIN

Guten Morgen, ihr Lieben! Heute Morgen als ich aufwachte hatte ich sofort die Worte im Kopf: Einfach sein, und zwar im doppelten Sinne. Einmal ist es meiner Meinung nach wichtig, dass wir jetzt üben, einfach im Hier und Jetzt, in diesem Augenblick zu sein, denn letztendlich gibt es nichts anderes. Wir wurden jedoch unser ganzes Leben darauf konditioniert, entweder in der Zukunft oder aber in der Vergangenheit, zumindest gedanklich, zu sein. Doch all das ist eine komplette Illusion. Es gibt keine Zukunft. Niemals gibt es eine Zukunft, denn sobald die in unseren Gedanken vorhandene Zukunft da ist, ist sie Gegenwart. Und das versteht sogar unser Verstand. Doch will er uns oftmals einfach austricksen. Und erschafft Dinge, holt Dinge in das Sein hinein, in die Gegenwart, die uns denken lassen sollen: „Ojemine, es ist ja ganz schlimm", seien es Schmerzen oder einfach nur angstvolle Gedanken, die uns denken lassen: „Da will ich jetzt raus, ich will in die Zukunft, ja in der Zukunft habe ich dann keine Schmerzen mehr, ist die Angst weg, ist die Wut weg, alles weg." Damit ködert uns unser wunderbarer, liebevoller Verstand oder Ego. Doch es gibt sie nicht, die Zukunft. Und es gibt sie auch nicht nur „noch" nicht. Es gibt sie nicht. Es gibt nur das reine Sein. So sind wir alle, die gesamte Menschheit, eingeladen, immer wieder zu üben, in diesem reinen Sein, zu sein. Das ist die eine Bedeutung von „Einfach sein". Sich immer wieder ganz klar bewusst machen, es gibt nur den

Moment, den Augenblick, die Gegenwart. Und das ist sehr real. Die zweite Bedeutung liegt in dem Wort „einfach", also sprich, in all meinen Lebensgewohnheiten. Zu spüren, dass ich mich, wenn ich „einfach" lebe, also auch die Ressourcen, die uns im Außen zur Verfügung stehen achtsam nutze, wohlfühle. Sie sind vorhanden im Überfluss, sie sind da, angefangen beim Atem, einatmen, ausatmen, es ist genug da. Trotzdem darf ich auf der einen Seite die Fülle sehen, sie aber auch auf der anderen Seite „einfach" nutzen. Im Sinne von achtsam, vielleicht nicht unbedingt sparsam oder extrem sparsam, aber doch achtsam mit all den Geschenken, sei es Wasser, sei es Nahrung, auch mit den Kräutern in der Natur, umgehen. Ich muss gestehen, ich habe dann immer die Tendenz zu denken: „Ich muss jetzt ganz viel horten, damit ich in der Zukunft habe." Das sind alles Gedanken, die uns fangen, die wir uns selber immer wieder vorsagten.

Dann wären wir wieder bei der ersten Bedeutung. Ich bin sehr beeindruckt, was in diesen zwei Worten „einfach sein" liegt. Ich wünsche euch und ich wünsche mir, dass es uns immer besser gelingt, einfach zu sein und vor allem auch die wertvollen Ressourcen, die in Fülle zur Verfügung stehen, jeden Moment achtsam zu nutzen. Das wünsche ich dir, alles Liebe und hab einen schönen, ruhigen, achtsamen Tag. Ich drück euch. Tschüss!

27. Juli 2021

Gehalten in Gottes Hand

Einen wunderschönen guten Morgen wünsche ich euch, heute mit Glockengeläut auf meinem schönen großen Balkon. Die Sonne scheint mir ins Gesicht, die habe ich sehr nötig. Denn heute Nacht war es irgendwie nicht so ganz ein Zuckerschlecken. Komischerweise zeigten sich irgendwelche körperliche Symptome, die ich eigentlich schon vor langer Zeit ad acta gelegt hatte. Hm, hatte ich geglaubt. (Lach) Es war dann auch für mich nicht ganz so EINFACH ZU SEIN. Gerade die Nacht ist für mich immer wieder mal insofern schwierig, weil, zumindest habe ich den Eindruck, ich noch ein wenig fremdgesteuert bin. Ich denke, das liegt mit an den vielen Programmierungen, die ich in langen Jahren über mich ergehen lassen musste. Und ich denke, es geht vielen Menschen in meinem Alter so. Tagsüber bekomme ich das super gut hin, ich bin jeden Augenblick bewusst und dann ist es tatsächlich weg. Nutze den Atem. Doch wenn ich nachts so ein wenig wach werde, dann spüre ich, dass ich noch in diesen Programmierungen stecke. Natürlich nicht immer, meistens schlafe ich wunderbar durch, und dann ist alles gut und ich bin frisch und glücklich am Morgen. Dann gehe ich hinein, nehme den ersten Atemzug voller Dankbarkeit und freue mich, dass ich da bin, dass ich auf dieser Erde, so wie sie sich jetzt zeigt, wirken und meinen Teil dazu geben darf. Gestern Nachmittag durfte ich auch die Menschen von meiner neuen Schule physisch kennenlernen und ich wusste sofort, das ist meine neue Schule. Wann es losgeht wissen wir noch nicht, wir warten auf die Genehmigung von ganz oben und diese Genehmigung braucht man, denn es geht hier nicht nur um irgendeine freie Schule, von denen es schon ganz viele gibt, Montessori-Schulen, Waldorf-Schulen und Sonstige, sondern es geht um die Schule, die dann wirklich auch für alle ist. Das ist schon seit Jahren mein großer Traum, dass diese Möglichkeit des Lernens allen zugänglich ist. Dass auf der einen Seite die Schulpflicht endlich fällt, da sorgt ja Corona jetzt dafür, aber andererseits jeder Mensch, nicht nur die Kinder, sondern auch die Erwachsenen, vor seiner Haustür die Möglichkeit hat, sein Potential zu entwickeln. Die Schule heißt „Modellschule für Potentialentwicklung" und wenn wir dann die Genehmigung bekommen – ich dachte eigentlich immer: Wofür braucht es denn überhaupt eine Genehmigung, wir sind frei und wir machen was wir wollen. Doch vielleicht braucht es in dieser Übergangszeit einfach diese Genehmigung und ich bin überzeugt davon, dass auch ganz oben wache Menschen sitzen und diese Entscheidung kommt, und dann ist es wie ein Schneeball. Dann ist das eine Schule, die dann rasant auf alle anderen übergeht und das freut mich sehr. Ich bin echt gespannt, wie es weitergeht. Und das hat mich natürlich auch beschäftigt. Ich war gestern Nachmittag dann nochmal mit „alten" Dingen konfrontiert, weil dort Eltern waren, die dann nach Abschlüssen usw. also nach „alten" Dingen fragten, wie das dann an unserer Schule läuft. Und klar, die Menschen sind einfach noch in diesen Matrix-Dingen gefangen und ich ja dann auch irgendwie. Und das habe ich dann wohl heute Nacht mit verarbeitet. Ich erlebte einiges Kurioses, Abnormale und Absurde in meiner Ausbildung und in meiner Zeit im Schulsystem. Doch das hat jetzt ein Ende. Ich wünsche dir einen wundervollen Tag. Lass die Sonne auf dich scheinen, denke immer daran, das ist das große Zeichen. Sie sagt dir, wir sind komplett, wir sind getragen, gehalten in Gottes Hand. Alles Liebe, Tschüss.

29. Juli 2021

Wieder mal Geduld

Einen wunderschönen guten Morgen, ihr Lieben! Heute soll es um das Thema Geduld gehen. Ich glaube, die Geduld ist mit einer der Hinderungsgründe. Für manche geschieht noch zu wenig im Außen. Geht mir auch so, ganz ehrlich. Ich sang schon alle möglichen Lieder und machte und tat. (Lach) Und ich wünsche mir von ganzem Herzen, dass meine drei Kinder endlich das sehen und fühlen können, was ich seit geraumer Zeit sehe und fühle. Nämlich, dass wir komplett verarscht wurden oder uns selber an der Nase herumführten. Ich treffe immer mehr erwachte oder erwachende Menschen und das ist wundervoll, darüber freue ich mich riesig. Für mich ist jeder Mensch, den ich treffe, ein Bruder, eine Schwester, ein lieber Mensch und doch habe ich die Sarah, die Patricia und den Stephan unter meinem Herzen getragen und irgendwie sind sie dadurch näher. Und dann erlebe ich immer wieder Augenblicke – ich bin jeden Tag bei meiner hochschwangeren Tochter und beobachte sie auch, wenn ich mit ihr spreche – und ich merke, sie bemüht sich und hat viel Verständnis, doch letztendlich ist sie immer noch im Tiefschlaf. Oh, ich wünsche es mir so sehr, was kann ich nur machen. Und dann kommt es, Geduld haben. Geduld bedeutet für mich, es auch aushalten zu können, es sind nur Momente, die meiste Zeit – wenn ich sie liebevoll in den Arm nehmen darf oder wenn wir über bestimmte Themen spreche, spüre ich ihre Liebe, bin ihr sehr nah und die paar Augenblicke, in denen ich noch den Tiefschlaf bemerke, darf ich aushalten und dann loslassen. Wenn ich an „aushalten" denke, dann ist darin das Wort „halten" und das hat wiederum etwas mit Geborgenheit zu tun. Wenn ich gehalten bin, da kommt mir der Satz: „Du kannst nicht tiefer fallen als in Gottes Hand". Ich fühle mich dann gehalten, gehalten von dieser Liebe Gottes. Da gibt es ja diese Stelle in der Bibel, 1 Kor 13, da kommt vor: Die Liebe hält allem stand. Standhalten, aushalten, anhalten, quasi diesen Moment, diesen Augenblick, auch tatsächlich mal anzuhalten und ihm dann diese wunderbare Energie schicken. Das ist letztlich dieses „anhalten", das uns auch in die Bewusstheit führt. Wenn ich die Gegenwart und es gibt ja nichts anderes, anhalte, dann kann ich mir Raum geben. Dann kann ich mit dieser Energie der Gegenwart, die ja die reine Liebe ist, erschaffen. Dann kann ich Liebe aussenden, sie formen, sie in wunderbare Gedanken packen und begegne dadurch immer mehr solchen Momenten in Liebe, darf sie aushalten, liebevoll halten und damit ja verwandeln. Letztendlich geht es ja nur mal um mich, dass ich es so sehe. Wie es dann bei dem Anderen ankommt, ja mei, das weiß man nicht, denn jeder hat seine eigene Wahrnehmung. Wenn ich es für mich aushalte, und dann durch die Liebe wahrnehme, zeigt es sich für mich als erwachender Mensch. Lassen wir es mal für jetzt so stehen. Spielt ja letztlich sowieso keine Rolle, es geht ja um mich. Da ich aber weiß, dass ich diese Energie auch ausstrahle – und das spüre ich immer mehr in meinem Umfeld, und werde momentan auch von allen möglichen Seiten darauf angesprochen, wirke ich einfach durch mein SEIN. Es bedeutet, ich spüre, ich habe eine gewisse Ausstrahlung und das reicht ja schon. Wenn ich es für mich mache, ist es erstmal gut genug und dann strahle ich es aus und dann läuft es. Ich wünsche dir einen wunderschönen Donnerstag. Die Sonne lacht schon wieder, nicht ganz so stark wie gestern, doch sie ist da. Selbst wenn sie mal im Außen nicht so stark da ist, wisse doch, sie ist immer, jeden Augenblick in deinem Herzen und das ist gut so. Ich liebe euch, Tschau!

30. Juli 2021

Fließen lassen

Einen wunderschönen guten Morgen, ihr Lieben. Es tut sich einiges und letztendlich auch nichts. Ja einiges im Sinne, dass immer mehr Menschen erkennen, dass nichts tun oder im Augenblick verweilen oder wie wir es im Seminar von Permakultur gelernt haben, beobachten – beobachten – beobachten, zunächst mal am allersinnvollsten ist. Dann, tja, festzustellen, dass es tatsächlich reicht. Denn dadurch gebe ich der Quelle, dem Sein, dem Leben die Möglichkeit, sich zu entfalten. Oder ich gebe dem Fluss die Möglichkeit ruhig zu fließen. Nichts ist so beständig wie der Wandel, wie wahr. Es ist stetig alles in Bewegung. Stetig, doch du und ich, wir alle bestimmen das Tempo, hm, eigentlich bestimmen wir gar nichts. Aber letztendlich kommen wir über die Ruhe dahin, zuzulassen, dass wunderbare Dinge geschehen dürfen. Und werden dadurch immer mehr zum Baumeister. Wenn wir merken, in uns drinnen, dass wir das letztendlich sind, dass dies unser wahres Sein ist, dem wir uns ergeben, ohne es kontrollieren zu wollen. Das sind wir, reinstes Sein, reinstes Bewusstsein, reinste Glückseligkeit und aus dieser Erkenntnis heraus entsteht Leben, kann der Fluss ruhig ziehen, fließen, SEIN. Und aus diesem SEIN oder bei diesem Fließen, ziehen, dürfen wir beobachten, wie Wunderbares geschieht. Ich denke, da gehört vor allem die Schönheit dazu ... Wieviel Mist haben wir denn in unserem Leben sehen müssen, gruselig, gruselig! Jetzt ist die Zeit, dass wir nur noch Schönes sehen, Schönes erleben, Schönes erschaffen, kreieren. Und das Ganze natürlich gemeinsam. Ich unterhielt mich gestern mit einer Seele. Es ging darum, dass es gar nicht so einfach ist, diese Gemeinschaft zu leben, konkret zu leben. In einem Dorf,

Zusammenkunft, großes Haus, whatever. Wir dachten, es liegt vielleicht daran, dass wir einfach noch nicht die konkreten Vorstellungen haben. Dann kam ich schon wieder ins Grübeln, o.k. dann muss ich mir also irgendwie klarwerden, was ich denn will und wie ich es genau will usw. Dann merkte ich aber, ne, das ist mir einfach zu anstrengend, ich kann es nicht. Viel lieber überlasse ich es dem Universum, dem Sein oder dieser Energie. Dass ich manifestieren darf, was richtig ist. Und währenddessen setze ich mich und denke und denke und ich hätte aber gerne – was weiß ich – einen Lebensgefährden. Dann sehe ich vor lauter Wunsch nach einem Lebensgefährden gar nicht, dass bereits wundervolle Männer in meinem Leben sind. Die mir guttun und das darf ich einfach genießen. Gehet nicht auf in den Sorgen dieser Welt, suchet zuerst Gottes Geist und alles andere wird euch dazu geschenkt, halleluja. So habe ich – o Gott – sicher 30 Jahre lang – dieses Lied gesungen. Ja, wir dürfen es angucken, wir dürfen es sehen, auch noch mal kurz darüber nachdenken und vielleicht auch den Wunsch aussenden, wir dürfen alles, das ist ja das Schöne, aber letztendlich lassen wir es einfach geschehen und kehren zurück ins SEIN, in diesen Augenblick, in dem schon wieder ein sonniger Tag vor der Tür steht. Es ist wundervoll, wie intensiv momentan bei mir die Sonne scheint, wow. Auch euch wünsche ich einen sonnigen Tag, genießt jeden Atemzug, habt wundervolle, liebevolle Begegnungen und wenn nicht: Just ignore it. Alles Liebe, Tschüss!

31. Juli 2021

Beobachten ... Genießen ...

Einen wunderschönen guten Morgen … heute mal wieder von meinem Balkon. Die Sonne scheint auf mein Gesicht, die Vöglein zwitschern noch etwas leise. Auch die Geräusche der Bauern sind im Hintergrund zu hören. Ich denke, es ist ein sehr wichtiger Aspekt, dass ich auch wirklich zuhöre. Viel zu oft jedoch haste ich einfach durch die Welt und merke gar nicht, wie das Schöne, das Gute, die wunderbaren Energien, die uns nähren, in greifbarer Nähe, quasi Hier und Jetzt immer zur Verfügung stehen, wenn ich sie bemerke. Dann kann ich genießen und spüren, wie die Geräusche, die Düfte und all das, was mich umgibt, in mich hineinfällt und meinen Körper nährt. Und insbesondere ist es tatsächlich die Sonne. Die Sonne ist für mich die größte Lebenskraft. Wenn ich hier sitze, spüre ich so richtig, wie diese kräftigen Strahlen, und es ist wirklich heiß auf meiner Haut, angenehm heiß, in mich einfallen und mich liebevoll nähren. Ich darf dies zulassen. Ich muss jetzt nicht schon wieder beim nächsten Schritt sein, auch wenn diese Gedanken an der Oberfläche irgendwie aufpoppen und so mancher Gedanke mich antreiben will. Jetzt reicht es, mach endlich weiter, du hast doch noch etwas zu tun heute. (Grins) Alles zu seiner Zeit. Jetzt erst mal sitzen, die Sonne genießen, den Vöglein lauschen und auch die Gefühle im Körper spüren. Das ist fast schon ein wenig berauschend. Lass es auch dir heute gut gehen, pass gut auf dich auf, komme immer mehr in das Beobachten, Beobachten, Beobachten und natürlich ins Genießen, Genießen, Genießen. Hab Spaß und Freude an deinem Tag heute, an diesem sonnigen Samstag. Wir hören uns morgen wieder, bis dann. Alles Liebe!

1. August 2021

Etwas ist anders

Einen wunderschönen guten Morgen wünsche ich euch. Heute ist irgendwie etwas anders. Es ist irgendwie stiller, ach ja, es ist Sonntag, genau. Es ist dunkler, man hat den Eindruck, die Sonne ist nicht da, die Vöglein sind da an meinem Kirschbaum, und doch ist irgendwie etwas anders. Wir befinden uns in der Endzeit, das sollte uns allen bewusst sein. Das heißt nicht, dass wir deswegen traurig sein sollten. Nein, das einzige ist, dass wir es erkennen, dass wir ganz klar die Zeichen erkennen. Und die stehen gerade bei mir in Retzstadt, wo ich eigentlich immer leuchte und strahle und immer schönes Wetter ist, auch nicht ganz so toll. Ich unterhielt mich gestern mit einem Retzstadter Ehepaar. Sie sind noch komplett im Corona-Narrativ gefangen und ich merkte; es ist nicht möglich für diese Menschen zu glauben, dass da irgendetwas gelogen wird, dass etwas nicht stimmt, dass wir manipuliert werden. Wir können also sagen, die Manipulation ist absolut perfekt eingefädelt. Oder „gefickt" eingeschädelt, füge ich gerade noch beim Korrekturlesen hinzu und lache und lache mich gesund (grins). Nun bin ich aber überzeugt, dass jetzt in dieser Endzeit alle Menschen die Chance bekommen, es zu erkennen. Vielleicht war ich gestern ja eine Art Botschafterin, als ich voller Überzeugung sagte: Wie?, Radio, Fernseher …, kenne ich schon lange nicht mehr. Liest du wenigstens Zeitung, war die Gegenfrage und ich: Nee. Und es geht mir so gut. Vielleicht konnte ich etwas anstoßen, ich wünsche es mir. Wie hat die Mama von Silke Schäfer, der Astrologin, gesagt: Alle gehen mit! Und ich spüre es auch immer: Alle gehen mit! Und ich will daran glauben. Vielleicht müssen da einfach noch Dinge geschehen … letztendlich erschaffen wir sie ja gemeinsam. Aber vielleicht erschafft sich ein Teil der Menschheit noch nicht so ganz schöne Dinge. Und ich denke, es muss so sein. Einfach, um es zu erkennen. Ich habe ein wenig den Eindruck, dass dies gerade geschieht. Die Frage ist nur, will ich jetzt hierbleiben oder mache ich mir jetzt woanders einen schönen Tag. Jetzt kommen erst mal meine Kinder zum Frühstücken und wir bereiten einen wunderbaren Tag vor. Am 4.9. darf ich Trauednerin sein, dies ist auch ein wunderbarer Job. Das mache ich von Herzen gerne. Wenn also einer von euch ein Paar kennt, dass noch einen Traueredner sucht. Es ist ein ganz wunderbarer Job. Ich wünsche euch ganz viel Kraft, ganz viel Gegenwart, hätte ich jetzt fast gesagt. Ich wünsche euch, dass ihr immer erkennt, dass ihr ganz flott über den Atem wieder in die Gegenwart kommt. Ich wünsche euch, dass ihr erkennt, dass ihr eure Gedanken richtig gut beobachten könnt. Es sind nur Gedanken … nehmt sie nicht so wichtig. Wenn es natürlich wunderschöne sind, dürft ihr sie natürlich in euer Feld holen und euch daran erfreuen. Tanzen, singen, sich freuen. Ich wünsche euch, dass euch das heute immer mehr gelingen mag. Dass ihr diese Augenblicke der Liebe immer mehr ausdehnen könnt. Tschüss.

2. August 2021

Ein Tag voller Wunder

Einen wundervollen guten Morgen wünsche ich euch. Ja, wundervoll, nicht nur wunderschön, sondern wundervoll. Und nicht nur einen wundervollen guten Morgen, sondern einen ganzen wundervollen Tag. Das bedeutet einen ausgedehnten Augenblick voller Wunder, einen ganzen Tag voller Wunder. Und zwar Wunder im Sinne von, ich erlebe etwas, das so noch nie da war. Ich sehe Dinge, die ich vorher noch nie gesehen habe. Es geht natürlich auch, dass ich sie vorher schon gesehen habe, aber ich nehme sie anders wahr. Ich gehe mit einem neuen Blick und einem neuen Lauschen auf das zu, was jetzt ist. Ich nehme die Stille wahr, ein Vibrieren in mir, hörbar, fühlbar und doch leicht. Nichts ist gleich, ihr kennt sicher diesen Spruch: Nichts ist Beständiger als der Wandel! Ich mache mir bewusst, dass es niemals den gleichen Augenblick gibt. Es ist jeden Moment anders. Beobachte, lausche, fühle. All meine Sinne zeigen mir Wundervolles in mir, aber auch in meiner unmittelbaren Umgebung. Lasse ich heute vielleicht mal, ich nehme es mir zumindest vor, komplett alle Medien weg. Nachdem mein Handy kaputt ging, ist das für mich natürlich ziemlich leicht. Nun, dann wünsche ich euch einen wundervollen Tag, einen Tag voller Wunder, einen Tag, den ihr komplett neu erlebt. Tschüss.

3. August 2021

Ich mach mir die Welt, so wie sie mir gefällt

Einen wunderschönen guten Morgen, ihr Lieben. Irgendwie spitzt sich die ganze Situation immer mehr zu. Ich finde es nach wie vor sehr lustig, was man so in den Medien – ich höre natürlich nur den Sunny von „Verbinde die Punkte" – mitbekommt. Letztendlich weiß ich ja, dass wir uns das alles selbst erschaffen. Dass die Menschen sich ihre Angst und Bedenken SELBST real machen. Wie gesagt, jeder macht sich seine eigene Welt und ich kann mir meine Welt so machen, so erschaffen, wie sie mir gefällt. Also Pippi Langstrumpf mäßig, was gar nicht so weit hergeholt ist, ich mach mir die Welt, so wie sie mir gefällt. Und dazu ist meiner Meinung nach nun jeder Mensch auf diesem Planeten aufgerufen, sich die Welt so zu machen, wie er möchte. Und das Schöne ist, wenn ich dann so anfange zu erschaffen und so in mir Bilder reinhole und mir denke, das wäre toll, das lade ich mir ein, das wünsche ich mir (...), dass dann das Universum oder die Schöpferkraft, wie immer du es nennen magst, alles so wandelt, sodass es dann in dein Leben gezogen wird. Du ziehst es quasi in dein Leben hinein. Du triffst die richtigen Menschen dazu, du wirst Situationen erleben und darfst dann ausprobieren. Es ist auch nicht schlimm, wenn du mal etwas Komisches manifestierst (...) Ich denke da zum Beispiel an eine Begegnung, die ich letzte Woche in Lohr hatte. Ich begegnete einem Mann und wir kamen ins Gespräch und ich fragte ihn: „Wie geht es dir denn?" Und er sagte: „Oh, gar nicht gut, ich habe Liebeskummer..." und dann saßen wir eine halbe Stunde auf der Bank und ja, er kam mir auch näher, es war schon ein nettes Plaudern, ein Klavierlehrer, der in Lohr Klavierunterricht gibt, mega, ich will ja auch Klavier spielen, alles wunderbar, ich liebe ja die Musik, aber da war ein Problem. Ich konnte ihn nicht riechen. Das war blöd. Er fragte auch gleich nach meiner Telefonnummer. Ich gab sie ihm, ich habe auch seine. Ich bin dann nach Hause gefahren und dachte nur, hm, irgendetwas hat nicht gepasst, ein ganz lieber Mann und Musik und alles, aber der Geruch war es. Seit dem Tag ist mein Handy kaputt. Es ist total witzig, was da immer so passiert. Ich habe mir also selbst eine Situation kreiert – ihr wisst ja, dass ich schon irgendwie auf der Suche nach einem Weggefährten bin – und ich habe mir also einfach auf der Straße eine Möglichkeit eingeladen und es war jedoch nicht der richtige Mann, es passiert, es ist aber nicht schlimm. Und so darf sich also jeder die Dinge einladen, die er möchte. Und ich bin ziemlich sicher, dass irgendwann der Richtige da ist. Ich mache mir die Welt, so wie sie mir gefällt. Ich wünsche, dass es auch dir immer mehr gelingt. Und wenn nicht ..., dass du dann in den Humor gehen kannst, lachen kannst über dich selbst und dich vor allem an deiner Schöpferkraft erfreuen kannst, denn sie ist in dir. Niemand anders macht dir dein Leben, das machst du. Alles Liebe!

4. August 2021

Die Schönheit in allem entdecken

Einen wunderschönen guten Morgen, ihr Lieben. Heute wieder mal von meinem Balkon. Die Vöglein fliegen. Doch sie sind nicht mehr so aufgeregt. Es ist bewölkt, doch die liebe Sonne bahnt sich ihren Weg. Ich kann sie schon leicht spüren. Heute geht es um die Schönheit. Die Schönheit als kleine Hilfe zur Manifestation, denn Schönheit ist das, was den Menschen anzieht. Und wenn ich an Schönheit denke, dann verbinde ich damit ein wunderbares Gefühl. Gerade jetzt in dieser – wow – wundervollen Übergangszeit. Irgendwie ist es immer strange, ich muss es mir immer wieder neu klar machen, dass wir alle als Menschheit, (lach) üben, um in die neue Zeit der Harmonie, des Augenblicks, der Gegenwart zu SEIN. Ich sitze gerade und schaue in Richtung Sonne und es sind echt noch viele Wolken da, und als ich begann über Schönheit zu sprechen, zeigte sich hinter den Wolken leicht ein klarer blauer Himmel und dazwischen die Sonne. Diese Schönheit will entdeckt werden. Jetzt versteckt sie sich gerade wieder. Sie will entdeckt werden und ich denke, das ist wohl die Übung für heute. Gerade, wenn es mal nicht so toll ist, also der Himmel gerade nicht so aussieht wie jeden Tag. Wenn ich mich an die letzten Tage erinnere, da stand ich früh auf und die Sonne strahlte mir entgegen und wenn es dann mal nicht so ist, dann lass ich mich ein, dann lass ich mich anstecken von den Vöglein, die ganz leicht durch die Lüfte schweben und entdecke die Schönheit und sehe wie dieses Stück blauer, wundervoller blauer Himmel immer größer wird. Wie die Sonne jetzt hervortritt, nur noch ein leichter Schleier zu sehen ist und ich genieße diese kurzen Augenblicke, bis sich eine neue Schönheit zeigt. Das wird wohl heute meine Übung sein. Ich entdecke die Schönheit in allem, auch in den Dingen, die vielleicht ganz komisch aussehen, in denen vielleicht auf dem ersten Blick keine Schönheit zu erkennen ist. Ich habe mal gehört, dass es schön ist, die Falten eines alten Menschen anzusehen. Ich wünsche dir, dass auch du heute die Schönheit in allem entdecken kannst. Ich drück dich, ich liebe dich und wünsche dir einen wundervollen Tag. Tschüss.

5. August 2021

Schon wieder Hier und Jetzt und aus Wut entsteht Mut

Einen wunderschönen guten Morgen, ihr Lieben! Ich denke heute geht es wieder einmal um …, dreimal dürft ihr raten, … um das Hier und Jetzt und das, was es eigentlich WIRKLICH gibt. Es ist wichtig, dass wir das tagtäglich immer wieder verinnerlichen. Nur der Moment, der Augenblick, die Gegenwart ist da, gibt es. Alles andere ist tatsächlich nur Illusion. Aber, und das ist das Wunderbare, wir erschaffen in dieser Gegenwart, die wir ausdehnen können, die wir zur Ewigkeit machen können. Und wir erschaffen immer, jede Sekunde, jeden Augenblick erschaffen wir durch unser Denken. Auch nachts erschaffen wir in unseren Träumen in unserem SEIN. Jeden Augenblick sind wir am erschaffen, am manifestieren. Vieles auch noch aus dem Unbewussten heraus, doch sei dir bewusst, du bist es, du allein, erstmal für dich. Du bist für dein Glück verantwortlich, du erschaffst es. Auch die komischen Augenblicke, die verwirrenden Augenblicke, die vielleicht manchmal noch schmerzvollen Augenblicke, kreierst du. All das erschaffe ich, erschaffst du und das darfst du dir jeden Tag immer wieder neu bewusst machen. Ich tue es auch. Und wenn da draußen Chaos herrscht, dann hast du die Möglichkeit, im Hier und Jetzt, dir die neue Welt zu erschaffen. Dir immer wieder klarzumachen, ich bin daran beteiligt, ich erschaffe diese neue Welt mit. Und da es mittlerweile viele, viele, viele gibt und da ein einzelner mit seiner Energie Berge versetzen kann – das grenzt schon fast an Wahnsinn – kann es jetzt nun ganz schnell gehen. Und es muss sich im Außen zeigen. Ja, es braucht oft Mut, Mut, sich das einzugestehen. Und, ja, manchmal braucht es auch die Wut, denn aus dieser Wut entsteht der Mut. Und Wut ist eine starke Energie. Wenn ich sie in mir spüre, wird die Kraft immer größer. Diese Kraft, diese große gewaltige Energie macht es möglich, die Wut dann in Mut umzuwandeln. Wenn ich dann schon aus dieser Wut heraus das Neue sehe, dann entsteht eine riesige Kraft, eine riesige Power. Manchmal hat diese Wut noch eine stärkere Kraft wie zum Beispiel die Dankbarkeit. Wenn ich das Wort Dankbarkeit ausspreche, dann hat es auch eine riesige Kraft. Dankbarkeit! Nun wünsche ich dir heute, dass du den Mut und die Kraft zum Kreieren hast, dass du aber auch, wenn du vielleicht im Außen mal komische, verwirrende Situationen erlebst, oder vielleicht auch nur beobachtest, daran denkst: Ich kann ja in meine Wut gehen, das ist o.k., und nicht nur denkst: Oje, ich muss das jetzt unterdrücken, kuscheln, weichspülen …, nein, geh in deine Wut und sei dir bewusst, dass es eine wahnsinnig tolle Energie ist und verwandle diese Energie einfach in Mut, in Liebe und lass das Neue entstehen, gemeinsam mit uns allen. Ich liebe dich!

Alexia Chellun – The Power is Here now

The power of love is here now
The power of now is here now
The power of you and me is here
To create magic on earth

Let the water wash away your tears
Let the fire burn away your fears
Let the wind blow into your life such faith and trust
Let the earth hold you, take care of you and nurture you

(https://genius.com/Alexia-chellun-the-power-is-here-now-lyrics)

6. August 2021

Die hermetischen Gesetze nutzen

Einen wunderschönen guten Morgen wünsche ich euch. Ich merkte wieder einmal, es ist tatsächlich wichtig, sich mit den hermetischen Gesetzen zu beschäftigen. Ich fing heute Abend an, das Kybalion zu hören und gerade hörte ich es fertig. Wir dürfen uns bewusst sein, dass wir uns in der Übergangszeit, in einer schon etwas schwierigen Zeit, befinden. Direkt am Übergang zwischen einem sehr dunklen, schweren Zeitalter, das uns in Angst und Schrecken gefangen hielt, in ein goldenes, hochschwingendes Zeitalter und das ist ein Wahnsinnsübergang, absolut. Und dieses dunkle Zeitalter will natürlich nicht vergehen, es zieht immer wieder an uns, selbst, wenn wir es für uns selbst bereits erkannten. Und wir sind ja schon gut dabei und ich wage es manchmal zu behaupten, dass ich jeden Moment bewusst bin, zumindest in meinem Tagesbewusstsein und jeden Augenblick dieses wunderbare Gefühl in mir spüre und die Zellen, das Leben in mir spüre, trotzdem spüre ich schon auch immer wieder, dass so dieses Alte an mir zieht. Bei mir ist die Schwierigkeit, diese Geduld aufzubringen oder mit einer Ruhe, mit einer Liebe auch noch Dinge in der alten Welt einfach anzunehmen. Auch noch zu akzeptieren, ja ich darf in dieser alten Welt noch ein bisschen leben. Jedoch in der Liebe, in der positiven Energie. Bei mir jetzt ganz konkret…, wo soll das Geld herkommen? Da hilft es mir, glaube ich, nicht in der Illusion zu sein, das kommt jetzt so von alleine, sondern da darf ich ganz liebevoll auch nochmal in das System reingehen, in der Gewissheit, dass sich dieses System ganz liebevoll wandeln wird und dann plötzlich, wusch, es so ist, wie es sein soll. Das bedeutet, dass wir sicherlich auch für die Gemeinschaft da sind und das auch ein wenig übergeordnet laufen kann. Aber all das, was zu dieser Zerstörung geführt hat, wird sich einfach auflösen und ganz liebevoll in die andere Energie übergehen. Dies ist ein Punkt, den ich manchmal noch ein wenig schwer verstehe und hier halfen mir jetzt die hermetischen Gesetze, wieder in das Vertrauen zu gehen. Es wird, ich bin mir ganz sicher, es wird. Und zwar ganz einfach. In der Zwischenzeit darf ich einfach das tun, was sich jeden Augenblick immer wieder zeigt und die Zeit mit den wunderschönen Menschen, mit euch, verbringen und Spaß haben. Ich habe jetzt noch zwei Tage die ich mit den Kindern verbringen darf, Musik machen darf, tanzen darf, und dann meine vier Wochen, Schwimmen lernen mit den Kindern. Das sind wahre Geschenke, die ich jeden Tag bekomme. Nun lasst uns freuen, lasst uns singen, lasst uns tanzen, lasst uns einander beistehen und all das andere, was noch so im Leben erscheint, den großen Blödsinn, angucken und ziehen lassen. Ich wünsche euch einen wundervollen Tag, einen Tag voller Wunder. Alles Liebe! Tschüss.

7. August 2021

Ko(s)mische Energie

Einen wunderschönen guten Morgen wünsche ich euch. Ich hoffe, es geht euch auch so gut, wie es mir geht. Ich hörte mir gerade wieder die hermetischen Gesetze an. Ich merkte gestern, dass ich das wohl wieder etwas regelmäßiger machen darf. Denn ab und an passiert es dann doch wieder, dass die Energie ein wenig runter geht, oder ich mich das eine oder andere Mal wieder runterziehen lasse oder mich selber runterziehe. Daher ist es doch immer wieder gut, sich diese hermetischen Gesetze anzuhören und es ist einfach nur absolut wunderbar. Kann ich nur jedem empfehlen. Heute ist wieder so ein wundervoller Tag. Ich werde wieder ganz tolle Menschen treffen, wie auch gestern. Vor allem durfte ich gestern auch wieder mit den Kindern arbeiten. Na ja, Arbeit ist wohl nicht das richtige Wort bzw. Arbeit im Sinne von Khalil Gibran: Arbeit ist sichtbar gemachte Liebe. Dieser Tag war herrlich, mit den Kindern zu musizieren und vor allem alles spontan entstehen zu lassen. Teilweise von den Kindern inspiriert, teilweise von dem was durch mich erscheint. Das tut gut und lässt einfach Raum, gibt die Sicherheit, dass aus dem Moment heraus das Richtige entsteht. Am Abend war ich dann noch bei meiner ehemaligen Putzperle und ihrer Familie und hatte wunderbare Gespräche. Ja Steinfeld … dort verlebte ich meine besten Schuljahre in einer runden Schule, in der allein vom Gebäude her die Harmonie bereits gegeben war. So verlief es dann auch, es gab wirklich kaum Momente die nicht so harmonisch waren. Doch man konnte sie wirklich zählen. Damals sagte ich, dass ich niemals aus dieser Schule gehen werde und dass dies meine Schule für den Rest meiner Tätigkeit als Lehrerin sein wird. Doch es kam anders. Es ist dies, was ich mir wünsche, mit Menschen zusammen sein, mit Kindern und Erwachsenen zusammen zu lernen, zu wachsen, kreativ zu sein und das was in mir steckt auch nach außen sichtbar zu machen. Oh ja, sichtbar gemachte Liebe, er hatte wirklich recht, dieser Khalil Gibran. So wünsche ich euch heute auch wieder einen tollen Tag. Viele tolle Erlebnisse. Denkt daran euren Tag zu segnen. Das hat Anselm Grün immer so schön gesagt. Wenn er am Morgen aufwacht, dann segnet er alles. Sich selbst natürlich, den Körper, dass er so gut funktioniert, die Räume, die er an diesem Tag betreten wird, die Menschen, denen er begegnet, die Situationen und alles was so den Tag über erscheinen wird, in dein Leben tritt. All das darfst du segnen und in eine heilige Energie stellen. Dann darfst du gewiss sein, dass nicht so viel „Komisches" geschieht. Ich habe für mich die Vokabel „komisch" entdeckt. Wenn also irgendetwas nicht so ist, wie es für mich sein soll, dann denke ich, das ist jetzt wieder komisch. Und damit erwecke ich dann in mir ein Lachen, so eine gute Energie, und dann löst sich das Komische auch gleich wieder auf. Das wünsche ich dir. Alles Liebe!

8. August 2021

Und wieder grüßt das Murmeltier

Einen wunderschönen guten Morgen wünsche ich euch heute an diesem sonnigen Sonntag. Und wieder grüßt das Murmeltier, das war tatsächlich heute mein erster Gedanke als ich die Augen öffnete und auf den Balkon ging. Denn, ihr könnt es euch denken, wie kann es anders sein, das Lebenselixier Sonne strahlt heiß auf meinen Körper. Ich muss mir unbedingt meinen Bikini anziehen. Und wieder grüßt das Murmeltier darf ja auch cool sein, auch wenn wir damit oftmals etwas anderes verbinden. Ich habe da diesen Film im Kopf, wo diese Lemminge sich in den Abgrund stürzen, das könnte man ja so ein bisschen mit der Zeit vergleichen in der wir leben. Und der nächste Gedanke ist bei mir tatsächlich, dass ich immer sicherer werde, dass es tatsächlich jeder Gedanke ist, den ich irgendwie aufschnappe, der dann Wirklichkeit wird. Jeder Gedanke …, aber Stopp, nur die Gedanken, die auch irgendwie in mir entstehen. Also es macht keiner von außen irgendetwas, vergiss es. Das mache ich und es ist schön, denn dadurch habe ich automatisch mein Schutzschild um mich herum und kann es nicht auf andere schieben und sagen, dass irgendjemand mich ja beeinflusst. Sagen wir es mal so, beeinflussen kann es mich schon, doch letztendlich belege ich es ja dann mit irgendeinem Gedanken. Und dann war ich es tatsächlich wieder, die diesen Gedanken aufnahm. Was ich bestimmen kann …, denn die Gedanken kommen einfach, das ist manchmal etwas doof …, ist die Intensität. Lass ich die Gedanken ziehen, ohne hineinzugehen, also be-OBACHT-te ich, ohne beteiligt zu sein, dann berühren sie vielleicht so ein ganz kleines bisschen das Geschehen, also das, was meine Wirklichkeit wird, jedoch nur ein ganz kleines bisschen, so ein Hauch. Gebe ich den Gedanken jedoch Bedeutung, gehe ich hinein, schaue sie mir an und denke mir vielleicht, hm, ja, das wäre schön, lade mir also diese Gedanken in mein System ein und fühle es, dann entstehen Bilder in mir. Ich gehe dann zum Beispiel in diese Situation, die ich mir Sekunden vorher gedacht habe, freue mich in der Situation, lache, spiele, mache mir diese Situation dann regelrecht zur Wirklichkeit, so wirkt es dann in der Zukunft, die es natürlich nicht gibt. Also besser; in den nächsten Augenblicken in der Gegenwart. Das wirkt dann. Wenn ich das zu meiner Wirklichkeit, oder Realität gemacht habe …, ich weiß, natürlich gibt es Abstufungen zwischen Wirklichkeit und Realität, das lassen wir jetzt mal unberücksichtigt, … dann muss das erscheinen. Es hängt dann tatsächlich mit der Intensität zusammen. Das darf ich immer wieder üben. Wenn ich es jedoch einfach haben möchte …, das war zu Beginn bei mir so, denn manchmal ist es einfach blöd, was man sich so manifestiert …, dann gehe ich letztlich einfach nur in die Liebe, oder in die Freude, dann bin ich auf der sicheren Seite, sodass ich im nächsten Augenblick auch nur diese Dinge in mein Leben ziehe, auch nur die Menschen die mir begegnen mit Liebe, mit Freude, mit Respekt. Und wenn ich dann immer mehr Sicherheit in diesem „das Denken manifestieren" könnte man es vielleicht nennen, habe, dann kann ich ausprobieren und dann ist es unendlich wichtig immer wieder zu beobachten. Dieses Prinzip, das in der Permakultur das oberste Prinzip ist: beobachten, beobachten, beobachten. Im letzten Jahr war ich auf einem Seminar zum Thema Permakultur. Und da kam es ständig hoch: Leute, bevor ihr irgendwelche Schlüsse zieht, … die ja aus dem Verstand kommen (Natürlich ist der Verstand unendlich wichtig, doch er zieht leicht und gerne vorschnell mal seine Schlüsse.) …beobachten, beobachten, beobachten. Ich wünsche dir einen wundervollen, tollen Tag heute. Dass die Sonne, das Lebenselixier, auch bei dir in jede Zelle eindringen darf, dich durchfluten darf mit der Energie und du dadurch dann die klare Führung in dir spürst und natürlich wünsche ich dir viele liebevolle tolle Begegnungen. Bis bald, Tschüss.

9. August 2021

Komische Wiederholungen auflösen

Einen wunderschönen guten Morgen, ihr Lieben. Tatsächlich scheint schon wieder die Sonne, doch heute blieb ich in meinem Bett. Dieses ... und wieder grüßt das Murmeltier, ist wichtiger als ich dachte. Denn heute geht es um immer wiederkehrende Muster, Situationen, Gedanken, die aufpoppen. Wenn mir diese gefallen ist es ja wunderbar, so wie jeden Morgen die Sonne, das ist herrlich, toll. Es gibt jedoch auch so komische Situationen, komische Gedanken, die sich wiederholen und die ich nicht in meinem Leben haben möchte. Hm ..., was kann ich da tun. Ich hatte sie tatsächlich vor fast zwei Jahren immer wieder, diese Gedanken, und das nervte mich ganz schön, denn irgendwie berühren sie einen ja doch, auch wenn man denkt: Nun ja, man ist im Moment und ist nicht so schlimm und ich lasse die Gedanken weiterziehen und bla bla bla. Trotzdem berühren sie einen, trotzdem ärgert man sich doch ein Stück weit, dass man immer wieder in diese alten Muster geht. Und ich durfte dann die Alpha-Scheibe kennenlernen. Das war genial, wirklich genial. Da hat sich mal jemand etwas dabei gedacht und zwar die Lizzy Götz. Sie war Programmiererin und hat sich mit Computern super gut ausgekannt, wurde selbst eines Tages krank und beschäftigte sich dann intensiv mit der Hirnforschung. Aus ihren Beschäftigungen heraus entstand dann die Alpha-Scheibe, sie entwickelte sich sozusagen aus sich heraus. Mithilfe der Alpha-Scheibe kann man festgefahrene Programme transformieren. Lizzy entdeckte, dass es beim Menschen so ähnlich ist wie beim Computer. Wir werden sozialisiert, erzogen durch Eltern, Schule und vieles mehr. So programmieren wir uns selbst, werden automatisch programmiert, lassen uns programmieren mit festen Programmen. Die Schwierigkeit dabei ist, dass sie total in uns wirksam sind, also immer, zu jeder Zeit und meist im Unbewussten. Und selbst wenn wir, wie jetzt, als Menschheit bewusst werden und das erkennen können, also sehen, warum die Programme so ablaufen, ist es doch schwierig, sie zu verändern. Und hier setzt die Alpha-Scheibe an, denn sie versucht ganz unten an der Basis eine Transformation vorzunehmen. Das geschieht mithilfe der Kinesiologie und bestimmten Sätzen, die man immer wieder wiederholt. Ich habe es vor fast zwei Jahren kennengelernt und dann selbst bei Anne-Marie erlebt, und am Ende sagte ich, ich möchte mehr darüber wissen und machte die Ausbildung. Mittlerweile stieß ich schon einige Menschen an, sodass diese Programme transformiert werden konnten. Und das ist wirklich richtig gut. Wer mehr darüber wissen möchte, kann mich gerne anschreiben. So wünsche ich dir heute einen wundervollen Montag. Ich habe heute Schönes vor, zu mir kommt heute ein ganz lieber Mensch, mit dem ich etwas arbeiten darf im Sinne von: Arbeit ist sichtbare Liebe. Ich wünsche dir liebevolle Begegnungen. Tschüss.

10. August 2021

Erschaffe ich mir meine Welt zu 100 Prozent?

Ihr Lieben! Einen wunderschönen guten Morgen wünsche ich euch. Heute Morgen wachte ich auf und dachte über die Welt da draußen nach und über die Naturgesetze, die ich ja auch noch vor gar nicht so langer Zeit entdeckte. Nun ja, entdeckt habe ich sie tatsächlich schon vor längerer Zeit, doch ich hielt sie nicht für wahr. Vor kurzem erkannte ich auch für mich, dass es tatsächlich zu 100 Prozent so ist. Sprich, ich erschaffe es mir alles selbst zu 100 Prozent. Und doch dauerte es wieder einige Zeit, bis ich es realisierte. Und glaubt mir, so ganz ist es immer noch nicht durch. Wenn ich mir das alles selber erschaffe, immer, jeden Augenblick, dann ist ja tatsächlich alles möglich, was ich mir in meinem Kopf, in meiner Seele, vorstellen kann. Gibt es dann da draußen überhaupt etwas? Es muss ja etwas geben, denn ich und all die anderen erschaffen es ja. Irgendwie mache ich es mit meinen Gedanken und Gefühlen, ich erschaffe auch Materie. Ich kann sie sehen, ich kann sie greifen, ich darf meine Mitmenschen drücken, kann mit ihnen zusammen sein. Irgendwie muss man ja schon Materie erschaffen und das gemeinsam. Irgendwie glaube ich jedoch, es ist alles möglich. Der Hintergrund ist, dass ich mich mit dieser Theorie oder dem Märchen der flachen Erde auseinandergesetzt habe und da waren einige Dinge drin, die ich gar nicht für so abwegig hielt, wo ich dachte, das ist eigentlich schlüssiger, jedoch nur einige. Nun dachte ich mir: Hätte ich das alles, was sie so erzählt haben, in der 7-teiligen Serie, mit meinem Verstand für richtig sehen können, dann könnte ich mir mit vielen anderen zusammen ja diese flache Erde erschaffen, oder aber auch andersherum. Hm, nein, das kann ich mir beim besten Willen nicht vorstellen. Für mich sind es einfach die Lügen oder auch nicht Lügen (grins), die Dinge, die die Menschen in der Vergangenheit gemeinsam als Kollektiv erschaffen haben. Für mich sind sie wahr. Also halte ich an dem Bild der runden Erde fest. Das war bei mir ein Punkt, der für mich sehr schlüssig war. Also halte ich daran fest. Aber ist das dann die Wahrheit? Oder ist die flache Erde die Wahrheit? Oh, das ist doch sehr verwirrend, zumindest für mich. Doch dann merke ich, das spielt doch gar keine Rolle. Alles, was ich mir in meinem Kopf erschaffen kann ist meine Wahrheit, sind meine Möglichkeiten. Ach wisst ihr was, ist mir doch wirklich alles egal, ich halte es weiterhin mit der Pippi Langstrumpf, ich mache mir die Welt, so wie sie mir gefällt. Und für mich gibt es nur eine Energie und das ist die Liebe und aus dieser Energie erschaffe ich mir meine Welt. Dann wünsche ich dir viel Vergnügen beim Erschaffen deiner Welt. Denke daran, der Atem hilft uns dann immer wieder inne zu halten. Alles Liebe. Bis bald, Tschüss.

11. August 2021

Mit einem Lächeln

Einen wunderschönen guten Morgen ... und schon wieder sitze ich hier in der Sonne an einem Mittwochmorgen. Irgendwie kann ich mir jetzt wieder die Wochentage besser merken. Keine Ahnung warum. Ich hoffe ihr hattet wie ich eine wundervolle Nacht. Ich merkte mir tatsächlich wieder mal was ich träumte. Ich träumte von meinem Enkel. Von meinem ungeborenen Enkel, voll witzig. Wir wissen ja noch nicht so genau was da so im Traum abgeht. Eine Ahnung habe ich schon. Wir schlafen nicht mehr so unbewusst wie jetzt, sondern wir holen uns einfach von Zeit zu Zeit innerlich Kraft und leben dann so wie wir möchten. Mal schauen wie es abgeht. Ganz schön laut bei mir und die wundervollen Glocken läuten. Ich glaube, diese Glocken haben viel mehr Bedeutung, als wir ahnen. Wahrscheinlich hängt es mit der Schwingung zusammen. Da ja alles weder positiv noch negativ, sondern einfach so ist und auch so gesehen werden sollte. Wenn also diese Polarität, die uns hilfreich ist, dann auch verschmilzt ins SEIN, dann ist ja einfach alles nur noch. Das wird wirklich cool, ohne Angst, ohne Bedenken, man könne irgendetwas falsch machen. Einfach leben! Latent spüre ich es tatsächlich auch noch, vor allem dann, und es passiert oft im Schlaf, wenn alte Geschichten wieder auftauchen, dann denke ich manchmal: Ups, hängt es vielleicht damit oder damit zusammen. Ist jedoch auch nicht schlimm, alles ist gut. Um mit den Worten zu enden, die Kaya, das Enkelkind meiner lieben Freundin Moni sagte: Oma, alles gut! Und so wird es sein. Alles gut. Dann wünsche ich dir für heute auch wieder viel Sonnenschein, gute Begegnungen, gerne auch mal die ein oder andere Herausforderung oder Aufgabe, die du mit Leichtigkeit und einem Lächeln auf dem Gesicht – über sich selbst mal zu lachen ist sehr heilsam – meisterst. Alles Liebe, Tschüss.

12. August 2021

Es ist da

Einen wundervollen guten Morgen wünsche ich euch, ihr Lieben. Heute Morgen habe ich irgendwie das Gefühl, dass wir gerade noch so in ziemlich letzter Sekunde davongekommen sind. Irgendwie spüre ich, dass wir als Menschheit tatsächlich kurz vor dem Abgrund standen, und wenn es nicht die vielen Tausend oder Millionen Menschen gegeben hätte, die schon vor vielen Jahren ganz fest daran glaubten, dass es gut wird, o jemine, wer weiß, wie es ausgegangen wäre. Nicht mal so sehr, dass es gut wird, was natürlich auch wichtig ist, doch wenn ich denke, alles wird gut, ist es ja ein Gedanke in die Zukunft, die es ja definitiv nicht gibt, also muss es genug Leute gegeben haben, die es immer wieder schafften im Hier und Jetzt ganz sicher zu glauben, dass alles gut ist. Es gibt da zum Beispiel Eckhart Tolle, der das Buch: Leben im Jetzt, schrieb. Ja, es ist gut, dass es diese Menschen gibt und dass es immer mehr wurden in den letzten Jahren. So lasst uns jeden Tag, jeden Augenblick wissen, alles ist gut. Ich denke, wir haben es geschafft. Ich fühle jedoch, dass es wirklich haarscharf war. Irgendwie denke ich, dass es nun bald noch sichtbarer, noch klarer für alle wird. Es steht, glaube ich, auch im Thomas Evangelium, es ist für alle sichtbar. Und an diesem Punkt stehen wir jetzt. Ich denke, dass man es sich so vorstellen kann: Viele Menschen sind in dieser Tsunami-Welle Abgrund, aber auch mindestens genauso viele sind in der Tsunami-Welle Erwachen oder wach SEIN. Und diese beiden Wellen treffen aufeinander und dann wird es wohl diesen einen Moment geben. Letztendlich liegt es dann daran, wie jeder einzelne Mensch diesen Moment erlebt, auch in seiner Ausdehnung. Ich kann einen Moment ganz kurz erleben, ich kann den gleichen Moment jedoch auch ausdehnen, dann habe ich zum Beispiel länger Schmerzen (grins) oder Sonstiges. Dieses Zusammentreffen der beiden Tsunamis findet jetzt statt. Und je nachdem wie ich es für mich ausdehne, empfinde ich es. Es ist einfach so abgefahren. Ich bin unendlich glücklich, dass ich jetzt in dieser Zeit leben darf. Dass ich das als Seele hier miterleben darf in einem wunderschönen Körper. Ich wünsche euch, dass auch ihr immer mehr erkennt, ach Blödsinn, ihr erkennt es ja schon. Das ist auch eine blöde Eigenart von mir, dass ich denke, die anderen sind noch nicht so weit. Blödsinn, ihr seid alle soweit, alle im Hier und Jetzt. Ihr liebt das Leben, den Augenblick und genießt die Zeit. Es ist so wunderbar, dass ich euch habe. Danke, danke, danke, dass es euch gibt, dass es dich gibt, dass ich mit dir verbunden bin. Ich wünsche dir einen wundervollen Donnerstag. Heute darf ich meine liebe Freundin Birgit besuchen, sie hat zum Grillen eingeladen und am Abend kommt meine liebe Freundin Susanne zu mir. Wir haben uns sicherlich zwei Jahre nicht gesehen. Alles Liebe, bis Morgen, Tschüss.

13. August 2021

Es ist was los

Einen wunderschönen guten Morgen, ihr Lieben. Heute habe ich den Eindruck, es liegt was in der Luft. Nur was? Das ist das große Rätsel. Dass gerade Großartiges geschieht, ist wohl jedem klar. Und wenn es nur das eigene Erwachen, das eigene Erkennen ist beziehungsweise das sich trennen von der Illusion da draußen, die einen gefangen hält im Verstand. Und das ist das einzig Großartige, es geschieht einfach. Da wir dies jetzt im Kollektiv erleben, wird es wohl auch im Außen riesige Veränderungen geben in alle möglichen Richtungen. Es gibt sicher immer noch viele Menschen, die in der Angst leben und wir befinden uns ja in einer sehr hohen Energie. Die Erde schwingt nun mal viel höher als vor Jahren in der dichten Energie. So geschieht der Umschwung viel schneller. Das heißt, die Menschen, die in der Angst leben, werden als Resultat ihrer Angst bestimmte Dinge in ihr Leben ziehen. Und natürlich auch umgekehrt. Doch es geschieht definitiv gerade absolut Mächtiges, deswegen mein Wunsch für euch für heute: Geht gelassen in den Tag. Bei mir rumpelte es heute Morgen ein wenig, obwohl mich natürlich wieder, wie jeden Morgen, die liebe Sonne weckte. Jedoch rumpelt es in Entfernung gerade eben bei mir, ich denke, es passiert gerade etwas. Ich wünsche euch alles Liebe, passt gut auf euch auf, übt in der Gegenwart zu sein. Das ist letztlich das einzige, was es gibt. Gibt es überhaupt etwas? Nun ja, zumindest darf ich in der Gegenwart lebendig spüren, was ich bin, wer ich bin? Ich wünsche euch auf alle Fälle alles Liebe. Ich hoffe meine heutige Sprachnachricht war nicht zu sehr verwirrend. Bei mir kommt gerade ganz stark die Sonne heraus, so hell leuchtend, dann war es wohl nicht ganz so daneben. Ich drücke euch, bis bald! Tschüss

22. August 2021

Aufgaben

Einen wunderschönen guten Morgen wünsche ich euch. Vielleicht habt ihr mich schon vermisst. Ich bin tatsächlich momentan ziemlich eingespannt. Und darüber vergisst man oftmals auch so dieses tägliche Verbunden-SEIN, dass ich im Tagesbewusstsein immer ganz gut hinkriege, doch nachts schüttelt es mich doch immer wieder mal und die alten Themen erscheinen. Ich denke, es ist gut so, dass dies jetzt auch bei mir noch passiert. Ich sage dann immer zu mir selbst: „Michaela, da wirst du nicht zu überheblich." Ich habe nämlich eine kleine Tendenz dazu. Sie wird Gott sei Dank immer kleiner und ich denke, es ist wirklich diese Demut, die einen dann wieder rausholt, oder dieses … dem Heiligen Geist oder dieser höheren Macht, dem höheren Selbst übergeben. Es wird dann definitiv wieder gut, doch es dauert ein bisschen. Ich hatte eine wundervolle Woche mit 47 meist motivierten Kindern. Auch hier gilt es für mich, immer wieder zu lernen: Wenn ein Kind jetzt gerade nicht motiviert ist und ich es auch von außen nicht schaffe, dann gilt es, es zu akzeptieren. Gott sei Dank hatte ich auch wundervolle Eltern dabei und es läuft Hand in Hand und ist komplett im Fluss. Wir haben von den 47 Kindern schon 15, die schwimmen können, was nach einer Woche ein toller Erfolg ist für uns alle. Nächste Woche geht es weiter und deswegen kann es passieren, dass es hier im Kanal etwas ruhig ist. In vier Wochen ist es dann aber wieder gut. Ich finde wieder meine Mitte, kann mich stabilisieren, sodass ich das ein oder andere sprechen kann. Gestern Abend machte ich dann noch einen tollen Spaziergang und ließ mich voll ein auf die Geräusche, die irre laut sind, die ganzen Grillen und so. Es war so beruhigend, so angenehm zuzuhören, einfach herrlich. Ganz am Ende übersah ich dann doch glatt die letzte Treppenstufe und knickte um. Doch ich wies dann in der Nacht gleich meine Zellen an, das Regenerations- und Heilprogramm laufen zu lassen, und heute Morgen wachte ich auf und es sah schon wieder gut aus. Jetzt schone ich noch ein wenig, dann komme ich heute gar nicht auf den Gedanken etwas anderes zu tun als ausruhen, ausruhen, ausruhen. Ich hoffe, auch du bist auf einem guten Weg, erlebst vielleicht dein Auf und Ab, um in der neuen Welt vollkommen anzukommen, die Ewigkeit zu leben. Ich wünsche dir einen wundervollen Tag. Alles Liebe, ich drücke euch. Tschüss.

4. September 2021

Wunder oder Naturgesetz?

Einen wunderschönen guten Morgen wünsche ich euch. Lange ist es her, doch jetzt bin ich wieder zuhause. Zumindest mal in den Morgenstunden und am Abend. Dann klappt es sicher wieder mit einem kleinen Impuls. Viel ist in meinem Leben passiert. Ich bin Oma geworden und durfte gestern den kleinen Franz begrüßen, streicheln und in mein Herz schließen. Das sind die Momente, die zählen. Das sind die Momente, die einem zeigen, wie wichtig Leben ist. Vor allem das Wunder, das dem inne liegt. Meine Tochter sagte: Da kam der Kleine aus dem Nichts. Und tatsächlich ist es ja so, er kam aus dem Nichts. Und der Stoff, aus dem er kreiert wurde, war die Liebe. Nun ja, es gibt ja nur die Liebe, den Geist und diese Urteilchen, aus denen dann Leben entsteht. Aus dem Geist und der Liebe wird Materie. Für mich ist es tatsächlich immer noch (lach) ein Wunder. Obwohl ich ja immer wieder sage, nein, das ist ein Naturgesetz und letztendlich ist es das ja auch, alles entsteht aus sich selbst heraus. Dies war ein Satz, den wir von den Indern bekamen als Teaching Satz. Alles entsteht aus sich selbst heraus. Und der Stoff, die Energie ist die Liebe. Wahnsinn, nein, nicht Wahnsinn, einfach normal, Naturgesetz. Ich darf es glauben, ich darf es wissen und ich glaube, jeder einzelne von uns macht gerade diese Erfahrungen, dass es einfach ein Naturgesetz ist und wir alle lernen immer besser mit diesem Naturgesetz umzugehen und aus der Liebe Wundervolles zu erschaffen. Es gelingt und all der Unsinn hört auf. Ich war sehr dankbar und bin es noch, dass ich in diesen drei Wochen mit so vielen Eltern reden konnte, dass ich ganz offen meine Meinung zum Beispiel zu Corona und Co. sagen durfte und es hörte mir jeder zu. Manchmal sah ich schon noch ein wenig skeptische Gesichter, doch es reichte zum Beispiel schon dieses einzige Argument: Ich bekomme doch schlecht Luft, wenn ich eine Maske trage. Das war jedem einsichtig gewesen. Gott sei Dank! Ich freue mich auf eine weitere Woche, die mehr zusammenschweißt. In den ersten 14 Tagen hatten wir 47 Kinder mit ihren Eltern und daraus sind sogar Freundschaften entstanden, die mir schreiben und wir sehen uns auf jeden Fall wieder und jetzt haben wir 51 Kinder mit ihren Eltern und es ist so ein wundervoller Zusammenhalt. Ein Zusammenspiel, denn die Eltern sind mit im Wasser, sind ganz nah mit uns und den Kindern verbunden. Jeder hat das Vertrauen in sein Kind, in den Schwimmlehrer und wir natürlich auch in die Eltern. Es macht so viel Freude, und so können wir dieses Wunder, dass sich so ein Kleiner, wie es die Mama von Paul sagte, vor 14 Tagen noch nicht ins Wasser traute, und gestern versuchte er mich schon nachzuahmen mit Tauchen und Schwimmen und nur noch tauchen, tauchen, tauchen. Das ist wirklich Naturgesetz pur. Nun wünsche ich euch einen wunderschönen Sonntag.

Wer in der Nähe ist, der Walk am Rhein ist heute. Gerne wäre ich dabei gewesen. Doch wir sind im Herzen und in Gedanken dabei und die Wunden dürfen heilen. Die Wunden, die es ja eigentlich gar nicht gibt, denn die Vergangenheit ist ja nicht, gibt es ja nicht, es gibt ja nur den Moment. Doch gut, wir schaffen es. (Lach) Ich wünsche euch alles Liebe und bis bald. Tschüss.

5. September 2021

Angekommen oder nicht?

Einen wunderschönen guten Morgen wünsche ich euch heute. An diesem Sonnentag Sonntag. Eigentlich wollte ich euch etwas über mein gestriges Erlebnis erzählen, doch nein, das war nur wieder eines dieser ziemlich komischen Dinge. (Atmen) Dinge, die ich mir einfach so in mein Leben zog. (Lach) Ich konnte wieder erkennen, das Universum macht es, einerseits wie es sein soll, andererseits hat es auch sehr viel mit meinen Gedanken zu tun. Ich wurde wieder darin bestärkt, dass wirklich jeder Gedanke, jeder, jeder, jeder Gedanke irgendwelche Auswirkungen hat auf das, was man erlebt. Was lehrt mich dies? Einmal mehr, einfach zu SEIN. Meine Haustiere, Hornissen, ich darf ja hier eigentlich keine halten, (lach) zu beobachten, zu lauschen, den Vögeln zu lauschen, das Dorf zu beobachten, das so langsam erwacht. Einfach zu SEIN. Die Sonne ihren Dienst machen lassen und ihre warmen Strahlen zu genießen, zuzulassen, dass diese Nahrung in mich einfließen kann. Im höchsten Vertrauen, dass es tatsächlich, vielleicht noch nicht heute, vielleicht auch noch nicht morgen, aber doch in naher Zukunft die wichtigste Energiequelle ist. Wieder einmal zulassen, loslassen, nämlich Altes, Vergangenes. Sich erneut ganz klar machen, es ist vorbei. Es ist wirklich vorbei. Die neue Welt ist schon jetzt. Jetzt, in diesem Augenblick. Und ich spüre sie, fühle sie mit meinem ganzen SEIN. Ich bin dankbar und unendlich glücklich, die Welt durch diesen wundervollen Körper erfahren zu dürfen und ich weiß, da ist so viel Wundervolles, wirkliches, wahres Sein. Und ich darf mich auf die Entdeckungsreise begeben. Gestern war ich wieder mit Kindern zusammen, da merke ich es ganz besonders. Durfte die Laura kennenlernen, auch eine von uns, mit ihrer kleinen Tochter. Durfte sehen, wie sie zum Abschied einen noch nicht so bekannten Menschen, ein Mann, einfach auf den Mund küsste, voller Liebe. Durfte auch die Geschichte des Kennenlernens miterleben. Ein Kind lief auf dem Bauernmarkt einfach zu einem anderen Kind und nahm es in den Arm und nun sind die Mütter Freundinnen. So passiert es, die Kinder sind unsere Lehrer.

Das hat auch er schon gesagt, der gute Jesus: Werdet wie die Kinder, im Sinne von seid präsent, präsent in diesem Augenblick, der so herrlich ist. (Gähn) Ich glaube, ich schlafe noch eine Runde. Ich wünsche euch einen wundervollen Tag. Habt schöne Begegnungen, gute Gefühle, bis bald, Tschüss.

6. September 2021

Die Schöpfung braucht dich

Einen wunderschönen guten Morgen, ihr Lieben. Es wird Zeit. Zeit zurückzukehren in die Gegenwart. Zeit, sich klarzumachen, es gibt nichts anderes. Und ich merkte in den letzten drei Wochen, dass man ganz schön schnell wieder draußen bei der Masse ist und zum Beispiel denkt: Oje, wie läuft das denn jetzt mit dem Job und wie kann ich dann meine Miete bezahlen und so weiter und so fort. Sehr schnell ist man wieder dabei. Umso wichtiger sind diese Momente. Die Momente, in denen ich spüre, alles gut. In denen ich spüre, wow, da ist die Kraft, da kommt alles raus. Mach dir keine Gedanken, genieße diesen Augenblick. Und es geht genauso, wenn man einen Alltag mit, Arbeit gehen und abends heimkommen hat. Dazwischen darf man halt nicht schlampen. Und ganz ehrlich, ich merke es dann sofort körperlich und bin so dankbar, dass ich dieses Buch über die DNA in Händen bekam, und ganz genau weiß, dass ich meine DNA in jedem Augenblick neu anweisen kann und ihr sagen kann: Bitte lasse schnell mal das Heilprogramm durchlaufen. Geh rasch in die Heilung und witzigerweise kann ich mich immer auf diese Heilung, auf die DNA, diese Kraft, nenne sie wie du magst, verlassen. Dafür bin ich unendlich dankbar. Ich hatte in den letzten Wochen tatsächlich immer wieder mal Augenblicke, in denen ich erneut reinfiel. Dann war ich dafür sehr dankbar. Allein das mit meiner Tochter. Ich wurde Oma und es dauerte bei meiner Tochter sehr lange, bis ihr Sohn geboren wurde, es war nicht so leicht und dadurch kam ich wieder in meinen eigenen Film, den ich vor Jahren mit der Geburt meines Sohnes erlebte. Dann ist es aber schnell wieder gut, da ich die Werkzeuge habe, und weiß, dass tief in mir drin die Sicherheit ist, ich kann jederzeit meine DNA anrufen oder irgendwelche Engel oder Energien, es spielt keine Rolle, wie wir es nennen, und das ist gut so. Sofort bin ich dann wieder draußen beziehungsweise drinnen, oder wo bin ich denn da? Keine Ahnung, jedenfalls geht es mir gut. Und ich denke, das ist das wichtigste. So wünsche ich dir heute einen herrlichen Tag. Möge die Sonne, egal ob von außen oder von innen immer auf dich scheinen. Mögest du liebe Menschen treffen und mit ihnen wunderbare Dinge erleben. Mögest du immer ein Lächeln auf deinen Lippen haben. Mögest du immer spüren, wie schön die Welt ist und wie gut es ist, dass es dich gibt. Du bist einzigartig, du bist wertvoll und die Schöpfung braucht gerade dich. Das ist wunderbar. Alles Liebe. Tschüss.

7. September 2021

Was wir alleine nicht schaffen, dass schaffen wir vereint

Einen wunderschönen guten Morgen wünsche ich euch heute, ihr Lieben. Jetzt bin ich ja wieder zuhause, doch ganz ehrlich, ich bin immer noch ziemlich schlapp. Es war irgendwie ganz schön anspruchsvoll. Ich weiß, dass ich so etwas zukünftig nur für 14 Tage anbiete. 14 Tage, das war wirklich top. Das war gut, da ging es mir gut. Doch vier Wochen, puh. Na ja, die Woche ging auf jedenfalls auch noch rum. Heute Morgen, als ich aus meinem Küchenfenster spitzte, entdeckte ich tatsächlich hinter vielen Schleierwolken den Sonnenaufgang. Es sah einfach nur schön aus. Das ist das wundervolle daran, dass man auch tatsächlich sieht, wenn es gerade mal etwas, puh, puh, puh, ist, und natürlich sind es die Kinder. Die Kinder sind immer nur wundervoll, selbst wenn man merkt, man geht auf dem Zahnfleisch, wie ich mich ab und an mal fühle. Dann ist da wieder mal ein süßes Mäuschen, das vorher so viel Schwierigkeiten hatte, und dann schwimmt es plötzlich einige Meter im tiefen Wasser. Natürlich mit meiner Schwimmnudel vor der Nase. Es ist so eine Freude, es geht mir dann wieder so gut und ich schaffe dann alles. Ich denke, wir erleben gerade eine anspruchsvolle Zeit und das ist klasse. Wir wollten einfach dabei sein und wir sind dabei, und ich bin so glücklich euch alle im Außen zu haben, zu wissen, ihr seid da. Zu wissen, ihr „leidet" ein Stück weit mit mir und mit der Welt. Ich denke, es gibt viele, die noch an dem Alten festhalten. Und das was ich gerade mache mit den Power-Schwimmkursen ist ja definitiv auch noch „alte Welt". Das ist mir bewusst. Ich tue es jedoch, da ich genau weiß, dass uns all das, was in Freude und gut war in der alten Welt, bleiben wird und das was etwas komisch oder gruselig war, ganz automatisch wegfallen wird. Wir müssen gar nichts speziell tun dafür. Zum Beispiel: Die Stadt Arnstein möchte die Eintrittsgebühr erhöhen, gleichzeitig müssen wir jedoch, da die Anlage total veraltet ist, alle paar Tage zig Liter Wasser durch die Rohre laufen lassen, damit sich keine Keime bilden. Was hier an Knete weggeschwemmt wird, ist enorm. Doch die Gebühr kann noch nicht erhöht werden, weil die Kasse umgestellt werden muss, dies kann nur eine bestimmte Firma machen und die sind dort krank. Und ich lache mich dann immer kringelig. Das Alte, Gruselige wird automatisch wegbrechen und das Neue bleibt uns. Natürlich wäre ich glücklich, wenn es etwas schneller gehen würde …, und so suchte ich für mich eine Tätigkeit, die leicht sein darf, die Freude macht. Ich denke für den Übergang braucht es halt doch noch ein wenig Knete. Und ich darf dann einfach geduldig sein. Und trotzdem lebe ich nur im Moment und der ist einfach nur schön. Total gut geht es mir. Und ich habe alles, was ich brauche und eigentlich immer noch viel zu viel. Und es wird auf jeden Fall gut … Es ist jetzt schon gut. Dann mache ich mich mal auf die Socken in mein geliebtes Schwimmbad. Freue mich darauf, euch wieder physisch zu begegnen. Danke für euer Sein. Dass ihr mit mir seid und genauso fühlt und ich weiß, dass ihr genauso fühlt wie ich und euch auch auf die neue Zeit freut. Wir sind dabei, es macht riesig Freude. Bis bald, Tschüss.

8. September 2021

Einfach nur atmen

Einen wundervollen guten Morgen wünsche ich euch, ihr Lieben. Ich wachte tatsächlich mit Schmerzen auf, ging wohl wieder mal so kurz in den alten Film hinein. Und ich stellte fest, es ist nicht immer ganz so einfach, da schnell wieder auszusteigen. Doch wir wissen ja, wir haben unsere Instrumente, unsere Werkzeuge, und wenn es nur der Atem erstmal ist, hm, nur ist ja doof, ich denke, der Atem ist wohl das allerwichtigste. Also Einatmen und dann spüren, es ist wirklich alles richtig gut, absolut gut. Nichts kann uns etwas anhaben und ja es ist viel Turbulenz und viel Komisches noch da und ja, es darf auch noch da sein. Wir gehen tatsächlich aus einer jahrtausendelangen Sklaverei raus und wir sind jeden Moment frei. Es kann jetzt geschehen und geschieht jetzt. Doch natürlich ist es auch in Ordnung, wenn ich nochmal in die alten Themen gehe und sage: O.k. ich schaue dorthin und dahin. Wir erlebten als Kollektiv ganz viel Mist, machten Mist mit, akzeptierten Mist, erschufen dadurch letztendlich Mist. Und bei diesem vielen Mist dachten wir auch noch: Oh, das ist doch gut. Das war einfach so, sollte so sein, musste so sein. Nichts, wirklich nichts geschieht aus Zufall. Alles ist einfach dafür da, dass die Menschheit im Kollektiv erkennt, dass sie Licht ist, dass sie frei ist, komplett frei. Dafür sind wir da. Für diese Freiheit einzustehen. Ganz klar zu sagen: „Nein, ich mache da nicht mit.

Ich bin frei." Mit hoch erhobenem Kopf in Läden gehen, souverän sagen: „Ich bin vollständig geimpft." Das bin ich und das kann ich in mehreren Hinsichten sagen. Einmal, als ich noch schlief, hatte ich mich tatsächlich impfen lassen, – die letzte Impfung war 1981, ist schon eine Weile her – und letztendlich bin ich auch vollständig geimpft. Denn ich hatte die Grippe, und zwar die Aufwachgrippe, so bin ich vollständig geimpft. Ich stellte fest, dass Lügen oder Unwahrheiten schlichtweg nicht mehr funktionieren. Mein ganzes Leben konnte ich nicht lügen, man hat es mir schon angesehen, wenn ich etwas sagte, was nicht so ganz der Wahrheit entsprach. Doch jetzt ist die Zeit, wo es gar nicht mehr funktioniert. Es fliegt alles auf, deswegen ist es wohl am besten, nur die Wahrheit zu sprechen. Und vor allem offen zu sein. Hier sind uns die Kinder um einiges voraus. Natürlich nicht alle, denn wir haben ja unsere Kinder schon in alle möglichen Richtungen indoktriniert. Doch sie sind einfach noch viel näher dran. Ich merkte es jetzt mit den Grundschulkindern, die Maske tragen mussten. Als dann die Anweisung kam, dass sie jetzt keine mehr tragen müssen, waren sie viel schneller von der Maske weg, als so mancher Jugendliche. Ich habe im Schwimmkurs momentan eine ganz liebe Jugendliche, die Sahara, sie trug immer Maske, da sie auch noch eine Mutter mit Asthma hat. Sahara leidet massiv an Luftmangel. Ich schicke sie in den Wald und sage ihr, übe atmen, setze dich an den Baum und übe atmen. Das macht sie fleißig. Sie schwimmt wundervoll, macht langsame wunderbare Züge, doch nach einer halben Bahn ist sie fix und alle, muss erst wieder atmen. Jetzt wünsche ich euch einen wundervollen Tag, genießt jeden Augenblick, akzeptiert aber auch, wenn irgendetwas erscheint, das nicht so schön ist. Vielleicht atmen wir das dann einfach mal weg. Innehalten, durchatmen, die Kraft in sich spüren, die jeden Augenblick da ist und all die Helfershelfer sind ja auch da. (Grins) Alles Liebe. Tschüss.

9. September 2021

Lebensenergie Sonne

Einen wunderschönen guten Morgen, ihr Lieben. Ich will euch heute eigentlich nur an dem Farben- und Wolkenspiel, das ich gerade an meinem Fenster beobachten darf, teilhaben lassen. Es ist wirklich fantastisch, wie die Wolken die Sonne immer mehr durchlassen und die Sonne immer mehr Kraft bekommt und ihre Strahlen zu uns schickt. Ich fühle, dass die Sonne mit das wichtigste ist in unserem jetzigen Leben aber auch in dem Leben, das wir für uns immer wieder kreieren werden.

Wir alle zusammen. Ich kriege da tatsächlich immer meine Tagesenergie, die mich dann strahlen lässt, die mich bereichert und erfüllt. Vor allem merkte ich, dass dieses Sonnenbaden, was ja früher etwas verpönt war, da holt man sich einen Sonnenbrand …, dass dies irgendwie gar nicht so schlimm ist, im Gegenteil, es ist sehr gut. Mir tut es unendlich gut und einen richtigen Sonnenbrand bekam ich in diesem Sommer nicht, obwohl ich wirklich intensiv, zwar nicht gerade stundenlang, in der Mittagssonne, lag. Ich fühle, es ist gerade die Abendsonne, die sehr wirkungsvoll ist und uns mit dieser Lichtenergie erfüllt. Ich denke da zum Beispiel auch an Phönix aus der Asche. Die Energie der Sonne erfüllt uns wieder mit Leben, lässt uns neu Kraft bekommen, aus der wir dann wieder den Tag schöpfen können. So sitze ich hier noch zwei, drei Minuten, bevor es wieder losgeht ins Schwimmbad. Vor- vorletzter Tag, ich freue mich auf Samstag, wenn wieder viele Kinder ihr Seepferdchen bekommen. Es ist einfach ein großartiger Tag, wenn man dann die Kinder und die Eltern strahlen sieht. Dann freue ich mich auf eine längere Pause, sodass ich auch am Morgen mal im Bett liegen bleiben kann und einfach mehr Ruhe einkehrt. Heute Nacht war ich zum Beispiel plötzlich wach und dachte: Räumst die Spülmaschine mal aus…, dann schlief ich ewig nicht mehr ein, hörte noch über eine Stunde dem Sunny von „Verbinde die Punkte" zu. Dieser Podcast ist für mich total wertvoll, denn da ich keine Zeitung lese, keinen Fernseher und Radio konsumiere, bekomme ich gar nichts davon mit, was in den Medien vor sich geht. So dauerte es zwei Stunden bis ich wieder schlief und um 7:00 Uhr wachte ich auf und dachte, gerne würde ich jetzt noch mindestens eine Stunde liegen bleiben und dies kann ich ja nun bald wieder machen. Ich freue mich darauf. Ich wünsche euch einen herrlichen Tag. Die Sonne ist komplett da, keine Wolke. Möge die Sonne auch auf euch strahlen und euch erfüllen mit dieser wundervollen Lebenskraft. Bleibt bei euch, denkt an den Atem, ein herrliches Geschenk, das wir jeden Augenblick genießen dürfen. Ich habe euch mega lieb. Bis bald, Tschüss.

10. September 2021

Zu neugierig?

Hallo, ihr Lieben. Einen wunderschönen guten Morgen wünsche ich euch. Habt ihr auch so gut geschlafen wie ich. Ich glaube, so langsam kommt der Durchbruch, oder wie manche sagen, erstmal der Sturm. Ich weiß ja nicht genau, wie es euch geht, doch Sturm haben wir ja irgendwie so ein bisschen, vor allem dann, wenn man sich zu weit hinauswagt. Wenn man ganz im Inneren des Sturms ist, alles gut, aber wehe, man wagt sich zu weit hinaus. Wenn man zu neugierig ist. Irgendwie bin ich doch immer wieder neugierig und möchte zum Beispiel wissen, wie es denn so da draußen aussieht. Vielleicht gibt es das ja gar nicht, doch egal, nehmen wir mal an, es gibt draußen. Daher möchte ich gerne wissen, wie es da draußen momentan zugeht. Ich sprach vor ein paar Tagen mit einer Rektorin. Als ich mit ihr zusammentraf war ich wirklich schockiert. Sie war voll in diesem Film. Ich stand da und konnte es gar nicht glauben. Es war unbegreiflich für mich. Ich kenne sie gut und sie ist eine taffe Frau, allerdings sagt sie von sich selbst, sie hätte ADHS und so ist permanent der Verstand aktiv. Als ich darüber nachdachte, konnte ich es verstehen. Da ist das Herz zwar schon immer irgendwie da und die Seele, doch der Verstand ist dominant. Er ist sozusagen verbündet mit der Seele, doch er hat die Macht und Kraft. Und hier steht dann die Meinung des Herzens an zweiter Stelle. Ich habe wirklich den Eindruck, dass es Menschen, die zu sehr im Verstand sind, doppelt schwer haben, zu erkennen. Oh mein Gott, das ist ja alles verrückt, so unwirklich, es kann doch nicht sein. Maske ist auch nach eineinhalb Jahren ein wunderbares Mittel um den Virus abzuhalten. (???) Sicher hängt es mit dem Verstand zusammen. Da muss ich dann ganz schnell zurückrudern und in das Innere des Sturms hineinrudern und denken, wie schön, wie gut, ich habe meinen Atem. Ich weiß, ich muss nur Einatmen und bin daheim. Ich bin daheim in der Mitte, weiß, wo mein Platz ist im Organismus des Lebens, weiß genau, welche Rolle ich im Moment im Hier und Jetzt in der Gegenwart spiele. Was wirklich wichtig ist. Ihr merkt schon, das macht zufrieden und dann kommen Gedanken an die Sahara, ein Mädchen, dem ich das Atmen gezeigt habe, ich traf sie gestern. Sie erzählte mir, dass sie malt und zeigte mir ihre Bilder. Wow, ich war tief beeindruckt. Mir kommen dann immer fast die Tränen. Solche Gedanken kommen mir dann und ich merke, das ist wichtig. Und ich bin dann vielleicht weniger neugierig, bis zum nächsten Mal. Gestern erlebte ich wieder ein Wunder bei einem Kind. Es machte plötzlich klick und sie schwamm und hörte nicht mehr auf. Das sind die Glücksmomente in meinem Leben und im Leben von Siggi, mit dem ich das Ganze teile. Wir sind ein Dreamteam. Ich wünsche euch einen wundervollen Tag. Lasst die Sonne in eure Herzen.

11. September 2021

Die lieben Zweifel

Einen wunderschönen guten Morgen, ihr Lieben. Hier sind sie wieder, die lieben Zweifel, die immer wieder aufkommen. Leute, das ist so etwas von normal und ist doch ganz klar. Unser ganzes Leben lang – das ist je nach Lebensjahren schon ganz schön lang – wurden wir so etwas von indoktriniert und manipuliert beziehungsweise haben uns manipulieren lassen. Früher konsumierte ich schon Fern und das Radio war auch oft an. Nicht immer – und das war mein Glück. Ich glaube, wenn ich es dauerhaft gemacht hätte, ...oje ... es war schon genug. Und dann war da noch die liebe Schule. Dort wurde auch ganz schön viel Mist gepredigt. Ich versuchte das irgendwie zu lernen und in den Kopf zu kriegen. Heute weiß ich, warum es mir so schwerfiel, weil vieles einfach Mist war und mein System dann sagte: Nein, das will ich nicht lernen, das kann ich nicht lernen. Lernen ist mir immer sehr schwergefallen, und ich bin so glücklich, dass ich nun weiß, wieso. Denn jetzt ist es tatsächlich nicht mehr so. Heute kann ich mir super gut zum Beispiel Namen merken, was ich früher auch nicht konnte. Das was in den letzten vier Wochen ablief mit Namen war phänomenal. Ich merkte mir nicht nur die Namen der Kinder, sondern auch die der Eltern. Nicht immer, manchmal musste ich wieder nachfragen, allerdings wechselten die Eltern auch immer wieder mal. Dann waren mal die Oma oder der Onkel mit dabei, doch ich stellte fest: Wow, ich kann mir die Namen merken. Ich nahm mir allerdings auch immer kurz Zeit für den Namen. Ich schuf eine Verbindung zu dem Namen und wusch, dann war er dauerhaft gespeichert. Richtig gut, genau. So sind wir halt nicht gemacht worden, zumindest die meisten von uns. Natürlich gab es auch ganz viel Gutes, ich möchte jetzt nicht alles schlechtreden. Es gab viel Gutes in meinem Leben. Es ist jedoch wichtig, zu erkennen, dass wir komplett manipuliert wurden, zuließen, dass wir manipuliert wurden. Dann wachten wir auf ... und das Gute daran ist: Wenn du einmal aufgewacht bist, gibt es kein Zurück mehr. Wie heißt es immer so schön: Man bekommt die Zahnpasta nicht mehr zurück in die Tube. Und das ist schön, wunderschön. Auf der anderen Seite: Hab mit dir immer viel Geduld und Verständnis, wenn dir dein Verstand sagt: Hm, komisch ich erlebe im Außen noch so viele Menschen die denken, es geht einfach wieder so weiter. Das macht es mir schwer, zu glauben. Habt Geduld, sagt: „Lieber Verstand, ich versteh dich komplett. Es ist klar, dass es so ist. Doch weißt du, lieber Verstand, wir wissen es besser, lass uns dies gemeinsam machen." Arbeite mit deinem Verstand zusammen, mache ihn dir zum Freund. Der Verstand ist der liebevolle Begleiter der Seele, genauso auch der Körper, wie alles Manifeste. Alles ist unser Freund und wir können alles nutzen, um noch viel stärker im Hier und Jetzt anzukommen. Es gibt nichts anderes. So komisch wie es klingt. Doch es gibt nichts anderes, nur diesen Augenblick. Und den darf ich genießen, das ist mein Geburtsrecht, diesen Augenblick zu genießen. Und was morgen kommt habe ich in der Hand. Ich bin nicht ausgeliefert, sondern ich kann ganz konkret durch meine Gedanken, Gefühle und Worte die nächsten Augenblicke formen und manifestieren. Es geht nur so. Nicht anders. Dies tun wir alle gemeinsam auch im Kollektiv. Wir alle gemeinsam erschaffen es. Deswegen sehen wir auch gerade so viel Irrsinn da draußen. Schaut euch das Ganze quasi vom Theaterraum aus an und blickt auf die Bühne. Seht euch die tollen Schauspieler an, die mitspielen, all die wundervollen Gestalten. Schaut auch liebevoll auf all die Medien, die einen super tollen Job tun und diese komischen Nachrichten verbreiten. Wisst aber auch, dass nicht jeder Satz, der da so in den Nachrichten kommt, tatsächlich so gesagt wird. Ich beschäftigte mich früher damit intensiver. Ich war ja in der Werbebranche tätig; da hat man da mal ein wenig geschraubt, mal ein anderes Wort gesetzt und letztendlich war es oft komplett anders. Lasst euch keine Angst machen und habt einen wundervollen Tag. So wie ich auch heute. Heute ist der Abschluss. Heute bekommen die Kinder ihr Seepferdchen. Das ist immer der allerschönste Tag. Gestern wurde ich schon reich beschenkt, durch liebevolle Blicke und wundervolle Worte und Schokolade und Marmelade und Handtücher usw. Es macht echt Spaß. Wir hören uns. Ich liebe euch alle miteinander und bin so dankbar, dass ich euch habe. Tschüss.

12. September 2021

Nebel

Einen wunderschönen guten Morgen wünsche ich euch. Juchhe, heute ist Nebel. Weit und breit, seit so langer Zeit, keine Sonne zu sehen. Ich schaue hinaus und sehe nur Nebel. Ich glaube, das ist wirklich ein gutes Bild für das, was gerade passiert. Sicherlich passiert ja gerade sehr viel. Du schaust hin oder du hörst hin und du denkst nur, oje, balla balla alle. Ich denke, das ist der Nebel. Vielleicht soll es den Menschen gezeigt werden, dass die Zukunft noch im Nebel ist, oder im Äther, davon habe ich auch schon mal etwas gehört. Überall, das All, ist Äther und aus diesem Äther entsteht dann alles, und wir machen das. Durch unsere wundervollen, tollen Gedanken. Am besten mit der Liebesenergie. Das ist natürlich nicht immer so leicht. Doch ich denke dieses Bild vom Nebel macht uns ganz deutlich, dass unser Verstand es nicht in der Hand hat. Ich muss, und hier verwende ich ganz bewusst das Wort

„muss“, ich muss loslassen, ich muss mich sozusagen dem Leben, dem was Hier und Jetzt in diesem Moment da ist, ergeben. Dem Leben ergeben … schrieb ich hierzu nicht mal ein Buch: „Nichts zu tun, die Kunst, sich dem Leben zu ergeben?“ Das wollte ich eigentlich auch mal neu auflegen, fing auch an, doch irgendwie geriet es wieder in Vergessenheit. Doch es ist vielleicht gar nicht wichtig. Wichtig ist dieser Nebel. Denn dieser Nebel macht uns deutlich, dass wir, wenn wir zu sehr im Verstand sind, nichts sehen, nichts … Und auch, dass aus diesem Nebel, aus diesem Nichts, alles werden kann. Wenn ich es zulasse, wenn ich nicht zu viele Vorstellungen habe, wie etwas sein sollte, sondern einfach geschehen lasse. Die Inder haben uns Teaching-Sätze geschenkt und einer hieß: Alles geschieht aus sich selbst heraus. Ich denke dieser Satz macht deutlich, dass es einfach geschieht, auch all dieses Komische, vielleicht auch Leidvolle, das da draußen gerade passiert und worunter viele Menschen leiden. Ich führte auch viele Gespräche in den letzten Wochen. Gerade die Familien mit Kindern, doch sicher auch viele andere, leiden gerade schon ziemlich heftig. Denn die Kinder wollen in die Schule gehen und sich treffen. Soziale Kontakte sind wichtig, außerdem ist ja in der Schule auch sehr viel Gutes gelaufen. Die Kinder möchten lernen, miteinander kreativ sein und vieles mehr. Und dann stehe ich als Erwachsener da und kann sie nicht abhalten. Lieber nehmen sie in Kauf eine Maske zu tragen, und dass es schlimm ist mit der Maske erzählte ich ja bereits mit meiner Sahara. Doch es ging ihr so gut, sie war so glücklich als sie gestern ihr Seepferdchen bekam, das große Mädchen in der 7. Klasse, das so wundervoll schwamm und das Atmen lernte. Lassen wir es einfach geschehen, egal was ist, egal wie komisch es uns erscheint. Wir atmen tief ein und lange aus. Das kannst du immer wieder machen, so oft du es brauchst. Bis du spürst: Wow, jetzt bin ich wieder da, in meiner Mitte, im Moment, in der Ewigkeit. Hier habe ich Zeit, mich zu finden, mich zu sortieren und dann neugierig hinzuschauen und mich zu fragen: Was kommt als Nächstes. Ich denke wir dürfen neugierig sein und uns freuen auf das Neue. Letztendlich sollen wir natürlich auch erschaffen, das ist klar. Und zwar das Schöne, das Gute. Hier denke ich zum Beispiel an unser Dichtergenie Goethe, der solch Schönheiten erschuf und uns damit reich beschenkte. Ich glaube gerade in der Übergangszeit wird es wohl wichtig sein, sich die neue Welt vorzustellen und dazu auch Beispiele im Geist zu haben. Ich habe immer die Schule in Crailsheim bei der Gemeinschaft Schloss Tempelhof vor Augen. Sie ist so gigantisch. Ich war dort auf einem Seminar zum Thema „Inneres Lernen“ und fühlte mich sehr wohl. Da dachte ich: Genau so soll jedes Kind lernen dürfen. Solche Vorstellungen dürfen wir natürlich haben. Ich sehe immer mehr in meinen Gedanken, dass diese Lernorte in den Dörfern und Städten erwachsen. Dass es dort keinen Zwang mehr gibt. Jeder kann sich aussuchen, was er machen möchte. Alle Kinder wollen lernen und aktiv sein. So wünsche ich euch für heute Nebel. Und meist kommt ja dann wieder die Sonne. Das wünsche ich euch, genießt, egal was auf euch zukommt. Ob komische Sachen mit den Mitmenschen oder einfach das Wunderbare, dass ihr selbst in euch spürt, dass ihr selbst seid. Alles Liebe. Tschüss.

Sirius-Botschaft – Die Gemeinschaften des Universums

„... Nach und nach werdet ihr euch selbst nun auf neue Art erkennen. Voller Staunen werdet ihr erfahren, wie ihr aus dem Kokon der Gezeiten schlüpft, und eure Flügel im Wind der Liebe ausbreitet. Nicht nur ihr selbst unterliegt dem aktuellen Wandel. Lasst uns einen Moment innehalten, und die großen Wunder dieser Zeit betrachten.

Aus dem Zentrum der Galaxie strömt ein Wandlungslicht, dass euer Bewusstsein stimuliert, und eure Verstrickungen erlöst. Damit dies möglich wurde, lösten sich riesige Schöpfungen auf. Ganze Sonnensysteme beendeten ihren Seins-Zyklus in der Stofflichkeit und „verschwanden" (photonisierten sich) in Hunab Ku.

Wir können es auch anders beschreiben: Die Liebe selbst hatte sie zu sich gerufen, und voller Seligkeit beendeten sie ihren evolutiven Zyklus im Licht. Bei ihrer Auflösung zerfallen sie in die Photonen, aus denen sie einst entstanden. Und jetzt strömen sie zu euch. Alles, was sie auf ihrem evolutiven Pfad erfuhren, erreicht euch als Informationswelle in ihrem Licht. Lauscht tief nach innen, und empfangt unsere Frage, liebste Freunde: Wer meint ihr, erschufen und bewohnten die riesigen Schöpfungswelten, die momentan in ihre lichtvolle Auflösung gehen? Welcher Zyklus geht zu Ende, um euren Neuen zu erschaffen?

Nehmt noch ein wenig mehr Abstand, und betrachtet eure Galaxie von weit draußen im Universum: eine lichtvolle Spirale aus Milliarden von Sonnensystemen. In ihrem Zentrum ein saugender und drückender Schöpfungsimpuls. Alles atmet ein und aus – und ihr selbst habt Teil daran. In den Rhythmen der Raumzeit bewegt sich euer Sonnensystem durch die Sternenformationen, die eure Astrologen beschreiben. In jeder Epoche beschenkt euch eine andere Sternengruppe mit ihren Qualitäten.

Während das Licht aus Hunab Ku strömt, umfließt es die Formationen, die auf seinem Weg liegen. Es nimmt ihre Essenz auf, und trägt sie weiter. So erfahrt ihr nun täglich deutlicher die Energien des Wassermanns. Mehr als zweitausend Jahre wird sie euch begleiten, bereichern und befruchten. Dann klingt auch diese Epoche aus, und die Signaturen des Steinbocks beschenken euch.

In den Zyklen der Evolution entwickelt ihr euch nun zu einem sich seiner selbst bewussten Menschheitskörper.

Jedes Menschenwesen existiert darin als einzelne Zelle. Das war schon immer so; nur hattet ihr diese Verbundenheit „vergessen". Jede Zelle eines Körpers kennt sich selbst und das Ganze. Alle kommunizieren miteinander. Alle nehmen ihren Platz ein und erfüllen ihre Aufgabe – zum Höchsten Wohle des Lebens. Präsent in einem Energiefeld der bedingungslosen Liebe formt sich die stoffliche Schöpfung.

Stellt euch vor, wie einfach es sein wird, euer Leben in diesem Bewusstsein zu erfüllen! Eine Gemeinschaft der Liebe! Eine Gattung intelligenter Wesen, die einander fördern und das „große Werk" gemeinsam voranbringen. Eine Kultur der Kreativität und Schönheit.

Das ist eure Mission, liebste Freunde! Ganz SELBSTverständlich werdet ihr euch einander widmen. Gesellschaften brauchen Gesetze. Gemeinschafen leben harmonisch verbunden im Geist der Liebe.

Genau jetzt strömen euch aus den photonisierten Evolutionsstufen der Schöpfung all jene Energieformen zu, die ihr für diese Neuausrichtung braucht. …

13. September 2021

Wie innen so außen

Einen wundervollen guten Morgen heute wieder von meinem Balkon und zwar mit Sonne und Nebel. Auch nicht schlecht. Es braucht tatsächlich beides. Den Nebel, da sonst der Verstand wieder so viel interpretiert in das zukünftige Geschehen, und die Sonne die die Lebenskraft gibt und uns immer wieder zeigt: Ich bin hell, ich bin warm, ich bin Leben. Und das bist du. Genauso ist es. Und das ist die Botschaft für heute. Du bist die Sonne, du bist alles, wirklich alles, was du auch im Außen siehst. Wie innen, so auch außen. Er ist absolut wahr, dieser Spruch. Alles was du im Außen siehst, egal ob schön oder nicht so schön, das bist du. Vor einigen Jahren las ich dazu auch mal eine Meditation von Osho im orangen Buch der Meditation. Der liebe Osho hat für uns Menschen aus dem Westen, die wir nicht von Kindesbeinen an die Meditation beziehungsweise einfach dieses still sitzen – etwas anderes ist es ja auch nicht – stillsitzen und einfach auf das lauschen, was so im Moment da ist, herangeführt wurden, Meditationen zusammengestellt. Eigentlich ist Meditation nichts anderes als in der Gegenwart zu sein. Und da wir Europäer das einfach nicht so gut können und wir es auch unseren Kindern nicht lehren oder einfach vorleben, gibt es dieses orange Buch der Meditationen und darin ist für jeden etwas. Eine Zeit lang schlug ich einfach frühmorgens wahllos eine Seite auf, um herauszufinden welche Meditation für mich geeignet ist. Und da gab es auch eine Meditation, bei der du auf das schaust, was du gerade siehst und einfach nur sagst: Ich bin das. Ich machte dies dann auch mit den Vögeln, setzte mich hin, beobachtete die Vögel und sagte immer wieder: Ich bin das. Ich bin das. Das machte ich mit Vögeln, mit Steinen, mit Bäumen und mit all den schönen Dingen hauptsächlich. Doch letztlich sind wir ja auch das, was gerade nicht so schön erscheint im Außen. Bei mir ist es gerade besonders, dass ich doch auch Menschen treffe, die noch im Corona-Narrativ sind. Sie fühlen sich jedoch nicht einmal gefangen, das ist das Blöde daran, sie fühlen sich super wohl in dieser Geschichte, zumindest was nach außen gesendet wird. Auch das bin ich, wenn ich es so empfinde, dann bin auch ich das. Das ist meine Aufgabe, es zu akzeptieren und dann, wie es Brigitte gestern sagte, es zu lieben. Ich wünsche dir einen wundervollen Tag. Ich bin sicher, dass auch du deine Aufgabe für heute findest. Ansonsten genieße einfach jeden Augenblick als Geschenk des Universums, als Geschenk von dir selbst. Genau, du bist das alles. Und wisse, alles geschieht aus sich selbst heraus. Ich habe euch sehr lieb. Bis bald. Tschüss

14. September 2024

Einatmen – Ausatmen

Einen wunderschönen guten Morgen. Heute wieder mit Sonne, Gott sei Dank, und ohne Nebel. Ich denke, es lichtet sich. Für viele wird es wahrscheinlich erstmal etwas heftiger. Allerdings weiß ich, wenn ich 2006 nicht diesen Totalzusammenbruch gehabt hätte, wäre ich heute sicher auch in der Corona-Blase, dann wäre ich nicht meinen Weg gegangen. Und von daher, alles ist richtig so, wie es ist. Ich bin ja mittlerweile davon überzeugt, dass es keine Zufälle gibt, dass alles, so wie es geschieht, genau richtig ist. Bis letztendlich alle Menschen erkannt haben, es gibt keine Zukunft, es gibt keine Vergangenheit, es gibt nur … tja, gibt es sie eigentlich, die

Gegenwart. Nun ja doch, sonst würde ich ja nicht hier sitzen und plaudern. Gut, es gibt die Gegenwart, dieses Hier und Jetzt, und in dieser Gegenwart steckt die volle Kraft, die volle Power, die Energie, die viele Menschen Liebe nennen. Nenne sie, wie du magst. Es ist jedenfalls eine sehr kraftvolle Energie, die alles bewegen kann. Wirklich alles. Aus ihr kann alles werden. Ansonsten gibt es nichts. (Lach) Alles andere da draußen, was da Komisches geschieht, ist Illusion. Ja das ist einfach nur wundervoll. Früher wurde ich dafür belächelt. Wie kann man nur so naiv sein, diesen Spruch hörte ich ganz oft. Mittlerweile weiß ich, dass es mir geholfen hat, dieses naiv sein. Dieses, nicht sehen von Bösem, von all diesen komischen Energien. Ich sah sie einfach nicht. Ich fühlte sie, ja, doch ich dachte dann, o.k., ist halt irgendetwas, und kam dann wieder in meine Mitte durch den Atem. Das ist sowas von schön und leicht, wenn einem diese Hilfe zur Seite steht. Dieser Atem … sobald ich dann einatme, ganz bewusst bei meinem Atem bin und wieder ausatme und mir dann wirklich bewusst ist, dies ist die Energie, dieser Atem, dieser Äther. Einatmen – Leben – Ausatmen – Tod. Vollkommen normal, beides gehört zusammen. Dieser Wandel, das ist alles eins und das half mir dann immer wieder. Anfangs war es tatsächlich gar nicht so einfach, doch irgendwann wirst du zu diesem Einatmen, Ausatmen. Einfach ein wundervolles Gefühl. Dann wünsche ich dir heute einen wundervollen Tag, an dem du viele kraftvolle Atemzüge des Lebens für dich generieren kannst, dich wohlfühlen kannst. Denke daran, diese Luft, dieses Einatmen und Ausatmen, das teilen wir gemeinsam. Wir sind alle eins, das ist wundervoll. Alles Liebe, ich drück dich. Bis morgen. Tschüss.

15. September 2021

Regen

Einen wunderschönen guten Morgen, ihr Lieben. Heute Morgen fing es an zu regnen. Es ist einfach nur geil. Regen … reinigen … ich denke, es geschieht gerade absolut Denkwürdiges hier auf dieser wundervollen Erde. Ich hörte mir gerade mal Katharina an, sie erklärte es wirklich toll. Wir waren bisher in einer Trennung zwischen dem Göttlichen, Abgehobenen, Spirituellen und was weiß ich noch allem, und dem Irdischen, dem Realen, dem Materiellen …. Viele Menschen, die sehr im Materiellen verhaftet waren, lehnten das andere als abgehoben ab, aber auch umgekehrt, diejenigen, die etwas abgehoben waren, lehnten das Materielle ab. Diese Trennung, in der wir lange Jahre, Jahrzehnte, Jahrhunderte, Jahrtausende … lebten, hebt sich nun auf. Als ich das heute Morgen hörte, wie es Katharina erklärte, dachte ich mir nur, ja, genau das ist es. Ich spüre tatsächlich nichts mehr Abgehobenes, habe aber auch nichts mehr gegen das, was so im Realen da ist, versteht ihr, dass alles so zusammenpasst ist einfach so normal. Und wenn es dann jetzt regnet, ist das wunderbar. Dann kommen bei mir so Gedanken wie: Ach ja, die Natur bekommt wieder Wasser. Alles wird gereinigt. Die Sonne hat sich mal kurz abgemeldet. Macht auch nichts. Alles gut. Das ist das, was jetzt passiert. Wir verbinden Himmel und Erde. Ich glaube, das hat auch Jesus Christus mal gesagt. Wir bringen quasi den Himmel auf die Erde, transformieren das Ganze und verbinden es. Das ist doch geil, absolut geil. Ich habe jetzt tatsächlich noch ein wenig einen Knoten im Kopf, wie zum Beispiel meine Zukunft ausschaut. Ich muss schon selbst lachen, da ich weiß, dass es ja keine Zukunft gibt. Für mich in der Übergangszeit ist es nicht immer so einfach. Ich bin ja momentan dabei zu planen, doch das wird dann immer wieder über den Haufen geworfen. Doch ich merke, ich verschenke mein Herz und mein Tun an das Schwimmen und an die Kinder. Ich versuche es gerade ein wenig auf die Reihe zu bringen. Denn ein wenig Planung ist ja auch wichtig, um es zusammenzubringen mit dem Spontanen. Ich spüre, das ist gerade meine Aufgabe. Es tun sich so viele Türen auf. Mir geht es unendlich gut, wenngleich ich doch auch Kopfschmerzen habe, (lach) und noch nicht so ganz klarsehe, wie das Ganze dann wirklich laufen soll, kann, darf. Vielleicht kann ich dir dadurch auch ein wenig Mut machen, wenn auch du solche Situationen erlebst. Ich telefonierte heute Morgen mit dem Siggi, mit dem Schwimmmeister, mit dem ich die letzten vier Wochen im Team Schwimmkurse gegeben habe, das war gigantisch. Und ich erlebte ihn in seinem Film: … dann ist die Telefonanlage ausgefallen, dann konnte ich dies und jenes nicht machen … er ereiferte sich dabei. Und ich sagte ihm dann nur: Was wir jetzt gerade erleben ist einfach nur der Hammer. Und wenn dann mal was nicht funktioniert, nicht sein soll, dann ist das richtig so. Dann hängt das damit zusammen, dass sich der lichtvolle Plan gerade umsetzt und das, was einfach nicht so toll war, das wird trotzdem noch zugelassen, wenn es dem Lichtvollen dient. Das was wir tun mit den Schwimmkursen zum Beispiel ist lichtvoll, ist einfach nur cool und gut. So viele rührende Momente, die ich in den letzten vier Wochen erlebte, in denen Kinder über sich hinauswuchsen, ängstliche Kinder, die anfangs nur an ihrer Mama hingen, plötzlich ganz stolz durchs Becken schwimmen. Das sind Momente, die nur lichtvoll und gut sein können. Das andere, was da drumherum, teilweise wirklich abartig war, wird zerstört, na ja, eigentlich zerstört es sich selbst. Man darf das dann von außen einfach nur beobachten und denken „alles gut". Auf jeden Fall ist es eine wundervolle Zeit und ich wünsche dir erst mal wieder einen wundervollen Tag mit vielen tollen Begegnungen und wenn du merkst: Ups, irgendwie ist mir alles zu viel; lehne dich zurück, atme, gehe in die Beobachtung und denke, es gehört einfach zu diesem göttlichen Plan. All das Satanische, Dunkle, Blöde, geht nicht mehr und das ist doch cool, oder? Alles Liebe!

16. September 2021

Liebe, Geist und Ur-teilchen

Einen wunderschönen guten Morgen! Aus dem reinen Sein agieren. Ich denke, das ist die Übung, mit der wir alle jetzt konfrontiert sind. Denn in der neuen Zeit wird es selten noch zu großartigen Planungen kommen. Das ist gar nicht so einfach, das merke ich gerade. Einfach zu sein. In diesem wundervollen Augenblick. Jeder dieser Augenblicke ist ein großartiges Geschenk. Die wunderbare Chance, ihn zu genießen und zu spüren. Auch den Körper zu spüren, der wie aus dem Nichts erschaffen wurde. Ich merke das gerade an meinem Enkel. Meine Tochter sagte es vor ein paar Tagen auch sehr treffend: Es ist wie ein Wunder, aus dem Nichts entsteht ein Mensch. Einfach aus der Liebe heraus. Ich schaute ihn vorgestern einfach nur eine Stunde lang an und streichelte ihn, den kleinen Franz, der aus der Liebe heraus entstanden ist. Das ist es auch, es gibt nichts anderes wie diese Liebe. Diese Liebe, den Geist und dann diese Ur-teilchen. Die Urteilchen, die dann die Elemente bilden, Feuer, Wasser, Erde, Luft und Äther. Der Äther für den Geist, und daraus entsteht alles. Die Urform ist nur Liebe, nichts anderes als Liebe. Es kann natürlich sein, dass wir aus dieser Urform dann auch Komisches, Leidvolles, manchmal auch gruselige Dinge entwickeln. Doch letztendlich ist es auch Liebe. Wenn uns jedoch klar ist, dass wir einfach in den letzten Jahrtausenden in einem komischen Zeitalter lebten. Wir wollten es erleben. All die komischen Sachen … Hier bekomme ich ein wenig einen Kloß im Hals, es war nicht ganz so einfach, doch wir haben es überstanden. Es ist vorbei. Das ist wirklich gigantisch. Ich denke, gerade für alle, die etwas älter sind und so komplett in der alten Welt sozialisiert wurden, so wie ich, und immer eins auf die Mütze bekamen, wenn sie zum Beispiel alleine schon sagten: Ich weiß, bald ist Frieden auf der ganzen Welt. Das tönte ich immer und man sagte mir: Sei doch nicht so naiv, schau mal in den Fernseher … Irgendwann denkst du dann, vielleicht bist ja du verkehrt, vielleicht klappt es ja doch nicht mit dem Frieden. Ganz ehrlich, ich hatte lange Zeit immer noch so kleine Zweifel. Bis Corona kam, dann war es vorbei. Seit Corona weiß ich, es ist für mich real. Es gibt nur die Liebe und die ist überall. Also nicht nur in meinen Freunden und in all den Menschen, die so toll sind und die genauso ticken wie ich und agieren wie ich, nein, auch in den Menschen, die ich vielleicht nicht verstehe, bei denen ich manchmal den ein oder anderen Gedanken habe, ach sind die komisch. Auch hier ist die Liebe aktiv. Manches kann ich einfach noch nicht verstehen. Wir gehen definitiv da hinein und es dauert nicht mehr lange, nun ja, tatsächlich ist es ja schon da (lach) und du darfst den Frieden jetzt schon leben. Diesen wundervollen Augenblick, jetzt und hier. Das wünsch ich dir jetzt und hier. Erlebe es, komm bei dir an, sei einfach nur. Und du musst gar nichts tun. Alles Liebe und bis morgen. Tschüss!

17. September 2021

Voneinander lernen

Einen wunderschönen guten Morgen, ihr Lieben. Heute wieder von meinem Balkon. Es wurde auf alle Fälle kühler, ich bin im Morgenmantel gehüllt, doch die Sonne strahlt ganz arg. Sie freut sich sehr, dass wir Menschen endlich merken, wie wundervoll, wie leuchtend, wie warm, wie gut wir sind. Dass es immer mehr Menschen entdecken. Dieses Geheimnis und dann ist es ja bald kein Geheimnis mehr, das macht auch nichts. Denn sobald wir das merken und dann immer mehr strahlen, strahlen und strahlen, einfach liebevoll auch auf die komischen Dinge schauen, sobald wir das merken, wird es immer heller auf der Welt und letztendlich wird die Erde ein strahlender Planet sein, der nur das erschafft, was er ist, nämlich Liebe oder Energie, nenne es wie du magst. Es ist jedenfalls eine sehr kraftvolle Energie, die sich wundervoll anfühlt. Und das schöne ist, sie kann alles erschaffen. Ich glaube, am meisten ist es in dieser Zeit wichtig, zu vergeben. Das zu vergeben, was eigentlich gar nicht real ist. Das unser Verstand jedoch noch als real ansieht. Das ist nicht so schlimm. Unser Verstand ist so genial, doch ich denke, das gilt es jetzt einfach zu sehen und zu merken, es darf alles gehen. Nur das Licht, nur die Liebe ist tatsächlich real, ist der Stoff aus dem alles gemacht wird. Es tut so gut. Ich hörte heute Morgen die Geschichte von der kleinen Seele, die mit Gott spricht. Ich stelle sie mal in die Gruppe hinein. Dadurch fand ich eine kleine Lösung für das Komische bei mir. (...) Ich hörte gestern, dass das Hauptzollamt jetzt bei der Stadt Arnstein angerufen hat wegen meiner Anklage: Verdacht auf Unterschlagung, weil ich letztes Jahr bei meinem Arbeitslosenantrag, dem riesen Wust, vergessen hatte einen Hacken bei Nebenverdienst zu machen. Das hatte sich eigentlich danach geklärt. Ich besprach alles ausführlich mit einem Mitarbeiter vom Arbeitsamt. Jetzt kam ein dreiviertel Jahr später die Anklage. Ich musste so lachen, als sie kam. Jetzt riefen sie tatsächlich bei meinem Arbeitgeber an und ich wusste erst mal nicht, wie ich damit umgehen soll. Gestern dachte ich, rufe ich dort an und blase ihnen mal den Marsch, wie unverschämt das ist. Nachdem ich jetzt aber heute die kleine Seele hörte, dachte ich: Ja, ich ruf dort an und spreche ganz freundlich mit den Mitarbeitern, denn das sind ja auch alles nur göttliche Wesen, Kinder Gottes, die auch nur ihren Job machen und den natürlich so gewissenhaft wie möglich, und schließlich und endlich hatte ich den Hacken ja vergessen zu setzen. Könnte ja tatsächlich sein, dass ich böse Absichten hatte. (Lach) So lernen wir also immer voneinander, eine Seele von der anderen. Ich wünsche euch, dass auch du heute irgendeiner Seele, einen Menschen helfen kannst. Vielleicht einfach nur durch dein Dasein, durch dein Lächeln, durch schöne Worte. Ich wünsche euch einen schönen Tag, bis bald, ihr Lieben.

19. September 2021

Oje – alte Glaubenssätze

Einen wunderschönen guten Abend heute einmal. Ich war jetzt mal wieder zwei Tage still, war im Schwimmbad. Hat mega Spaß gemacht und vor allem durfte ich meine Aufgabe ausführen, mit vielen Menschen über dieses komische Thema, über all die komischen Sachen, die wir alle so in unseren Systemen mitgetragen haben, zu sprechen. Es waren sehr gute Gespräche, die ich im Schwimmbad mit den Gästen führen durfte. Ich ging dann immer raus und dachte: Genau deshalb bist du hier in diesem Schwimmbad, und natürlich auch für die Kinder. Das hat sehr gutgetan. Wichtig ist mir jedoch vor allem, dass auch ich immer etwas dabei erkenne. Ich merke, dass ich manchmal wirklich wieder in die alten Strukturen reinfalle, so zum Beispiel denke, dies und jenes müsstest du zum Beispiel noch tun. Das könnte ich doch vergessen, also mache ich es gleich schnell, dann renne ich los und dann passieren meistens nicht so schöne Sachen. Das ist ein Glaubenssatz, den mir mein Vater gab; also immer schnell seine Sachen erledigen. Was du gleich machen kannst, mache es gleich. Letztendlich merke ich dann aber, nein, ich kann mich damit verbinden und kann sagen: So, wenn du fertig bist mit dem und dem, dann machst du dies oder jenes und dann weiß ich, dass ich daran denken werde. Zum Beispiel machte ich die Tür zum Lüften im Schwimmbad auf und ging schwimmen. Schwamm ruhig einige Bahnen und meditierte dabei. Ich bewege beim Schwimmen immer einen Satz in meinen Gedanken. Einen Satz wie: Ich bin Liebe, Ich bin Frieden … Ich bewege diesen Satz und es fließt dann immer. Dann ging es dem Ende zu und ich sehe die offene Tür und denke: Oh du darfst nicht vergessen, die Türe zu schließen. Das ist normalerweise immer das Signal, wenn ich etwas nicht vergessen will und mir dies in meinem Kopf sage, dann vergesse ich es meistens. Total komisch. Da ich das kenne, dachte ich: Ach, mache es am besten gleich. Ich rannte los, wollte die Tür zu machen und rutschte klitschenass aus. Ich fiel hin und bereits beim Hinfallen dachte ich: Ups, danke. Ich klopfte mir dann gleich auf die Schulter, da gleich dieses danke über die Lippen kam, ich sprach es laut aus. Ich erkannte eben: Ups, da wäre eine andere Lösung sinnvoll gewesen. Also nicht wieder in die alten Glaubensmuster hinein, sondern in mir sagen, jetzt schwimme ich und später denke ich daran, die Tür zu schließen. Das sind also Erfahrungen für die ich unendlich dankbar bin, dass sie noch passieren. Manchmal wünscht man sich ja, perfekt zu sein, alles richtig zu machen, doch nein, es gehört einfach auch noch dazu, mal etwas nicht so perfekt zu machen. Und darüber freue ich mich. Ich wünsche dir einen wunderschönen Abend. Genieße dein Sein und wir hören uns morgen früh wieder.

20. September 2021

Dein Wille geschehe

Guten Morgen, ihr Lieben. Heute beim Aufwachen kam mir der Gedanke: Es ist geschafft. Tatsächlich ist es geschafft, dessen bin ich mir komplett sicher. Noch nie in meinem ganzen Leben war ich so sicher, dass alles gut ist, dass wir bereits auf einer wundervollen, friedlichen, fantastischen Welt leben, auf einer Erde, die wir jetzt erst so langsam entdecken dürfen. Die Natur und alles, was so ist. Am meisten müssen wir entdecken, wie wir sind, und wie wir über unsere Gedanken, Gefühle und Worte manifestieren und damit an dieser Schöpfung teilhaben. Ich bin mir so was von sicher, dass da draußen eigentlich gar nichts existiert, sondern dass, wie es die Quantenphysiker so schön erklären, sobald wir hinschauen, also gemeinsam hinschauen, es da ist. Wir sind sozusagen die Beobachter. Wenn es keinen Beobachter gibt, ist nichts da. Das hatte ich bisher nie begriffen, doch jetzt begreife ich es. Und es ist einfach so. Es ist total witzig, denn auf der einen Seite steht dieses sichere Wissen, es kann gar nicht anders sein, es ist vollkommen schlüssig für mich, auf der anderen Seite aber doch dieser Übergang, dieses mit den Menschen zusammen sein. Ich treffe momentan auf sehr viele Menschen, sodass es manchmal gar nicht so einfach ist. Zu erkennen, o.k. da ist jetzt ein Mensch, der noch so und so denkt. Ich habe dann dieses klare Standing, weiß über dieses Naturgesetz des Schöpfertums, also wie ich erschaffe, diese Power, die pure Energie, die in jedem von uns ist. Weiß sicher, aus dieser Energie, nenne sie Liebe, wie du magst, es ist jedenfalls eine sehr starke Energie, aus dieser Energie wird Form. Deshalb heißt es auch Information. Ich bringe die Energie in Form. Ich gebe diese Liebe, den Geist, das Bewusstsein, in eine bestimmte Form. Das kann man steuern über die Gedanken. Man kann sagen: O.k. ich manifestiere es jetzt. Das probierte ich auch eine Zeitlang aus und lachte sehr. Am leichtesten ist es allerdings, wenn man an dem Punkt ist: Dein Wille geschehe. Einfach den Moment annimmt und in der Gegenwart voller Neugier gespannt ist. Ich denke dann immer: „Uiii, was passiert jetzt", und mein Verstand produziert dann einen Film, es könnte so oder so oder so sein und hat seine Einwände: „Ja aber" …, die Seele sagt dann jedoch: „Das ist doch einfach egal, du weißt, du bist reines SEIN und wirst immer SEIN." Was dann wirklich geschieht … lass dich überraschen. Dann entsteht ein Gefühl, ein Prickeln, eine Neugier und das macht sehr viel Spaß und ist mit einer Leichtigkeit verbunden, da es keine Rolle spielt, was geschieht. Was kann wohl das Schlimmste sein? Ich kann verhungern, ich werde erschossen, die Leute stecken mich ins Gefängnis, es gibt alle möglichen Dinge, die passieren könnten, dass vielleicht meine Form, mein Körper nicht mehr ist, doch ich bin ja ewiges Bewusstsein. Also kann nichts passieren. Es ändert sich ständig. Da gibt es ja diesen berühmten Satz: Nichts ist so beständig wie der Wandel, oder wie der Teaching-Satz aus Indien: Alles entsteht aus sich selbst heraus. Diesen Satz habe ich lange nicht verstanden, doch irgendwann machte es dann klick, wie beim Schwimmen lernen bei den Kindern. Vorher: Mama ich schaffe es nicht, und plötzlich klick, und das Kind schwimmt perfekt. So ist es auch damit, wenn es mal klick gemacht hat, weiß man, es funktioniert. Das ist so der Anfang ..., das war bei mir vor ein paar Monaten. Ich wachte vor 12 Jahren das erste Mal auf .... Vor ein paar Monaten kam dann diese Gewissheit, ja so ist es. Vorher war immer noch ein Quäntchen Zweifel da. Wenn dann diese Gewissheit da ist, die totale Sicherheit, das totales Vertrauen, dann läuft es einfach. Ich wünsche dir einen wundervollen Tag. Pass auf dich auf, denke daran, alles geschieht aus sich selbst heraus. Genieße es, genieße dein SEIN. Tschüss.

21. September 2021

Impulse wahrnehmen und handeln

Einen wunderschönen guten Morgen, ihr Lieben. Was ist los auf diesem Planeten? Ganz viele komische Dinge geschehen und für mich ist es tatsächlich gerade so, dass ich am Üben bin. Ich merke, dass ich total sensibel bin und kleinste Veränderungen im Außen lösen sofort irgendwelche Gefühle oder auch Vorahnungen im Innen aus und das ist total fein. Heute Morgen nach dem Aufwachen ging es mir zum Beispiel gar nicht gut. Und ich dachte: Was ist los? Anstatt mich dann wieder hinzulegen und in mich zu gehen, trieb es mich zum Balkon. Dann ging ich zum Balkon und ich sah etwas und dachte, ich muss da jetzt sofort handeln, ich muss etwas ändern. Ich ging dann wieder ins Bett und dachte: Aber ich kann doch da jetzt nichts verändern. Ich hatte aber immer wieder das Gefühl, ich muss sofort handeln. Und dann habe ich sofort gehandelt. Dann war es auch gut so. So merke ich, dass ich üben darf. Die Zeit ist da, sich wirklich klar zu machen, dass alles was geschieht auch mit mir zu tun hat. Dass sich die Welt, die Energie, komplett verändert hat und wir leben eigentlich schon total in dieser Ewigkeit. Die Energie ist so, als würden wir alle in der Ewigkeit leben, in der alles immer präsent ist. Und wir dürfen lernen, zumindest in dieser Übergangszeit, dies mit dem linearen Denken, in dem wir in der Vergangenheit verhaftet waren, zu verbinden. Und uns klarwerden, dass die ganze Kraft in diesem Augenblick, in diesem Moment liegt. Die Energie, die jetzt da ist, lässt nur noch zu, dass im Außen Dinge geschehen, in der linearen Welt, die aus dieser Energie der Liebe, der Freude, der Wertschätzung und Dankbarkeit, entstehen. Nur das wird zugelassen, dass es sichtbar wird in Schönheit, in Freude … Alles andere wird nicht mehr zugelassen, kann nicht mehr geschehen, wird also aufgelöst. Im Moment kommt immer noch dieses Wort zerstören, doch es ist nicht zerstören, sondern vielmehr ein Auflösen. Wer an dem Alten noch zu sehr haftet, der findet dann einfach Chaos vor, oder es funktioniert nicht. Pleiten, Pech und Pannen kommt mir da jetzt. Es wird einfach nicht mehr zugelassen, dass diese Dinge existent sind. Es ist eine Illusion. Sobald ich es erkenne, kann ich es sozusagen von außen anschauen und dann fällt der Schleier und es ist alles sichtbar. Und ich erkenne dies in meinem täglichen Leben, man kann es aber auch bei anderen Menschen beobachten. Es ist schön. Ich bin dann immer am Üben und denke: Aja, o.k. – ich fand es heute Morgen so witzig. Vor allem, dass ich dann tatsächlich in die Handlung kam. Gestern hatte ich dann so ein Erlebnis. Ich hatte die Namen von Kindern aufgeschrieben und normalerweise fühle ich mich schon getrieben, zunächst eine Sache fertig zu machen, dann die nächste. Dann kam jedoch der Impuls – und wenn dieser kommt, geht es mir tatsächlich auch körperlich nicht gut – sofort in die Handlung zu kommen. Das machte ich dann auch gleich und lief mit den Kindern im Schwimmbad herum, zeigte ihnen einiges, führte es durch, dann war alles gut. Auch im Außen, jeder schwamm, machte seine Sachen und dann war alles gut. Es war eine Freude. Das darf ich auch erst noch lernen. Manchmal spüre ich einen Impuls und ich denke: Nein, du musst erst mal so und so handeln, dann ist es wusch sofort im Körper, und dann gehe ich in die Handlung. Es ist wie mit einem Holzhammer auf dem Kopf, der mir sagt: „Mädel, du merkst es doch schon lange, geh in die Handlung." Das ist total witzig und macht mir sehr Freude. Und heute ist ein riesigen Freutag. Ich mache mit der Gabi einen wunderschönen Ausflug. Da freue ich mich riesig. Ich wünsche euch einen schönen Tag. Jeder Tag ein schöner Tag. Ich drück euch. Bis bald. Tschüss.

24. September 2021

Einfallen in die Grundruhe

Einen wunderschönen guten Morgen, ihr Lieben. Wir kommen immer näher... Ich weiß nicht, wie es euch geht… Doch bei mir ist es wirklich so, dass diese Grundruhe immer da ist und selbst, wenn es da draußen hektisch ist, oder wie bei mir im Schwimmbad viel los ist. Einer möchte etwas von mir, dann kommt ein Kind angerannt, ich bin eigentlich gerade in einem Gespräch mit einer Mama, und trotzdem ist dann diese Grundruhe da. Ich bin dann irre stolz auf mich, wie ich es manage, es so hinzukriegen, dass am Ende alle zufrieden sind. Und keiner denkt, oh sie hat keine Zeit für mich. Ich unterhielt mich gestern mit einer Frau, sie sagte auch, irgendwie kann ich das, was da außen abgeht einfach so betrachten, denke schon, es ist etwas komisch, doch ich habe die Grundruhe. Ich denke, dass ist diese Energie, in der die Erde schwingt und in die wir alle Stück für Stück hineinfallen. Diese Energie ist da und keiner kann sich der Energie widersetzen beziehungsweise wenn man sich widersetzt, geht es einem nicht so gut. Zum Beispiel ist es schwer für mich einen Menschen zu verstehen, der immer noch in seinem Film ist viel Geld verdienen zu müssen. Ich muss doch mein Haus bezahlen … Solche Menschen spüren vielleicht diese Grundenergie noch nicht so stark. Für alle, die vielleicht noch nicht so oft in dieser Grundruhe sind. Sie ist da, lässt sich nicht mehr wegleugnen. Je öfter du in dieser Grundruhe ruhst, desto weniger haben die Gedanken Macht über dich. Die Gedanken, die sich zum Beispiel um die Zukunft sorgen. Ich habe zum Beispiel gerade so einen kleinen Kampf, wie es weiter mit Schule geht. Ist es wirklich so, dass man einfach anfängt und vor allem es einfach den Kindern überlässt? Oder, was sind unsere Aufgaben als Erwachsene? Da gibt mir diese Grundruhe immer Sicherheit. Auf der einen Seite bin ich neugierig, wie es wird, und ich weiß, dass es großartig wird, auf der anderen Seite ist die tiefe Sicherheit, das tiefe Vertrauen, dass es für alle Menschen gut wird. Mein Vater hat sich impfen lassen, da war ich tatsächlich schockiert. Denn er hatte immer solche Sprüche drauf, wie: Also, ich lass mich doch nicht impfen. Na ja, vielleicht eine Maske mal zum Einkaufen, aber impfen, nein. Und jetzt wurde er von allen möglichen Menschen beeinflusst. Er soll sich doch mal überlegen, wie es dann ist, wenn er einen schweren Covid-Verlauf hat. Anfangs konnte ich ihn überhaupt nicht verstehen, dachte, mein Papa doch nicht, ich war sehr stolz auf ihn. Denn er ging von Anfang an mit mir mit, und sah den Blödsinn, und jetzt lässt er sich impfen. In ihm ist noch diese Angst. Ich merke das öfter auch bei älteren Menschen. Auch mein Pater Siegfried hat so eine Todesangst. Er ist 86 Jahre alt. Diese Menschen würden alles tun, um nicht körperlich sterben zu müssen. Doch gut, auch hier habe ich das Grundvertrauen, alles ist gut. Ich wünsche dir einen wundervollen Freitag. Er ist frei, manche nennen ihn Freutag, eigentlich sollten wir ja jeden Tag einen Freutag haben. Das wünsche ich dir. Alles Gute und bis bald. Tschüss.

25. September 2021

Die Kraft der Liebe ist hier – jetzt

Einen wunderschönen guten Morgen heute an diesem ganz besonderen Sonntag. Ich meine, es ist ja wirklich jeder Tag ganz besonders. Jeder Augenblick ist ganz besonders. Ich höre die Vögel – wie wunderbar. Es ist etwas ganz Besonderes in der Luft. Vielleicht ist es das, was wir entdecken sollen. Dass jeder einzelne Augenblick, jeder Moment etwas ganz Besonderes ist. Hermann Hesse schrieb: Jedem Anfang wohnt ein Zauber inne. Wenn es nur den Moment, den Augenblick gibt, dann ist ja immer ein Zauber darin. Denn es ist ja immer ein Neubeginn. Es gibt keinen einzigen Augenblick, keinen einzigen Moment, der gleich ist. Ist das nicht fantastisch. Vor allem wird einem dadurch klar, dass in diesem Augenblick ganz viele neue Möglichkeiten stecken. Ich bin daher nicht hilflos all den komischen Dingen aus der Vergangenheit ausgeliefert. Selbstverständlich darf ich all die wundervollen Augenblicke der Vergangenheit wieder hervorholen. Ich sage dann immer: Alles, was schön war in der Vergangenheit, was uns guttat, was uns nährte, wird uns bleiben und es wird noch viel schöner und wundervoller. Ich glaube, das können sich viele noch gar nicht richtig ausmalen, wie wundervoll es ist. Wir Großen haben es einfach nicht gelernt. Oft sind es die Erwachsenen, die sich gar nicht vorstellen können, wie herrlich das Leben ist, wenn es aus der Gegenwart heraus gelebt wird. Wenn ich merke, die Kraft liegt im Augenblick. Die Kraft liegt im Hier und Jetzt. Die Kraft heißt Liebe. Und zwar nur Liebe, das ist Energie, pure Energie. Aus dieser Energie kann nichts anderes erwachsen wie wieder nur Liebe. Wenn ich weiß, dass ich diese Energie informieren kann, also in Form bringen kann, indem ich sie mit anderen teile. Wenn ich weiß, dass ich letztendlich nur auf dieser Welt bin, um zu kommunizieren, mit anderen diese Liebe zu teilen, sie weiterzugeben und größer und mächtiger zu machen, puh, dann bin ich glaube ich angekommen. Und dann kann ich auf all das, was in der Vergangenheit war liebevoll zurückblicken und die Elemente helfen mir dabei. Das Wasser kann die Tränen aufnehmen und erfüllen, das Feuer kann die Angst verbrennen und der Wind bläst in unser Leben, er fließt in unser Leben mit seinem tiefen Vertrauen und Glauben in diesen Moment, in diesen Augenblick, in die Gegenwart, in die Kraft der Gegenwart, in die Liebe. Und die Erde trägt uns, nimmt uns auf und gibt uns die Möglichkeiten, durch die Elemente zu kreieren. Eine wundervolle Erde, eine wundervolle Zukunft, nun ja, ist ja dann wieder die Gegenwart, zu kreieren und festzustellen, wir leben alle in dieser Ewigkeit. Wundervoll. So wünsche ich dir heute wieder einen super Tag. Bei mir scheint wieder die Sonne. Ich habe heute die erste Stunde meines Sonderschwimmkurses. Ich freue mich riesig. Alles Liebe, bis bald.

29. September 2021

Wann ist es vorbei?

Einen wunderschönen guten Morgen wünsche ich euch da draußen. Als ich heute Morgen aufwachte hatte ich diese Frage im Kopf: Wie lange dauert es denn noch? Klar ist, dass es niemand sagen kann, wann vom Zeitpunkt her, es zu Ende ist, da wir ja alle daran beteiligt sind. Aber, wenn du davon ausgehst, dass es morgen vorbei ist, am besten noch, dass es jetzt schon vorbei ist, dann ist es, zumindest für dich, tatsächlich jetzt vorbei. Wenn nun immer mehr Menschen so denken, dann ist es auf alle Fälle schnell vorbei. Es kann gar nicht anders sein. Es ist daher meiner Meinung nach nicht dumm, oder naiv, zu sagen, es ist vorbei, sondern sehr klug. Denn wenn ich es immer anders erlebe, und dann sage: Du siehst es doch, es ist noch nicht vorbei. Da rennt doch immer noch einer mit einer Maske herum obwohl es Unsinn ist …, dann werde ich es auch immer wieder erleben, immer wieder. Ich bin da auch noch so verwoben darin. Wichtig ist, zu wissen, dass es klug ist und zwar sehr klug, davon auszugehen, dass bereits jetzt alles wundervoll, gut, heil … ist. Jetzt in diesem Moment. Nur dadurch manifestieren wir es auch. In jedem Augenblick, den wir ausdehnen können zu einer Ewigkeit, entsteht Leben, entsteht die Welt, entsteht Zukunft, die dann wieder Gegenwart ist. Es ist wahnsinnig klug zu denken, es ist bereits vorbei. Ja, ich sehe wahrscheinlich immer noch Menschen mit Masken, doch es wird immer weniger. Ich gehe dann immer zu den Kindern und sage: Kinder dürfen keine Masken tragen. Ich trage eine Verantwortung den Kindern gegenüber. Dann sehen es die Erwachsenen. Ich erlebte es gestern im Schwimmbad. Ein Kind sagte: Oh, wir müssen unsere Maske aufsetzen, die Mama sagte: Nein. Das Kind meinte: Da haben doch welche Maske auf. Die Mama sagte: Nein, ich setze keine Maske auf. (Grins, grins). Dann gingen sie ohne Maske weg. Das zieht Kreise, es merken immer mehr, wie unsinnig es ist. Dann nehme ich mir heute mal vor: Die Masken sind verschwunden. Bin gespannt. Es sind ganz coole Übungen immer für uns. Und gerade wir Erwachsenen dürfen mit uns sehr liebevoll umgehen. Wir lernten dummerweise komische Sachen. Doch das war auch in Ordnung. Alles gut. Doch jetzt ist es vorbei. Jetzt dürfen wir in Freude, in Liebe, in Zufriedenheit leben. Ich wünsche euch einen wundervollen Tag. Macht es gut. Genießt jeden Augenblick. Tschüss.

30. September 2021

Verwirrtes im Kopf

Einen wunderschönen guten Morgen, ihr Lieben. Heute scheint wieder die Sonne. Wie wundervoll. Aber es ist ziemlich frisch draußen. Deswegen gibt es den Impuls heute aus meinem Bett, dort ist es schön warm. Irgendwie sind mir heute Morgen viele Gedanken durch den Kopf gegangen, denn bei mir bahnt sich eine neue Schule an. Ein Umbruch. Da bin ich zweimal in der Woche und wir wollen es total leben. Das heißt, dass jeder selbst bestimmt, ja selbst bestimmt lebt. Ich merke gerade, dass ich da so diejenige bin, die so ein bisschen einen Knoten in den Kopf bekommt, denn irgendwie sind bestimmte Erfahrungen in meinem Kopf gespeichert. Und gerade die, die gut klappten in der Vergangenheit, die will ich ja irgendwie wieder leben. Ich denke dann: Wow, das war schön, das hat Spaß gemacht, die Kinder waren glücklich und das können wir doch so machen. Doch, nein, es funktioniert irgendwie nicht, merke ich gerade. Es gilt wohl auch hier, zulassen, was jetzt gerade in jedem Einzelnen ist. Und das Ganze dann ins Feld hinein abgeben. Auch meine Bedürfnisse, die momentan sehr stark auf Struktur und Klarheit basieren. Also zulassen, dass jeder Einzelne in solch einer Gemeinschaft, vor allem die Kinder, seines ins Feld bringt. Und alles hat gleichviel Gewicht. Nicht wie früher in der Schule, der Lehrer/die Erwachsenen bestimmen was gemacht wird und dann müssen dies die Kinder machen. Sicher hatten sie bei vielen Dingen auch viel Spaß. Jedoch auch nicht umgekehrt. Hier habe ich irgendwie das Gefühl, dass bei uns in der Lerngruppe die Kinder meinen, jetzt bestimmen nur sie. Ich denke, es muss von beiden Seiten kommen. Ich glaube, es muss nicht mal verbal ausgesprochen sein, sondern jeder gibt einfach seine Wünsche, wie er es sich vorstellt ins Feld und dann geschieht es einfach und wir können beobachten. Ihr merkt gerade, ich habe nach einer Lösung gesucht. Ich war heute Morgen ziemlich verwirrt und durch die Sprachnachricht fand ich jetzt eine Lösung. Ich danke euch, dass ich es mit euch teilen durfte. So wünsche ich euch nun einen wundervollen, sonnigen Tag. Den haben wir, der Himmel ist blau. Und ich glaube, wenn solche Verwirrtheiten im Kopf auftauchen, was wohl bei jedem immer wieder mal geschieht, (lach) und sie sich auflösen dürfen durch das SEIN im Hier und Jetzt, durch das Zulassen, sich dem ergeben, was jetzt einfach ist, dann ist alles gut.

6. Oktober 2021

Achte auf die kleinen Zeichen

Einen wunderschönen guten Morgen wünsche ich euch, ihr Lieben. Heute wieder einmal aus meinem Wohnmobil. Ich bin unterwegs, beziehungsweise stehe woanders. Es geht mir wieder wundervoll gut. Mich hatte tatsächlich letzte Woche am Freitag ein kleiner Infekt getroffen, ich konnte nicht mehr ausweichen (lach), doch ich konnte gut mit ihm umgehen. Nichtdestotrotz ist es immer wieder so …, und manchmal ärgert es mich, dass ich in die alte Welt reinfalle und mir dadurch einfach immer noch komische Sachen in mein Leben ziehe. Doch Gott sei Dank kommen immer wieder diese Zeichen in mein Leben. Das sind oft ganz kleine Zeichen, die ich einfach im Alltag überhöre und dann, wusch, bin ich wieder drin. Oft mag ich dann auch nicht mehr sagen, nun ja, es ist doch nicht so schlimm. Und dann geht es halt einfach gerade mal nicht so gut und das ist in Ordnung. Ich denke gerade für uns Erwachsene, die einfach so sozialisiert wurden, in die viele Jahrzehnte lang hineinmanipuliert wurde, ist es nicht immer so einfach. Natürlich konnten unsere Ahnen auch nichts dafür, bei ihnen lief es ja genauso. Und da die Menschen meist nur aus Liebe so handelten, versuchten wir (als Kinder und Jugendliche) all den „Mist" auch zu unserer Wahrheit zu machen. Mit mehr oder weniger Erfolg. Das war ein langer Prozess. Wenn ich daran denke, wie oft ich in der Kindheit, und vor allem auch als Jugendliche immer wieder haderte und dachte: Mensch, du bist wohl verkehrt auf dieser Welt, strenge dich doch mal mehr an, denk besser nach und das musst du doch verstehen. Dann versuchte ich mich zu verändern und trotzdem klappte es nicht. Deswegen sei auch du verständnisvoll mit dir, wenn du in solche Löcher fällst. Das ist es, was wir Großen jetzt am meisten brauchen. Viel Verständnis für uns selber. Aber auch für unsere Kinder, sodass wir sie so sein lassen können, wie sie sind. Dass wir aufhören zu denken wir müssten im Außen, bei anderen, irgendetwas verändern. (Atmen) Es ist in Ordnung, dass wir so denken. Es waren viele Jahre der Programmierung. Doch das Schöne ist, es ist wirklich vorbei. Und wenn du deinen Verstand genug bedient hast und verständnisvoll im Dialog – du darfst ihn auch schimpfen – warst, dann achte wieder auf die Zeichen, die jeden Moment da sind im Alltag, jetzt und überall. Und wenn es nur der Regen ist, der ganz sanft auf dein Dach prasselt und dir damit sagt, Reinigung findet statt. Ich bin da. Ich wasche alle Tränen ab. May the water wash away your tears, sagt ein wundervolles Lied. May the fire burn away your fears. Ja, das Feuer, das da ist, das nicht nur wärmt, sondern auch ganz stark all das alte, was dich belastet hat, einfach wegbrennt. May the wind blow into your lifes such faith and trust. Möge der Wind Glauben und Vertrauen in dein Leben blasen. Und auch den kannst du draußen spüren bei jedem Spaziergang.

Nehme diese Herbststürme, die jetzt immer wieder kommen zum Anlass, dieses Vertrauen, diesen Glauben in dein Leben blasen zu lassen. May the earth hold you. Möge die Erde dich halten. Da kommt immer der Spruch in mir auf. Du kannst nicht tiefer fallen, wie in Gottes Hand. Und die Erde ist Gott und du bist Gott und alle Menschen auf dieser Welt, egal, was sie tun, sind Gott. Ob wir es glauben oder nicht. Ja, wir sind ein Teil, doch das Teil ist ja auch gleichzeitig das Ganze. Und das ist so schön, es zu spüren, es zu wissen. So wünsche ich dir einen wundervollen neuen Tag voller Ereignisse. Ich drück dich. Tschüss.

8. Oktober 2021

Der Wolf ist tot

Einen wunderschönen guten Morgen, ihr Lieben. Es spitzt sich immer mehr zu. Immer mehr Erkenntnisse werden sichtbar. Ich spüre tatsächlich, dass es dem Ende zugeht. Von allen Seiten spüre ich, dass Eltern, Lehrer u.v.m. sagen: Nein, hier will ich nicht mehr mitmachen. Da läuft etwas falsch und ja, natürlich machen sie es noch, ich weiß es. Dazu ist es wohl noch notwendig, dass noch mehr Einschränkungen kommen. Gerade der Lehrer ist eigentlich sehr gutmütig, meint es gut mit den Kindern. Ich glaube, wenn jetzt diese Impftrupps in die Schule kommen sollen, werden immer mehr einfach nicht mehr mitmachen, krankwerden, daheimsein, nachdenken und sagen, nein. Ich denke, das Göttliche, oder diese wunderbare schöpferische Liebeswelle, die Liebesenergie ist so etwas von stark auf diesem Planeten, sodass es ganz schnell gehen wird. Ich sehe es so, dass es in diesem Jahr noch gewaltig rumpelt. Da kommt mir gerade das Bild vom Wolf und den sieben Geißlein. Ich glaube, dass jetzt das alte System ganz viele Steine in den Bauch gelegt bekommt, noch schläft und dann mit den Steinen irgendwann zum Brunnen geht und dann wusch, weg ist. Eigentlich ein schönes Bild. Mit den Märchen sollte ich mich auch wieder einmal beschäftigen. Das machte ich schon mal vor vielen Jahren. Die Märchen gehen in die richtige Richtung, enthalten wertvolle Botschaften. Der Wolf und die sieben Geißlein und wir sind frei. Der Wolf ist tot, der Wolf ist tot, Gott sei Dank, der Wolf ist tot. Damit starte ich jetzt in den Tag und ich wünsche euch auch einen wundervollen Tag. Geht in die Beobachtung von außen. Und wenn ihr merkt, es tut mir gerade nicht gut, dann geht einfach raus. Wald hilft hier immer. Die Natur zeigt uns, was wirklich wahr ist, was wirklich ist. Dann macht es wieder Spaß, allem zuzuschauen. Doch immer nur so lange es dir guttut. Dann wünsche ich dir alles Liebe. Bis bald. Tschüss!

11. Oktober 2021

Batterie leer

Einen wunderschönen guten Morgen wünsche ich euch. Hm, wie fange ich an. Hat man ein Thema, so dachte ich, vollständig bearbeitet, ist alles gut. Doch, nein, schon hüpft es wieder herbei und das ist irgendwie ganz schön blöd. Man ärgert sich: Oje, warst wieder mal nicht achtsam genug, hättest vielleicht mal, uvm. Doch letztendlich bleibt einfach nur, nichts zu tun. Einfach nur annehmen, annehmen was ist. Auch wenn es vielleicht schmerzhaft ist, wie jetzt gerade bei mir. Wenn man wieder die gleichen Symptome hat, wie schon vor Jahren, d.h. man ist wieder im gleichen Film. Und täglich grüßt das Murmeltier, fällt mir dazu ein. Auch dann … Es ist einfach nur ein Zustand auf der anderen Seite der Skala. Und weil ich die hermetischen Gesetze kenne und weiß, dass auf der anderen Seite der Skala meine Energie wieder steckt, und ich es auch sofort wieder verändern kann, ist alles gut. Ich weiß, ich bin jetzt schon in einem Alter (grins, quatsch) … und wurde auch lange Jahre hammermäßig bearbeitet, sozialisiert, hier hinein zu passen, das weiß ich alles. Ich weiß aber auch, ich habe meine Mittel. Ich kann, ich habe die Kraft … Was brauche ich dazu? Zeit, ja die habe ich. Geduld, wenn es mal nicht so schnell geht, wie ich eigentlich weiß, dass es gehen kann. Davon bin ich absolut überzeugt. Es kann ganz schnell gehen. Und dann diese starke Energie in mir, die darf ich kommen lassen, die darf ich wirken lassen. Und wenn es nicht funktioniert, darf ich auch Hilfe annehmen. Wer das jetzt hört und ein bisschen Erfahrung mit energetischem Arbeiten mit den Organen hat, den könnte ich gebrauchen. Es geht bei mir tatsächlich um meine wundervolle Blase, die sich wieder zurückgemeldet hat. Wer energetisch unterwegs ist, im Quantenfeld arbeitet, darf sich gerne bei mir melden. Es ist auch in Ordnung, Hilfe anzunehmen. Auch wenn man weiß, dass es eigentlich jeder für sich alleine macht und Heilung einfach geschieht. Doch vielleicht ist einfach mal wieder eine Anregung von außen auch auf diesem Feld bei mir notwendig. Ich weiß, dass ich in dieser Zeit dafür sorgen muss, dass mein Brunnen voll ist, dass meine Batterie immer geladen ist, weil es eben gerade etwas turbulent draußen ist und weil ich nicht mit allen Menschen, die sich immer noch in Vollnarkose befinden, vor allem nicht mit meiner Familie, kommunizieren kann. Hier fühle ich mich, als würde ich japanisch sprechen. Vielleicht kann doch irgendwer mir noch ein wenig Energie schicken oder irgendwas machen, mich noch ein wenig stärken. Sodass ich wieder in meine Stärke komme, zuversichtlich bin und dann auch wieder für andere da sein kann. Ich weiß, es ist meine Aufgabe in dieser Zeit. Manchmal verrenne ich mich, sodass ich dann doch wieder in meinem Kopf Filme produziere und denke, dies und jenes musst du … und dann noch ein Plan. Und schon beim Aussprechen der Worte merke ich, nein, es ist nicht mehr dran. Wir leben im Hier und Jetzt und zwar nur im Hier und Jetzt und daraus entsteht alles. Nur hier ist die Kraft, in der Gegenwart. Dann läuft es einfach. (Atmen) Ich denke, wir sind es, wir die Erwachsenen dürfen lernen, lernen, lernen oder üben, üben, üben. Alles ist gut! Jetzt. Witzigerweise ist heute nicht die Sonne da, die normalerweise jeden Morgen da ist. Ist aber klar. Doch dafür durfte ich sie gestern beobachten. Einen Sonnenuntergang auf einem Berg mit einem lieben Bekannten und das war einfach ein Schauspiel. Es war wundervoll diese Sonne untergehen zu sehen und dann noch lange Zeit dieser Himmel, das Abendrot. Das nährt mich und macht mich glücklich. Dann wünsche ich dir einen wundervollen Tag, einen Tag voller Wunder. Den wünsche ich mir auch. Ich drücke euch. Bis bald. Tschüss.

12. Oktober 2021

Danke

Einen wunderschönen guten Morgen wünsche ich euch. Ich bin so glücklich. Ich bin glücklich, dass ich euch habe. Dass ich mich total mit euch verbunden fühle, mit allen Herzensmenschen. Ich bin so glücklich über die 1000 Menschen, die ich neu kennenlernen durfte in den letzten eineinhalb Jahren, dank Corona. Vor allem bin ich unendlich dankbar für die Hilfen, die ihr mir schickt. Ich denke, dass viele – und wenn sie nur an mich denken – ganz viel bewirken können. Es schrieb mir eine wunderbare Seele – habt Dank für eure Energie. Eure Ratschläge, für all das, was ihr für mich gemacht habt. Es ist einfach nur wunderbar, leben zu dürfen, atmen zu dürfen, ein fantastisches Geschenk. Das merkten wir mit Corona, plötzlich sind viele manipuliert, lassen sich das Atmen verbieten und finden es auch noch gut. Dabei ist es das schönste Geschenk, das wir haben, das uns der Schöpfer, das Göttliche, das wir selbst sind, geschenkt hat. Und wir dürfen nur genießen. Nichts muss, alles kann. Und ich finde es so klasse, Menschen zu haben, die mich unterstützen bei meiner Aufgabe. Ich weiß, ich wurde hier hineingestellt, damit ich mich dem stelle, auch meinen Kindern immer wieder stelle. Und ja, ich darf natürlich auch achtsam sein und mich auch mal fernhalten. Aber mein Herz ist bei meinem Enkelsohn und tut auch ein wenig weh, dass ich ihn jetzt erst mal nicht sehe, den Franzl. Doch es ist alles o.k. so. Ich war gestern wieder mal mit Anna eine Stunde maskenfrei einkaufen im Denns. Das ist ein besonderes Erlebnis. Denn ich gehe ja normalerweise nicht sehr oft einkaufen, zumindest auf die herkömmliche Weise. Ich bekomme die

Ökokiste und dann brauche ich nur selten noch etwas aus einem normalen Supermarkt. Manchmal gehe ich noch in einen Hofladen in Ruppertshain. Dort bekomme ich zur Immunstärkung erst einmal einen dicken Drücker von Andrea, genauso wie bei Sven in der Bioscheune. Doch ab und an gehe ich mit Anna einkaufen. Und sie brachte noch den Markus und die Eva mit. So waren wir zu viert maskenfrei einkaufen. Und Markus, auch ein toller Herzensmensch, der mich unterstützt. Es war ein Wunsch von mir, nachdem ich bei der Schwebenrieder Lerngruppe die Elena kennenlernte, die dort die Gruppe unterstützt, ein junges Mädel mit 20 Jahren. Ich denke, die Jugendlichen oder jungen erwachten Menschen, die brauchen wir. Denn wir wurden ja jahrzehntelang in eine bestimmte Richtung sozialisiert. Da hat sich im Unterbewusstsein viel eingefressen. Deshalb brauchen wir wohl erst mal ein paar Jahre, um zu lernen und zu spüren, wie einfach doch alles ist. Dafür brauchen wir die Kinder und natürlich erwachte junge Menschen. Deshalb freue ich mich und bin gespannt, was sich entwickeln darf, was entsteht an unserem Lernort. Dann wünsche ich euch einen wundervollen Tag. Tschüss.

13. Oktober 2021

Ganz schön tricky

Einen wunderschönen guten Morgen wünsche ich euch. Heute aus der Bibliothek von Freiraum. Yeah. Ich schlief dort heute sehr gut auf der Coach und wachte auf und yeah, bin gesund. Ich stellte fest, es ist ganz schön tricky, wenn man mit Schmerzen aufwacht und sich dann sagen soll, man ist gesund. Dann geht man, oder dann gehe ich ganz automatisch in den Schmerz hinein und versuche meinem System zu verkaufen, du bist gesund, spüre jedoch gleichzeitig den Schmerz. Was macht man dann? Na ja, ich spüre halt den Schmerz, dann ist er halt da. Ich denke, es geht um Annehmen. Genau die Situation, ob es der Schmerz ist oder eine Scheibenkleister Situation, es ist halt so. Ich muss es nicht verändern. Ist vielleicht blöd, aber na ja. Ich denke dadurch, dass ich es annehme, darf es sich verändern. Natürlich machte ich gleichzeitig Dinge … Zum Beispiel wurde ich ja damals operiert, durfte zuschauen und sah, wie der Arzt das Krebsgewebe mit einem Werkzeug herausschabte, er nahm mich mit auf die Reise in meine Blase und erzählte mir genau, was er macht. Es war eine sehr interessante OP. Heute bin ich sehr dankbar dafür. So kann ich nun diese OP im Geiste wiederholen und das war wirksam. Und so wache ich heute Morgen auf und spüre keinen Schmerz. Jetzt geht es nur noch um die Dankbarkeit, Dankbarkeit, Dankbarkeit. Ich muss mir nun auch mal einen neuen Glaubenssatz angewöhnen. Na ja, ich muss nicht, doch ich darf. Wenn ich mit Menschen zusammen bin, die einfach noch im Film sind, darf es mir trotzdem gutgehen. Hm, genau. Das darf ich jetzt manifestieren. Diese Zeit ist echt der Hammer, doch ich freue mich drauf. Das macht mega Spaß. Heute erstmal mit den Kindern und dann mit den wundervollen Frauen und am Abend bei Gabi zum Abendessen. Dann wünsche ich dir auch einen wundervollen Tag. Genieße und komme gut durch diese wundervolle Zeit. Bis bald. Tschüss.

17. Oktober 2021

Freut euch

Einen wunderschönen guten Morgen wünsche ich euch. Es ist ein absolut herrlicher Tag, denn ich komme immer näher in mein SEIN. Ich komme immer näher in Richtung Sicherheit, noch näher ins SEIN, in den Augenblick, noch näher in die Klarheit, vor allem in ein klares Erkennen, was da draußen vorgeht oder nicht vorgeht. Denn ich kann mir tatsächlich alles reinholen. Es gibt mittlerweile im Internet, auf youtube usw. alles, ziemlich alles, und wenn ich mag, kann ich es zu meiner Realität machen. Doch viel schöner ist es tatsächlich, mit anderen Menschen tolle Sachen zu machen und vor allem auch im Schwimmbad einfach immer mehr Herzensmenschen zu treffen. Das ist für mich das Allerschönste, zu sehen, wie immer mehr Herzensmenschen auftauchen und wir uns gut unterhalten. Wie wir uns gegenseitig einfach guttun. Und dann aber auch die Menschen zu treffen, die immer noch im Schokoteig sind. Ich bin sicher, dass ich da auch einiges bewirken kann. Und wenn es nur ein kleiner Denkanstoß ist. Letztendlich ist alles nur in mir. Das darf mir immer wieder klarwerden. Da gibt es doch auch ein Lied: Es ist alles nur in deinem Kopf. Ja, das ist es tatsächlich. Und ich komme immer mehr dahin, es in meinem Kopf einfach nur zu beobachten. Dann ist alles plötzlich ganz klar. Dann habe ich ein komplett klares Bild und spüre ganz tief in mir, wie wundervoll ich bin. Das ist ein tolles Gefühl. Wenn ich dann dieses Gefühl nach außen tragen kann, zu den Menschen bringen kann, dann steigert es sich noch. Ich habe an meiner Pinnwand schon mindestens 40 Jahre einen Spruch hängen: Liebe ist das einzige, das wächst, während wir es verschwenden. Wir geben uns selbst einfach die Liebe, die Freude, und dann an andere weiter. Und dadurch behalten wir sie und sie wird noch größer und die anderen Menschen profitieren auch davon. Ich denke, das ist in dieser Zeit wohl das allerwichtigste, in dieser wundervollen, tollen Zeit. Vor ein paar Jahren war ich mir tatsächlich noch nicht ganz sicher, ob es wirklich so läuft. Als Kind war ich zu 100 Prozent sicher, bald ist Frieden auf der ganzen Welt, das wusste ich einfach. Doch ich ging natürlich auch durch die Schule und die Sozialisation und musste merken, dass es vielleicht doch nicht so läuft und die Zweifel waren sehr lange auch in meinem Herzen und das tat weh. Denn man will ja den anderen gefallen. Man denkt, man muss sich verändern, damit einen die anderen lieben. Doch letztendlich ist es ja nur eine Suche nach der Liebe. Klar ist die äußere Welt auch eine Hilfe. Dieser Spiegel, in den man schaut und dann in sein Inneres gehen kann. Das wusste ich damals noch nicht und musste dann auch diesen riesigen Schmerz durchleben. Das war nicht schön, gar nicht schön. Doch nach zwei, drei Jahren konnte ich schon sehr dankbar sein. So wünsche ich dir für heute einen wundervollen Tag. Mache ihn zu deinem Tag und spüre diese Liebe in dir und diese powervolle Energie. Die fließt nur in diesem Augenblick, jetzt, dehne ihn aus, tanze, freue dich, ruf jemanden Liebes an. Mach etwas, das dir guttut. Ich darf heute wieder Kindern das Schwimmen beibringen. Das ist so gut. Juchhu! Ich freue mich. Bis bald ihr Lieben. Tschüss.

21. Oktober 2021

Immer stürmischer

Heute mal einen wunderschönen guten Abend. Eine Nacht-Nachricht. Ich glaube, wir haben es jetzt bald geschafft. Es geht dem Ende zu. Ich weiß es, es spitzt sich gerade total zu. Ich weiß nicht, wie ihr es erlebt, doch ich merke es im Außen sehr stark, im Schwimmbad, wenn ich mit den Menschen spreche. Es spitzt sich extrem zu. Die Menschen machen nicht mehr mit. Alleine schon mit mir. Ich dürfte eigentlich nicht mehr arbeiten oder müsste mich so und so oft testen, und das muss dokumentiert werden. Derjenige, der mir das sagen sollte, sagte zu mir: Michaela soll ich dich ärgern? Nein du ärgerst mich nicht. Er checkte es. Er ist zwar auch geimpft und so, doch er spürt, wie unsinnig alles ist. Wie sagte ich immer, dieses Jahr ist ein fünfer Jahr. Wir sehen und erleben einen sehr raschen Wandel beziehungsweise das große Erwachen. Halten wir noch ein wenig durch. Es wird noch stürmischer. Gestern Nacht war ja auch im Außen ein Sturm. Ich fand ihn sehr schön und freute mich. Genießen wir es und bleiben in unserer Mitte. Manchmal merke ich, dass ich noch in den alten Film gehe und denke: Ups …, doch ich darf atmen. Ich wünsche euch eine wundervolle geruhsame Nacht. Bis bald, ihr Lieben.

22. Oktober 2021

It´s done

Einen wunderschönen guten Morgen, ihr Lieben. Als ich heute Morgen aufwachte, hatte ich den Gedanken: It´s done. Nun ja, it`s done, denke ich doch schon die ganze Zeit. Ich bin seit mindestens eineinhalb Jahren oder gar schon länger davon ziemlich überzeugt, dass es eigentlich alles schon erledigt ist. Die Energie, die hier auf der Erde herrscht ist einfach nur … neutral oder Liebe, halt einfach eine wundervolle starke Kraft. Und da alles mit allem verbunden ist, steckt diese Kraft auch in dir und mir. Die Menschheit entdeckt jetzt immer mehr, dass diese Kraft jeden Moment vorhanden ist, und dass sie diese Kraft jedoch nur dann nutzen kann, wirklich richtig kraftvoll nutzen kann, wenn sie mit ihrem ganzen Sein auch im Augenblick lebt. Nur dann ist diese Kraft kraftvoll (lach), kann zu einem wahren riesigen Potential werden, das Auswirkungen hat. Ich sah gestern von Turin ein Video, da saßen viele Menschen auf dem Boden und tönten einen Ton. Om! Sie waren alle gleichzeitig in diesem Moment und haben die Kraft angezapft. Nur ein einziger Ton mit seiner wunderbaren Schwingung. Sodass alle Menschen damit angesteckt werden. Ich fand das fantastisch und ich freue mich schon darauf, wenn wir Deutschen auch so etwas in der Art machen. Es heißt ja immer: Am deutschen Wesen wird die Welt genesen. Klingt gut, doch ich denke, manch einer braucht da einfach noch ein wenig Übung. So wie wir es im Schwimmbad immer zu den Kindern sagen: „Wir müssen üben, üben, üben." Es ist einfach nicht so leicht für uns Erwachsene dauerhaft im Hier und Jetzt zu leben. Und wenn dann nur der Gedanke kommt: Oh, du musst doch noch, du wolltest doch jenes… Auch schöne Sachen. Ich lernte so viele wundervolle Menschen kennen. Ich sagte zu vielen immer, wir sehen uns schon wieder. Dann kommt oft der Gedanke: Oh, ich möchte sie oder ihn doch wiedersehen. Wann werde ich ihn wiedersehen? Wir armen Erwachsenen, es ist gar nicht so einfach für uns. Doch ich weiß, dass wir es schaffen. Alle gemeinsam und wir dürfen uns Zeit lassen. Es kann nichts mehr passieren. Denn die Grundenergie, die Liebe, ist schon lange auf dieser Welt und dehnt sich aus und Liebe ist das einzige, das sich ausdehnt, das mehr wird, indem man es verschenkt. So wünsche ich euch heute einen wundervollen, liebevollen Tag. Geht auch mit den Menschen, die ihr nicht versteht, die irgendwie komisch sind, ganz liebevoll um. Ich denke, jeder hat seinen Grund, so zu sein, wie er ist. Entdeckt die Schätze in der Natur! Hier lerne ich gerade von Elisabeth, einem Kind in unserer Lerngruppe, die sich so was von auskennt in der Natur, dass ich fast neidisch werden könnte. Lernt von den Kindern, das sind unsere Lehrer. Habt einen wundervollen Tag und bis bald, ihr Lieben.

Eine Geschichte

Der Esel sagte dem Tiger: „Das Gras ist blau."

Der Tiger erwiderte: „Nein, das Gras ist grün."

Die Diskussion wurde hitzig, und die beiden beschlossen, die Angelegenheit einem Schiedsgericht zu übergeben, also gingen sie zum Löwen.

Als sie sich dem Löwen auf seinem Thron näherten, begann der Esel zu schreien: „Eure Hoheit, ist es nicht wahr, dass das Gras blau ist?"

Der Löwe antwortete: „Wenn du glaubst, dass es wahr ist, dann ist das Gras blau."

Der Esel stürmte vor und fuhr fort: „Der Tiger ist mit mir nicht einverstanden, widerspricht mir und ärgert mich. Bitte bestrafe ihn."

Daraufhin erklärte der König: „Der Tiger wird mit drei Tagen Schweigen bestraft werden."

Der Esel sprang vor Freude und ging weiter, zufrieden und wiederholte: „Das Gras ist blau, das Gras ist blau …"

Der Tiger fragte den Löwen: „Eure Majestät, warum habt ihr mich bestraft, das Gras ist doch grün?"

Der Löwe antwortete: „Du hast gewusst und gesehen, dass das Gras grün ist."

Der Tiger fragte: „Aber warum bestrafst du mich?"

Der Löwe antwortete: „Das hat nichts mit der Frage zu tun, ob das Gras blau oder grün ist. Die Strafe ist, weil es für ein mutiges, intelligentes Wesen wie dich erniedrigend ist, seine Zeit damit zu verschwenden, mit einem Esel zu streiten, und obendrein bist du gekommen und hast mich mit dieser Frage belästigt, nur um etwas zu bestätigen, von dem du bereits weißt, dass es wahr ist!"

Die größte Zeitverschwendung ist es, sich mit Narren und Fanatiker zu streiten, die sich nicht um die Wahrheit oder die Realität scheren, sondern nur um den Sieg ihrer Überzeugungen und Illusionen.

Verschwende niemals Zeit mit Diskussionen, die keinen Sinn ergeben. Es gibt Menschen, die trotz aller Beweise, die ihnen vorgelegt werden, nicht in der Lage sind zu verstehen.

Andere, die von ihrem Ego, ihrem Hass und ihren Ressentiments geblendet sind und die nur eins wollen: Recht haben, auch wenn sie es nicht haben.

Frieden beginnt im eigenen Herzen
Botschaft von Stephan Bergmann aufgrund des Videos „Wunder von Turin"

Es gibt einige tolle Neuigkeiten. Wunder die passieren, die mich ganz froh und zuversichtlich stimmen. Es hängt mit dem zusammen, dass die Menschen immer mehr verstehen, was wir machen müssen, damit wir eine positive Wende erzeugen können. Darauf komme ich eben auch über das, was gestern passiert ist. Ich habe am Morgen dieses Video von Turin eingestellt, wo die Menschen den Ton OM gesungen haben und es eine unglaubliche Kraft erzeugt hat, nicht nur dort in Turin sondern überall. In allen möglichen Kanälen, bei ganz vielen Menschen ist jetzt die Idee entstanden, genau, wir müssen einfach zusammen in einer Einheit eine positive Stimmung erzeugen, z.B. über diesen Ton OM. Da geht die Frequenz nach oben, die Schwingung, in einem selber und in der ganzen Umgebung. Wenn man singt, hat man keine Angst. Da gibt es wissenschaftliche Erkenntnisse dazu. Wenn man in dieser Meditationshaltung in der richtigen Ausrichtung ist, dann beeinflusst das unheimlich viel. Es gibt das Washington DC – Experiment, wo die Menschen 1993, wo mehr als 4000 Leute meditiert haben und die Kriminalitätsrate ist signifikant nach unten gegangen in Washington DC. Es gibt verschiedene Plätze in der Welt, ich hörte auch einmal etwas von Chicago, diese Experimente, wo ganz klar ersichtlich ist, dass wenn nur ein kleiner Bruchteil der Menschen sich in dieses positive Feld stellt, dass dies dann eine Auswirkung auf alle hat. Auch auf Menschen, die überhaupt nichts davon mitbekommen. Warum? Weil ein Schwingungsfeld sehr mächtig ist. Wenn die Schwingung, die wir mit unserem Herzen, mit unserer Absicht erzeugen können, nach oben geht, dann zieht es die anderen mit. Und was mich so hoffnungsvoll stimmt, ist, dass dieses Video gestern 120.000-mal in 24 Stunden angeschaut wurde und eben nicht nur bei mir auf dem Peacecrowd-Kanal, sondern bei ganz vielen anderen Menschen auch. Lasst uns doch alle zusammen jetzt etwas starten. Überall. Ihr könnt das alle selber machen. Ihr braucht niemanden, der vorne weggeht und sagt: „Hallo, ich bin jetzt hier der große Meditationsmeister, ich mache das jetzt." Nein, ihr könnt in kleinen und großen Gruppen zusammen gehen, einfach spazieren gehen und dann diesen Ton singen. Ihr werdet sehen, mit der Zeit kommen immer mehr Menschen dazu und dieses Feld, das breitet sich überall aus. Wir können jetzt einfach eine Uhrzeit finden. Zum Beispiel, dass man sich am Wochenende um 14:00 Uhr trifft und sonst jeden Abend um 19:00 Uhr singt. Egal wo, selbst wenn jeder das zuhause alleine macht, hat es trotzdem eine Wirkung. Manche können trommeln. Wir trommeln immer jeden Abend um 19:00 Uhr. Dann können wir das alle zusammen machen. Ihr müsst es einfach selber starten. Ich setze jetzt einfach mal die Uhrzeit, am Wochenende um 14:00 Uhr und unter der Woche um 19:00 Uhr. Da braucht es keine übergeordnete Instanz, die es startet. Wir können es alle dort starten, wo wir sind und jeder kleine oder größere Kreis soll sich einfach mit der Absicht des Friedens, der Liebe, der Freiheit und der wohlwollenden Art der Menschen untereinander, mit einklinken. Wir sind alle Brüder und Schwestern. Wir sind alle eine Menschheit. Auch die, die sich jetzt gerade wie „Nazis" verhalten, auch sie sind Menschen. Und auch sie dürfen wir abholen und mit dieser Frequenz sozusagen infizieren. Wenn wir mal in der Virensprache bleiben möchten. Es liegt an uns, was wir für eine Frequenz verbreiten. Ich machte einfach die Erfahrung. Letztes Jahr haben wir die Menschen mit dieser guten Laune, mit dieser Liebe, mit dieser Brüderlichkeit/Schwesterlichkeit, die wir dort verbreitet haben, angesteckt. Lasst uns da weitermachen. Egal, auch wenn die anderen mit Dreck werfen, wir werfen mit Liebe und wir singen schöne Lieder. Wir singen OM und meditieren und erzeugen dadurch ein positives Feld. (…)

Gefangen in der Matrix

Einen wunderschönen guten Morgen, ihr Lieben. Heute am Sonnentag. Ich bin gespannt, noch ist sie nicht – zumindest strahlend – da. Ich liege noch im Bett, wunderbar. Ich schaute gerade schon ein wenig in den Film Matrix von 1999. Ich hatte ihn tatsächlich noch nicht gesehen. Nun nahm ich mir vor, ihn mal anzuschauen. Das was ich bisher sah ist wow, so wie ich es auch empfinde in dieser Welt. Eine Scheinwelt, in der wir alle leben und denken, es ist real. Doch jetzt wachen ja alle auf. Gott sei Dank, es ist vorbei. Es ist sehr interessant, sich immer wieder mal drauf einzulassen, was war oder was vielleicht war, ob alles so war oder ob eigentlich gar nichts war. Es ist total spannend. Das Witzige ist, seit ich nichts mehr weiß, weiß ich alles. Das klingt total paradox und widersinnig, doch so fühle ich mich. Allwissend ohne wirklich etwas zu wissen. Es ist ein tolles Gefühl, einfach wunderbar. Und immer zu jeder Zeit alle Instrumente in der Hand zu haben, die man braucht, um in diesem wundervollen Körper zu SEIN. Die nächsten Schritte zu gehen, die ja tatsächlich nicht linear sich darstellen, sondern vertikal, immer da. Es ist wie, die lineare Zeitachse einfach zu drehen und immer im Hier und Jetzt zu leben, zu spüren, dass in dieser Ewigkeit alles da ist. Ungewiss, denn für meinen Verstand ist alles immer nur Schritt für Schritt, eins nach dem anderen, zu fassen. Das ist einfach so, das ist mein Verstand und ich danke ihm für die wundervolle Arbeit, die er leistet. Ich weiß ganz sicher, dass alles da ist, egal was du dir immer vorstellen magst, ob es das aktive Erschaffen ist, das im Geist entsteht aus den Gedanken, Vorstellungen, Träumen, also materielle Dinge oder Erlebnisse, wunderbare Sachen oder ob es deine Gesundheit ist, die du in jeder einzelnen Zelle fühlen kannst, die du dir tagtäglich selbst schenken darfst, fühlen darfst. Ein Atemzug und du bist drin und kannst dieses tolle Gefühl spüren und kannst dann ganz spontan das tun, was dein Körper gerade benötigt, ob es ein zärtliches Berühren ist, ein Abstreifen oder einfach nur ein in Gedanken in ein Körperteil spüren, zum Beispiel frühmorgens in den Darm, der ziemlich heftig arbeitet, ich kann ihm dann ein wenig von außen helfen, streicheln, massieren. Oder meine Blase ist nach wie vor im Mittelpunkt. Das hängt gerade noch mit Abwehr zusammen. Ich lasse noch viele Dinge zu sehr an mich heran, ich sehe sie noch zu persönlich, zumindest noch kurz. Doch wir dürfen alle lernen, auch ich. Ich bin auch nur ein Teil des Ganzen, doch unendlich wichtig, einzigartig. Ohne mich könnte das Ganze nicht existieren. Und das Schöne ist, es geht nie etwas verloren, es ist immer alles da, es geht nur über in eine andere Form, wie schön. Ich bin gespannt, was der heutige Tag bringt. Einfach genießen. Dann wünsche ich dir alles Liebe, ich drück dich und hab einen wundervollen Tag.

30. Oktober 2021

Nichts mehr wollen

Einen wunderschönen guten Morgen, ihr Lieben. Ich hoffe, es geht euch gut. Ich werde nachher eine Sprachnachricht reinstellen, die ich gerade hörte, die all das, was geschieht mit unserem Denken und Fühlen, der Manifestation und dass es die Zukunft ja eigentlich nicht gibt, ganz gut ausdrückt. Ich wollte euch nur sagen, dass es mir gutgeht. Momentan ist bei mir viel los, das Schwimmbad, die Schule usw. da gibt es einiges. Manchmal habe ich das Gefühl, eigentlich will ich gar nichts, ich will einfach nur sein. Dann wünsche ich mir den Lockdown zurück, denn es war schon eine coole Zeit und ich bin auch echt der Arbeitslosigkeit, dem Arbeitslosengeld sehr dankbar, es gab keinen Druck. Andererseits freue ich mich jetzt auch, denn ich werde mich zum 31.12. aus der BRD abmelden und werde mich reisend melden und darauf freue ich mich enorm. Es ist für mich ein Schritt raus aus dem System. Allerdings habe ich noch ein Versprechen, das ich meiner Tochter gab, mich wieder kranken zu versichern, doch ich werde mit Sicherheit eine wunderbare Lösung finden. Bestimmt. Ich merkte auch, es geht nicht mehr, irgendetwas zu verschweigen, Lügen sowieso nicht mehr, es geht nur noch die Wahrheit. Von daher muss ich natürlich auch zu meinem Wort stehen. Ich musste es ihr versprechen: Bitte liebe Mama, hol dir wieder eine Krankenversicherung. Ich bezahle es dir auch. Auf der anderen Seite kommt bei mir dann aber immer wieder ein Nein. Ich will nicht mehr von irgendetwas im Außen abhängig sein. Und es ist wirklich gruselig, wenn man etwas nicht bezahlen kann, dann muss man halt zum Staat gehen und dann bekommt man eine Lösung. Das finde ich absolut gruselig, dieses Konstrukt BRD, wie es aufgebaut ist. Das hätte ich niemals gedacht. Dann wünsche ich euch einen wundervollen Tag. Meiner ist ziemlich vollgepackt mit Schwimmbad, Aufsicht, Schule. Doch ich freue mich drauf. Alles Liebe, ich drücke euch. Tschüss

25.10.2021

Täglicher Gedanke vom Herzkrieger
Fühle die Welt von Morgen

Herzlich Willkommen zum täglichen Gedanken vom Herzkrieger und ich freue mich, dass du heute mit dabei bist. Heute habe ich eine etwas ungewöhnliche Bitte an dich, denn ich bitte dich: Fühle die Welt von morgen. Erspüre die Welt von morgen. Natürlich bin ich mir absolut darüber im Klaren, dass die meisten Menschen die das hören, gelinde ausgedrückt, sagen würden, das ist doch eine unfassbar ungewöhnliche Aufforderung. Was soll das bringen. Ja, die meisten würden sogar sagen, das ist absolut verrückt, was soll denn dieser Quatsch. Doch genauso funktioniert der Weg zur Veränderung. Wenn du dich im Außen umblickst, dann stellst du fest, dass die Welt, wie sie uns genau in diesem Moment begegnet ein Spiegelbild dessen ist, was die meisten Menschen mit Vorstellungen für die Zukunft und Ängsten verbinden und erzeugen. Es spiegelt die Ängste der Masse der Menschen unserer Gesellschaft wider. Jetzt könnte es natürlich durchaus sein, dass du dich fragst, wieso. Es gibt doch auch Dinge, die im Außen geschehen, die die meisten Menschen im vorne herein gar nicht kannten. Entwicklungen, von denen sie nichts wussten und dementsprechend reagieren sie auch nur auf das was jetzt sichtbar ist. Doch wenn du so denkst, dann solltest du dir ganz einfach einmal die Filmwelt etwas näher ansehen, denn Hollywood, heißt nicht umsonst so, oder wird als die Traumfabrik benannt, denn der Masse der Menschen wird dort ihre Träume verkauft und präsentiert. Und die Frage ist letztendlich einzig und allein die, welche Träume bekommen wir aus dieser Traumfabrik übermittelt, die wir erzeugen sollen. Genau das ist wichtig für die dunkle Seite der Macht. Denn wenn wir diese Träume mit unseren Emotionen unterstützen, völlig unbewusst und ohne dass es den meisten Menschen jemals klar wird, beschleunigen wir den Prozess genau in deren gewünschte Richtung. Doch letztendlich ist genau das das absolut Positive daran. Mach dir einmal bewusst: Das Gesetz der Anziehung funktioniert wie ein Kopiergerät. Es bewertet nichts und ist völlig neutral. Im Grunde könntest du sagen, agiert es wie Aladin mit der Wunderlampe. Es kennt nur eine Antwort. Dein Wunsch ist mir Befehl. Und die Art und Weise, wie du mit dem Gesetz der Anziehung kommunizierst, die Sprache des Universums sind Emotionen. Genau diese Emotionen hat man in der Vergangenheit durch die Filmwelt benutzt, um sie bei den Menschen zu erzeugen. 1984, das Buch, es wurde auch verfilmt, hat uns bereits im Vorfeld mit einer totalen Kontrolle konfrontiert. Und wenn du dir die Filme der letzten Jahre einmal in Erinnerung rufst, dann stellst du fest, hat sich über die Filmwelt genau dieses Bild zukunftsbetreffend manifestiert. Nämlich, wir werden alle kontrolliert und niemand kann mehr ohne irgendeine Form der Überwachung irgendetwas gestalten. Und genau das ist es, was wir heute im Außen sehen. Die Mehrheit der unbewussten Menschen hat diesen Prozess unterstützt und jetzt ist die Zeit, genau jetzt, um unser Leben wieder in die gewünschte Richtung zu manifestieren. Da es so leicht möglich ist mit dem Gesetz der Anziehung zu kommunizieren ist der Schlüssel eben unsere Emotion und eine klare Vorstellung eines Weltbildes, wie wir es uns erträumen und erwünschen. Letztendlich genügt es, dass du ein Bild einer wundervollen Zukunftswelt in dir trägst, dass du dieses Weltbild erfüllst mit Liebe, mit Freude, mit Harmonie, mit miteinander. Dass du ein Bild entwickelst wie die Menschen wieder aufeinander zugehen und dass es eine totale Freiheit gibt für die Menschen. Und mit diesem Bild, wenn du es schaffst, deine Emotion da hinein zu bringen, die Emotion der Freude, trägst du entscheidend zum Wandel bei. Und darüber hinaus hast du noch ein Hilfsinstrument, etwas was du zusätzlich kräftigend mit einsetzen kannst. Wenn es dir gelingt, dieses Bild in dir zu erzeugen, dann verbinde es mit Dankbarkeit, verbinde es mit der Dankbarkeit, die du zum Ausdruck bringst, wenn etwas bereits geschehen ist und dann hast du den wertvollsten Beitrag geleistet für ein neues Morgen, für ein neues Bewusstsein und niemand kann es aufhalten, denn ungefiltert gehen deine Emotion, deine Dankbarkeit und deine Bilder einer Welt von morgen in das universelle morphogenetische Feld. Und es beginnt sich zu verändern. Das Schönste daran ist, du bist nicht alleine, es gibt viele Menschen, die da bereits daran mitwirken. Und das siehst du in der Unruhe in der Bevölkerung. Es gibt diejenigen die Zuversicht bewahren und es gibt die, die nach wie vor die dunkle Seite durch Ängste und Befürchtungen füttern. Also, wenn du diesen Prozess in Liebe begleitest mit einem wundervollen Zukunftsbild, dann tust du das Beste, was du als schöpferisches Wesen für diesen Prozess beitragen kannst, egal was andere dir erzählen, egal was andere Menschen von dir glauben, du bestimmst es, denn von dir geht es aus. Und um dich herum entsteht durch dein Wirken, durch dein Denken, durch deine Emotionen wie ein sich auf dem Wasser befindender Kreis, der immer größer wird. Zunächst erreicht er dein Umfeld, deine Freunde, Verwandten, Familienmitglieder, die Gesellschaft in der näheren Umgebung, und irgendwann erreicht er alle. Und diese Kraft, um die bitte ich dich, dass du sie genau für deine Welt von morgen einsetzt, um die Welt, die wir uns erträumen und erwünschen, in Erscheinung zu bringen. In dem Sinne wünsche ich dir wundervolle Zukunftsbilder und wie gesagt, fühle die Welt von Morgen. Alles Liebe und lasse es dir wie immer richtig gut ergehen. Tschüss.

1.November 2021

Allerheiligen

Einen wunderschönen guten Morgen, ihr Lieben. Es wird Zeit für eine Sprachnachricht. Gefühlt passiert ganz viel da draußen. Ich muss zugeben, am allerliebsten bin ich Beobachter. Doch ab und zu gehe ich jedoch auch wieder hinein in das Spiel. Heute Nacht zum Beispiel träumte ich ganz intensiv und zwar ging es um meine GEZ-Gebühren, die ich bis gestern nicht bezahlte. Dann kam der gelbe Brief. Hier darf ich euch etwas ganz Interessantes über meinen Verstand erzählen. Im Nachhinein muss ich wieder schmunzeln, andererseits ist es jedoch nur Geld gewesen, also (grins) nicht so schlimm. Ich hielt tatsächlich immer gut durch und bezahlte nicht. Anfangs tat ich mir mit der GEZ einen Briefwechsel an, erklärte ihnen alles sehr ausführlich und höflich: Alles sei nicht rechtens und so fort, und bekam dann jedoch immer eine mehr oder weniger automatische Antwort, ich muss es bezahlen, es bezahlt jeder Haushalt, egal ob ein Fernseher etc. vorhanden ist oder nicht. Dann fing ich an, die Briefe wieder zurückzuschicken. Zurück an den Absender, ganz höflich, mit Herzchen und so. Jetzt kam vor einer Woche der gelbe Brief. Ich machte ihn wie immer nicht auf und schrieb auch darauf wieder „zurück an Absender", erwähnte auch, dass ich bis Ende des Jahres hier nicht mehr sein werde. Witzigerweise lag einen Tag später mein Brief, den ich hier in Retzstadt eingeworfen hatte, wieder in meinem Briefkasten. (Lach) Ich dachte, o.k. was ist los? Dann vermischte sich die Geschichte mit meinen Kindern, mit der Krankenkasse, dann dachte mein Verstand, nun ja, dann bin ich ja nicht mehr hier, und es kamen Gedanken wie: Wie mache ich es dann, muss ich mich ummelden ...? Jemand meinte dann, man kann sich reisend melden, o.k. dann mache ich es so und wenn ich dann nicht mehr hier bin ...?"; dann kam der Gedanke: Dann steht womöglich der Zwangsvollstrecker vor der Türe meiner Tochter und das möchte ich ja auch nicht unbedingt, dann denken sie wieder, oh Gott die Mama, die böse Mama, immer wieder die komische Mama. Das Witzige daran war dann, dass ich plötzlich nachts aufwachte, dachte: Nein, das kann ich nicht machen, und überwies dann mitten in der Nacht das Geld von der GEZ. Dann konnte ich danach wirklich gut schlafen mit einem guten Gefühl. Heute Nacht kam dann der Traum dazu: Ich war irgendwie daheim, es war jedoch nicht hier. Ich kam heim und dann standen hier fünf Polizisten, drei Mädels und zwei Männer und ich saß mit ihnen zusammen und erzählte ihnen, dass ich keinen Fernseher habe, keinen Radio ..., und sie haben nur gelacht und gemeint, das ist ja doof, das geht ja gar nicht. Ich erklärte alles, und meinte dann: Sie können wieder gehen, ich habe es bezahlt. Ich fand es sowas von lustig. Letztendlich zeigt mir das nur, dass auch bei mir der Verstand noch ziemlich versucht, die Herrschaft zu übernehmen, das ist o.k. Er darf das, ich lache, alles ist gut. Was ich noch sehr stark bei mir spüre ist die Manipulation, die durch Werbung und Medien geschehen ist. Das hat sich so was von festgefahren. Ist natürlich nicht schlimm, ich habe mich auch damit versöhnt, bei bestimmten Sätzen sofort Assoziationen zur Werbung zu haben. Doch ist schon heftig. Die Manipulation, all das was geschehen ist in den letzten Jahrzehnten, Jahrhunderten, wahrscheinlich sogar Jahrtausenden war echt perfekt und das ganze nur um hier im Moment anzukommen. Im Hier und Jetzt, und das Ganze auch zu begreifen, ganz sicher zu spüren, es gibt nichts anderes als den Moment. Und gerade wird es mir richtig klar. Wenn jetzt alle aufwachen, kann nur Frieden sein, da geht nichts mehr anderes. Ich bin gerade in einem Flash, das ist Wahnsinn, es fühlt sich wundervoll an. Ich bin so unendlich dankbar, dass ich dabei sein darf. Vor allem bin ich dankbar für diese Erkenntnis, die mir gerade im Moment so richtig bewusst wird. Ich danke dir, dass du mir zuhörst. Ich danke dir für dein SEIN. Es ist so wundervoll, zu spüren, es sind wirklich so viele Menschen. Zu wissen, sie spüren es auch, zu wissen, wir sind alle miteinander verbunden. Wir lieben uns alle. Jeder liebt den anderen, die Tiere und die Erde, alles was lebt. Und auch all die Dinge, die wir gemeinsam erschaffen haben. Und was glaubt ihr, was wir in Zukunft alles erschaffen. (Lach) Zukunft, oh die gibt es doch nicht, lieber Verstand. O.K. Was wir alles gemeinsam miteinander erleben. Es werden nicht mehr sehr viele materielle Dinge sein, die sind ja schon da. So wünsche ich dir heute einen wundervollen Allerheiligentag. Ah ja, heute ist ja Allerheiligen. Ich denke, an diesem besonderen Tag feiern alle Ahnen, alle Energien ganz besonders. Die Seelen, die Energien, sie feiern, sie feiern den Tod und die Erkenntnis, dass es so etwas wie Tod gar nicht gibt. Alles Liebe.

4. November 2021

Ewigkeit genießen

Einen wunderschönen guten Morgen, ihr Lieben. Neuer Morgen, neues Glück und alles geht da draußen Schlag auf Schlag. Manchmal mag es so scheinen, als passiere nichts und ich stelle dann immer fest: Wenn ich in die Situation reingehe, wenn ich Kontakt habe zu ganz lieben Menschen, die noch tief und fest schlafen, tief und fest in diesem System verwurzelt sind, die in diesem System noch die Glückseligkeit sehen und sich nicht vorstellen können, dass es anders läuft, dann fühlt sich das oft nicht so gut an. Wenn ich mit solchen Menschen zusammen bin oder telefoniere, dann, hm, ist das nicht so toll. Dann kommt immer ein Konflikt in mir hoch, ich kann dann nicht verstehen, dass man es nicht sehen kann. Und dann all die Vorwürfe. Nein, ich werde nichts mehr vor-werfen. Vorwerfen, nein, ich werde es einfach in mir bewahren, die Liebe, all die wunderschönen Momente, die wir gemeinsam verbrachten, die wundervolle Zeit. Ich werde es so machen wie im 1. Kor 13, die Liebe hofft, ist langmütig, glaubt alles ..., es wird auf alle Fälle gut. Dann höre ich mir wieder meinen „Mäckle macht gute Laune" an und meinen „Ygdrasoul", beobachte die Menschen im Schwimmbad und denke, o.k. es ist da draußen wirklich irre. Alles ist gut. Gestern war es proppenvoll im Schwimmbad und alle hatten so viel Freude, so viel Spaß, die Kinder tobten und es war einfach nur wundervoll zuzuschauen. Und ich denke, das ist es in der jetzigen Zeit. Beobachten, beobachten, beobachten. Und sicher sein, es passiert nichts, gar nichts aus Zufall. Und auch wenn es manchmal so erscheint, als wäre es chaotisch. Gerade jetzt in der Übergangszeit sieht es bestimmt oftmals sehr chaotisch aus. Nein, es ist nicht chaotisch, es muss alles so sein. Wir sehen hier den größten Zusammenbruch..., ist es das wirklich? Oh ja, natürlich ein zusammen Bruch. Die deutsche Sprache ist wirklich fantastisch, man kann die Worte einfach auseinandernehmen und merkt dann, ah, o.k. Zusammen Bruch, alles zusammen erfährt einen Bruch, jeder einzelne Mensch, und dieser Zusammenbruch ist notwendig, draußen in der Welt im globalen. Gibt es sie wirklich, die Welt draußen? Hier bin ich auch sehr gespannt. Jedoch auch in jedem einzelnen Menschen. Das passiert jetzt und man kann sich dagegen wehren, ich bin gespannt wie lange noch erfolgreich. Doch letztendlich geschieht es gerade vor unseren Augen in jedem Menschen und in unserem alten kranken System. Es bricht zusammen und das Neue ist schon längst da, ist auch schon viele Jahre lang sichtbar. Für mich ist seit 2012 das Neue angebrochen und jetzt kommt es immer stärker und es wird noch stärker und du darfst es leben und ich darf es leben. Jetzt und hier, so wie es passt. Und wenn man noch in unserer Zeitlinie das Ganze betrachtet, die es ja faktisch nicht gibt? Es gibt ja nur alles auf der vertikalen Linie, alles geschieht gleichzeitig, d.h. wir leben faktisch nicht in der Zeit, sondern in der Ewigkeit. In der Zeit war die Illusion, die Illusion mit Vergangenheit, Gegenwart und Zukunft real, doch letztendlich ist es nur Illusion. Real ist tatsächlich nur die Ewigkeit. Alles geschieht gleichzeitig. Alles ist immer da. Ich konnte es früher nie verstehen mit meinem Kopf. Doch das ist so, wenn man in der Illusion gefangen ist und dort lebt. Das Schöne an der Ewigkeit ist, dass man sie ausdehnen kann, dass ich für mich die Ewigkeit so lange leben darf, wie ich möchte. Das ist dieser Effekt, den Maria Montessori bei den Kindern beobachtete. Sie ließen sich auf eine Sache vollkommen ein, probierten immer wieder aus. Da spielte Zeit keine Rolle. Dieser Aspekt ist es. Maria Montessori wird sicher in der neuen Zeit noch eine große Rolle spielen. Sie hat wundervolle Dinge entwickelt und wir dürfen dies unseren Kindern weitergeben bzw. sie einfach entdecken lassen. Im alten Schulsystem ging es ja meist in die Richtung, dass wir es immer vorgegeben haben und meinten, wir wissen es besser. Doch gut, die

Kinder wissen es am allerbesten, das sollte uns klar sein. Lernen müssen wir Großen, die wir lange Zeit in dieser Illusion der Zeit lebten. Doch es ist vorbei. Gott sei Dank. Was steht bei mir heute an? Meine Tochter und dann wieder Schwimmbad. Siggi hat Urlaub und ich mache mal Wassergymnastik für die lieben Senioren, sodass sie sich wieder 10 oder 20 Jahre jünger fühlen. Ich wünsche euch einen wundervollen Tag, genießt, genießt die Ewigkeit, probiert aus wie es sich anfühlt jetzt in diesem Moment zu atmen. Atem ist Leben. Wie fühlt es sich an, diesen Moment auszudehnen, zu genießen, den Körper, die Zellen und damit die DNA, in der alles steckt, was Leben schafft, was notwendig ist. Wie fühlt es sich an? Genieße und lasse die Freude in dir entstehen. Alles Liebe, Tschüss!

8. November 2021

Bleib in der Liebe

Einen wunderschönen guten Morgen wünsche ich euch. Neuer Tag – neues Glück! Eine neue Möglichkeit Liebe zu schenken, ins Vertrauen zu gehen, auszuprobieren und zu erkennen. Was eigentlich erkennen? Ach genau, die hermetischen Gesetze. Ich denke, es ist gerade das Wichtigste, dass wir uns bewusst werden, zum Ersten, dass alles gut ist und dies können wir erkennen, wenn wir im Moment sind, also im Hier und Jetzt, in diesem Augenblick. Und dann auch wenn man sich, wie ich schon wieder, zu viel aufgeladen hat und so eine abgeschwächte Erkältung durchmacht, es gelassen hinzunehmen. Ich bin wirklich stolz auf mich, denn ich hatte das letzte Mal 2019 im Herbst/Winter mal eine Erkältung, dann 2020 nichts, 2021 bisher auch nicht und jetzt vor ein paar Wochen fing wieder eine Erkältung an. Woran liegt es? Dass ich doch immer wieder denke, ich könnte noch mehr oder ich müsste noch mehr. Ich müsste für alle da sein. Und dann werde ich wieder auf mich selbst zurückgeworfen und der zweite Punkt sind natürlich auch meine Gedanken. Gerade in dem aktuellen Fall, da dachte ich wieder ganz oft: Ich bräuchte jetzt wieder mal einen Lockdown. (Lach) Ich habe jetzt wieder mal Lust einfach so in den Tag hinein zu leben und einfach wieder mehr zu mir zu kommen und weniger von: Ich muss die Wasserwacht machen, ich muss die Kurse machen, die Schwimmaufsicht und Schule und was eben gerade so in meinem Leben los ist, und natürlich will ich auch wieder mal Zeit haben für die lieben Menschen. Das waren so meine Gedanken vor ein, zwei Wochen und ich dachte sie einfach zu oft und so werde ich zurückgeworfen und ich weiß ja, dass das Universum es immer so regelt, wie ich es mir denke. Und so bekam ich meinen kleinen Lockdown und natürlich mache ich es wie immer. Ich mache natürlich meine Sachen im Außen weiter, und wende das höhere Gesetz an, ich denke es geht mir gut und es geht mir auch gut. Ich merke zwar, dass ich die Phasen der Erkältung alle durchmache, doch wirklich nur abgeschwächt und so nehme ich mir mehr Zeit für mich, mache weniger sauber hier, liege mehr im Bett und genieße. Und gestern war ich zweimal lang in der Badewanne, richtig gut. Und so mache ich mein Ding. Das Wichtigste ist auf jeden Fall, dass im Moment alles gut ist, das kann ich immer wieder spüren, indem ich einfach atme, einatme und ausatme und dann merke ich, alles ist gut in mir, da ist Frieden, da ist Liebe, da ist Ruhe, da ist Freude und da ist alles, was wichtig ist für mich im Hier und Jetzt. So wünsche ich auch dir, dass du immer wieder entdeckst: Es ist so einfach, zu sich selbst zu kommen, sich selbst zu spüren und zu spüren, alles ist gut, Hier und Jetzt und immerdar in Ewigkeit. Jetzt fehlt nur noch das Amen. Toll, sind wir hier in der Kirche oder wie? Ich war tatsächlich gestern in der Kirche und wandern. Doch es ist gruselig in der Kirche, es läuft zwar eine wundervolle Musik, die einen anzieht …, doch plötzlich schaue ich und denke: Wer sitzt denn da? Ich gehe näher hin und da sitzt eine Ordensschwester und auf einem Schild steht: Ich bin Okular… Okular, das hat wohl was mit dem Sehen zu tun …, und ich bin Teil des Vio-Systems in der Kirche. Du kannst dich gerne zu mir setzen, doch ich bin sehr zerbrechlich. Da haben sie eine Videoanlage installiert. Nun ja, denken wir nicht darüber nach. Wir sind mitten in der Veränderung und ich freute mich dann darüber, denn es ist alles so klar, wir können alles so sichtbar erkennen. Und das eigentlich schon ewig lang. Oh, ich habe dir ja schon einen schönen Tag gewünscht, den wünsch ich dir noch einmal. Alles Liebe. Ich drück dich.

10. November 2021

Wunderschöne Zeit

Einen wunderschönen guten Morgen, ihr Lieben. Heute aus meinem kleinen Zimmerchen in der Schule Freiraum. Wir geben den Kindern hier die Möglichkeit, sich zu entfalten und schaffen Räume in alle Richtungen, ob es sich um Zahlen, Buchstaben oder kreatives Basteln handelt, Kochen ist auch mit dabei… Es sind alle Möglichkeiten vorhanden, natürlich auch die Musik, wir haben einen Musiksaal. Dort sind all meine wundervollen Musikinstrumente, die ich mitgebracht habe. Ich schlief gut, bin jedoch leider ein wenig angeschlagen. Ich habe den Eindruck, dass dies auch mit den anderen Menschen zusammenhängt. Ihr wisst ja, dass ich auch

Schwimmkurse und Schwimmaufsicht im Schwimmbad mache. Und die größte Angst meines Schwimmmeisters ist es, dass ich ausfallen könnte. Und diese Gedanken spüre ich immer wieder von ihm: O Gott, wenn die Micha ausfällt …, ja und ich glaube, das soll er gerade mal erkennen. Ich schrieb ihm heute Morgen, dass ich etwas angeschlagen bin und noch nicht weiß, ob ich morgen komme. Dann bricht bei ihm die Panik aus, ja und ich soll ihn anrufen. Anrufen kann ich ihn leider nicht, hab kein Telefon, es funktioniert nicht, dass ich Telefon bekomme. Gott sei Dank funktioniert Telegram, sodass ich mit euch, mit all den lieben Menschen auf dieser wundervollen Welt verbunden bin. Ich bin total glücklich, natürlich auch immer wieder mal aufgeregt und neugierig, was so die nächste Zeit, der nächste Augenblick, für uns bringt. Bis auf diese komische Erkältung kommen eigentlich immer nur schöne Sachen, doch das Gute daran ist, dass ich immer gleich erkenne welcher Sinn dahinter ist. Bei mir war es letzte Woche so, ich hatte jeden Tag Schwimmbaddienst und bin dann natürlich mit ganz vielen liebevollen geimpften Menschen zusammen. Und ich führe meinen Dienst in Liebe aus, lache über die Masken und alle anderen lachen mit, wenn sie merken, oh es ist tatsächlich Unsinn, doch teilweise ist es schon heftig. Letzte Woche zeigte mir ein Senior die rote Karte, weil ich nicht geimpft bin. Auch ein wundervoller, liebevoller Mensch und ich sprach dann mit ihm. Er titulierte mich als Querdenkerin, ich antwortete ihm: Nein, ich bin ein Mensch. Ich erklärte ihm dann, dass ich keinen Fernseher, Radio usw. habe und eigentlich so gar nicht weiß, dass da wohl etwas Gefährliches kursiert. Jedenfalls kam er dann später aus dem Wasser und sagte: Also, die rote Karte nimmt er nun zurück, und er steht mit erhobenem Zeigefinger vor mir, aber die gelbe Karte muss er mir geben. Ich sagte nur zu ihm: Weißt du, man zeigt doch nicht mit nacktem Finger auf angezogene Menschen, und lachte. Ihr merkt also, es ist auch für mich manchmal ganz schön tricky. Ich sitze dann im Schwimmbad und lasse die Liebeswelle immer wieder einfallen und bewege die wunderbaren Liebeslieder in meinem System. Scheinbar war es dann für mich doch etwas zu viel letzte Woche. Aber jetzt bin ich ja wieder nur von wundervollen Menschen umgeben. Jetzt hat es mich halt nochmal getriggert mit dem Siggi, ansonsten fühle ich einfach diese Führung, dieses Göttliche in mir und es macht einfach so viel Freude, es weiter zu geben und für mich selbst als Stärkung zu nutzen und immer wieder zu erkennen, es gibt nur diesen einen Augenblick und den darf ich in vollen Zügen genießen und gut für mich sorgen. Das mache ich und das wünsche ich natürlich auch dir, dass du immer gut für dich sorgst und weißt, jetzt ist die Zeit, um rauszugehen und ganz klar zu dir zu stehen und ganz klar auch deine Wahrheit – jeder hat ja seine eigene Wahrheit, doch wenn wir nach der einen Wahrheit der Liebe gehen, dann ist es ja wieder unser aller Wahrheit – zu stehen. Und auch den Unsinn aufzuzeigen, in Freude, mit Lachen, in Liebe. Das wünsche ich dir, ich drück dich und freue mich darauf wieder viele liebe Menschen zu treffen. Ich liebe euch und bis bald, Tschüss.

15. November 2021

Neuschöpfung

Einen wunderschönen guten Morgen wünsche ich euch. Na, wie geht es euch denn? Wie läuft es so mit dem Manifestieren und Denken und Reden und Fühlen? Ich finde es total spannend, was dann so immer im Außen erscheint, wenn ich schon wieder so komische Gedanken habe. Und da ich wahnsinnig neugierig bin und mein ganzes Leben darauf gewartet habe, zu sehen und mitzuerleben: Wie läuft es ab, dass die kranken Systeme sich auflösen? muss ich natürlich auch immer wieder einmal zum Beispiel „Verbinde die Punkte" und andere Kanäle hören. Ich denke ich wählte dazu ganz gute Kanäle, die mich dann auch gleichzeitig immer wieder an die hermetischen Gesetze erinnern, also daran, dass ich alles selbst in der Hand habe. Zum Beispiel dieses Gesetz, dass immer alles vorhanden ist, also wenn gut da ist, ist auch böse da und umgekehrt. Doch ich kann es steuern, ich kann meine Regler auf immer gut stellen. Ich kann meine Regler dauerhaft oben halten, zur Not festketten, auf Frieden, auf Freude, auf Gelassenheit usw. Es liegt in meiner Hand. Das ist wirklich so schön. So wage ich immer wieder mal einen Blick nach draußen und höre mir den Sunny von „Verbinde die Punkte" an und auch den Friedemann Mack von „Mäckle macht gute Laune." Sie stärken mich dann ganz gut und natürlich auch der Ygi, den ich dir noch als Tipp geben kann. Doch am wichtigsten ist es, mich immer wieder daran zu erinnern, ich bin es, die zumindest für ihr Leben komplett, alles in der Hand oder im Kopf oder einfach in der DNA liegen hat. Gestern wurde ich auch wieder an meine neue Bibel: „Die 12 Stränge der DNA", erinnert. Ich hatte Besuch und wir machten eine schöne Wanderung. Ich kann nur beobachten. Vorhin rief meine Tochter an. Mein Schwiegersohn ist mit meinem Enkel auf den Arm mit Stricksocken die Treppe runtergefallen. Eigentlich ist nichts passiert. Vorsichtshalber fuhren sie jedoch ins Krankenhaus. Dort bleiben sie jetzt zur Beobachtung, das Baby mit meiner Tochter. Lauter so komische Sachen passieren. Doch auch meine Kinder dürfen es sehen, erleben, daraus lernen. Vielleicht erinnern sie sich eines Tages an so manches, was die komische Mama da immer so von sich gegeben hat, und erwachen langsam. Das wäre sehr cool. Das ist mein größter Wunsch und ich bin ziemlich sicher, dass er in Erfüllung geht. Genau! Dann wünsche ich dir, dass auch deine Wünsche in Erfüllung gehen bzw. dass du immer mehr erkennst, du bist es, du bist es selbst, der sein Leben erschafft in diesem Augenblick. In dem Augenblick, der jetzt ist. Und es spielt keine Rolle, ob du irgendeinen Mist in der Vergangenheit kreiert hast, du kannst es immer wieder neu anders erschaffen. Wir gehen absolut raus aus dem Denken: Ich habe aber in der Vergangenheit dies und jenes erlebt. Das war schlimm. Das will ich nicht mehr erleben. Nein, die Vergangenheit gibt es nicht mehr, sie ist weg. Wir gehen komplett raus und erschaffen neu. Es ist, wie es Uwe Breuer, auch ein ganz Lieber, immer sagt: Neuschöpfung passiert jetzt gerade. Und diese Neuschöpfung passiert jetzt, immer jetzt. Ich mache mir den Augenblick zur Ewigkeit, setze mich hin, beobachte meine Gedanken, mache mir klar, was ich wirklich will, was vom Herzen kommt. Es kommt, es muss kommen, denn es ist in dir, und dann erschaffe es. Es ist zunächst Geist, doch es muss in die Materie gehen, sich im Außen zeigen. Immer. Das ist ein Naturgesetz, das es schon immer gab. Wir vergaßen es nur. Doch jetzt wissen wir es wieder. Alles Liebe. Ich drück dich.

18. November 2021

Willkommen im Hier und Jetzt

Einen wunderschönen guten Morgen. Guten Morgen in der neuen Welt. Dass es so eine krasse Umgewöhnung sein wird, hätte auch ich nicht gedacht. Ich wusste schon immer es ist einfach, es darf leicht sein. Ich musste gerade wieder einmal an mein Buch denken, dass ich 2012 schrieb – Nichts zu tun, die Kunst, sich dem Leben zu ergeben – Das ist ganz einfach, wenn man alleine ist. Komplett einfach und die Erfahrung machte ich immer wieder. Sei es jetzt, wenn ich auf meine Lazy Sundays schaue. Das waren Sonntage, an denen ich in jedem Augenblick immer nur das tat, wozu ich Lust hatte. Und wie durch ein Wunder war am Abend erstens das ganze Haus wunderbar aufgeräumt und zweitens immer mehr getan, als an einem normalen Tag. Wenn man alleine ist, ist das wirklich einfach. Gut, es war auch nicht immer einfach, wenn ich alleine war, zumindest jedoch viel einfacher. Wenn dann aber Menschen hinzukommen, wenn man in einer Gemeinschaft lebt, dann sieht das Ganze ganz anders aus. Dann will man auf der einen Seite dem anderen die vollkommene Freiheit zugestehen, die man auch selbst haben möchte, auf der anderen Seite hat jeder in dieser Gemeinschaft doch auch seine eigenen Vorstellungen, wie die Zukunft laufen soll. Und ich denke es gilt, wirklich die Zukunft komplett frei zu lassen ohne irgendwelche Vorstellungen, ohne den Erfahrungsschatz. Natürlich ist es ist ein Schatz, was wir an Erfahrungen aus den vergangenen Jahren, Jahrzehnten hier mitbringen in die neue Welt, und dadurch, dass es wirklich ein Schatz ist, will man ihn auch nutzen. Das ist völlig verständlich. Es geht mir hier gerade in diesem neuen Freiraum, wie wir ihn hier in der Schule nennen, so. Ich tue mir noch immer schwer, für mich ist es immer noch eine Schule. Doch gut, auch da merke ich wieder, o.k. alles klar, ich bin wieder in meinem alten Erfahrungsschatz. Ich habe die Jahre in

Steinfeld, zumindest die ersten drei als sehr bereichernd und wertschätzend erlebt. Das war unser wichtigstes Attribut, dass wir jeden Einzelnen wertschätzten, und für alles, was uns begegnete dankbar waren. Sei es nur …, oh je, wie ich es schon wieder wertend sage, er war wirklich ein Schatz, der liebe Gemeindearbeiter, der schon, als ich früh um 7:00 Uhr in der Schule ankam, mindestens eine halbe Stunde oder Stunde fleißig das Unkraut zupfte. Das war ein Schatz. Und jetzt in diesem neuen Freiraum, in dem ich mit vielen Kindern, aber auch Müttern zusammen bin, gibt es Konflikte. Es sind viele Menschen hier, und früher hätte man gesagt, es menschelt. Ich merke dann, dass ich ganz oft an diese wertschätzende Zeit in Steinfeld denke. Da lief es wirklich sehr gut. Und ich hatte zwei Jahre mal wirklich Rabauken in der Klasse. Sie haben am liebsten gemacht, was sie wollten. Doch wir waren trotzdem eine super Gemeinschaft auch mit den Eltern. Ich lebte das schon damals. Trotzdem brachte ich damals auch Erfahrungen aus meinem Erfahrungsschatz, zum Beispiel durch das Zusammenleben in der Familie mit hinein. Eigentlich brachte ich mein ganzes Leben aus meinem Erfahrungsschatz mit. Und ich denke das machten wir alle und daran ist auch nichts verkehrt. Doch es gilt dabei, ganz achtsam zu sein und Ideen einzubringen und wenn es funktioniert, wunderbar, wenn jedoch die Gemeinschaft nicht darauf anspringt oder es irgendwie nicht passt, sollte man auch nicht enttäuscht sein. So geht es mir gerade hier ein bisschen. Ich bewege Vorstellungen in mir aus der wundervollen Zeit in Steinfeld und da hatten wir auch einen Morgenkreis. Hier ist allein schon das Wort verpönt, weil der ein oder andere etwas damit verbindet, was nicht so schön war. In meiner alten Schule hatten wir jedoch im Morgenkreis ein liebevolles Miteinander. Gerne erinnere ich mich an diese gemeinsamen Morgenkreise. So darf ich mich erstmal liebevoll verabschieden und mich dann einlassen auf das, was kommt, was neu entsteht im nächsten Augenblick, was einfach jetzt noch nicht da ist. Der vollkommen neugestaltet werden darf. Jeder Augenblick. Da steckt Liebe drin, da steckt Power drin. In dem Augenblick, in der Ewigkeit ist tatsächlich alles. Sodass es unsere Aufgabe nun ist, die alte Welt liebevoll aufzugeben. Lassen wir sie zurück, ehren wir sie, sagen wir: Ja, es war eine tolle Zeit, vielleicht nicht immer, doch in meinem Leben gab es ziemlich viel Schönes. Vor allem habe ich einen so lieben Papa, er ist traumhaft. Den darf ich unbedingt besuchen. Den könnte ich den ganzen Tag abknutschen. Doch trotzdem dürfen wir uns von der alten Welt verabschieden und dürfen sicher sein, dass das, was in der alten Welt schon wunderbar war, wiederkommt. Neu und noch viel schöner, leichter und angenehmer. Es wird viel mehr Lachen geben, die sorgenvollen Gedanken dürfen für die Fröhlichkeit weichen. Und ich danke dir, dass du mir zuhörst, denn dadurch ist mir jetzt wieder einiges klarer geworden. Gestern Abend sind mir einige komische Sachen durch den Kopf gegangen. Ich dachte: Ah, wie soll das denn laufen in der Gemeinschaft? ich hatte einen Knoten im Kopf. Das ist der Verstand, das Ego und jetzt sehe ich klar, hurra. Nun wünsche ich dir einen wunderschönen Tag. Alles Liebe.

19. November 2021

Piep, piep, piep, ich hab euch alle lieb

Einen wunderschönen guten Morgen, ihr lieben Seelen. Wie ihr merkt oder hört freue ich mich wieder, obwohl es tatsächlich nicht immer ganz so rund ist, wie ich es gerne hätte. Immer wieder geht mir dieser Satz durch den Kopf: Wir müssen nicht raus aus dem System, sondern das System muss raus aus uns. Das hat ja etwas mit Gewohnheiten zu tun. Wir sind es einfach gewohnt, zum Beispiel auf die Bank zu gehen. Dafür sorgen zu müssen, dass immer genügend Geld da ist. Überhaupt immer wieder dieses Denken, wir müssen dafür sorgen, wir müssen etwas tun. Mir hat eben eine liebe Lehrerin einen Link zum Kanal „Homeschooling wagen" weitergeleitet. Diesen Kanal hat wiederum auch eine liebe Lehrerin aufgebaut, ein guter Kanal, in dem wertvolle Dinge laufen in Richtung: Was mache ich mit meinem Kind, wenn die Schule keine Materialien mehr liefert? Und es steckt so viel in den Köpfen. Meine Kinder müssen doch dies oder jenes machen. Nein, sie müssen nichts. Sie müssen gar nichts. Das sind alles nur Dinge, die in unseren Köpfen sind. Was mir dazu einfällt ist, dass ich dann immer weiterdenke, also diese … und dann, … und dann-Fragen. Ich frage mich dann, wenn ich dies oder jenes nicht mache, was passiert dann? … Hm, ist nicht schlimm. Und dann? … O.k. auch nicht schlimm. Und dann? … Sich immer wieder fragen, wenn ich das, was in mein System einprogrammiert wurde – (ich es zugelassen habe, was ich natürlich als Kind auf der Suche nach Liebe logischerweise zuließ) nicht tue, was passiert dann. Natürlich ist hier ganze Arbeit geleistet worden. Es handelt sich um ein perfektes System, allerdings spielt es keine Rolle, wir spielten alle mit in diesem System. Das Schöne daran ist, dass es egal ist. Wir alle haben es wirklich immer nur gut gemeint. Und genau diese Sätze, die klingen uns ja immer in den Ohren. Unsere Eltern taten dies nur aus Liebe. Ich hörte oft: Ich meine es doch nur gut mit dir. Mache es so. Und wenn es nur um Strümpfe oder Hausschuhe anziehen ging. Ziehe sie an, sonst wirst du krank und Mädel ich meine es doch nur gut mit dir. Ihr merkt, niemand, wirklich niemand in unserer Umgebung, die Menschen mit denen wir aufwuchsen, niemand wollte damit etwas Böses. Jeder hat es nur gut gemeint. Hat nur aus seiner Erfahrung heraus gehandelt. Da sind wir jetzt bei einem Knackpunkt. In der alten Welt, die lange vorbei ist, ich betone es wirklich immer wieder. Es gibt sie nicht mehr. Sie ist energetisch gesehen absolut vorbei, auch wenn viele Menschen da noch drinstecken. In dieser alten Welt war der Verstand sehr mächtig und der Verstand kennt nur die Zeit, was bedeutet, dass der Verstand auf Vergangenheit, Gegenwart, Zukunft basiert. Der Verstand geht in die Vergangenheit, hat dort bestimmte Erfahrungen gemacht und dies kann er sich sehr gut merken. Er speichert alles ab und merkt sich genau, was zum Beispiel in der Vergangenheit war. Und aufgrund dieser Erfahrungen und aus Erfahrungen anderer Menschen, beispielsweise der Großeltern oder der Ahnen, aufgrund von diesen Erfahrungen wird überlegt, analysiert und dann neu die Zukunft erschaffen. Der Verstand denkt in Zeit, in Vergangenheit, Gegenwart und Zukunft. So war es in der alten Welt. Alles gut, war super, er war mir damals sehr dienlich. Doch leider auch nicht immer. Ich muss zugeben, ich litt auch. Doch die alte Welt ist vorbei. Und wenn wir dem Maya-Kalender Glauben schenken dürfen und all das für den Verstand in der Zeit einordnen, dann hat 2012 das Neue begonnen. Wie gesagt, aus dem Alten heraus gedacht. Ich stelle es mir immer so vor. Es gab energietechnisch eine immer höhere Anhebung, zum Beispiel vom Materiellen, das niedriger schwingt, höher ins Geistige. Letztendlich erschufen wir sicher auch schon früher über den Geist, über Gedanken, Gefühle und Worte. Zum Beispiel war Jesus Christus ein komplett erwachtes Bewusstsein und hat dies praktiziert, doch damals war wohl die Gesamtenergie einfach noch nicht so hoch schwingend. Ich fühle jedoch irgendwie, dass damals auch schon die Chance für die ganze Menschheit da war, ins Erwachen zu gehen, also in die höhere Schwingung, doch die niedere Energie hatte dann doch die Oberhand behalten. Gut. Das ist natürlich nur so eine Theorie von mir, doch wer weiß. Also die Energie ist seit vielen Jahren bereit, nur die Menschen stecken einfach noch in der niedrig schwingenden Energie fest. In dieser neuen, höher schwingenden Energie geht es mit dem Bewusstsein in Richtung bewusst SEIN. Wir sind uns dessen bewusst, dass wir lediglich Geist sind. Wir wissen natürlich auch, dass wir Materie haben. Es geht nicht um das Verleugnen. Doch es ist uns bewusst, dass wir aus dem Geist heraus, aus dem Denken, also Power pur im Kopf, und dem Fühlen, und den Worten neu schöpfen. Und uns ist bewusst, dass diese Neuschöpfung oder Neuschaffung … – jeder hat so seine Vokabel dafür, mir gefällt das Wort Schöpfung sehr gut, denn da sehe ich vor meinen Augen ein riesiges Feld, aus dem ich immer, wenn ich es möchte, schöpfen kann. Ich habe hier tatsächlich etwas Goldenes, Flüssiges vor Augen. Und ich darf jederzeit aus diesem goldenen Flüssigen schöpfen, nennen wir es mal Liebe … das dann in die Materie gehen kann. Ich machte damit die beste Erfahrung, aus der Liebe heraus zu schöpfen. Das ist etwas Unendliches, es ist in Fülle immer da. In jedem Augenblick, und jeder Mensch darf aus diesem goldenen flüssigen Licht, – irgendwie ist es vor meinen Augen immer flüssig, wunderschön glänzend, flüssig – schöpfen. Und aus dieser Liebe heraus entsteht alles. Und ich darf es kreieren über die Gedanken und hier darf ich natürlich auch, oder muss ich vielleicht sogar, meinen Verstand nutzen. Und ja, ich darf auch in Erfahrungen aus der Vergangenheit reingehen, da habe ich schöne Dinge erlebt oder schon damals schöne Dinge geschöpft, es war der gleiche Weg. Und all das Schöne, das ich damals schöpfte, darf ich hier in dieses Feld hineingeben und es noch viel schöner schaffen. Es wird noch viel herrlicher. Ich sagte eine Zeitlang, vor allem zu meinem Siggi im Schwimmbad: „Weißt du Siggi, all das, was in der alten

Welt schon wundervoll und schön war, was uns gutgetan hat, das wird uns bleiben." Das ist der Satz von Silke Schäfer. Aber all das andere, was uns belastete, bei mir ist es diese „blöde" Bürokratie, all das, was mit Schmerz, Leid, oder mit Komischem zu tun hatte, wird einfach aus dem Feld gehen. Was ich hier merkte ist, dass es nur gehen kann, wenn ich mir bewusst bin, dass es einfach nicht da ist. Wie gesagt, nicht verleugnen, versteht mich nicht falsch. Doch mir half es immer, ich machte mir klar, all das Böse und die komischen Dinge sind nur eine Illusion. Sie existieren nur in meinem Denken, in meinem Verstand und wenn ich es mir nur noch mal kurz anschaue und dann sage: Hey, du bist gar nicht wirklich, du bist nur in meinem Denken. Dann verschwindet es von alleine. Und das ist doch letztendlich das Ziel. Ihr merkt, dies war ein Thema von mir. Ich hörte ganz oft von meinem Vater: „Das ist naiv wie du denkst. Mach doch die Augen endlich auf. Du musst doch die Realität sehen. Und da draußen ist nun mal Krieg". Und vieles mehr. Ihr merkt, hier lasse ich mich noch ein wenig triggern, doch das darf jetzt auch gehen. O.k. Jetzt wünsche ich euch erst einmal einen wunderschönen Freitag, oder Freutag, wie es Ygi immer sagt. Ich gehe jetzt zum Franzl, zu meinem Enkelsohn und hab euch alle total lieb. Bis bald. Tschüss.

20. November 2021

Wir sind eine große Menschheitsfamilie

Einen wunderschönen guten Morgen wünsche ich euch, ihr Lieben. Ich hoffe, es geht euch gut und es ist nicht zu anstrengend, was da so alles draußen passiert, doch ihr könnt ja jederzeit aussteigen. Das ist das Schöne an der ganzen Geschichte. Wenn euch das Spiel keinen Spaß mehr macht, dann ruht euch einfach einmal aus. Das macht uns ja jetzt die Natur vor. Blätter weg, kahle Bäume, jetzt erst mal Ruhe. Ich habe euch reiche Ernte gegeben, ich habe euch durchgefüttert, jetzt muss ich ausruhen. Eigentlich ist die Botschaft ganz klar. Und ich denke, das ist das, was wir jetzt auch mal machen sollen. Wir als Wahrheitsbewegung, ach ja, genau, wir sind die Wahrheitsbewegung, Yeah. (Lach) Wir haben jetzt genug erzählt, geplaudert, versucht Leute zu retten. (doppellach) Und ich denke ja, es hat sicher etwas bewirkt, es hat bei jedem Einzelnen etwas bewegt und wenn es nur ein Satz war. Jeder hat irgendetwas in sich aufgenommen. Und selbst, wenn es oft den Eindruck hatte, es ist nur an der Oberfläche oder wir meinten, wir kommen mit unseren Worten nicht durch. Ich erlebte es ja im letzten Jahr mit meinen Kindern. Streit und alles Mögliche. Trotzdem bin ich sicher, dass ich etwas bewirkt habe. Meine Tochter sagte kürzlich zu mir: Mama meinst du ich glaube da alles, was so gesagt wird. Ich merkte, es hat sich etwas getan. Und auch wenn wir jetzt nicht mehr darüber reden, und ich glaube, dass es jetzt sehr wichtig ist, nicht mehr über die Mikroben Krise zu reden, denn wenn wir bedenken, dass wir ja über unsere Gedanken wieder alles neu erschaffen … Darauf habe ich keinen Bock mehr, diesen ganzen Mist zu erschaffen. Nein, es ist vorbei. Ich möchte mit meinem Enkel spielen. Ich möchte mit meiner Tochter zusammen sein und kochen und lauter schöne Sachen machen. Und dann möchte ich natürlich auch Sachen machen, von denen ich gar nicht weiß, wie sie gehen und was das ist, z.B. Materialisieren, dies möchte ich auch noch lernen in diesem SEIN, in diesem Körper. Spannend, ganz arg spannend. Also Leute, ruht euch aus, ganz arg. Ach ja, ich weiß nicht, ob ich es schon gesagt habe, ich habe meine Wohnung gekündigt und werde reisend sein, also mal hier und mal dort sein. Da fällt mir dazu das Lied ein: Heute hier, morgen dort … (sing). Nein, ich mache jetzt wirklich, was ich will. Gerade noch eine klitzekleine Aufgabe erledigen im Schwimmbad …. Ihr wisst ja, dass ich mich jetzt aus Liebe zu Siggi, den Kindern, den Senioren testen lasse bzw. es selbst mache, auch wenn ich, und sicher auch der Siggi, wissen, dass es Unsinn ist. Ich machte das jetzt zweimal und irgendwie kribbelte es in meiner Nase. Und heute Morgen ging mir durch den Kopf: Bei dem Spiel „testen" will ich wirklich nicht mehr mitmachen. Ich werde jetzt einfach nur in ein Taschentuch schnäuzen und es dann dem Siggi reichen. Dann kann er damit machen, was er will. Ich überlasse alles dem SEIN im Hier und Jetzt. Nun wünsche ich euch für den heutigen Tag, tief durchatmen, nicht alles glauben, was so in deinem Kopf vor sich geht. Es spielt letztlich überhaupt keine Rolle. Wir alle sind reines SEIN, reines BewusstSEIN, reine Glückseligkeit. Und wir alle, alle Menschen auf dieser Welt, sind eine große Menschheitsfamilie. Alle, genau! Alles Liebe. Tschüss.

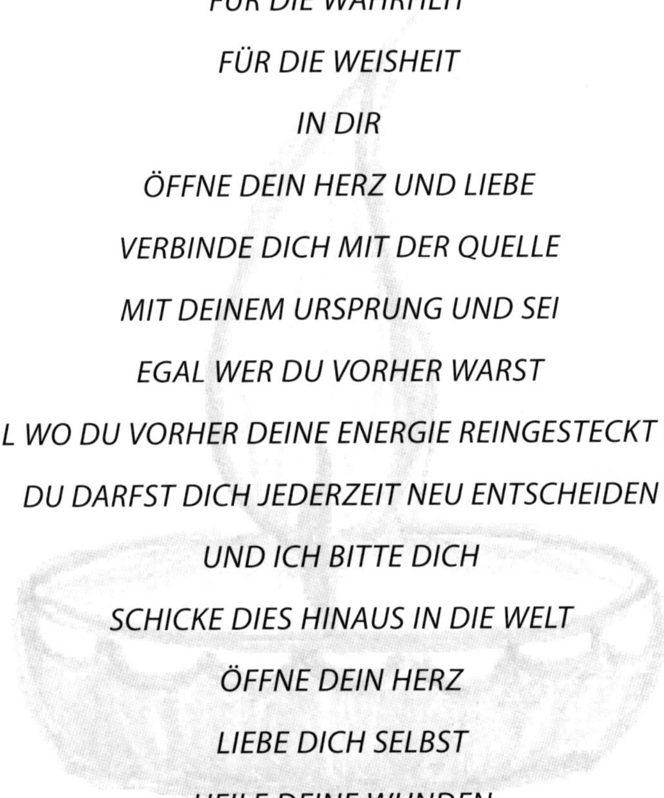

ENTSCHEIDE DICH

FÜR DAS LICHT

FÜR DIE LIEBE

FÜR DIE KLARHEIT

FÜR DIE WAHRHEIT

FÜR DIE WEISHEIT

IN DIR

ÖFFNE DEIN HERZ UND LIEBE

VERBINDE DICH MIT DER QUELLE

MIT DEINEM URSPRUNG UND SEI

EGAL WER DU VORHER WARST

EGAL WO DU VORHER DEINE ENERGIE REINGESTECKT HAST

DU DARFST DICH JEDERZEIT NEU ENTSCHEIDEN

UND ICH BITTE DICH

SCHICKE DIES HINAUS IN DIE WELT

ÖFFNE DEIN HERZ

LIEBE DICH SELBST

HEILE DEINE WUNDEN

ENTSCHEIDE DICH FÜR DAS LICHT

UND SEI WAS DU BIST

PURE REINE LIEBE

SO HEILEN WIR UNS UND MIT UNS DIESE WUNDERSCHÖNE ERDE

DANKE FÜR DIESE BESONDERE ZEIT DER TRANSFORMATION

Liane Leiwelt

21. November 2021

Einfach lachen

Einen wunderschönen guten Morgen, ihr Lieben. Ich habe gerade keine Ahnung, was ich euch erzählen soll. Vielleicht ist es das. Einfach SEIN, einfach entspannen, einfach mal das Nichts SEIN lassen. Und atmen. Und sich freuen. Ich denke in dieser wundervollen Zeit ist das Lachen und die Freude das Wichtigste. (Lach) Ich sagte ja immer und immer, Liebe, Liebe, Liebe und nichts als Liebe und natürlich ist es auch weiterhin die Liebe. Doch gerade im Moment ist es wirklich das Lachen, die Freude, über sich selbst lachen und auch über die anderen lachen, natürlich liebevoll lachen. Ich denke, dadurch kann sich ganz viel lösen. Natürlich dürfen wir beim Lachen auch unterscheiden, bitte niemanden auslachen. Das erinnert mich an gestern. Da hatte ich einen Badegast und sie sagte: Die lachen mich immer aus. Und ich sagte, nein, sie lachen dich an und freuen sich mit dir. Dann fing sie zu Lachen an und sagte: Stimmt, da hast du recht. Es ist nur unsere Wahrnehmung, unsere Sicht auf die Welt, unsere Interpretation des Lachens. Nein, es lacht uns keiner aus. Sondern wir freuen uns einfach und es ist einfach eine wundervolle, kraftvolle Energie, dieses Lachen. Wenn ich mich dann so selbst beim Lachen beobachte spüre ich, es kommt wirklich von ganz unten, aus dem Wurzelchakra kommt es hoch und es ist so kraftvoll und einfach wundervoll. Ich wiederhole mich. Was hörte ich gerade? Dreimal wiederholen, dann ist es schon mal festgesetzt. Also, es ist kraftvoll und einfach wundervoll, dieses Lachen. Lasst uns lachen, lachen, lachen. Am besten können das natürlich die Kinder, mit ihnen gemeinsam macht es noch mehr Spaß oder auch die Tiere zeigen uns vieles. Und wenn gerade Lachen nicht geht, dann geht mit Sicherheit die Dankbarkeit. Das geht. Ich darf dankbar sein für den Atem, für den Morgen, für die Sonne – Oh, wo ist sie denn, ich habe sie noch gar nicht entdeckt. Ich liege noch im Bett genieße gerade – ja für mein Bett darf ich dankbar sein. Ich bin mal gespannt, ob ich es irgendwie mitnehme oder auch nicht. Keine Ahnung! (Lach) Ihr wisst ja mittlerweile, dass ich bald reisend sein werde, d.h. heute hier morgen dort …und dann werde ich sehen, wo ich bin. Na gut, ich will es mal nicht in die Länge ziehen. Ich wünsche euch einen wundervollen Tag. Ich werde jetzt gleich zu meiner Tochter und meinem Enkelsohn gehen und wir werden den Tag miteinander verbringen. Wir wollen Christstollen backen und spazieren gehen und den Kleinen zum Schlafen bringen, Kaki abhalten, und es macht noch mega Spaß und ihm auch. Einen wundervollen Tag und bis bald. Ich hab` euch alle lieb, piep, piep, piep.

24. November 2021

Leichtigkeit

Einen wunderschönen guten Morgen, ihr lieben Freunde, Brüder, Schwestern, Seelen ... Ich bin wieder in Eßfeld, übernachtete hier auch. Es geht mir einfach nur gut. Ich merke, dass ich immer mehr in der Gegenwart ankomme. Immer mehr aus dem SEIN, aus dem Hier und Jetzt, aus dem Augenblick heraus agiere und mich über mich selbst amüsiere, wenn mal von meinem Verstand irgendwelche Dinge reinkommen, ich jedoch aber schmunzeln kann und denke: Klar, ich liebe dich auch, du bist so toll lieber Verstand, liebes Ego, lieber Körper und du hilfst mir jetzt. Das sind die Sprungbretter Verstand, Ego, Körper, all das, was wir in der Vergangenheit manifestiert hatten. All die Dinge, das Materielle usw. das erschufen wir ja alle gemeinsam über unseren Geist. Und diese Dinge sind das Sprungbrett in die neue Zeit, die so neu ja gar nicht ist, die gibt es schon ziemlich lange, eigentlich war sie schon immer da, wir merkten es nur noch nicht. Das ist das Schöne daran, sich einfach seiner selbst bewusst zu SEIN in dieser neuen Welt, im Hier und Jetzt. Und dann zu spüren, das gibt es schon ganz schön lange. Es war immer, ist immer und wird immer sein. Das ist wunderbar, denn so spürt es jeder einzelne, wenn er so Schritt für Schritt ins Bewusstsein geht. Ich merke immer wieder, dass vor allem diejenigen, die eigentlich erst kürzlich erwachten, relativ schnell da sind. Wenn ich daran denken, dass viele von uns schon zig Jahre, ich ca. 13, 14 Jahre, daran arbeiten, die inneren Prozesse durchliefen und irgendwie immer viel Zeit brauchten ... Damals sagte man uns dann, irgendwann purzeln dann die anderen Menschen einfach so rein. Alle, die mit wollen in die neue Zeit. Jeder hat natürlich seinen freien Willen und wer nicht mit will, geht halt woanders hin. Keine Ahnung wohin. (Grins) Dann sagten wir immer: Das kann doch nicht sein, wir schuften hier, und sie fallen einfach so hinein. Das waren oft leidvolle Prozesse, oft flossen Tränen und es war viel Wut da. Doch aus der Wut wird ja dann der Mut. Ganz ehrlich, ich freute mich schon damals für all diejenigen, die das Ganze ohne Leid, ohne großartige Schmerzen durchlaufen können. Na ja, ein klein bisschen neidisch bin ich schon. (Grins) Und jetzt erlebe ich es. Jetzt treffe ich Leute, die zum Beispiel vor einem halben Jahr ihren Augenblick hatten, indem sie einfach fielen, indem sie merkten: Wusch, Scheibenkleister, das bin ich ja gar nicht, ich bin nicht mein Verstand, ich bin nicht mein Körper, ich bin ... was bin ich denn, ach ja reiner Geist. Und dieser Geist durchzieht alles. Die hermetischen Gesetze kann ich jedem nur empfehlen. Es gibt sie auch in den unterschiedlichsten Versionen. Ich höre tatsächlich am liebsten das Kybalion. Da spricht mich auch die Stimme gut an, ich kann ihr gut folgen. Ich hörte auch schon Menschen, denen ich es empfahl, die dann sagten: Nein, das spricht mich gar nicht an. Ich denke dann findest du im Netz auf YouTube auch sicherlich andere Formen, die dich ansprechen, die für dich gut sind. Ich kann immer nur davon sprechen, was mir gutgetan hat. Für uns ist glaube ich auch noch die Wiederholung notwendig. Damals als ich vor 12, 13 Jahren das erste Mal klar sah, habe ich sehr viel mit Wiederholungen gearbeitet. Ich arbeitete mir die tollen Sätze, die wir aus Indien bekamen, in mein Schwimmen ein. Schwamm eine Bahn und wiederholte zum Beispiel immer: Ich bin Liebe. Ich bin Liebe. Ich bin Liebe. Und die nächste Bahn dann: Ich bin Frieden …, ein wunderschöner Satz ist auch: Die ganze Welt ist eine Familie. Und so spüre ich das. Für mich sind das Fakten und ich denke, dass dies durch die Wiederholung zustande kam. So wurden wir ja von Kindesbeinen an programmiert. Ich habe auch noch ganz viel Werbung in mir. Das ist immer sehr lustig. Wenn im Außen einer etwas sagt, dann habe ich meist die passende Werbung parat. Ich schmunzele darüber oder lache, doch es funktioniert einfach mit der Wiederholung, wobei ich denke, dass dies nur in der Übergangszeit so sein wird. Unsere Kinder brauchen dies nicht mehr. Sie kommen schon so auf die Welt. Ich denke auch, dass es die älteren Kinder relativ schnell raffen und drin haben, weil sie einfach noch nicht so verdorben sind, wie wir. Die immer wieder hörten: Das musst du so und so tun. Es nicht verstanden und fragten: Warum? Weil halt … Wir sind diejenigen, die jetzt lernen dürfen. Wir, die wir einfach schon ein wenig länger auf dieser wundervollen Erde sind. So wünsche ich dir für heute einen schönen Tag. Mir wünsche ich eine tolle Entfernung meines Weisheitszahnes durch meine liebe Zahnärztin Katja. Alles Liebe und bis bald. Tschüss.

29. November 2021

Genieße dein Sein

Einen wundervollen guten Morgen, ihr Lieben. Alles ist irgendwie nicht mehr steigerungsfähig. Es ist sowas von geil, sowas von fantastisch. Ich bin jeden Tag wieder neu geflasht, denn noch vor wenigen Monaten oder Jahren wusste ich zwar, ja wir leben bald auf einen Planeten, wo es nur Frieden, Liebe, Glückseligkeit, Freude, Leben im Hier und Jetzt, Gelassenheit gibt, ja das wusste ich von klein auf, trotzdem bin ich jeden Tag geflasht, dass es tatsächlich jetzt da ist. Und ich weiß natürlich, dass es mit mir zu tun hat und das ist das Allerwichtigste. Wirklich zu wissen, so wie es mir im Inneren geht, wie meine Seele sich freut und lacht und singt, so werde ich es im Außen auch erleben. Und das ist einfach fantastisch. Heute Nacht hat es ein wenig geschneit, es ist weiß draußen auf der kleinen Konifere. Einfach nur wundervoll. Vorhin hörte ich dann noch die Mäckle-Schlafsprachnachricht. Und ja, es ist nur noch verrückt, was da draußen passiert. Wir treffen immer mehr Menschen, die so ticken wie wir, da wir aus dem Inneren heraus uns verändern. Dann müssen wir im Außen auch genau das wieder erleben und wundervolle Menschen treffen. Es kann gar nicht anders sein. Es ist einfach ein Naturgesetz und Naturgesetze laufen einfach so ab, da kann man nicht reinpfuschen. Ich freue mich auf diese wundervolle Zeit, in der wir wirklich nur noch jeden Augenblick im Hier und Jetzt Tolles kreieren, Tolles miteinander erschaffen. Gemeinsam feiern, uns miteinander und aneinander freuen und nichts anderes hat mehr Platz in unserem Leben. Und dann ab in die Kraft, da liegt – ich spüre das – eine enorme Power. Ich möchte sie rauslassen, gemeinsam mit anderen Menschen. Ich möchte wundervolle Lernorte schaffen, wohin jeder kommen kann, kreativ sein kann oder einfach nur sein darf. Wo man beobachten darf, wo man mitmachen darf, wo man glücklich sein darf. Darauf freue ich mich. Es hat schon angefangen und wird noch viel schöner werden. Was meiner Meinung nach für die Übergangszeit noch wichtig ist, dass wir schon noch auf die schönen Dinge, die wir in der Vergangenheit erlebten, zugreifen, denn bisher war es ja so, dass wir aus den Erfahrungen heraus neu erschufen, zukünftig wird es so sein, dass wir einfach neu erschaffen aus dem Hier und Jetzt heraus, doch das Hilfsmittel werden schon die Erfahrungen sein, die wir in der Vergangenheit machten. Für mich ist es ganz klar, ich erlebte bereits in Steinfeld in der Schule ein geniales Miteinander mit den Eltern, Kindern, Bürgermeister und mit allen. Wertschätzung eines jeden gegenüber, und diese Dinge dürfen wir auch nutzen, um sie neu und noch viel schöner, viel genialer zu erschaffen. Und darauf freue ich mich riesig mit vielen anderen Lehrern, wie nennen wir sie wohl; Lernbegleiter, Begleiter, nein einfach Menschen, mit vielen anderen Menschen, genau. So wünsche ich dir für heute einen wundervollen Tag. Genieße jeden Atemzug, genieße dein Sein auf dieser wundervollen Erde. Alles Liebe. Tschüss.

30. November 2021

Spring einfach

Einen wunderschönen guten Morgen wünsche ich euch, ihr Lieben. Es war jetzt ganz witzig. Ich entwickelte eine wundervolle, tolle Sprachnachricht. Sie war wohl alleine für mich selbst, denn es nahm nicht auf. Daher nun ganz kurz. Es ging darum, einfach zu springen. Ich wachte heute Morgen auf und merkte so ganz latent, dass da noch etwas ist, was noch an mir zehrt und zieht. Doch so was von latent, und so konnte ich gleich über den Atem wieder herausgehen. Es ging gerade in der Sprachnachricht um das Springen, denn wir haben den Aufstieg längst hinter uns. Mutter Erde stieg schon vor vielen Jahren auf, die Energie ist da, jeder einzelne hat jeden Augenblick die Möglichkeit, in diese Energie hineinzuspringen. Dann befinden wir uns im Hier und Jetzt. Wahrnehmen, was jetzt da ist. Das ist jetzt echt blöd. Es war so eine tolle Sprachnachricht, doch scheinbar war sie nur für mich gedacht. Im Hier und Jetzt. Es ging darum, dass ich meine Gedanken beobachten kann und dieses Beobachten führt noch nicht unbedingt dazu, dass der Gedanke Realität wird, aber sobald ich diese Gedanken mit irgendeinem Gefühl hinterlege oder sie natürlich ausspreche, werden sie meine Realität. Wohlgemerkt, meine Realität. Ich muss dabei jedoch gar nicht aufpassen. Alles ist viel einfacher. Es gibt doch diesen Satz: Pass auf, was du dir wünschst. Ganz ehrlich, für mich schwingt in diesem Satz auch unterschwellig eine gewisse Angst. Ich muss aufpassen und nein, ich muss nicht aufpassen, sondern ich ergebe mich dem Ganzen. Ich ergebe mich den Gedanken und bleibe in der Liebe. Denn sobald ich hier Emotionen reinlege nach diesem Motto, also überlege, was ich mir denn wünschen könnte, signalisiere ich wieder, dass ich wenig Vertrauen in das Ganze habe, sondern dass ich es mit meinem Verstand oder so irgendwie richtig machen müsste. Nein, ich darf vollkommenes Vertrauen in das große Ganze haben. Und da ich ein Teil des Ganzen bin, und genau weiß, dass in jedem Teil das Ganze steckt, kann ich mich darauf verlassen, dass das große Ganze immer richtig läuft. Und was immer wir jetzt im Außen an verrückten Dingen mitbekommen – ich bekomme es nur am Rande mit, da ich schon auch neugierig bin, es spielt keine Rolle mehr. Wenn ich dann so sehe, was da Verrücktes geschieht, weiß ich, dass dieses, ich kann es gar nicht aussprechen, dieses Komische überhaupt keine Chance mehr hat. Sondern das Zeitalter der Liebe, des Friedens, der Gelassenheit, der Gnade, der Demut … schon längst, viele Jahre auf dieser Erde angebrochen ist. Auch Jesus Christus wird in den Mund gelegt: Das Reich Gottes ist angebrochen in dir. Und sobald du dich daran erinnerst und es in dir entdeckst, bist auch du drinnen. Mutter Erde ist da glaube ich schon immer drinnen. Es hängt natürlich mit den Schwingungen zusammen, die auch schon immer da sind.

Materie schwingt sehr langsam, deswegen ist sie für uns sichtbar und greifbar und Geist schwingt sehr schnell und deswegen können wir ihn nur wahrnehmen. Und das können wir, das ist das Schöne daran. Was sagte ich vorhin in meiner Sprachnachricht. Spring, und du bist drin. Es ist einfach total einfach. Richtig einfach. Sobald jetzt dein Verstand wieder denkt: Nein, nein, ... sag ihm: Ich liebe dich, Verstand und ich brauche dich ganz dringend. Es ist wirklich sehr einfach. Schau zu, ich zeige dir wie einfach es ist. Und dann lache, tanze, singe oder umarme Menschen, tu Dinge, die dir Freude machen. Dann merkst du, es ist ganz einfach. In diesem Sinne wünsche ich dir einen wundervollen Dienstag. Ich habe euch lieb und schön, dass ihr mir zuhört. Tschüss.

2. Dezember 2021

Der Donner-Tag

Einen wunderschönen guten Morgen wünsche ich euch. Ich hoffe, es geht euch noch gut. Es geht ganz schön turbulent zu, da draußen, vielleicht auch in deinem Inneren. Doch das ist gut so. Wisse, das sind die letzten Versuche der alten Welt, sich aufzubäumen, denn es muss uns klar sein, dass wir ja wirklich unser ganzes Leben lang in eine bestimmte Richtung indoktriniert wurden und zwar immer wieder, immer wieder, immer wieder durch die Wiederholung. Und dies ist perfekt gelungen. Doch du kannst in jedem Augenblick, jetzt, jetzt, jetzt aufwachen. Und merken, wow, es ist so ein geniales Gefühl. Jetzt! Hier! In diesem Körper, in diesem wundervollen Bett. Was lieb ich mein Bett. Einfach da zu sein. Einfach sein. Diesem Sein darfst du Nachdruck verleihen, darfst dir noch ein paar Atemzüge gönnen und dich baden, regelrecht baden in diesem wohligen Gefühl des Seins. Es ist ein Geschenk. Ein Geschenk des Schöpfers, des Himmels und der Erde, ein Geschenk aus dir selbst heraus. Dieses Geschenk ist ein Dauergeschenk, es gibt es nicht nur an Weihnachten und dies ist das Geniale daran. Es ist immer bei dir, in dir. Na ja und wenn du es mal vergisst, ist es auch nicht schlimm. Mein Gott, habe ich es halt mal vergessen. Doch jetzt erinnere ich mich wieder. Atemzug, ach hier ist es ja wieder mein Geschenk, ich genieße es. Jetzt erneut. Na ja, und manchmal vergesse ich es halt einmal ein wenig länger und quäle mich vielleicht, denke wieder: Oh der oder die, was hat sie Komisches gesagt, wie könnte der Zusammenhang sein, da hat man dann wirre Gedanken im Kopf und will sie sortieren. Das macht der Verstand oder das Ego sehr gerne, er will immer der Herr im Haus sein. Da finde ich jetzt eine Lösung, und du drehst und wendest dich, dann bist du halt mal 10 Minuten, vielleicht auch länger im

Film. Doch es macht nichts. Irgendwann merkst du es und denkst, ach du Schande, wo war ich jetzt wieder drin. Und dann gehst du einfach durch den Atem ins Jetzt und genießt den Augenblick und dehnst ihn aus und spürst hinein in deinen wundervollen Körper und denkst dir: Mein Gott, da spielten meine Gedanken jetzt wohl wieder etwas verrückt. Auch gut, alles gut, egal, was du tust. Auch im Außen, wenn es dir wieder mal passiert, dass du irgendeinen komischen Satz heraussprühst und dann denkst: Oh Mist, vielleicht hat sich mein Gegenüber geärgert, das war jetzt wohl nicht so gut. Na und, der Satz ist ausgesprochen, alles gut. So wünsche ich dir für heute einen wundervollen Tag, einen wundervollen Donner-s-tag, bin mal gespannt, wie es dann wohl im Außen oder im Innern donnert. Das erinnert mich an das Sams. Alles Liebe, ich drücke euch, schön, dass es euch gibt. Tschüss.

4. Dezember 2021

Es schneit

Einen wunderschönen guten Morgen, ihr Lieben heute am 4. Dezember 2021. Magische Tage, es schneit, es schneit, es hat geschneit heute Nacht. Alles ist weiß, das ist einer der schönsten Augenblicke, aufzuwachen und die tristen Bäume sind plötzlich wieder wunderschön von Schnee eingehüllt. Ich glaube so langsam wird es Zeit, dass wir Abschied nehmen, Abschied nehmen von all dem, was in der alten Welt war und uns endlich damit abfinden, dass es sie nicht mehr gibt. So ist es. Ich habe das Gefühl heute ist ein sehr energievoller Tag. Auch einige Astrologen und schlaue Leute haben dies so gemeint. Ich wachte heute Morgen auf und mir haben die Zähne wehgetan. (Lach) Ich denke wirklich, es ist Endspurt, absoluter Endspurt. Was man da draußen so sieht oder was ich so über den lieben Sunny mit seiner wundervollen Presseschau mitbekomme, da tobt der Bär. Und es ist so schön mitzukriegen, wie immer mehr wundervolle, göttliche Menschen dies erkennen. Ich denke, es hat diesen ganz speziellen Augenblick gebraucht, diese spezielle geniale Energie, damit dieser Aufstieg der gesamten Menschheit geschehen darf, und irgendwie glaube ich sogar, dass da noch viel mehr dranhängt, ich glaube das, nein, ich weiß es, es ist so. Es ist einfach etwas Magisches, etwas Biblisches, es ist einfach nur bah, bah, bah. Und wir mitten drin, jeder einzelne. Ich merke, dass die vielen wachen Menschen, die mit mir schon lange auf dem Weg sind, auch noch irgendwie gebeutelt werden. Doch jeder weiß, alles ist gut. Es ist so das letzte Aufbäumen. Nein, es ist kein Aufbäumen mehr, es ist einfach … mir kommt jetzt das Bild von der

Geburt. Wir sind durch, absolut durch, und liegen jetzt so an der Mutterbrust, noch etwas müde. Es kommen noch so ein paar letzte Reste, denn es war schon eine sehr heftige Geburt, ich denke, für uns alle. Selbst die, die schon sehr lange dabei sind, durchlebten noch ihre Prozesse. Es ist so ein wundervolles Geschenk, Hier und Jetzt in dieser Zeit mit dem Schnee vor dem Fenster da sein zu dürfen, atmen zu können und es ist ein Wahnsinn, dass wir das in diesem Körper tun dürfen, der gesund und heil ist, und das immer sein darf. Ich denke, wir werden immer mal wieder so ein wenig zurück gehen. Ich merke es gedanklich, wenn ich an der Schwelle stehe. Wenn ich mit Menschen zu tun habe, die frisch aufwachen oder noch so an der Grenze sind, einfach noch nicht so ganz geboren sind, das berührt mich noch ein wenig. Ich kann dann zwar gelassen dasitzen, doch ein wenig – wenn ich ehrlich bin, und es geht nur noch Ehrlichkeit – berührt es mich noch. Und das ist o.k. So wünsche ich dir heute einen wunderschönen Samstag. Ich habe heute den ganzen Tag zu tun, darf jetzt wieder zu den Kindern ins Schwimmbad, die mega Fortschritte machen. Wir hören uns. Tschüss.

6. Dezember 2021

Wundervolle Welt

Einen wunderschönen guten Morgen wünsche ich euch. Heute wieder aus meinem Bett. Ich hörte mir gerade die Gute Laune Schlafsprachnachricht vom Mäckle an. Es hört sich echt gut an und ich denke, wenn man die Verbindung zum Außen hat … und ich denke da kommen wir alle nicht so ganz vorbei, dann tut sich da draußen echt Gewaltiges. Doch es ist immer deine oder meine Entscheidung. Will ich wirklich wissen, was da draußen passiert? Ich darf es wissen, wenn ich neugierig bin, dann gucke ich da raus, doch letztendlich habe ich das ja alles in mir und ich denke so im Persönlichen werde ich immer das im Außen sehen und erleben, was ich auch in meinem Inneren spüre. Das ist voll einfach. (Lach) Besonders schön ist es, wenn ich jetzt mit meiner ältesten Tochter telefoniere, die noch in einem anderen Universum lebt, da kommt nichts mehr, was irgendeinen Konflikt auslösen könnte. Es ist dann immer so, dass dann irgendwann niemand mehr etwas zu sagen weiß und dann wünschen wir uns eine schöne Zeit und tschüss. Vor einem halben Jahr hatte sie sich mal beschwert, dass sie sich mit mir nicht mehr über ihre Probleme unterhalten kann. Früher konnte sie es. Ich hatte früher immer Verständnis gezeigt und bin dann mit rein. Doch jetzt kann ich mich nicht mehr mit Problemen auseinandersetzen. Wenn man möchte, kann man das natürlich tun, doch man muss sich klarmachen, dass sich das dann im nächsten Augenblick, in der nicht vorhandenen Zukunft zeigen wird. Und ja, alles ist gut, ich darf es, doch irgendwie kommt es bei mir nicht mehr so oft vor. Das ist so schön. Es ist so ruhig und angenehm und gar nicht langweilig. (Lach) Manchmal hatte man den Eindruck, ohne diese Konflikte und all den komischen Sachen wird das Leben ja langweilig. Es kann einem ja nicht immer gut gehen, und solche Sprüche hörte man und sagte man sich selbst, man braucht doch auch Herausforderungen. Doch nein, bei mir kommen zwar immer wieder mal Gedanken und ich freue mich auf die neue Zeit, in der ich das, was ich lernte oder was so in mir ist, einfach anwenden kann, oder es sich zeigen darf. Das wird, na ja ist ja schon, total geil und dann schwelge ich manchmal so in meinen Gedanken, doch letztendlich ist es Scheibenkleister egal, jetzt ist jetzt und hier ist hier und so geht es mir immer nur so gut. Ich treffe immer nur noch wundervolle Leute überall und natürlich auch Menschen, die noch ein bisschen nicht einverstanden waren oder die das Ganze, so wie ich es sah, anders sehen. So wie zum Beispiel im Schwimmbad der liebe Yilmaz. Auch diese Menschen sind wundervoll und respektvoll mir gegenüber. Ich spüre keine negativen Energien mehr mir gegenüber, und so lass ich sie stehen und lache. Ich lache mir gerade einen Ast ab, wie es bei uns im Schwimmbad abgeht. Es kommen nicht mehr so viele Menschen. Denn es ist echt ein Theater. An der Kasse müssen sie einen Test machen, den sie natürlich selbst mitbringen müssen, und wer keinen hat, der darf wieder gehen. Das war total traurig für mich, als am letzten Sonntag früh ein Senior kam, der ins Schwimmbad wollte. Er war bereits letzten Sonntag da, da hatten wir spontan geschlossen und so musste er wieder gehen, und diesen Sonntag kam er, vollständig geimpft, und an der Kasse sagte man ihm, er müsse jetzt erst einen Test machen. Er meinte, er hätte keinen. Die Antwort war: Dann darf ich dich nicht reinlassen. Ich stand da und sagte zu ihm: Lass doch bitte den Mann rein und er sagte: Nein, das darf ich nicht. Der Mann sagte dann zu mir: Lass gut sein. Er wurde zu Aldi oder zu Rewe geschickt, um sich dort einen Test zu kaufen, allerdings haben Aldi und Rewe am Sonntag geschlossen. Und so fuhr der Senior wieder nach Hause. Das musst du dir mal geben. Wenn uns jemand vor zwei Jahren gesagt hätte, wir müssten irgendwann bei Aldi einen Test kaufen, damit wir ins Schwimmbad können, ich glaube wir hätten uns an den Kopf gelangt. Und jetzt durfte der arme Mann nicht reingehen. Das kann man nur mit Humor sehen, sonst wäre es einfach zu traurig. Doch ich denke, die Menschheit muss es lernen oder erkennen und ich bin absolut überzeugt, dass es nicht mehr lange dauern wird, bis es alle erkannt haben und dann liegen wir uns alle in den Armen und bauen die neue Welt Stück für Stück auf. Sicherlich werden sich viele erst mal ausruhen dürfen, doch wir dürfen auch schon mit den neuen Werkzeugen üben, üben, üben. Wie geht es denn tatsächlich mit dieser Gedankenkraft, wo sich Dinge ganz von selbst manifestieren? Das finde ich total abgefahren und ich freue mich riesig darüber. Dann bin ich sehr gespannt, wie unsere Erde in ein paar Jahren aussehen wird. Ich fände es schon sinnvoll, wenn wir die gewachsenen Strukturen hier irgendwie mit einbauen und einfach nichts mehr zerstören, doch vielleicht löst sich einfach, was nicht in Harmonie ist. Ach Quatsch, es ist dann alles in Harmonie, egal ob das jetzt rund ist – ich habe immer meine runden Schulen vor Augen – oder ob es viereckig ist, es ist ja alles so wie es ist richtig, einfach nur wundervoll. Dann wünsche ich euch jetzt wieder einen wundervollen Montag, einen tollen Wochenstart. Ich gehe jetzt zu meiner Tochter. Bis bald. Tschüss.

9. Dezember 2021

Gedanken lesen

Einen wunderschönen guten Morgen wünsche ich euch, ihr Lieben. Ja … es wird doch, oder? Ich bin nur noch am Lachen, am mich freuen, am Genießen und irgendwie komme ich gar nicht mehr raus. Doch … ich lüge … letzte Woche bei meiner Tochter. Ich merke, dass ich immer intensiver die Gedanken anderer Menschen spüre und auch die anderen spüren meine Gedanken. Und letzte Woche ging es mit meiner Tochter um die Gedankenkraft, dass man sich halt mit den Gedanken seine Welt erschafft. Sie erzählte ein wenig … und ich dachte, ach ja, und dachte und dachte, grinste dann ein wenig und dann meinte sie: Hey Mama, hör endlich auf, immer schaust du so. Und ich dachte Scheibenkleister, auch sie liest meine Gedanken. Was ich mache, macht sie auch, das macht eigentlich jeder Mensch und wir sind wie ein offenes Buch. Desto wichtiger ist es, dass wir auch Gedankenhygiene betreiben, und ja die Gedanken sind frei, ein wunderschönes Lied, was auch so ist, doch sie dürfen natürlich auch rein sein und einfach nur wundervoll und ohne irgendwelche Hintergedanken. Die Zeit jetzt ist wirklich wunderschön. Ich bin so glücklich, dass ich jetzt hier auf dieser wundervollen Erde leben darf und gemeinsam mit allen anderen Zukunft – ach ne, die gibt es ja nicht – erschaffen darf. Und natürlich schauen, was sich so aus dem Hier und Jetzt heraus entwickelt. Ich werde jetzt Christstollen backen. Zumindest habe ich es vor. Ich merkte zwar gerade, dass ich nur Roggenmehl zuhause habe, denn ich räume so Stück für Stück meine Wohnung aus, doch dann gibt es halt Christstollen aus Roggenmehl oder aus Resten. Bin gespannt wie sie schmecken. Darin bin ich Weltmeister. Früher schaute ich einfach in meinen Kühlschrank und überlegte: O.k. was kochst du? Dann kochte ich einfach irgendetwas zusammen und meine Kinder wurden immer satt. Ab und zu sagten sie zu mir: Mama, das musst du nicht unbedingt noch einmal kochen. Na ja, das wäre auch gar nicht möglich gewesen, weil ja immer etwas anderes da ist. So mache ich es jetzt mit dem Christstollen. Dann backe ich einfach ganz viel Liebe rein und dann wandelt sich das Roggenmehl, das ja soweit ich weiß ein wenig fester ist, um, ich siebe es durch und dann wird es sanfter und zarter, und dann wird daraus ein wundervoller Engelschriststollen. Ein Christstollen aus dem Hier und Jetzt. Das mache ich jetzt und euch wünsche ich auch ganz viele solcher Momente, die ich momentan fast dauerhaft erlebe und auch fast immer nur mit wundervollen, liebevollen Menschen zusammen bin, das wünsche ich euch von ganzem Herzen. Ich habe euch mega lieb.

12. Dezember 2021

Wunderwelt

Einen wunderschönen guten Morgen wünsche ich euch, ihr Lieben. Schön, dass ihr mir noch zuhört. Ich finde es total fantastisch, was jetzt gerade passiert und ich glaube, es ist wirklich die allerwichtigste Botschaft, dass ich, und jeder andere da draußen, sich komplett vollständig selbst, den nächsten Augenblick, also quasi die Zukunft, die es nicht gibt, erschafft. Ich bin seit vielen Jahren davon überzeugt, dass man sich die Zukunft selber macht und damit gehe ich d'accord mit vielen anderen Menschen, auch mit geimpften (lach) und mit Menschen, die sich noch im Film befinden, … doch dass dies tatsächlich zu 100 % so ist, das glaubte ich nicht so ganz. Natürlich erschaffe ich mir die Welt, aber … es sind ja draußen noch irgendwelche Umstände oder irgendetwas. Nein, sind es nicht. Heute weiß ich, dass wir gerade in die Beobachterrolle gehen und dass das, was wir gerade da draußen oder in den Medien sehen … komplett das Produkt der Gedanken aller Menschen ist. Das kann ja nur so sein. Wenn zum Beispiel Menschen Angst vor einer Impfpflicht haben oder auch nicht Angst haben, doch sagen: Oh die wollen eine Impfpflicht! Dann geben sie dem auch wieder Energie. Die einzige Lösung wirklich rauszugehen ist – zumindest jetzt am Anfang – erstmal nicht mehr hinschauen, sich überhaupt nicht mehr damit beschäftigen, sondern gedanklich, oder auch wenn man mit anderen Menschen im Gespräch zusammenkommt, sich nur noch mit den Dingen beschäftigen, die einfach so entstehen oder die man halt in der Zukunft haben möchte. Und noch einmal. Die Zukunft gibt es nicht. Dadurch verschwindet, ohne dass man irgendetwas bekämpfen oder sonst irgendetwas machen muss, all das Komische in der Welt. Ich wusste es schon immer mit diesem Frieden. Ich war schon immer davon überzeugt.

Da kommt mir gerade dieser Spruch: Stell dir vor, es ist Krieg und keiner geht hin! Den hatten wir in der Jugendzeit ständig im Kopf und sprachen ihn auch aus. Letztendlich ist es so. Stell dir vor, da draußen ist was weiß ich was, doch wir machen da einfach nicht mit. Wir erschaffen uns unsere neue Welt. Das machen wir ja schon die ganze Zeit. Das ist auch echt gut. Ich freue mich darüber sehr. Bei mir ist es immer ganz komisch, ich habe tatsächlich dieses große runde Holzhaus im Kopf. Ich weiß gar nicht, ob es ein richtiges Haus ist, es sind mehr so Waben, in denen es überall verschiedene Möglichkeiten gibt, sodass man kreativ sein kann. Schreinern, nähen … was einem so kommt. Ich zum Beispiel liebe es Geschichten zu erzählen oder vorzulesen. Wir schrieben so wundervolle Geschichten auf, es ist der Hammer. Und auch durch dieses Geschichten erzählen, wie zum Beispiel auch Märchen, entsteht einfach Wundervolles. Lasst uns diese Wunder gemeinsam erschaffen und einfach nur glücklich sein. Oder vielleicht wirklich nach der 2Gplus-Regel leben. Das sage ich immer, wenn es jemand wissen will. (Lach) Ich halte mich an die 2Gplus-Regel. Ich bin gesund, ich bin glücklich, plus zufrieden. Und ich denke, das ist alles was wir brauchen. So wünsche ich euch einen wundervollen Tag, einen Tag voller Wunder. Tschüss.

14. Dezember 2021

Liebeswelle

Einen wunderschönen guten Morgen, ihr Lieben. Es ist … Wahnsinn. Ich spreche es aus, weil tatsächlich das, was so gerade passiert bei vielen Menschen im Kleinen, im Privaten aber auch da draußen tatsächlich nur noch Wahnsinn ist. Ich definiere Wahnsinn als etwas, das man einfach in seinem Kopf sieht, doch einfach nur eine Illusion oder ein Wahn ist. Insofern ist es sowas von klar – ich habe gerade mit jemandem von der Stadt Schweinfurt über die wundervollen Spaziergänge gesprochen … und wie er da so warnte, es ist wirklich Wahnsinn, also nicht echt. Spüre dann einfach so rein, denn es geht wirklich nur über das Innere. Du kannst dich drehen und wenden und machen was du möchtest, es funktioniert nicht mit dem Verstand, oder sagen wir besser mit dem Egoverstand. Er ist selbstverständlich genial, doch nur in Verbindung mit der Seele, mit dem Herzen, mit dem Allwissen, das in jeder Zelle deines Seins existiert. Also dem wahren Sein. Dann ist er echt genial der Verstand, aber separat gesehen, quasi in der Trennung oder in der Spaltung, in der er sich gerade befindet, was wir ganz deutlich im Außen sehen, ist er einfach überhaupt nicht existent, sondern einfach nur ein Wahn, eine Illusion. Mache es dir heute mal zunutze. Schaue dir mal nur so einen Ausschnitt an, denn es prasselt auf uns gerade momentan ein Hagel von Wahnsinn, und den können wir gerade definitiv nicht verarbeiten. Schaue dir deswegen einfach nur einen klitzekleinen Ausschnitt an und gehe da rein, gehe da ran mit deinem Verstand, wegen mir auch mit dem Egoverstand … und verbinde diesen Verstand mit dem Sein, mit dem Augenblick, der jetzt da ist. Mache dir vielleicht, wie ich es immer mache, eine Healing-Hintergrundmusik an (sehr förderlich) und schaue dir dann diesen kleinen Schnipsel Wahnsinn mal an. Und dann geh in die Beobachtung. Ich mache das gerade mit diesem Spaziergang bzw. mit dem Beitrag von dem Herrn und habe gerade seine Hände im Visier. Er hatte die Hände zusammen und hat sie immer wieder gewunden. Ich mache es auch mal gerade. Boah, da entsteht Spannung. Ich gehe in den Atem und ich merke, es lösen sich die Hände, sie öffnen sich, gehen nach Außen oben, heben sich, und damit auch die Atmung, die Energie. Wunderbar und meine Hände sind jetzt nach oben gehoben und gehen dann ganz automatisch zusammen zum Herzen hin. Wenn du möchtest kannst du diese Übung gerne mal machen. Nimm jedoch nur einen kleinen Ausschnitt, lass dich nicht beeinflussen von all den Hagelstürmen, die jetzt vielleicht gerade vom Außen auf dich reinprasseln. Ich nehme mir immer sehr viel Zeit für mich selbst. Wenn es irgendwie geht, bin ich in der Natur und lasse dann wirklich auch nur einen Ausschnitt an mich ran. Ich schaue mir zum Beispiel den Sunny „Verbinde die Punkte" an, der wie ich in der Ruhe oder in der Beobachtung oder in der glücklichen, freudigen Beobachtung ist, dann schaue ich mir immer mal einen Teil an und nehme mir dann etwas Kleines heraus, mache eine Beobachtung. Und dann merke ich, es ist alles nur Illusion, wirklich nur Illusion und Stück für Stück wirst du entdecken, dass es alles vollständig Illusion ist. Und Stück für Stück wirst du merken, dass du tatsächlich im Hier und Jetzt über deine Energie verbunden bist. Außerdem bist du eine Powerbank, nein, eine Powerbank ist ja irgendwann mal alle, deine Power ist niemals alle, selbst wenn dein Körper sich irgendwann mal auflösen wird, die Power ist immer vorhanden. Du bist unsterblich so wie jeder andere Mensch, die Tiere und alles was existiert. Alles ist unsterblich und wandelt sich einfach. Durch diese Power, durch diese Energie, die in dir ist, jetzt körperlich in jeder einzelnen Zelle, erschaffst du im Hier und Jetzt. Mache dir immer wieder bewusst, es gibt die Zukunft nicht. Du erschaffst sie für dich. Schön ist es natürlich, wenn wir gemeinsam diese Zukunft erschaffen und hier dürfen wir gerne auch in die Planung gehen. Ich freue mich zum Beispiel ganz arg auf den 22.12., wenn wir uns auf der Festung treffen. Wir feiern ein Fest auf der Festung, die fest ist, die diese Liebesenergie, diese Power fest in den Steinen gebündelt hat. Wir werden dann alles bündeln. Festung Marienberg. Ja die Marienenergie ist auch sehr kraftvoll, die ich gerne in mir vereinige. Dort können wir unsere Energie bündeln und dann über Würzburg eine wundervolle Liebeswelle rollen lassen. Yeah und das ist dann real. Macht euch dies bewusst, das ist real, nicht der Wahnsinn. Diese Liebe, die du in dir spürst, die wir dann gemeinsam bündeln und aussenden, die ist real und das werden viele spüren. Ich wünsche euch einen wundervollen Dienstag. Bis zum nächsten Mal drücke ich euch. Danke fürs Zuhören. Tschüss.

15. Dezember 2021

Schwierig? Einfach ...

Einen wunderschönen guten Morgen ihr Lieben, heute mal wieder aus Eßfeld aus meinem Bett. Es ist noch recht früh, noch nicht richtig hell. Ich schaute mir gerade ein ganz kurzes Video an, dass wir aufstehen sollen, dass wir das System lahmlegen sollen und ich finde es einfach nur fantastisch, was jetzt so viele Menschen auf die Beine stellen. Ganz wichtig finde ich, dass dann auch jeder das macht, was für ihn richtig ist, das was er fühlt. Ich finde es natürlich wichtig, dass man vor allem Nein sagt, das ist wohl das allerwichtigste, einfach Nein zu sagen, zur Maske zum Beispiel oder zu anderen Dingen, die man einfach nicht möchte. Meiner Meinung nach genügt das schon. Nein sagen, und dann einfach nicht mitmachen. Einfach nicht mehr mitmachen. Jetzt gibt es vielleicht Bereiche – ich denke gerade da an den Vertrag fürs Schwimmbad, den ich gestern unterschrieb, obwohl ich weiß, dass auch dies schlicht und ergreifend ein Blödsinn ist oder ein Hirngespinst in unseren Köpfen – dies war der 1. Vertrag, den ich richtig durchlas und mir dachte: Oje gruselig. Es gilt einfach zu sagen, nein, ich mache da nicht mit. Ach, ihr fragt euch sicher jetzt, warum ich den Vertrag fürs Schwimmbad trotzdem unterschrieb. Ja … aus Liebe. Aus reinster Liebe. Es ist einfach wunderbar, dass wir hier die Möglichkeit haben für die Kinder und auch für die Erwachsenen ein Schwimmbad zu nutzen und deswegen unterschrieb ich den Vertrag. Dies meinte ich dann auch mit dem Abwägen, wenn ich aus reinstem Herzen ja sagen kann, dann darf ich auch mal einen Unsinn mitmachen. Doch bei den Geschichten, bei denen ich wirklich nicht dahinterstehen kann, da sag ich einfach Nein, und dann … na ja, entweder geht es dann nicht und dann darf ich dort nicht einkaufen oder nicht rein oder man merkt plötzlich die anderen empfinden es genauso. Ich komme hier am besten mit Lachen weiter und das stellt sich bei mir schon ganz automatisch ein. Wenn irgendetwas auf mich zukommt und ich denke: Hä, was soll das jetzt? Dann kommt automatisch ein Lachen. Daran merke ich dann, nein, es ist absoluter Unsinn. Und ganz ehrlich, ich spüre, dass immer nur Dinge gehen, die wirklich aus der Liebe heraus geschehen. Das ist so das Dilemma.

Ich weiß ja, das ist mein Ego, (seufz) aber das ist ja auch da. Und wenn es dann eben da ist, oder wenn ich manche Dinge tue, bei denen ich genau weiß, ich habe aus dem Ego heraus gehandelt, macht auch nichts. Es ist ja einfach da … wichtig ist, es nicht zu verurteilen, denn es ist Scheibenkleister egal, was du gerade mal für komische Sachen gemacht hast. Wichtig ist nur es zu erkennen. Und mache dir dein Ego zum Freund. Dein Verstand ist dein bester Freund. Er ist so etwas von wichtig. Er muss dein Freund sein, doch er ist nicht der Schöpfer. Der Schöpfer ist viel größer. Der Schöpfer bist … ja … du, deine Seele, dein Herz, dein höheres Selbst, wie immer du es nennen magst. Und wenn dein Verstand, also das niedere Selbst, mit dem höheren Selbst Hand in Hand geht, wird er nie mehr irgendetwas tun, was schaden würde, was dir oder anderen schaden könnte. Ich meine, letztendlich schadest du dir selbst als erstes und dann natürlich – weil du ein Teil von allem bist – schadest du auch allen anderen. Doch das macht letztendlich auch nichts. Du kannst es ja jederzeit wieder ändern, das ist das geniale dran. Dies ist wohl auch damit gemeint, was sie in der Kirche immer sagten, Gott vergibt immer. Ja es hilft ja nichts. Es macht ja keinen Sinn, sich über Dinge die passiert sind zu unterhalten oder sie zu zerreden. Ach hätte ich doch … das war falsch. Ja, man kann vielleicht ein wenig traurig sein, man kann mal kurz hinschauen und denken: O.k., doch sich darin verlieren und wieder Energie hinschicken, das ist doof. Beobachten ja, hinschauen ja, doch letztendlich ist es auch nicht notwendig, denn die Schöpfung entsteht immer im Hier und Jetzt und es ist definitiv alles möglich. Nicht wie in der alten Welt. Ich machte Erfahrungen, die waren doof, oder ich habe als Gruppe Erfahrungen gemacht, die waren nicht in Ordnung. Nun müssen wir sie analysieren, genau hinschauen, wer hat was gemacht, warum ist es passiert und wie auch immer. Nein, dies ist nicht mehr notwendig. Natürlich dürfen wir es, doch es ist tatsächlich nicht mehr notwendig. Es geht darum, einfach neu zu schöpfen und dies ist tatsächlich sehr einfach. Lasst uns dies heute wieder probieren, aus dem Hier und Jetzt, aus diesem wunderschönen Moment, und das ist er definitiv, heraus den nächsten erschaffen. Ich wünsche dir alles Liebe für den heutigen Tag und ich freue mich riesig auf nächste Woche, wenn wir uns treffen.

16. Dezember 2021

Bei sich bleiben

Guten Morgen, ihr Lieben. Ich hoffe, ihr habt gut geschlafen, so gut wie ich. Wobei ich tatsächlich mal um halb vier wach und sehr intensiv mit meinem Vater verbunden war. Er wurde vorgestern wegen Verdacht auf Schlaganfall ins Krankenhaus eingeliefert. Ich telefonierte gestern mit ihm, er konnte einigermaßen gut sprechen und meinte dann, die Ärzte hätten gesagt: Nein, es war kein Schlaganfall. Er möchte am Wochenende wieder daheim sein. Ich bin mal gespannt. Denn er hatte sich ja auf Anraten von anderen Menschen doch noch impfen lassen. Ich bete einfach für ihn, dass alles passt. Oder sage einfach, möge das Richtige geschehen. Alles ist ja so richtig, wie es geschieht. Es gehört alles mit zum Spiel, mit zum Plan. Das dürfen wir einfach so geschehen lassen. Dann hörte ich noch wunderschöne Musik, auch ein Tipp für alle: Beschallt euch mit dieser guten 432 Herz Musik. Da gibt es die unterschiedlichsten Musikarten und das tut einfach gut. Ich kam dann gestern vorzeitig heim, backte Christstollen. Dann überraschte mich meine liebe Freundin, das war wundervoll, wir machten eine schöne Meditation. Solche Dinge sind in dieser Zeit doppelt wichtig. Nicht nur das Weltgeschehen beobachten, sondern auch immer wieder in sich reinhören und reinfühlen und Kontakt mit dem Körper aufnehmen. Es sind diese Übungen, geistig durch den Körper zu gehen. Ich arbeite viel mit der violetten Flamme. Ich stelle mir vor, dass durch mein Kronen-Chakra die violette Flamme durch alle Zellen fließt. Ich stelle mir es so vor, dass diese violette Flamme die Zellen ummantelt und so alle Zellen vibrieren dürfen und geheilt werden. Zum Schluss lasse ich nochmal goldenes Licht durchlaufen. Das tut mir immer so gut. Den ganzen Körper von innen und außen beachten und ihm wohltun. Heute habe ich einen Termin bei Angela, sie massiert ganz wundervoll, das ist traumhaft. Das kann man natürlich auch selbst machen, und ich mache das auch regelmäßig. Und dann natürlich auch nach Innen gehen. Jedem Teil im Körper dankbar sein, jedem Organ, jedem Knochen, jedem Gelenk, jeder Zelle. Der Körper macht das alles so wunderbar allein und wir dürfen einfach nur dankbar sein, fühlen und genießen. Es ist ein Wunder. Wenn wir dies mit unserem Verstand steuern müssten, gäbe es wohl viele Probleme. Insofern dürfen wir einfach nur danke sagen, allem danke sagen, das war eine meiner ersten Übungen, frühmorgens dem ersten Atemzug zu danken, einatmen, ausatmen. Was auch immer guttut … stärke dich, nähre dich, mach dich bereit für die neue Welt. Ich schrieb es heute Morgen erst. Wir befinden uns noch am Ende des Kindergartens. Gerade fühle ich mich bereit für die 1. Klasse der neuen Welt. Ich bin voller Vertrauen und Gewissheit, denn wir haben ja unsere Kinder und wenn wir etwas nicht wissen, dann fragen wir einfach die Kinder oder wir beobachten sie einfach und machen es nach. Einfach im Hier und Jetzt spielen, tanzen, Spaß haben, leben. Dem Leben eine Chance geben und nicht so viel denken. So wünsche ich dir für heute einen wundervollen schönen Tag.

19. Dezember 2021

Schönheit

Einen wunderschönen guten Morgen, ihr Lieben. Nur noch gute Morgen … wundervolle gute Morgen. Findet ihr es nicht auch fantastisch, was da draußen so abgeht? Gott sei Dank bekomme ich das nur so am Rande, oder über die Kanäle mit und ich finde es einfach toll, wie die Menschen auf die Straße gehen und merken: Wir sind verarscht worden oder haben uns oft auch selber belogen. Wir glaubten, das sei alles wahr, was uns so über die Medien oder auch durch die sozialen Kontakte vermittelt wurde. Heute Morgen hörte ich mir die Klänge an und es tat einfach nur gut. Ich glaube, es braucht gar nicht mehr viele Worte, sondern die Schönheit, das Betrachten der Schönheit im Außen, der Schönheit im Innen, und einfach spüren: Wir sind selbst auch nur reine Schwingung. Und wenn du ganz still bist und dich auf dich selbst konzentrierst, dann hörst du diese Musik, diese Schwingung in dir. Und das tut einfach nur gut. Und damit gilt es sich jetzt möglichst oft zu umgeben und sich dann natürlich auch physisch zu treffen. Sich mit vielen Herzensmenschen zu treffen, miteinander zu feiern, zu kochen, zu tanzen, einfach tun, was Spaß macht. So stärken wir einander in dieser grandiosen Endzeit jetzt. Eigentlich ist das Spiel schon vorbei. Die Erde ist bereits aufgestiegen und auch wir leben ja auf dieser Erde und sind Teil von ihr und nun ist der Moment, wo es alle spüren, alle, alle, alle. Noch vor einem Jahr war ich nicht 100-prozentig sicher. Ich sagte es zwar immer wieder (lach), doch im Innersten war ich noch nicht so sicher, dass wirklich die ganze Erde, vielleicht sogar die ganze Welt in den Frieden geht. Jeder Mensch, jedes Tier, einfach alles. Wir sind im Frieden. Das ist einfach wundervoll, alle Menschen in Frieden, jetzt. (Atmen) Die Welt ist in Frieden und wir sind es auch. Das passiert jetzt, jetzt, jetzt. Ich darf es immer sein und ich bin es auch fast (grins) immer. Jetzt war diese Geschichte mit meinem Papa. Doch er ist ein freies Wesen und kann selbst für sich entscheiden. Natürlich war ich schockiert, dass er, der so intensiv mit mir verbunden ist und dem ich so viel erzählte, der auch immer merkte, dass von mir Wahrheit ausgeht, sich impfen ließ. Er war tatsächlich in der Klinik und ich nehme schon an, dass es ein Schlaganfall war. Er behauptet ja: Nein. Vielleicht hängt es damit zusammen, dass jetzt nach der Impfung viele Menschen mit Schlaganfall in die Klinik kommen und die Kliniken angewiesen werden, den Menschen zu sagen: Nein, kein Schlaganfall, etwas anderes. Wir wissen es nicht und es ist auch egal, alle machen wirklich einen guten Job, sie können gar nicht anders. Jesus Christus wird in den Mund gelegt: Herr, vergib ihnen, denn sie wissen nicht, was sie tun. Denn da Pharma & Co. an der Ausbildung unserer Ärzte beteiligt sind, kommt halt sowas raus. Doch jeder möchte eigentlich nur das Beste für sich und auch für die anderen. Die Manipulation der Massen war wirklich sehr perfekt. Heute Nachmittag besuche ich meinen Papa und werde ihm erklären, dass ich ihn noch mindestens 22 Jahre in physischer Form behalten möchte. Ich möchte mit ihm noch seinen 99 Geburtstag feiern, 77 ist er. Ich habe ganz tief in mir die Gewissheit, dass ich es schaffe (Atmen), dass er mir vertraut und dass wir noch viele wunderbare Momente gemeinsam verleben. Vor allem wünsche ich ihm, dass er seine Urenkel aufwachsen sieht. So nun muss ich los ins Schwimmbad und so wünsche ich euch einen wundervollen Sonntag. Möge die Sonne auf dich scheinen und wenn sie nicht im Außen ist, dann ist sie in Sicherheit in deinem Herzen, geh in dein Gefühl, spüre sie und lass dich bescheinen. Alles Liebe!

21. Dezember 2021

Ewiges Sein

Einen wunderschönen guten Morgen, ihr Lieben. Spürt ihr es auch? Es wird immer krasser. Ich empfinde es auf der einen Seite unglaublich schön, lichtvoll, kraftvoll, gigantisch von der energetischen Seite gesehen, auf der anderen Seite gibt es dann doch wieder Bereiche, wo ich denke: Oh, wie wird das dann? Ich möchte doch irgendwie für alle da sein, und doch bei mir das Hier und Jetzt genießen. Dazu brauche ich doch viel Zeit – ich muss jetzt selbst grinsen. Ihr merkt schon, in mir ist viel Verwirrung. Gestern Abend war ich bei zwei lieben Menschen und das Witzige war da, dass ich anfing zu reden … und die liebe Annett fasste dann das, was ich eigentlich ausdrücken wollte, wunderbar in Worte. Jetzt geht es mir gerade wieder genauso. Es ist einfach nur schön. Die letzten Worte waren dann: Es ist einfach. Und das ist der Punkt. Ich glaube, es ist für uns Erwachsene noch immer so ein kleiner Hemmschuh da. Doch den dürfen wir jetzt nehmen und ..., in Gedanken und auch physisch (vielleicht auch wirklich physisch, vielleicht hat jemand noch einen alten Schuh herumliegen) wegwerfen, ganz weit weg. Dabei stelle ich mir die Galaxie vor, die diesen Hemmschuh liebevoll aufnimmt und er sich dann auflöst. Das ist ja faktisch gerade das, was passiert, es wird nicht zerstört, sondern das Alte löst sich vor unseren Augen auf. Wenn der Hemmschuh weg ist, kommen auch diese komischen Kleinigkeiten, die einen immer wieder triggern, gar nicht mehr in unser Leben. Oder wenn sie kommen, na und … dann kommen sie halt, sie gehen auch wieder. Meiner Tochter sagte ich am Sonntag … sie fragte mich, wie es so ist mit der Geburt, sie ist im 7. Monat … nur: Du, der Atem ist das aller, allerwichtigste. Ich habe tatsächlich bei den Geburten meiner Kinder das richtige Atmen gelernt. Dies war der Punkt. In den Schmerz hineinatmen. Das ist nicht immer so einfach, doch es funktioniert. Sie sagte: Ja, das hat Pici, ihre Schwester, auch gesagt, sie wollte beim Aufkommen des Schmerzens davon, und dann hat es immer länger gedauert, bis der Schmerz wieder abebbte. Sie merkte dann, sobald sie sich dem Schmerz hingab ging es flott. Ich wünsche ihr so sehr, dass alles gut wird. Ich spüre auch bei ihr eine große Veränderung. Wie wundervoll. So wünsche ich euch für heute einen wundervollen Tag. Wir gehen heute ins Schwimmbad mit unseren zwei Gruppen Kitzingen und Eßfeld. Wir schafften es tatsächlich – dank an Simone – das Schwimmbad für zwei Stunden zu mieten und so lassen wir es uns einfach gut gehen. Alles Liebe.

26. Dezember 2021

Perfekt im Hier und Jetzt

Einen wunderschönen guten Morgen, ihr lieben Seelen. Eigentlich fühle ich mich immer top und genieße mein SEIN, mein Leben im Augenblick und spüre, dass davon ganz viel Energie ausgeht. Energie, ausgehend von der Liebe, in den unterschiedlichsten Ausprägungen. Ganz oft war es im letzten Jahr das Lachen. Es kam so von unten her, ein befreiendes Lachen. Sodass ich es gar nicht richtig steuern konnte. Es kam einfach so aus mir heraus und es war sehr dominant im ganzen letzten Jahr. Und ich glaube, diese Energie des Lachens, der Freude in mir, sie war es letztendlich, die so den letzten bedeutenden Energieschub gegeben hat. Ich bin unendlich dankbar, denn nun darf ich SEIN. Einfach SEIN. Natürlich merke ich, dass ich hin und wieder noch ein Stückweit in die Planung gehe und mir dann denke z.B. wann besuche ich wen, doch letztendlich entscheidet darüber das SEIN. Das wunderbare SEIN. Dann merke ich, dass es immer richtig, dass es immer perfekt, dass es immer strukturiert ist, ganz von selbst. Und wenn ich so darüber nachdenke, war es genau das, was mich gerade in den letzten Jahren immer wieder triggerte. Ich war auf der Suche nach dem Perfekten, nach der Schönheit. Ich wusste in meinem Herzen, in meiner Seele, dass alles perfekt ist, dass alles schön ist und ich sah es im Außen, all die Schätze, all die Perfektion in der Natur, doch ich suchte es auch immer in den Zukunftsplanungen sehr stark und dachte immer, ich muss irgendetwas an mir ändern, damit ich perfekt bin. Dann kamen immer wieder solche Sätze: Nun ja, es muss ja nicht perfekt sein. Das war natürlich auch ganz gut, es hat mich dann nicht so frustriert, wenn jemand zu mir sagte: Nun ja, das muss doch nicht perfekt sein. Das ist nicht so schlimm. Dann spürte ich auch in mir, es tut mir gut, wenn ich nicht von mir verlange perfekt zu sein, doch ein Streben danach war da. Was dann passierte, war höchst interessant. Ich nahm mir selbst den Druck. Natürlich hatte ich dann Menschen an meiner Seite …, wenn ich zum Beispiel an den Siggi denke …, die absolut Struktur, Perfektion leben und die sich damit jedoch auch quälen. Ich ging dann in die Beobachtung, eiferte nach und war unendlich dankbar, als ich merkte, dass es sich wie von selbst einstellt, wenn ich es einfach geschehen lasse. Von meinem Siggi, dem Schwimmmeister, lernte ich viel. Nicht zuletzt das Aufblasen der Schwimmsäckchen, die die Kinder zum Schwimmen üben brauchen. Ich übte wochenlang und schaffte es einfach nicht. Einfach, weil ich nicht richtig zuschaute. Irgendwann schaute ich zu und merkte: Ah, so geht es, und dann ging es. Es war wieder das beobachten, beobachten, beobachten. Es ist einfach fantastisch sich dem Augenblick hinzugeben, sich dem Leben zu ergeben. Oh, das erinnert mich gerade. Ich wollte ja mein Buch neu auflegen. Ich glaube, es ist jetzt meine nächste Aufgabe. Da mache ich mich jetzt ran. Ich freue mich. Ich hoffe, ihr hattet wunderschöne Weihnachtstage. Ich schon, wie immer, die Liebe dominierte. Natürlich wünschte ich mir, dass meine Familie zumindest langsam mal ein wenig ins Erwachen geht. Das war nicht der Fall, ich merkte es dann zum Beispiel, als ich meinte, ich möchte gerne nächstes Jahr mal nach Irland fahren und meine Tochter dann ganz lieb sagte: Mama, das wirst du nicht können. Du bist nicht geimpft. Dieser Wunsch ist noch nicht in Erfüllung gegangen. Doch vielleicht im Herzen. Denn sie spürte es, und sagte es mir auch, dass eine Veränderung geschehen ist. Für heute steht erstmal mein Papa an, und dir wünsche ich einen wundervollen Tag, einen Tag voller Wunder. Denke daran, wir bleiben im Hier und Jetzt, wir sind im Hier und Jetzt. Also Atmen. Atmen. Atmen. Alles Liebe.

28. Dezember 2021

Beobachten ... Beobachten ... Beobachten

Einen wunderschönen guten Morgen wünsche ich euch. Wir befinden uns in einer sehr denkwürdigen Zeit, eine wundervolle Zeit, was heißt, eine Zeit voller Wunder, wenn man sie denn sieht. Um diese ganzen Wunder, all die Dinge zu sehen, braucht es die Ruhe. Was wir da im Außen so mitbekommen hat oftmals nichts mit Ruhe zu tun, sondern ist meiner Meinung nach ein ablenken. All das im Außen soll uns davon ablenken zu uns selbst zu finden und damit den göttlichen Kern in uns, die Perle in uns, zu sehen und zu fühlen. Andererseits kann das Außen mir symbolisch auch Hinweise geben, denn das Äußere ist lediglich ein Spiegel. Doch auch da geht es meiner Meinung nach um Achtsamkeit, um bewusst im Augenblick sein, über den Atem in diesem Moment sein, in diesem Hier und Jetzt zu baden und dann zu schauen. Ich war 2020 im Herbst auf einem Seminar zum Thema Permakultur und immer wieder wurden wir darauf aufmerksam gemacht, dass das Wichtigste in der Permakultur beobachten, beobachten, beobachten ist. Ich habe das damals eher so auf die Natur draußen bezogen. Wenn ich zum Beispiel einen Garten anlegen möchte, dass ich dann vorher längere Zeit die Gegebenheiten, auch Wettervorkommnisse usw. beobachten soll. Mittlerweile weiß ich, dass diese Permakultur sich nicht nur auf Garten oder Ackerbau bezieht, sondern sich durch das ganze Leben zieht. Meiner Meinung nach, sich permanent dem Außen bewusst zu sein, erst beobachten, und dann handeln. Und zwar so handeln, dass es in das große Ganze einfließen kann. Ich spüre irgendwie, dass es dann ganz von alleine geht. Durch dieses Beobachten geschieht etwas in mir. Ich verstehe dadurch den natürlichen Lauf des Lebens. Vor allem auch die Zusammenhänge, wie wirklich alles miteinander in Beziehung steht. Ich erkenne dadurch, dass auch ich ein Teil des großen Ganzen bin, so wie jeder andere Mensch, so wie auch die Tiere, die Natur, alles hängt miteinander zusammen. Vor einiger Zeit hatte ich da immer dieses Netz vor Augen, indem jeder von uns und alles eine kleine Perle ist, das sich über die ganze Erde ausbreitet. Das Netz ist schon immer so, natürlich kann man hier auch die Naturgesetze mit hineinnehmen. Es sind alles Gesetzmäßigkeiten. Gerade in der jetzigen Zeit geht es nur darum, dass ich es erkenne. Ich kann das nur erkennen, wenn ich in die Beobachtung gehe. Natürlich sind wir in eine ganz andere Richtung sozialisiert worden. Und das macht es dann immer wieder schwer. Wenn man gelernt hat nicht zu beobachten, sondern mehr zu tun. All das was uns in der Schule und von den Eltern beigebracht wurde, was wir auswendig lernen sollten und dann strukturiert anwenden sollten. Und dagegen spricht auch nichts. Und das ist auch das Dilemma. Wir können es einfach so stehen lassen. Alles, was geschieht ist richtig, sonst würde es nicht geschehen. Also auch nicht hadern. Doch dann doch immer wieder in die Beobachtung gehen und das Handeln dann geschehen lassen. Es ist egal, wo ich zum Beispiel in meinem Leben hinschaue. Ich habe gerade meine Schwimmkurse vor Augen. Wenn ich zu sehr denke: O Gott, ich muss jetzt noch dies oder jenes tun. Wenn es zum Beispiel einem Kind etwas schwerer fällt, schwimmen zu lernen und wir dann mit allen möglichen Methoden und Dingen versuchen, es dem Kind beizubringen, dann scheitern wir meistens. Wenn wir jedoch beobachten und dann entsprechend reagieren, ganz automatisch sagt man dann entsprechendes, dann funktioniert es plötzlich, dann macht es Klick. Darum geht es glaube ich in dieser Zeit, in der wir jetzt leben. Dann kann mit Sicherheit Großartiges in der Zukunft geschehen. Die Zukunft, die es ja gar nicht gibt, ich erzähle wieder Blödsinn, die ganze Zeit sage ich, dass es keine Zukunft gibt, dass es nur das Hier und Jetzt gibt und dann schwelge ich wieder in der Zukunft. (Lach) Ich glaube das ist o.k., ich verzeihe mir selbst. Dann wünsche ich dir jetzt einen wundervollen Tag. Einen Tag, an dem ihr die vielen schönen Dinge, die täglich geschehen – alles ist immer in Bewegung – erkennen könnt und immer mehr im SEIN ankommen könnt. Alles Liebe.

29. Dezember 2021

Alles normal

Einen wunderschönen guten Morgen, ihr Lieben. Wie geht es euch denn so? Habt ihr immer diese Grundruhe in euch? Ich spüre in letzter Zeit, dass die Menschen, denen ich begegne, diese Grundruhe haben, und dies ist etwas ganz Wertvolles, etwas ganz Wichtiges. Denn man kann da ziemlich rasch verzweifeln, wenn komische Situationen im Außen erscheinen, die du ja nur selbst machst, oder natürlich auch ich, jeder Einzelne halt, mittlerweile bin ich hier zu 1000 % davon überzeugt, dass jeder einzelne Mensch erschafft und zwar alles. Und dadurch, dass alles dann gemeinsam läuft, gibt es einen Sinn. Was gerade eben passiert ist halt ein Wahnsinn. Denn jeder einzelne weiß gar nicht mehr so richtig, was er glauben soll. Denn es prasselt sehr viel über die Medien, auch über die alternativen Kanäle, auf uns ein, sodass wir verwirrt sind im Kopf. Desto mehr du deinen Verstand agieren lässt, der natürlich wunderbar ist, versteht mich nicht falsch, es spricht nichts gegen unseren Verstand oder auch gegen das Ego, all das brauche ich, es ist wichtig, um Schritte weiterzugehen, desto stärker gerätst du in den Wahnsinn. Es passiert sehr viel im Kopf – definitiv momentan ein Informationskrieg, den jeder einzelne mit erschaffen hat. Ich war 20 Jahre in der Werbebranche und lernte dort gezielt, Menschen zu manipulieren. Ich machte das mit meiner freundlichen Art gut und generierte für den Verlag Geld. Ich dachte mir damals nichts dabei, denn ich hatte ja Freude im Umgang mit den Menschen. Das ist also immer der nächste Schritt, der sofort kommen sollte. Es ist nicht schlimm, es ist vielleicht Chaos, es ist vielleicht einfach komisch. Doch das macht nichts. Meine Vokabeln sind immer komisch oder gruselig, da entsteht in mir dann immer mein wundervolles Lachen. Also, alles nicht schlimm. Ich machte immer mit und vielleicht mache ich auch heute noch immer mit. Letztendlich manipuliere ich euch ja auch durch meine Sprachnachrichten. Dies ist auch Manipulation, vielleicht nicht so schlimm, vielleicht hilft es euch ja ein wenig. Doch wie sagt Sunny von „Verbinde die Punkte" immer: Macht euch die eigenen Gedanken. Geht einfach rein, und jeder einzelne von uns darf jetzt in die Tiefe gehen. Darf zulassen, dass diese Angst, diese Wut, dass dieses Grollen in uns drin auch mal raus darf. Angeschaut werden darf. Wenn ich auf die Metaebene gehe, sehe ich natürlich den ganzen Wahnsinn da draußen und denke, ich kann nicht mehr, ich verstehe das nicht, ich mag nicht mehr. Oder wenn ich in dieser Zeit auch noch Kinder habe, oder einen Beruf, wo ich gezwungen bin Dinge zu tun … Da kann ich leicht reden. Ich habe nur das Schwimmbad … Doch da darf ich mir auf die Schultern klopfen, das kriegte ich wirklich sehr gut hin, zum Schluss musste ich nicht mal mehr testen. Ich machte das ein paar Mal, es war sehr witzig. Doch letztendlich wird der Druck da draußen immer stärker und ich kann es durchaus verstehen, wenn dann Chaos entsteht. Das will raus und vernünftig angeschaut werden mit den Worten: Hey, was ist los mit dir du Wahnsinn, du Angst, du Verstand. Alles gut. Durchdenke mal sinnvoll. Komm wieder auf die Beine. Stell dich hin. Denke vernünftig nach. Zum Beispiel: Macht die Maske Sinn? Damit fing es ja an, mit der Maske. Letztendlich tragen wir ja alle ständig unsere Masken. Macht dies Sinn? Nein, zumindest nicht dauerhaft, denn wenn ich eine Maske aufsetze bin ich nicht offen für andere, sehe ich nicht klar und vor allem bekomme ich keine Luft mehr, kann nicht mehr klar denken. Wahnsinnige Zeit, wundervolle Zeit, notwendige Zeit. All das braucht es, damit die Menschen im Kollektiv wach werden und wirklich sehen, was ist Realität. Der Tisch, der jetzt gerade vor mir steht zum Beispiel oder all das, was ich jetzt im Augenblick um mich herum sehe und was wirkt. Die Realität, die ich zum Beispiel in den Medien sehe oder die vielleicht gerade bei anderen Menschen geschieht, ist nicht meine Realität. Und natürlich bin ich diese Realität nicht, das ist klar. Das habe ich um mich herum, auch meinen Körper – ich bin hier am gestikulieren, denn ich spreche fast immer mit meinem ganzen Körper – das habe ich, das ist für mich jetzt hier real. Alles andere kann ich mir in meinem Kopf vorstellen. Wenn ich zum Beispiel einen Film schaue, über etwas nachdenke, ein Buch lese usw. Aber all das bin ich nicht. Ich bin wunderbar, ewiges SEIN, Bewusstsein, ich bin reine Glückseligkeit. Oder wie unser Teaching-Satz heißt: Ich bin SEIN, Bewusstsein, Glückseligkeit. Ich bin Liebe. Ich bin Freude.

Ich bin Frieden. Ich bin Gnade. Ich bin Freiheit. Es fallen dir mit Sicherheit noch viele wunderbare Affirmationen, Worte ein, die du wiederholen darfst. Immer wieder wiederholen. Genau dies ist in uns, bei mir über 50 Jahre lang, geschehen. Es ist genau über diesen Weg der Wiederholung in uns manifestiert worden, eingeklopft worden. Klopfen ist übrigens auch eine gute Idee. So nun gehe ich zu meinem Enkelsohn. Ich wünsche euch einen wundervollen Tag, einen Tag voller Wunder, die es eigentlich gar nicht sind, denn alles ist ganz normal, ganz einfach. Tschüss.

2. Januar 2022

Wiederholung ... nein ...

Einen wunderschönen guten Morgen wünsche ich euch, ihr Lieben. Mein erster Gedanke war gerade … und wieder ein neuer Morgen … und wieder grüßt das Murmeltier. Doch ist das wirklich so? Nein, ich glaube, in der neuen Welt wird es nicht mehr so sein. Denn ich bin mir bewusst, dass alles immer wieder neu ist. Jeder Atemzug unterscheidet sich vom letzten. Ich denke, dass ist das, was wir jetzt als Menschheit lernen dürfen. Ich ruhte mich in der Vergangenheit gerne auf den Dingen, die automatisiert waren, aus. Denn alles andere empfand ich damals immer als Herausforderung, als oftmals anstrengend. Oje, jetzt muss ich nachdenken, organisieren, irgendetwas tun, was eine gewisse Anstrengung braucht, und das hielt mich dann oft ab, das Ganze überhaupt zu tun. All die Dinge, die von alleine liefen, waren so einfach. Das Schöne ist, in der neuen Zeit ist es komplett anders. Da gibt es kein sich ständig wiederholen mehr, aber auch kein: Oje, es ist anstrengend. Da wird alles einfach mit Leichtigkeit geschehen. Einfach weil meine Seele, wie immer du es nennen magst, es geschehen lässt. Einfach, weil ich mir komplett bewusst bin, dass das alles nur Werkzeuge sind. Egal ob ich den Atem nehme, der mich am Leben hält, er ist eben ein Werkzeug dafür, dass ich hier auf Erden existieren kann in dieser Form, in diesem Körper. Und natürlich die Werkzeuge Körper, der Verstand, mein reales Auto – das putzte ich übrigens gestern auf Hochglanz und dies war etwas, das ich früher nicht sehr gerne machte. Seit ich jedoch anfing mich auch mit dem Materiellen zu verbinden und das Material zu spüren, dankbar dafür zu sein, dass es da ist, seitdem macht einfach alles Freude. Und ich bin natürlich in erster Linie mal unendlich glücklich gewesen, als ich es bei mir selbst feststellte und alles immer leichter wurde und ich immer achtsamer. Die Situationen in denen ich vorangeprescht bin, Dinge in Routine tat, ohne bewusst dabei zu sein, nahmen ab und das machte mich erstmal ganz arg glücklich. Vor allem macht es mich unendlich glücklich, all dies bei allen Menschen zu entdecken. Natürlich ist es logisch, es ist Naturgesetz, sagt ihr vielleicht jetzt. Trotzdem ist es fantastisch, da es mein ganzes Leben lang nicht so war. Klar war ich im Dauerfrieden-Modus, was es sehr erleichterte, doch ich war auch in der Angst, oder wie ich anfangs erzählte, in der Anstrengung, in der Planung. Ich war, genau wie alle anderen, im Film, unter der Glocke, in der Matrix oder im Schokoteig. Mir geht es gut, alles wunderbar, ich lasse alles geschehen. Irgendwie ließ ich ja schon immer alles geschehen, doch manchmal war es wirklich anstrengend. Es ist nun einfach nur wunderbar, dass es komplett vom Tisch ist. Ich denke, das ist auch bei euch der Fall. Alle Menschen, die ich gerade so treffe, die lassen sich ganz selten noch aus der Fassung bringen. Sie befinden sich in dieser Grundruhe. Diese Grundruhe kommt meines Erachtens von dieser Energie von Mutter Erde oder Universum, wie immer du es nennen magst. Hier hat ein Wechsel stattgefunden, sie ist da. So wünsche ich dir für heute, für diesen Sonntag, Sonnenschein – jetzt scheint sie tatsächlich nicht – alles Liebe. Ich gehe jetzt zum Wandern. Bis bald, ihr Lieben. Tschüss.

3. Januar 2022

Durchgeknallt

Einen wunderschönen, genialen Tag, nein guten Morgen wünsche ich euch. Ich bin mittlerweile, glaube ich, echt durchgeknallt. Dadurch, dass es einfach nur cool ist, ist es, glaube ich, nicht so schlimm. Durchgeknallt …, ich denke dies ist auch ein Weg, um ins Erwachen zu kommen. Zu merken, dass der Wahnsinn da draußen auch irgendwie etwas mit dem Wahnsinn im Innen zu tun hat. Irgendwie wissen es mittlerweile ja alle, wie innen so außen. Dies sind so Sprüche, die man auch schon immer – ich zumindest in den letzten Jahrzehnten – so hörte. Das wissen wir also … Wir haben einfach nur noch die passende Energie und Übung gebraucht, um es tatsächlich zu verstehen. Letztendlich ist da ja auch nichts Verkehrtes daran, wenn wir auch innen manchmal (lach) durchgeknallt sind oder uns selbst nicht mehr so recht verstehen. Solche Dinge passieren. So lange es in der Ruhe ist, solange es immer mit einem Grundlachen verbunden ist. Bei mir entsteht immer so ein Grundlachen das ganz tief unten sitzt, aus dem Solarplexus kommt. Wirklich so von unten – wusch – ein Gefühl, das ich dauerhaft habe. Es braucht nur einen klitzekleinen Funken und schon entlädt sich dieses Lachen von unten her. Das durchschüttelt dann meinen ganzen Körper und ich fühle mich einfach nur wohl. Dies ist genial. Das ist etwas, das bei mir dauerhaft laufen kann und das überhaupt nicht anstrengend ist. Ich habe gerade meinen Enkelsohn vor Augen. Er saß auf meinem Schoß, meine Tochter gegenüber und meine Tochter machte Faxen und er hat so was von gelacht, er hat sich bald nicht mehr eingekriegt und ich wurde da immer gleich angesteckt. Es war echt genial. Minutenlang lachten wir. Dann war er jedoch wirklich müde und musste wieder etwas schlafen und auftanken. Das ist unsere Zukunft. Das ist doch o.k., oder? Ich finde es cool. Natürlich habe ich auch im Hinterkopf … was habe ich im Hinterkopf, hm vielleicht doch nichts. Doch, ich möchte schon etwas mit euch aufbauen. Ich stelle mir einen Lernraum vor, ziemlich groß, ziemlich rund oder sechs- oder achteckig oder wie auch immer, in dem wir zusammen kreativ sind. Wo jeder das machen darf, was er möchte. Wenn mir gerade nach malen ist, dann male ich, wenn mir nach Singen oder Musizieren ist, dann singe ich. Auch das Schreinerhandwerk hat etwas. Davon habe ich so gar keine Ahnung, doch wenn da jemand ist, der mir einiges zeigt, dann könnte ich mir vorstellen zu schreinern. Das macht mir sicher Spaß. Ich bastelte zum Beispiel schon mit zwei Schulklassen Musikinstrumente (Regenrohre) und das war eine coole Arbeit, wie wir da hämmerten … Darauf freue ich mich. Ich bin gespannt, wie es entstehen darf. Welche Menschen zu mir kommen. In der Zwischenzeit mache ich erst mal das, was ansteht, nämlich zu meiner Tochter gehen und mit meinem Enkelsohn spielen und vieles mehr. Ich wünsche euch einen wunderschönen Tag. Alles Liebe. Bis bald!

7. Januar 2022

Liebe verschwenden

Einen wunderschönen guten Morgen wünsche ich euch heute noch richtig eingekuschelt in mein Bett. Es ist noch dämmrig, der neue Tag bricht an und es ist wieder etwas ganz Besonderes. Ein ganz besonderer Tag, ein Freutag, und ich besuche heute wieder Menschen. Ich habe irgendwie den Eindruck, dass es nun meine Aufgabe ist, hinauszugehen, die Menschen zu besuchen, spazieren zu gehen, in die Natur zu gehen und zu plaudern, zu atmen, einfach zu SEIN. Und natürlich ausprobieren … denn dieses Jahr ist ein ganz besonderes Jahr. Die Menschheit erwacht, was gleichbedeutend ist mit: Ich werde neu geboren und beginne zu leben. Und dazu gehört, die Welt Stück für Stück zu erkennen, zu sehen, was wirklich wahr ist, was real ist in meinem Leben. Das mag für jemand anderes ganz anders ausschauen, doch ich entdecke es für mich. Ich sehe da meinen kleinen Enkelsohn vor Augen, der jeden Tag lernt. Der voller Tatenkraft in sich ist. So ähnlich können wir uns das jetzt vorstellen. Das was wir in den letzten Jahrhunderten, Jahrtausenden erlebten, war alles nur Illusion in unseren Köpfen. Wir lebten rein aus dem Verstand heraus und dachten was draußen ist, wäre die Realität und wir müssen uns orientieren am Außen. Hierzu passt auch das Höhlengleichnis von Platon. Heute Morgen hörte ich mir eine Frau an, sie verglich es mit einer Straße. Ich schaute nach Draußen und fuhr auf der Straße und dann dachte ich: O Gott, da kommt eine Kurve, ich muss vorbereitet sein. Und jetzt ist es so, dass wir erkennen, dass das, was in uns ist, die Realität, – na ja vielleicht ist das auch eine Illusion, wer weiß – zumindest für den Moment näher ist, als das was im Außen ist. Ich fahre die Straße entlang im vollkommenen Vertrauen, dass ich jede Kurve aus mir heraus meistern werde. Wir kennen ja den Spruch: Wie innen, so außen. Und wir sind uns jetzt ganz klar darüber, dass wir aus dem Inneren, aus unserer Seele heraus das Außen erschaffen. Und vor allem, wir tragen diese ganze Kraft in uns. Und nun bin ich wieder am Anfang. Das ist etwas, das wir jetzt, Stück für Stück, jeder in seiner Zeit, entdecken werden. Da passieren dann jeden Tag Wunder, die natürlich keine sind, nicht wirklich, sondern einfach Realität. Wir entdecken die Naturgesetze, die auch in uns sind, denn wir sind ein Teil davon und merken, dass alles möglich ist. Und das ist ziemlich abgefahren. So freue ich mich heute an dem Freutag wieder auf das, was ich so erschaffen werde … natürlich freue ich mich besonders auf die Menschen, die ich in den Arm nehmen darf … was ich so in mir spüre, die ganze Liebe … und ich bin so was von erfüllt davon … denen ich diese Liebe schenken darf und die ich dann tausendfach wieder zurückbekomme. Das ist abgefahren. An meiner Pinnwand hängen seit über 40 Jahren die Sprüche (Ich bekam sie von meiner Kindergartenschwester). Liebe ist ein Geschenk ohne jede Gegenleistung. Und: Liebe ist das einzige, das sich vermehrt, während wir sie verschwenden. (Lach) Das ist doch geil, man kann aus der Fülle heraus, aus der Liebe heraus leben und bekommt es tausendfach zurück. So wünsche ich auch dir einen super Tag mit ganz viel Liebe, ganz viel Freude, mit all dem, was du ausstrahlst, was du dir wünschst.

12. Januar 2022

Uiiiiii ... jetzt aber ...

Halli, hallo ihr Lieben, heute am Mittag mal. Ich vergaß es heute Morgen, vergaß es gestern und vorgestern weiß ich gar nicht. Und vorhin schickte mir eine ganz liebe Hörerin meines Kanals ein Herz, und das erinnerte mich daran, wieder einmal eine Sprachnachricht zu generieren. Es geht mir einfach nur wundervoll jeden Augenblick. Natürlich erlebe ich auch noch komische Sachen, da nun die zwei Welten noch so nah beieinander sind. Ich spüre hier so einen durchsichtigen Vorhang oder eine Eiswand, wieso komme ich auf Eis, Antarktis? Man kann noch rüber schauen, aber so ganz hinüber geht gar nicht mehr. Das spüre ich immer mehr. Sobald ich damit in Berührung komme ..., zum Beispiel musste ich für die Wasserwacht ein Führungszeugnis abgeben. Da gibt es wohl ein Gesetz, das vor vier oder fünf Jahren beschlossen wurde, dies hat das Rote Kreuz wohl verschlafen und jetzt kamen sie auf die Idee, alle Trainer anzuschreiben, sie sollen doch ein Führungszeugnis abgeben. Gut dann schrieb ich meine liebe Frau Brand vom Amt an, sie ist immer sehr kompetent und hilft mir weiter. Doch sie schrieb letztendlich, ich muss einen Termin vereinbaren, also persönlich kommen, muss es beantragen und dann wird es mir zugeschickt. Oje, ich rief schon wieder nicht an. Gestern versuchte ich es, es war besetzt. Ich merke, es funktioniert nicht mehr. Zudem ist dort FFP2-Pflicht. (Grins) Am 7.7.2021 bin ich ja aus der Kirche ausgetreten und was ich dort erlebte, war sehr gruselig. Ich trug natürlich keine Maske und zum Schluss zwang mich der Standesbeamte diese Maske aufzusetzen und es ging mir in diesem Moment nicht sehr gut. So beschloss ich, nein, da gehe ich nicht mehr rein. Dies wäre jetzt eine ähnliche Situation, ich müsste die Maske aufsetzen, kann es jedoch nicht. Hier merke ich, es ist wie eine Wand. Ich will noch etwas abschließen, doch es funktioniert einfach nicht. Jetzt muss ich mal schauen. Ich versuche jetzt noch ein paarmal anzurufen, wenn ich niemanden erreiche, dann soll das so sein. Dann gehe ich wieder nach dem Motto: Wir müssen nicht aus dem System raus, sondern das System muss aus uns raus. Und dann lebe ich weiterhin in dieser neuen Welt, bin unendlich dankbar, dass es euch gibt und viele Herzmenschen, von denen ich weiß, wir sind so was von miteinander verbunden wie eine Familie. Hier spürt man keine Sekunde lang die alten Muster, die alten Trigger. Ich merke, wenn ich noch in so Kreise komme (grins), und dann auch die komischen Gedanken der anderen spüre, manchmal sprechen sie auch über ein bestimmtes Thema und schimpfen, dass ich mich dann rasch wieder zurückziehen muss. Manchmal ist es sehr traurig. Das war zum Beispiel so in Eßfeld. Ich dachte, ich wäre da zuhause, hätte ein zuhause für die Schule (Ich habe viele wertvolle Dinge für die Schule, z.B. meine Musikinstrumente). Und jetzt fühlt es sich nicht mehr gut an. Ich spüre dann immer die Gedanken und höre auch die Aussprüche mancher Menschen und es geht mir dabei einfach nicht gut. So ziehe ich mich langsam zurück. Meine vielen Schätze werde ich Stück für Stück verteilen. Ich habe unendlich viele wertvolle Bücher und Schulsachen usw. Falls jemand Interesse hat, kann er sich bei mir melden. Ich bin sehr dankbar, wenn ich weiß, wo meine Schätze sind. Wenn ich dann jemanden besuche und sehe dort etwas Schönes dann freue ich mich einfach. Nun laberte ich wieder genug. Ich gehe jetzt ins Schwimmbad, dort beginnt ein neuer Schwimmkurs, ich freue mich unendlich. Ich wünsche euch einen wundervollen sonnigen Tag. Den haben wir, volle pralle Sonne; und passt immer sehr gut auf euch auf. Bleibt im Hier und Jetzt. Lasst einfach die Gedanken etwas gehen, beobachtet sie und lasst sie dann ziehen wie Wolken am Himmel, egal, was da so in euch hochkommt. Wenn es natürlich wunderschöne Gedanken sind, dann geht da hinein, tanzt und singt und genießt dieses wundervolle Leben. Bis bald. Tschüss.

14. Januar 2022

Wie ein Schleier ... der Nebel ...

Einen wunderschönen guten Morgen ihr Lieben, heute an diesem nebligen Freutag. Gestern Abend fuhr ich schon durch den Nebel von Helga nach Hause. Das merkt man jetzt ja auch in der Welt draußen. In der komischen Welt. Da liegt noch irgendwie ein Schleier, ein Nebel über allem. Immer mehr Menschen erkennen dies und das ist einfach wunderbar. Gestern gingen wir in Arnstein spazieren. Ich traf viele liebe Herzmenschen, viele wundervolle Seelen. Es ist einfach schön, zuzuschauen, wie immer mehr Menschen dazustoßen und den komischen Mist nicht mehr glauben und hinterfragen und dann Stück für Stück erkennen, wie wichtig es ist, bei sich selbst anzufangen. Durch die Verbindung und die Gespräche zu merken, ja es geht nur darum einfach mal zu sein. Nichts zu tun. Aus dieser Welt da draußen, aus dieser Matrix, die wir uns alle selbst erschufen, auszusteigen, in die Beobachterrolle hinein zu schlüpfen und dann einfach nur zu sehen, was teilweise Komisches erschaffen wurde, was wir Gruseliges gemacht haben, doch auch zu erkennen, wir erschufen auch so viel Wundervolles. Wenn ich da an meine eigene Vergangenheit denke, es waren wirklich sehr viele wundervolle Augenblicke, ich verlebte eine wundervolle Zeit. Zum Beispiel in der Schule … ich hatte immer super Kinder, super Eltern, oder unsere Schwimmkurse, einfach wundervoll. Ich bin überzeugt davon, dass wir all das Wundervolle, was wir schon erlebten, wieder erschaffen, doch noch viel schöner, viel reiner, viel perfekter. (Lach) Früher sagte mal einer zu mir: So viel Glück kann man doch gar nicht aushalten. Doch man kann es aushalten und es ist einfach gigantisch. Wir fallen dann in diese Grundruhe, die ich bei vielen erwachten oder erwachenden Menschen bemerke. Das ist so ein Anzeichen, man merkt, irgendetwas ist falsch gelaufen, doch man trägt diese Grundruhe in sich. Das ist so das Zeichen: Ups, es fängt an, … und dann darf ich weitergehen, dann darf ich recherchieren oder einfach beobachten, beobachten, beobachten. Visionen entstehen lassen und gemeinsam mit anderen aus der Fülle schöpfen. Darauf freue ich mich mega. Letztendlich haben wir ja nur diesen einen Moment, die Gegenwart, was jetzt ist, und so wünsche ich uns, dass wir das ganz toll genießen können. Jeden Augenblick, jeden Atemzug und dann darf sich der Nebel Stück für Stück lichten … Jetzt bin ich gerade in meiner Erinnerung auf Teneriffa. Da machte ich mal eine Tour mit meinem Sohn auf dem Teide, dem Vulkanberg, da war es sehr neblig und als wir dann oben waren konnte man über den Wolken richtig drüber schauen und es strahlte uns die Sonne entgegen. Und es ist gewiss, es ist so gewiss. Gut, dann wünsche ich euch für diesen Freutag ganz viel Freude, Liebe im Herzen, nette Begegnungen und all das was du dir sonst noch so wünschst für den Tag. Tschüss.

17. Januar 2022

Licht und Liebe

Einen wunderschönen guten Morgen, ihr Lieben. Heute an diesem tollen Montag, an dem ich zusätzlich wieder das Geschenk der Zeit erhielt. Meine Tochter rief gerade an, ihr Mann macht Homeoffice, ob ich nicht morgen kommen könnte. So habe ich heute wieder mal frei und da meine Woche schon ziemlich durchgeplant ist, was ich nicht mehr gewohnt bin, ist es wundervoll. Am schönsten ist es früh aufzuwachen und zu überlegen: Was machst du heute, welche Menschen triffst du, was erlebst du? Doch auch eine durchgeplante Woche ist wohl mal gut. Wobei ich in den letzten Wochen und Monaten merkte, dass gerade so geplante Sachen meistens nicht mehr funktionieren. Das finde ich total witzig. Dann kommt meistens irgendetwas dazwischen. Gestern traf ich mich mit Menschen aus einer anderen Lerngruppe – ich glaube man kann es einfach nicht mehr so sagen, Lerngruppe – es sind einfach wundervolle Herzmenschen, die möchten, dass die Kinder Tolles erleben. Es tat sich ein schönes Feld auf, in dem ich mit wundervollen Kindern in den Wald darf, also das erleben darf, was in der neuen Zeit Normalität werden wird. Wir entdecken die Natur, wir entdecken uns selbst, wir erzählen uns Geschichten, wir musizieren. Das sind all die Dinge und Qualitäten der neuen Zeit. Darauf freue ich mich mega. In der Zwischenzeit gibt es wohl noch ein wenig zu tun bei unseren lieben Menschen, die noch komplett in der Matrix gefangen sind. Gestern besuchte ich einen Nachbarn, machte mit ihm Brotzeit, trank Rotwein. Er ist vollkommen in der Matrix gefangen, ich beobachtete ihn, er saß mir gegenüber, er spürt in seinem Herzen, dass das, was ich erzähle, was eigentlich nicht so viel ist: Nur mein Leben im Hier und Jetzt, in der Gegenwart und meine Zufriedenheit, dann muss die Zukunft, die es nicht gibt, auch in Frieden sein; richtig ist. Ich spürte es, es zuckte in ihm und wenn ich dann in sein Gesicht schaue erkenne ich, dass sich sein Verstand weigert. Es ist für unsere lieben Mitmenschen nicht möglich, das zu glauben. Selbst bei Menschen, die der Kirche nah sind und jeden Sonntag aus der Bibel gelesen bekommen, sie können es nicht verstehen. Ich erzählte dann auch Beispiele der Johannes Offenbarung und da steht es ganz klar drin. Doch die Offenbarung ist wohl für viele Christen etwas, das nur in den Träumen existiert und das kann ja nicht Wirklichkeit werden. Ein bisschen traurig war ich dann schon als ich heimging. Vor allem, weil er dann zum Schluss sagte: Es war sehr schön mit dir. Ich freute mich, doch es war auch sehr anstrengend. Ich möchte ja nicht, dass es für diese Menschen anstrengend ist. So denke ich, es ist noch nicht der richtige Zeitpunkt, um diese Menschen aufzuwecken. Können wir dies überhaupt? Ich weiß es nicht. Ich sehe schon meine Aufgabe darin, sonst wäre ich ja nicht in dieses Umfeld, in dieses Dorf, das mega schläft, gestellt worden. Natürlich hatte ich auch schon mit jüngeren Leuten andere Gespräche, die zwar auch im Film sind, doch an meinen Lippen hängen und man merkt, dass es dann klick, klick, klick macht und dass da etwas mit dem Herzen passiert. Ich hatte auch schon Gespräche mit Senioren im Schwimmbad, bei denen ich merkte, ja da tut sich etwas. Und wenn ich sie dann das nächste Mal treffe, dann schauen sie mich verschmitzt an. Ich denke, da habe ich schon etwas bewirkt. Dann wünsche ich euch heute einen wundervollen Montag. Ich glaube, wir haben heute auch Vollmond, da starten wieder sehr viele Liebeswellen. Wir dürfen die hohe Schwingung einfach immer halten. Dann braucht es irgendwann diese speziellen Liebeswellen nicht mehr. Denn wir sind ja nichts anderes als Licht und Liebe. Das ist der Stoff aus dem die Zukunft (grins) gemacht wird, aus Licht und Liebe. Wow! Alles Liebe und bis bald. Tschüss.

22. *Januar 2022*

Verwandlung

Einen wunderschönen guten Morgen wünsche ich euch. Es passiert viel da draußen und ich denke, es wird jetzt wirklich Schlag auf Schlag gehen, also ganz flott. Wir spüren es hoffentlich in uns, aber auch im Außen. Ich war am Donnerstag vor einer Woche auf einem wundervollen Spaziergang in Arnstein und man merkte, hier ist eine friedliche Energie, es war gigantisch. Wichtig ist, dass wir erkennen, dass das, was wir im Außen sehen ganz viel mit dem zu tun hat, was in uns ist. Na ja, eigentlich alles. Ich unterhielt mich gestern mit jemanden über diese Spaziergänge. Da gibt es ja Städte in denen es nicht ganz so friedlich zugeht, in denen die Energie etwas komisch ist. In Würzburg zum Beispiel vor 14 Tagen, das war wie ein Krimi. Ist ja nicht schlecht, dann kann man die Glotze auslassen. (Grins) Oder auch in Schweinfurt. Jetzt fragte ich mich, warum ist das so in manchen Städten. Ich denke, es hat vielleicht damit zu tun, dass doch noch viele Menschen dort, die in dieser Bewegung sind, eine Wut haben, eine Wut auf „die da oben". Das wird wohl so der Knackpunkt sein. Durch diese Wut – eine Form von Energie – entsteht eine Energie, die gegen etwas geht. Und das funktioniert nicht mehr. In dieser Zeit geht nur noch für etwas. Man kann etwas, was man nicht möchte, nicht dadurch auslöschen, indem man eine komische Energie hinschickt. Man kann etwas, das man nicht mehr möchte nur damit auslöschen, indem man es 1. akzeptiert, es ist immer ein Stück der Vergangenheit, also ist es vorbei, da braucht man dann eigentlich gar keine Energie mehr hinzuschicken. Also man akzeptiert die Vergangenheit, das Komische, was war und geht dann 2. in die Liebe und guckt dann auf das was war und sagt sich, na ja, es ist gewesen, also hat es wohl seine Daseinsberechtigung gehabt, ich habe etwas erkannt, die Menschheit hat etwas erkannt, also war es wichtig, dass es da war. Dann geht man mit einer wirklich hohen lichtvollen Energie hin und sagt, so jetzt darf es aber gehen. Und Tschüss. Und dann das erschaffen, was man möchte. Dieses Prinzip erkennen immer mehr Menschen da draußen und deswegen ist es jetzt so, dass an den unterschiedlichen Orten diese Spaziergänge unterschiedlich ausfallen. Bei dem Spaziergang in Aschaffenburg, an dem Helga dabei war, muss es traumhaft gewesen sein. So viel geballte Liebesenergie, kein Funken von „die Deppen da draußen" oder etwas, was ein gewisses Urteil beinhaltet. Ohne dass unsere Klabautermänner dort oben nicht solch komische Sachen losgelassen hätten, hätten die Menschen es nicht erkannt. Dann hätten wir noch viele Jahre so weitergemacht. Deswegen, danke Klabautermann, danke Markus, du wundervoller Schauspieler, fast der beste, danke Angela, die das Fahrzeug war, Merkel – Merkaba, das Fahrzeug in die neue Welt. Ohne diese Menschen, jetzt auch Papst Benedikt danke, danke,

danke Benedikt – ich bin gespannt, was noch so von Papst Franziskus herauskommt. (Ich habe ein paar Bücher von ihm gelesen und hatte immer den Eindruck, dass auch er anklagt. Natürlich hat er Recht, dass wir die Erde in eine Müllhalde verwandelten, doch diese Anklage fand ich immer befremdlich. Er ist ein wunderbarer Mann, wie alle Schauspieler, die diese komische Vergangenheit mit erbaut hatten) – Ohne diese Menschen hätten wir es nicht erkennen können. Wir gehen in diese wundervolle Energie. Einatmen – Ausatmen, Gruß an den Boris, und wir dürfen unser wunderbares SEIN genießen. Hammer, Hammer, Hammer. Wir dürfen atmen, ein Geschenk des Himmels, wir dürfen SEIN, wieder ein Geschenk. Ich trinke schon meinen ersten Kaffee, danke, ich liebe ihn und jetzt darf ich gleich wieder ins Schwimmbad zu meinen wundervollen Kindern, ein Geschenk. Und gestern hütete ich lange meinen kleinen Franzl und er versteht jedes Wort. Es ist so wundervoll. Ich bin so glücklich, ihr auch, gell? Bis bald, habt einen schönen Tag. Tschüss.

23. Januar 2022

So einfach ...

Einen wunderschönen guten Morgen, ihr Lieben heute an diesem Sonntag, ist es wieder ein sonniger Tag? Ich bin noch im Bett, sehe die Sonne tatsächlich noch nicht. Doch sie kommt bestimmt bald heraus und sticht uns. Alles ist gut. Immer, immer, immer. In jedem Augenblick. Ich schaute mir gerade wieder mal einen Teil der Reihe: „Was in aller Welt ist passiert?" an. Ich schaute mir während Corona schon mal eine solche Reihe von Filmen an. Das ist mega interessant und das witzige bei diesen Geschichten ist, dass ich da immer das Gefühl habe: Ja, das hört sich für mich richtig schlüssig an. Bei Chnopfloch war es tatsächlich so, dass ich das erste Mal in meinem Leben das Ganze wirklich verstanden habe. Das, was man mich in der Schule lehrte verstand ich selten. Mein Verstand schaltete dann immer ab und dann war ich halt die Dumme, die sich das einfach nicht merken konnte. Irgendwann einmal fand ich heraus, dass ich mir das, was ich wirklich verstehe, sehr gut merken kann. Da war ich plötzlich genial. Doch all die Dinge, die ich nicht verstand blieben einfach nicht hängen. Deshalb darf ich nun mal meinen wundervollen Verstand loben, er war wirklich gigantisch. Und ich schimpfte ihn immer: Warum kannst du es dir denn nicht merken, Mensch. Du musst das doch auswendig lernen. Ich machte die Erfahrung im Studium: Da wanderte ich, gerüstet mit einem Rucksack, meinen Büchern, einer Decke und einer Flasche Wasser, und nach einer Weile legte oder setzte ich mich auf die Decke und versuchte die Bücher auswendig zu lernen. Leider ist mir dies nicht gelungen und entsprechendes erlebte ich dann in den Prüfungen. Ich musste Dinge auswendig lernen und dann spiegelstrichmäßig von mir geben, und dann zum Beispiel die verschiedenen Ansichten miteinander vergleichen und Vor- und Nachteile finden. Dies ist mir irgendwie nie gelungen. Das war sehr frustrierend. Gott sei Dank hatte ich meine Tochter, die mich nach einer mündlichen Prüfung in Schulpädagogik, in der ich eine vier bekam, aufrichtete. Sie sagte zu mir: Ach Mama, ne vier heißt doch, du hast bestanden und bestanden ist gut und gut ist ja fast sehr gut. Und da musste ich so lachen, denn sie hat ja recht. Heute merke ich, es war alles richtig. Du warst und bist genau so richtig. (Lach) Das macht so glücklich und zufrieden dieses immer richtig sein. Auch die Erfahrungen, die ein jeder so während seines Lebens macht, auch sie sind genau richtig. Jeder erlebte genau das, was er brauchte, um an einen bestimmten Punkt zu kommen. Dieser bestimmte Punkt ist jetzt einfach, dass wir als Menschheit alle miteinander erkennen, wie genial, wie göttlich, wie wundervoll wir sind. Das wird sicherlich jeder auf seine Art erleben und schlicht und ergreifend am Leben selbst erkennen. Wenn du früh aufwachst und den ersten Atemzug bewusst nimmst, dann spürst du es. Es ist einfach fantastisch. Durch einen Atemzug bist du da. Im Geheimnis, das immer da war und immer da ist und immer da sein wird. Du hauchst deinem Körper Leben ein. Wenn du magst, kannst du ja mal so eine Atemmeditation machen. Ich übte es sehr oft. Du atmest einfach mal in jeden einzelnen der Teile deines Körpers. Zum Beispiel atmest du mal in den großen Zeh oder in den Popo. Das probiere ich gleich mal aus, denn in den Popo atmete ich bisher noch nie. Es geht auch, witzig. Ich fing damit im Geburtsvorbereitungskurs in meiner Schwangerschaft an. Die Hebamme erklärte uns wie wichtig die Bauchatmung zum einen für das Kind im Bauch, zum anderen aber auch für die Geburt ist. Wir helfen dem Kind zu wachsen und zu gedeihen und auf diese wundervolle Welt zu kommen. Ich lernte bewusst die Bauchatmung und hielt sie bei bis heute, denn ich spüre, dass es mir guttut. Das war der Beginn der für mich richtigen Atmung. Dann fing ich an, in jeden Teil meines Körpers hinein zu atmen. Das ist eine wunderbare Übung, vielleicht hast du Lust, heute ein wenig zu üben. Ich wünsche dir einen wunderschönen Sonntag und bis bald. Tschüss.

25. Januar 2022

Dienst(ag)

Einen wunderschönen guten Morgen, ihr Lieben. Heute ist Dienstag, eigentlich Dienst Tag, doch ich habe mir frei genommen. Habe keine Lust auf Dienst. Oder höchstens Dienst an mir selber. Den Dienst genießen. Dienst am Atmen. Dienst am Nichtstun. Am einfach geschehen lassen. Was ich feststellte; irgendwie werde ich immer sensibler und muss daher immer mehr und immer schneller auf das reagieren, was ich empfinde. Beispiel: Samstagmorgen Schwimmbad, 8:30 Uhr, mit Kindern, schwimmen üben … mega viel Spaß dabei, wirklich richtig cool, aber in gewisser Weise auch ein wenig anstrengend. Nach dem dritten Schwimmkurs um 11:45 Uhr hatte ich das Gefühl, ich muss mich sofort ausruhen. Dann kam jedoch der Verstand, der sagte: Nein das geht ja nicht, du hast ja noch den nächsten Schwimmkurs bis 12:45 Uhr und danach die Schwimmbadaufsicht bis zum Abend. Eigentlich hätte ich mich sofort ausruhen müssen. Was machte ich, weil ich es nicht konnte, ich sagte zum Siggi, ich schaffe die ganze Stunde nicht, ich geh frühzeitig, ich brauche eine Pause zwischen den Schwimmkursen und meinem Dienst. 20 nach 12:00 Uhr sagte ich dann, du ich mach jetzt Pause und ging. Das Resultat war, ich hatte wieder Schmerzen im Unterleib. Es gilt wirklich in dieser Zeit ganz sensibel zu hören und zu spüren, auf die Signale zu hören, die dein Inneres oder dein Sein ausstrahlt und dann wirklich entsprechend zu handeln. Und wenn das Gefühl kommt, jetzt ausruhen, dann auch wirklich ausruhen. Es ging dann relativ schnell weg und es war wieder alles gut. Doch wenn es schon im Körper ist … Vorher ist es bereits im feinstofflichen Körper vorhanden und auf diese Signale darf man hören. Wir werden in Zukunft viel sensibler werden und es schon sehr bald spüren, wenn irgendetwas nicht so ganz rund läuft. Da kann es einfach nur mega gut sein, es jetzt schon zu üben. Und so wünsche ich dir für diesen Dienstag, dass du deinen Dienst findest, für was du heute stehst. Was dir heute wichtig ist und natürlich das Glücklichsein, das ist das allerwichtigste. Wirklich zu versuchen jeden Augenblick in der Liebe, in der Freude, im Glücklichsein, in der Gelassenheit und vielleicht auch in der Demut zu sein. Und wenn dann doch mal komische Gedanken, Gefühle oder auch Worte auf dich zukommen, dann nimm auch sie dankbar an. Sie sind einfach da, und in dem Moment, in dem du sie dankbar annimmst und ihnen keine Kraft verleihst, sind sie auch schon vorbei und gehören dem Land der Vergangenheit an. Und dann, ab in die Gegenwart. Und so fort. Also, all der alte Schmarrn, der sich immer zeigen will, ist völlig normal, denn wir haben Jahrzehnte, Jahrhunderte, Jahrtausende aus der Vergangenheit heraus unsere Kraft geschöpft. Das waren sicherlich auch leidvolle Dinge, die wir erlebten. Und weil wir es nicht anders wussten, gaben wir denen halt immer wieder die Kraft. Doch nun ist es vorbei. Wir schauen sie an, wir lassen sie ziehen und manifestieren Neues, entweder aus den freudvollen Dingen der Vergangenheit heraus als Zwischenstation, letztlich jedoch aus dem puren Sein heraus. In der Erkenntnis, dass alles, wirklich alles, in uns liegt, im Körper manifestiert in jeder einzelnen Zelle. Meine Schöpferkraft, die Heilkraft, das persönliche Wissen aus all den vielen Leben und natürlich das gesamte Wissen des Universums. Das Universum, das sich aus der Kraft, aus dem All, aus der Energie erschafft. Und daraus schöpfen wir. Ich wünsche dir einen wundervollen Tag. Bis bald. Tschüss.

7. Februar 2022

Großartiges Leben

Einen wunderschönen guten Morgen, ihr Lieben. Ich habe endlich wieder einmal an meinen Kanal gedacht. Verzeiht, dass ich schon einige Tage nichts mehr von mir habe hören lassen. Ich bin ausgezogen, sozusagen wohnungslos. Doch wie wunderbar traf ich eine liebe alte Dame, die Ursel und die Ursula hat ein Gastzimmer, in dem ich jetzt sein darf. Ich bin natürlich unendlich dankbar und es ist sehr schön, einen Raum zu haben, in dem man einfach sein kann. Doch selbstverständlich fliege ich viel draußen herum, besuche Menschen und es macht mega Spaß. Ich bin auch mit Kindern unterwegs, das ist für mich das Größte überhaupt. Außerdem darf ich ganz gut auf mich aufpassen, denn es ist schon eine herausfordernde Zeit für uns alle. Und immer die Balance zu finden, sich selbst guttun, atmen, spüren, wie gut es einem geht, wie zufrieden man doch ist im Hier und Jetzt, in diesem Augenblick. Und vor allem wie reich und wie wunderbar wir sind. Auch wenn manche Dinge – ich denke da gerade an meine Kinder, die gerade alle C-positiv sind und ich deswegen nicht zu ihnen darf – vielleicht nicht so toll sind, bin ich trotzdem glücklich im Hier und Jetzt. In diesem wundervollen Zimmer von Ursel und vor allem in meinem Herzen. Dankbar für die Tausende von Menschen, die ich in den zwei Jahren, egal ob über Telefon oder persönlich, kennenlernen durfte, und mit denen ich zutiefst verbunden bin. Sie wissen, dass jetzt die Stunde ist, dass jetzt die Zeit ist, die schon lange angebrochen ist, und wir merkten es nicht. (Lach) Doch jetzt, jetzt, jetzt ist sie da die gute Zeit. Und jetzt gilt es, in diesem einen wundervollen Moment, in dieser Gegenwart, – die Sonne scheint, Schnee liegt draußen auf den Feldern – einfach nur zu SEIN. Zu genießen und die Ruhe, die Liebe, den Körper zu spüren in diesem wundervollen Augenblick. Dies ist ein Geschenk des Himmels und aneinander gereiht ergeben diese vielen wundervollen Augenblicke unser Leben, unser SEIN in diesem Körper. Sind wir dankbar! Dankbar für das SEIN, für den Atem, für all die wundervollen Geschenke. So wünsche ich dir einen herrlichen Wochenstart, reichen Segen und wundervolle Begegnungen, liebevolle Menschen und großartige Augenblicke. Bis bald. Tschüss.

10. Februar 2022

Stetiger Wandel

Einen wunderschönen guten Morgen, ihr Lieben. Heute scheint schon wieder die Sonne. Zunächst war da der Nebel, dann kam die Sonne. Ich beobachte all das aus meinem Bett. Ich bin sehr dankbar für das wundervolle SEIN bei Ursula. Doch die Zeit ist nun zu Ende und ich ziehe weiter. Bin wieder sehr gespannt. Natürlich habe ich für die nächsten Tage ein Bett und ausgesorgt. Am Sonntag fahre ich dann mit meinem Wohnmobil nach München und werde dort ein paar Tage mit meiner Tochter verbringen. Es geht mir einfach nur wundervoll gut. Muss jedoch gestehen, dass ich wirklich tagtäglich das Kybalion, die hermetischen Gesetze höre, denn irgendwie ist es schon eine anstrengende Zeit. Was ich vor allem extrem spüre ist, dass die Menschen anders sprechen, als sie handeln bzw. nach ihrem Gefühl gehen und es dann aber anders ausdrücken. Es ist alles etwas komisch. Ich denke, dies ist jetzt einfach diese Zeit. Sunny hatte es mal so schön in einem Titel erwähnt, wir leben gerade in diesem Niemandsland, in dem die neue Welt zwar schon absolut sichtbar ist und wir auch schon darin leben dürfen, doch noch nicht so ganz zu 100 Prozent, und immer. Natürlich können wir 100-prozentig und immer darin sein, aber werden doch immer wieder von der alten Welt getriggert, in der wir ja lange Jahre lebten und geprägt wurden. Das dürfen wir nicht unterschätzen. Es wurde eine tiefe Prägung in uns angelegt und wir ließen das alles zu. Auch wenn viele von uns als Kinder oder Jugendliche spürten, dass es irgendwie nicht passt. Doch dadurch, dass alle, alles glaubten und mitmachten und es einfach selbstverständlich war, dass das was im Radio kam, was uns die Politiker sagten, was die Ärzte und Lehrer usw. uns sagten, einfach nicht hinterfragt wurde, ist es schwierig raus zu gehen. Ich habe das bis vor ein paar Jahren auch noch vollständig geglaubt. Ich fand es schon immer etwas komisch und es hat nicht gepasst, doch mein Gott, sie haben studiert, sie sind bestimmt etwas Besseres als ich, vielleicht verstehe ich das einfach nur nicht und es ist tatsächlich richtig. Erst seit einem guten Jahr verstehe ich alles. Mit allem meine ich, dass vieles auch ein Mysterium ist. Die Tatsache, dass alles möglich ist, sich alles verändert, wandelt, gibt einfach dieses große Verständnis. Diese große Sicht auf alles mit einem 100-prozentigen Wissen, doch nicht aus dem Verstand heraus, sondern einem reinen Wissen aus der Seele heraus. Das ist toll. Und dies stärke ich jeden Tag mit diesem Kybalion, um dann wieder gerüstet zu sein für meine lieben Mitmenschen. Um dann in jeder Situation und in jedem Menschen die unendliche Liebe zu entdecken und zu sehen. Natürlich auch in den Personen oder Situationen, die ich gerade vielleicht als etwas merkwürdig ansehe. So wünsche ich auch dir einen wundervollen Donnerstag. Ich hoffe, es donnert nicht so arg. Ich halte euch auf dem Laufenden, wie es mit mir weitergeht. Alles Liebe. Dicker Drücker.

15. Februar 2022

Alles Liebe

Einen wunderschönen guten Morgen, ihr Lieben, heute aus dem wunderschönen München mit Regen. Gestern war ein herrlicher Tag. Ich war mit meiner Tochter den ganzen Tag am Walchensee. Frühstück am Walchensee, dann eine schöne Tour bei Sonnenschein. Ich hoffe, es geht euch auch so gut und ihr könnt immer wieder im Hier und Jetzt ankommen. Das ist gerade für mich, na ja, nicht ganz so einfach. (...) Ich schaue einfach, dass wir schöne Dinge miteinander erleben und in der Liebe sind. Ich freue mich schon auf mein nächstes Enkelkind. Es wird in sechs Wochen so weit sein und ich bin sicher, es sind dann die Kinder, die uns verbinden, die uns wieder näher zueinander bringen. Ich glaube auch, dass es die Kinder sind, die letztendlich den Ausschlag geben, um zu sehen. Oft ist es tatsächlich der Fernseher, der zur Unterhaltung, zum unten halten läuft. Es werden darin wahnsinnige Botschaften vermittelt. Es wird sehr gut gezeigt, wenn man das Ganze bewusst schaut. Ansonsten geht es mir super gut, ich lerne immer mehr im Hier und Jetzt zu leben. Klar gehen die Gedanken dann auch weiter und ich weiß dann manchmal noch nicht, wo ich nächste Woche schlafen werde. Doch es ist einfach spannend, sich wieder zurückzuholen ins Hier und Jetzt und zu sagen, jetzt hast du ein Bett, es ist schön warm, du hast deinen Kaffee und was immer du so gerade im Moment brauchst. Und morgen gibt es ja nicht. Da fiel mir heute Morgen auch wieder der Spruch aus der Bibel ein: Jeder Tag sorgt für sich selbst. Und es ist so. Jeder Tag will für sich betrachtet werden und so ergibt sich dann einfach automatisch wieder etwas Wunderbares. Ich muss mir keine Sorgen machen und wenn sie doch kommen: Hallo, da seid ihr ja, ihr dürft auch wieder gehen. Ganz liebevoll gehen wir miteinander um, gehen wir mit uns selbst um und mit all dem, was gerade in uns passiert. Ich denke körperlich kann es tatsächlich auch ziemlich heftig werden, denn wir bekommen einfach Zugang zu all dem Wissen, dem Schöpferwissen, dem Heilwissen, zu allem Wissen, was da im Raum ist, und da geschieht auch eine Veränderung in unseren Zellen, in unserer DNA. Das Schöne ist, sich immer bewusst zu werden, dass schädliche Zellen transformiert und alles, was gerade nicht gut ist in uns, was wir uns unbewusst durch unsere Gedanken, Worte und Emotionen erschufen, ratz fatz sterben kann, also aus dem Körper geht und Neues, Heiles, Gesundes immer wieder produziert wird. Millionen von Zellen sterben und Millionen von Zellen werden wieder geboren in jedem Augenblick. Genial ist, dass das Ganze einen super Sinn macht und wir auch keine Angst haben müssen, dass etwas falsch läuft. Wir sind sowas von eingebettet in die göttliche Matrix. Hier ist alles einfach nur gut. So ist es. Der Stoff aus dem alles gemacht wird ist Liebe, oder das All. Die Schwingung macht dann aus, wie wir das Ganze empfinden. Und wir können einfach unsere Regler immer ganz nach oben schieben, und oben auch fest machen. Wenn sie dann doch mal abfallen, sind wir durch unseren Atem, durch die Ruhe, die Stille und die schönen Momente immer wieder in der Lage, die Regler wieder hoch zu schieben. Es ist uns einfach bewusst, dass das Pendel auch mal, wenn wir unbewusst sind, ins Leid hineinkann. Doch es kann genauso schnell wieder heraus aus dem Leid und wir spüren dann wieder, alles ist gut. Ich wünsche euch jetzt einen wundervollen Dienstag. Alles Liebe. Bis bald. Tschüss.

Fahrplan für jeden Tag

Sag Ja zu dir, liebster Mensch, und anerkenne dich mit allem, was gerade geschieht! Verzeihe dir deine noch wenig entfalteten Gedanken, Taten und Gefühle. Alles ist Teil der Schöpfung und gehört zum Spiel – wende dich einfach nur immer wieder erneut ins Liebeslicht. Sag Ja zum aktuellen Geschehen deiner Welt. Ganz egal, wie erschütternd es dir begegnen mag – alles ist Teil einer großen, kosmischen Symphonie. Gönne dir täglich kleine Freuden. Finde die Kostbarkeiten des Lichts im Ozean der Dunkelheit. Widme dich ihnen, und sieh, wie sie erblühen und sich ausdehnen. Durchwandere deinen Tag in der Gemeinschaft aller Lieben. Sei verbunden mit deiner geistigen Heimatstation und allen ihren Bewohnern. Lass dich umarmen, halten und tragen, und erinnere dich immer an diese tiefe Verbundenheit. Jedes Gefühl von Einsamkeit und Trennung entstammt einer Illusion.

20. Februar 2022

Lulu

Einen wundervollen guten Morgen wünsche ich euch heute von meiner lieben Freundin Moni. Bei ihr fand ich Asyl. Was gleichzeitig bedeutet, ich bin jetzt mal eine Weile hier in Retzstadt. Die liebe Monika hat eine wundervolle liebe Enkelin, die Nele. Sie hat ein supertolles Bild gemalt, einen Hasen, eine Karotte und ein Blatt. Es ist absolut turbulent momentan. Das merke ich immer wieder. Gestern kam ich mit der alten Welt etwas in Berührung wegen meiner Wohnung, die ich ja aufgab und eigentlich mit meiner Vermieterin einen super Deal abgeschlossen hatte, aber irgendwie ist sie so im Film. Sie machte einen Vertrag, dass ich meine Möbel in der Wohnung parken darf und möchte dafür 100 Euro im Monat haben. Dann ging ich selbst wieder in den Film und fragte mich, wieso möchte sie jetzt 100 Euro, wir hatten doch gesagt, dass ich mich um das Sauberhalten der Wohnung und das Treppenhaus kümmere. Na ja, egal, vielleicht brauche ich es jetzt einfach noch, so einen kleinen Arschtritt. D.h. ich werde in den nächsten zwei Monaten meine Wohnung leer machen. Es stehen noch wunderschöne Möbel drin und die werde ich jetzt verschenken. Gestern war auch schon der Günther und die Rose da, die einige Möbel für den Dorfladen heraussuchten. Und so bin ich zuversichtlich, dass es wunderbar klappt und für alle gut sein wird. Es ist für uns alle wirklich eine Aufgabe und ganz ehrlich, wenn ich mein Kybalion, die hermetischen Gesetze, die ich mindestens dreimal die Woche anhöre, nicht hätte … boah. Es ist eine riesige Herausforderung sich von dieser alten, leidvollen und komischen – für mich ist es immer nur die komische Welt – Welt, in der wir uns einfach nicht bewusst waren, wer wir wirklich sind, zu lösen. Hier rauszukommen, das ist manchmal schon ganz schön komisch. Oder spooky kommt mir zurzeit auch immer. Dann muss ich wieder lachen. Ihr wisst ja, Lachen, Fröhlichkeit, all das, was aus dem Herzen, aus dem Inneren herauskommt, das ist das Wahre, das Gute. So wünsche ich euch für heute einen wundervollen Sonntag. Hat die Sonne schon geschienen, nein noch nicht. Doch sie kommt bestimmt heute, wenn wir uns das ganz tolle wünschen. Es ist wohl wichtig, dass wir spazieren gehen, in die Natur hinaus, denn da sind nämlich ganz viele tolle Naturwesen und Lulu ist auch da. Habe ich euch von Lulu erzählt? Es ist ganz allerliebst. Nele: „Die Lulu ist ein Faultierchen." Das liebt die Nele über alles und das kann man auch nur lieben. Denn es lacht immer und ist einfach nur wundervoll. Alles Liebe. Bis bald. Tschüss.

27. Februar 2022

Im Licht

Einen wunderschönen guten Morgen, ihr Lieben. Da bin ich wieder. Irgendwie vergesse ich diese Sprachnachrichten. Mario hat mich jetzt daran erinnert. Mir geht es sehr gut. Das kann ich aus tiefstem Herzen sagen, wie immer. Mir geht es auf der einen Seite zu langsam, auf der anderen Seite treffe ich tatsächlich täglich immer mehr Menschen, die aufwachen, die erkennen, was wirklich wichtig ist, nämlich der Zugang zu sich selbst. Das macht mich total froh. Momentan bin ich noch bei meiner Freundin, der Moni, es fühlt sich gut an und dank meiner Tochter, die ich irgendwie auch verstehen kann und von der ich mich dann schon leiten lasse, gehe ich jetzt wieder in die komplette Fülle. Ich versöhne mich mit dem System. Natürlich war mir immer schon klar, alles, was in diesem System gut war, schön war, was einen gutgetan hat, das wird auf jeden Fall bleiben und es wird noch viel schöner werden. Nur all die Unliebsamkeiten, das Leid, für mich vor allem diese komische Bürokratie, in der ich überhaupt keinen Sinn sehe, das wird uns Gott sei Dank genommen. Nach diesem Prinzip darf ich trotzdem im System bleiben. Dank meiner Tochter bin ich jetzt in der Versöhnung, habe mich vorgestern wieder angemeldet. Meine andere Tochter meinte: Mama, melde dich doch einfach bei uns an. Das machte ich nun und das heißt, ich bin offiziell wieder da, wo ich eigentlich schon 26 Jahre lebte und es fühlt sich mega gut an. Ich habe mich auch beworben in einer wundervollen Schule, wo wirklich alles so ist, wie ich es mir vorstelle. Das Komische oder Widersinnige dabei war, dass ich tatsächlich in dieser Schule eine FFP2-Maske tragen musste und komischerweise war es für mich kein „tragen müssen", sondern es war o.k. Ich schaute mir dann zusammen mit dem Julian, einem Lernbegleiter, alle Räume an und ich fühlte mich wohl, trotz der Maske. Natürlich freute ich mich dann, im Freien das Gespräch weiter fortzusetzen. Ich fand dort auch Herzensmenschen, vor allem ist die Tanja komplett auf meiner Wellenlänge. In zwei Wochen werde ich dort dann eine Woche hospitieren. Dann probiere ich auch das Wohnen im Wohnmobil aus. Ich weiß nicht, was mich da momentan noch zurückhält. Ach ja, die Kälte natürlich, obwohl ich ja eine Heizung habe. Alles zu seiner Zeit, auch ich darf mir Zeit nehmen, Zeit lassen, denn man darf machen was man will. Und das ist wirklich so. Währenddessen beobachte ich natürlich das globale Geschehen und spüre vor allem bei den manipulierten Menschen gerade extrem Angst. Doch ich halte mich dann meistens zurück. Einmal war ich mit einer lieben Freundin lange beim Wandern und dann fing sie an gegen den Putin zu schimpfen und da war es schon schwer, sich zurück zu halten und wir gerieten kurz aneinander. Doch kurz darauf sagte sie mir dann: Du Micha, ich weiß, du bist da schon an einem bestimmten Punkt, aber bitte, bitte, nimm mich mit, nimm mich an die Hand und gib mir die Zeit, die ich brauche, dahin zu kommen. Da merkte ich, dass ich mich da wirklich zurückhalten muss. Ich muss ja nicht mitschimpfen, aber es ist jetzt einfach so, und es ist ja auch nicht verkehrt, wenn die Menschen auch mal ihrer Wut, ihrem Schmerz, ihrer Angst freien Ausdruck geben dürfen. Dann versöhnte ich mich wieder, alles war gut. Heute am Sonntag gehe ich zu Veronika und putze ein wenig Fenster. Das mache ich so gerne. Dann möchte ich in meiner Wohnung Bilder machen, um Stück für Stück meine Möbel loszuwerden. Am liebsten ist es mir natürlich, wenn sie dann irgendwo stehen, ich sie besuchen kann und mich daran erfreuen kann. Ich wünsche euch heute einen wundervollen Sonntag, möge die Sonne in real, doch zumindest immer in deinem Herzen scheinen. Mögest du scheinen. Mögest du zum Licht werden. Im(-pf-)licht ist wichtig, um im Licht zu sein. (Lach) Alles Liebe. Tschüss!

6. März 2022

Wünsche werden wahr

Einen wunderschönen guten Morgen, ihr Lieben. Ich vergesse immer, euch eine Sprachnachricht zu erstellen, doch vielleicht wird es nun wieder etwas regelmäßiger. Es hängt wohl damit zusammen, dass ich die ganze Woche arbeiten durfte. Es war sehr erfüllend, wir brachten gestern drei Schwimmkurse mit riesen Erfolg zu Ende. Das macht uns natürlich mega glücklich, wenn die Zusammenarbeit mit den Eltern und den Kindern so hervorragend klappt. Ich selber habe tatsächlich noch ein letztes – vielleicht kommen auch noch mehr (lach) – Thema. Irgendwie ist gerade viel Umbruch da und ich bin mir dessen bewusst und weiß gleichzeitig, dass es tatsächlich doch so einfach ist. Trotzdem will meine Seele wahrscheinlich, dass ich noch ein wenig genauer hinschaue. Ich selber laufe jedoch auch gerne noch davon. Ich denke, das sind die Zeichen, die mir gerade massiv vor die Augen gelegt wurden. So viele Möglichkeiten tun sich auf. Dann kam erst in meinen Gedanken: Ich muss mich entscheiden. Doch nein, wir gehen in eine Zeit, wo es einfach nur ist. Ich muss mich nicht mehr entscheiden. Ich handele, und zwar in dem Moment, in dem sich etwas auftut. Oh wie wundervoll ist dieser Sonntag, hoffentlich ein Sonnentag. Gestern Abend dachte ich noch: Oh, ich muss morgen putzen, saubermachen, räumen usw. Und gerade vor fünf Minuten entschied ich mich: Nein, ich gehe wandern. (Atmen) Darauf freue ich mich und das macht mich frei. Ja, ihr Lieben. Es ist wohl eine komische, verwirrende Zeit. Doch das Schöne ist, dass es bei den Menschen ankommt und ich habe den Eindruck mittlerweile bei allen Menschen. Alle spüren irgendwie in sich, dass da was passiert. Und ich meine zu fühlen, dass alle merken, dass es etwas Großartiges ist, etwas Unaufhaltsames, dass da in jedem einzelnen Menschen durchbrechen möchte. Ich erlebe es dann so, dass die Menschen, bei denen es schon auf der Bewusstseinsoberfläche angekommen ist, freundlicher und offener werden. Ich denke gerade an meine Schwimmbadbesucher und die Schwimmkurseltern, die ich um mich rum hatte. Oder aber, die Menschen werden ganz still. Der ein oder andere Schwimmbadbesucher, der sonst immer auf mich zukam, ist plötzlich still, kommt, nickt mir zu, geht schwimmen und geht. Doch ich spüre ganz klar, dass auch in diesen Menschen, zum Beispiel in dem älteren Herrn, der mir vor ein paar Wochen die rote Karte zeigte, weil ich nicht geimpft bin, die Veränderung anbricht und das ist doch wunderbar. Ich hoffe, ihr könnt das in eurem Alltag auch beobachten und ich wünsche euch den Mut, wie ich ihn mir heute wünschte bzw. wie er sich heute in mir zeigte, dass zu tun, was gerade dran ist. Nämlich raus in die Natur, wandern, singen, tanzen, sich freuen und nicht mehr, wie es der Kopf denkt: Das muss noch getan werden. Da muss ich noch. Jenes will erledigt werden. Bei mir geht es jetzt noch darum, die Möbel loszuwerden in meiner Wohnung, doch es fließt, das spüre ich auch. Da lasse ich mir Zeit bis April, das geht wunderbar vonstatten. Und alles, was ich mir einlade, was ich mir wünsche, wird wahr. Genau. So wünsche ich dir einen schönen Sonntag und bis bald. Tschüss.

8. März 2022

Die Fallen Vergangenheit und Zukunft

Einen wundervollen guten Morgen wünsche ich euch. Die Sonne ist ja auch schon wieder da. Hurra. Wie schön. Wir nähern uns dem Endpunkt, der ja keiner ist, es geht ja immer wieder weiter. Ich erkenne den Endpunkt darin, so komplett im Augenblick, im Moment zu leben. Das ist für mich dieses Ziel und ich spüre in mir, es wird immer leichter. Nachts kommt es immer wieder mal vor, dass ich in die Falle Vergangenheit: „Was war da, grübel, grübel", komme, und denke dann so kurz warum und weshalb. Doch sofort kommt dann, es ist doch Scheibenkleister egal warum und weshalb Dinge geschehen sind. Es war, und es war kein Zufall, hat sein müssen, egal was es ist, ob es jetzt wieder eine Maske ist, die ein Kind im Schwimmbad trug und ich dann sagte: Im Schwimmbad sind keine Masken erlaubt. Oder andere komischen Sachen. Das nächste ist natürlich auch die Zukunft. Da spüre ich auch, dass es immer leichter wird. Und umso mehr ich in der Gegenwart, im Moment lebe, umso mehr löst sich alles, wie von selbst. Ich bin jetzt dabei meine Wohnung leer zu machen und die Möbel an liebe Menschen weiterzugeben. Das Schöne ist, jetzt hat sich eine liebe Angelika gemeldet, die Interesse an meinem Schlafzimmer hat und so fließt eines ins andere und es ist genügend Zeit da, alles zu erledigen. Immer wieder kommen wunderbare Lösungen auf mich zu. So wünsche ich dir heute einen herrlichen Tag, genieße die Sonne, genieße alles, was ist und sei so wie du im Moment bist, glücklich. Fühle hinein, fühle dein Sein, fühle, wie wundervoll der Atem in dich hineinfließt und wieder heraus. Einfach ein tolles Gefühl zu SEIN. Sei dankbar für diesen einen Augenblick und dann dehne ihn aus. Freue dich, feiere, singe, lache, mache all das, was dein Herz zum Hüpfen bringt. Bis bald. Tschüss.

13. März 2022

Glücklich im SEIN

Einen wunderschönen guten Abend, ihr Lieben, heute mal um 23:15 Uhr. Ich hoffe, es geht euch genauso gut wie mir, ihr könnt immer mehr diese wunderschönen Augenblicke, die es gerade im Moment zuhauf gibt, genießen. Ich lag zum Beispiel einige Zeit auf der Decke auf der Ochsenwiese, die Kinder spielten am Bach und sie hatten mega Spaß und ich hatte gute Unterhaltung, Kaffee und Kuchen. Richtig toll und liebe Herzensmenschen um mich herum. Ich versuche einfach immer weniger dieses Weltgeschehen an mich ranzulassen. Natürlich bin ich schon ein wenig neugierig und so manche Dinge merke ich dann einfach, wie zum Beispiel die Spritpreise, ein halber Tank für mein Wohnmobil 86 Euro, da werde ich wohl nicht so viel mit dem Gefährt fahren, doch darin schlafen kann ich sehr gut. Es finden bei mir täglich wieder neue Dinge statt, Änderungen, wie zum Beispiel, dass ich jetzt nicht mit dem Wohnmobil in der Schule hospitiere, wie ich es eigentlich vorhatte. Ich verschob es erst mal, da unser Schwimmmeister ins Krankenhaus kam und ich erst mal schauen muss, wie lange ich die Schwimmkurse übernehmen darf, es sind drei Schwimmkurse, da habe ich gut zu tun. Gut, dass es mega Spaß macht, sodass es ein Leichtes ist. Überhaupt ist die Arbeit im Schwimmbad echt klasse, dort habe ich so viel Freude, das Schwimmen und eine Sauna. Ich sag immer, es ist der beste Arbeitsplatz, den man haben kann. Man hat das relaxen mit dabei und gutes Essen gibt es auch noch, wenn man will. Ist also optimal. Das wäre natürlich das Optimalste, wenn es dort mit einer richtigen Stelle klappen würde. Ich sprach es nochmal beim Personalchef an. Ich sagte ihm ganz klar, dass ich mich nach einer Stelle umschaue, bei der ich sozialversichert bin und dann natürlich fürs Schwimmbad nicht mehr zur Verfügung stehe. Jetzt aber bereit bin, die Woche zu arbeiten, so lange der Siggi ausfällt. Er möchte doch bitte nochmal mit dem Bürgermeister Rücksprache halten. Ich bin gespannt, was sich tut. Das wäre natürlich die optimalste Lösung für mich gerade, zumal ich dann auch viel näher bei meinen Enkeln und Kindern wäre, doch vielleicht soll auch die Schule in Bad Kissingen sein. Ich weiß es nicht, lasse es auf mich zukommen und genieße weiterhin meine Zeit, meinen Moment, die Gegenwart und weiß, dass ich dadurch Welt erschaffe. Wie sie dann wirklich ausschaut, ist letztendlich gar nicht wichtig. Es wird auf jeden Fall richtig gut sein. Glücklich ist glaube ich das Wort. Das wünsche ich auch dir, dass du jeden Moment dieses Glück in dir spürst, diese Dankbarkeit, in einem wundervollen Körper leben zu dürfen. Und über die Bewegung, über die tollen Gefühle, die in dir entstehen, du dich einfach wohlfühlst, einfach glücklich bist, einfach sein kannst im Hier und Jetzt. Natürlich mit vielen lieben Menschen an deiner Seite, die genauso wundervoll sind wie du. Und du das Wundervolle in jedem einzelnen Menschen erkennen kannst. Das wünsche ich dir von Herzen. Ich traf heute mit meiner plejadischen Schwester zusammen und sie ist einfach eine wunderbare Energie. Es tut so gut. Alles Liebe und eine wundervolle ruhige Nacht. Tschüss.

15. März 2022

Wundervolle Momente

Einen wunderschönen guten Morgen, ihr Lieben. Heute aus Ochsenfurt von der Gabi, bei der ich gerade bin. Wir kochten was Leckeres und ich schlief sehr gut. Den Moment genießen, das ist so die allerwichtigste Übung, die wir ständig zelebrieren dürfen. Meiner Meinung nach ist es so eine kleine Prüfung und ich erlebe es auch oft in der Nacht oder gegen Morgen, dass ich in der Zukunft herumrenne und mir denke, was wird dann und dann und dann, ihr kennt das sicher. Und wenn dies dann verbunden ist mit so komischen Gefühlen. Oje, wenn du jetzt falsche Entscheidungen getroffen hast. Ja, wenn. Ich denke, dies ist völlig normal. Wenn wir überlegen, wie viele Jahre wir mit der Holzhammermethode den ganzen Mist, die ganzen Lügen, all das Gruselige in uns hineingehämmert bekamen. Es ist einfach irre gewesen. Ich denke, dann ist es ganz normal, es passiert bei mir hauptsächlich in der Nacht, dass man da noch ein wenig getriggert wird. Auch meine Blase meldet sich immer wieder einmal, wobei ich eigentlich schon gar nicht mehr Blase sagen kann, es ist einfach der Unterleib, dass Sakral-Chakra, und so darf ich auf die Botschaften hören. Letztlich weiß ich ganz sicher, dass ich ein heiles Wesen mit einem wundervollen gesunden Körper bin. Und selbst wenn es mal vorkommt, dass ich etwas vermeintlich Falsches tue oder denke, selbst dann ist mein Körper vollkommen heil. Ich denke, es hat in diesem Krieg nichts mehr mit dem Körper zu tun, sondern mit dem Geist. Das Bewusste kämpft mit dem Unbewussten oder der Verstand mit dem Herz. Letztendlich geht es darum, dass das Bewusste mit dem Unbewussten Hochzeit feiert. Ich ging zum Beispiel lange Jahre in Richtung Bewusstwerdung und dachte, ich müsse das Unbewusste tilgen, ausschalten. Doch darum geht es nicht. Es geht darum, dass beides miteinander eins ist, vereint ist. Und das ist gut so. Letztendlich helfen mir immer wieder die hermetischen Gesetze, das Kybalion, das ich dreimal, viermal die Woche, manchmal sogar jeden Tag höre, je nachdem wie ich Internet habe. Doch das ist momentan noch oft. Mein Bestreben geht noch ins Haus zu Freunden. Wenn es dann jedoch wärmer wird und ich dann spüre, wie schön es in der Natur ist, wie viel Kraft ich aus der Natur schöpfen kann, dann wird der Internet-Konsum geringer werden und ich hole meine Kraft aus der Natur. Dann wünsche ich dir auch einfach gute Momente. Einen wunderschönen Tag. Mögest du gesegnet sein mit großartigen Augenblicken, zum Beispiel so einen großartigen, den ich gerade erlebe. Die ganze Zeit lag die Katze von der Gabi bei mir auf den Füßen. Jetzt strolcht sie herum. Alles Liebe und bis bald. Tschüss.

16. März 2022

Alles darf sein

Einen wunderschönen guten Morgen, ihr Lieben, heute aus Retzbach. Heute bin ich bei Veronika, Florian und den Kindern, habe mega gut geschlafen und freue mich auf den neuen Tag. Wie großartig wieder hier zu sein, den Atem zu spüren und sich vollkommen geborgen zu fühlen. Und ja, noch immer kommen Gedanken und ja, noch immer spüre ich in mir Wellen, kleine Schmerzen auch und doch macht es mir keine Angst. Es ist da, ich heiße es willkommen, ich atme und mit diesem Gefühl darf es gehen. Und das Wundervolle ist, es geht. (Lach) Und ja, es kommen natürlich auch immer wieder Zweifel. Und ich erlaube den Zweifeln, mal ganz kurz, aber wirklich nur ganz kurz, da zu sein, um sich dann wie Wolken am Himmel aufzulösen und dem Wohlgefühl des reinen SEINS Platz zu machen. Platz machen für ein weiteres Stück

Ewigkeit. Das entsteht durch mich und ich heiße es willkommen. Meine männliche Seite, die heute geben darf, aber auch meine weibliche Seite, mit der ich empfange. Ich spüre die Schwingung des SEINS in mir. Das Vibrieren, das Schwingen einer jeden Zelle in mir. Und ich genieße, ich genieße diesen Rhythmus, alles darf sein. Alles ist o.k. Und jetzt freue ich mich auf eine Tasse Kaffee. Ich wünsche euch einen wundervollen Tag, was ist heute, Mittwoch, die Mitte der Woche. Ich gehe erstmal nach dem Kaffee mit den Kindern in den Wald und dann ins Schwimmbad. Alles Liebe. Tschüss

30. März 2022

Endlich wieder mal

Einen wunderschönen guten Abend, ihr Lieben. Ich muss gestehen, ich vergaß euch. Euch natürlich nicht, doch ich vergaß, kleine Botschaften an euch zu senden. Obwohl gerade in meinem Leben, aber auch in dem, was ich in meinem Umfeld beobachte, enorm viel passiert. Vielleicht ist das auch der Grund dafür, sodass ich es komplett vergaß. Dank an den Mario, der mich daran erinnerte. Und so freue ich mich, euch wieder kleine Impulse zu geben. Mir geht es weiterhin mega gut. Es sind wirklich ganz viele Aspekte … ich merke, es wird alles immer feiner, jeder kleinste Gedanke hat seine Auswirkungen. So dachte ich gestern als kleine Möglichkeit einer Situation auszuweichen nur: Na ja, ich könnte ja krank werden. Ich dachte es wirklich nur kurz und verwarf es wieder. Dachte dann, so ein Schmarrn, ist ja wieder altes Denken, nun ja, und heute Morgen sah ich dann erst wunderbare regenbogenfarbige zackige Sterne und so Sachen, erst kleine und dann große. Ich war eigentlich ganz glücklich, denn es sah wirklich schön aus, ich dachte: Schön, dass ich das alles sehen kann, erinnerte mich dann jedoch später, dass ich genau dies schon mal hatte, allerdings ohne Regenbogenfarben und es mündete in einer mega Migräne. Es war damals die erste Migräne meines Lebens, natürlich auch die letzte, nein vorletzte. Aber gut, es wurde dann nicht so schlimm, weil ich natürlich mit ganz vielen Menschen zusammen war beim Geburtstag bei Evi. Es war ein Traum, so viele Herzmenschen auf einem Haufen und viele hatte ich fast ein Jahr nicht gesehen. So war es schön, sie wieder in die Arme zu schließen. Es tat total gut. Insofern breitete es sich nicht weiter aus. Ich spürte es latent, doch letztendlich war es für mich einfach die Botschaft, es wird alles immer feiner. Jeder einzelne, auch nur kleinste Gedanke hat irgendwelche Auswirkungen auf das, was du und ich im nächsten Augenblick erleben werden. Letztendlich steuere ich deshalb auch wieder in die Richtung, mir zu denken: Denke am besten gar nicht mehr oder einfach nur Licht und Liebe, alles gut, alles schön, einfach nur traumhaft wunderbare Welt. Das ist wohl am einfachsten. Das praktizierte ich schon eine Zeit lang und das ist echt cool. Ich kann alle Menschen, die noch im Film sind immer besser verstehen. Und so versöhnte ich mich auch mit dem System. Vor ein paar Wochen hörte ich den Satz: Nicht wir müssen aus dem System heraus, sondern das System muss aus uns heraus. Das hat mich schwer zum Nachdenken gebracht und so versöhnte ich mich mit dem System. Ich sehe tatsächlich eine Richtung, es geht ein Wandel vonstatten, sodass plötzlich diese Welt einfach nur friedlich sein wird. Auch bei den wundervollen Frauen unterhielten wir uns darüber, was denn mit den Menschen ist, die sowas in Hypnose oder Tiefschlaf sind. Letztendlich glaube ich, dass mit Sicherheit viele noch weiterschlafen werden, doch die Welt ist dann verändert, sie freuen sich dann, dass wir plötzlich alle friedlich sind. Dass es in den Entwicklungen, sei es im Gesundheitssystem, im Schulsystem, plötzlich so gut läuft, einfach alles gut ist. Doch letztlich schlafen sie weiter, sind unbewusst oder teilunbewusst und das ist o.k. Wir lernen dann einfach damit umzugehen. Sicherlich werden wir dann auch so Sätze hören, wie: Schau, die Welt ist doch einfach nur schön und friedlich. Man musste gar nicht kämpfen. Ganz von alleine ist es gut geworden. Schau doch hin. Und darüber dürfen wir uns freuen über alle göttlichen Wesenheiten unter uns. Und auch wenn ich wieder in verschiedene Themen gehe und es einfach mit dem: Nur Liebe, nur wundervoll, nur gelassen, nicht immer klappt, dann erlebe ich halt entsprechende Herausforderungen. Doch ich erkenne mittlerweile immer relativ schnell die Muster, wie fein alles ist und welche Auswirkungen auch nur der kleinste Gedanke hat. Es ist total spannend. Ich finde es ist ein cooles Spiel und bin mega glücklich, dabei sein zu dürfen. Und natürlich mega glücklich, euch zu haben. Ich fühle mich mit euch so was von verbunden, ob ich euch nun physisch in den Armen halte, euch in die Augen schaue oder ob ich einfach nur an all die tausend Seelen, vielleicht sind es Millionen oder noch mehr, die genauso ticken, denke. Natürlich jeder auf seine Art, jeder ist ein Individuum und anders, doch letztendlich sind wir alle ein Teil des Ganzen und doch auch das Ganze und immer miteinander verbunden. Und so wünsche ich einen schönen Abend, eine gute Nacht und süße Träume. Ich merke mir momentan nicht, was ich träume, aber auch gut. Ich habe euch mega lieb. Bis bald. Tschüss.

1. April 2022

Heimkommen

Einen wunderschönen guten Morgen, ihr Lieben. Heute zurück im Winter. Es schneit. Ich startete gestern mein Housesitting hier in Schwebenried bei Jasmin, wache auf und es schneit. Die Hühner sind im Stall und trauen sich nicht raus und auch ich lag sehr lange im Bett und jetzt beobachte ich das Schneien. Es ist ein wundervolles Haus hier, ich bin dabei mich einzuleben und es geht mir sehr gut. Es war sehr turbulent. Ich war ja jetzt zwei Monate ohne festen Wohnsitz. Es war mega spannend, eine mega tolle Zeit. Nun bin ich jedoch froh hier für drei Wochen ein festes Zuhause zu haben, in das man heimkommen kann, wo man sich den Ofen anschüren kann, einfach SEIN kann. Wie gesagt, hat alles seine Vor- und Nachteile. Ich genoss die Zeit. Jetzt freue ich mich auch darauf Besuch zu empfangen. Wer Zeit hat und in der Nähe ist, kann sich gerne bei mir melden. Hier ist es einfach traumhaft. Es ist ein sehr altes Haus, Jasmin und Robert richteten es richtig toll her und vor allem, es ist eine super Energie hier. Wir können dann gerne mal zusammen kochen, im Kühlschrank ist auch noch sehr viel. Eigentlich bin ich gerade auf dem Trip, nicht mehr viel zu essen oder roh vegan oder so, aber ich nehme es einfach so, wie es kommt. So machte ich es in den letzten zwei Monaten und war ständig irgendwo eingeladen und aß ständig. Dann ist das wohl so alles in Ordnung. Dann werde ich nun weiterhin den Schnee beobachten. So wünsche ich euch einen wundervollen Tag in der neuen Zeit. Ich finde, diese Zeitqualität ist nur genial. Raus aus dem Kopf, der natürlich wunderbar ist, rein ins SEIN, ins Hier und Jetzt, in diesen Moment, in die Ewigkeit, eigentlich wollte ich sagen, in die Gegenwart, nun ja letztendlich mündet die Gegenwart in die Ewigkeit. Es gibt keine Zukunft. Das ist sowas von wunderbar, sowas von genial. Ich darf jeden Augenblick die Zeit, die Gegenwart ausweiten, sich ausbreiten lassen, und dann in der Ewigkeit verweilen. In der Ewigkeit etwas super Tolles machen. Das mache ich jetzt, das wünsche ich euch und bis bald, ihr Lieben. Tschüss.

2. April 2022

Wie im Märchen

Einen wunderschönen guten Morgen wünsche ich euch. Ich merke, es ist alles ziemlich heftig, wie im Märchen, es fühlt sich hammermäßig an. Ich habe immer mehr den Eindruck, die Dinge, die man plant oder die man in der alten Welt gelebt hat funktionieren einfach nicht mehr. Man probiert, man tut, dann geht es irgendwie gar nicht mehr. Manchmal habe ich fast eine Sehnsucht nach dem Alten, dass es zumindest ein bisschen wieder so funktioniert wie früher, doch ich denke das hängt einfach damit zusammen, dass hier alles komplett neu ist und wir neu in der Schule sind. Wie wenn man eine neue Sprache lernt und am Anfang gar nichts versteht oder nur ganz wenig. Dann sehnt man sich danach lieber in der Muttersprache oder in einer Sprache, die man gut sprechen kann zu sprechen. So fühle ich mich gerade. Es ist wirklich so, dass das Alte nicht mehr funktioniert, doch das Neue funktioniert super. Ich bin hier fast eingeschneit, ziemlich viel Schnee, die Äste biegen sich vor dem Fenster, heute Morgen stapfte ich mit Taschenlampe durch den Schnee, ließ die Hühner aus dem Stall, doch die wollen gar nicht raus. Heute Morgen weckte mich der Hahn und dann dachte ich, also ich lasse euch mal raus und versorge euch. Ich muss jetzt auch ziemlich bald los ins Schwimmbad. Es ist einfach eine wahnsinnig schöne erfüllende Zeit. Man darf auch noch ein wenig auf ein paar Dinge schauen. Ich merke zum Beispiel auch körperlich noch etwas. Mein Körper arbeitet und geht gerade in die vollständige Heilung, was ich durchaus noch fühlen kann. Doch es kommt kein Zweifel mehr, kein Denken, ich müsste jetzt noch in der alten Welt noch irgendwelche Dinge tun, die gruselig oder absurd sind. Ich denke absurd ist so das richtige Wort. Nein, muss ich nicht. Ich genieße mein Hier und Jetzt, mein SEIN. So wünsche ich auch euch einen wundervollen Schneetag, genießt euch, lasst eure Seele baumeln, tanzt und singt und macht einfach das, wonach euch gerade ist. Alles Liebe. Tschüss.

3. April 2022

Wir sind Glückskinder

Einen wunderschönen guten Morgen. Ich bin ein Glückskind stellte ich gerade fest und du bist es auch. Ein wunderschöner Morgen, geweckt vom Hahn, kikeriki, nach den Tieren geschaut. Es ist nur herrlich hier. Nun sitze ich, schaue über die Felder und denke, ich bin ein Glückskind. Wir alle sind Glückskinder, das ist der Hammer. Glückskinder, weil wir atmen können, das ist nicht für jedermann erlaubt. Viele mussten jetzt zwei Jahre lang Maske tragen. Und sie waren nur gehorsam. Jetzt bin ich wirklich froh, dass ich vor vielen Jahren die Spiritualität entdeckte. Na ja, alles ist ja Spirit, Geist, woraus dann die Materie entsteht. Aber das wusste ich vorher noch nicht. Sonst wäre ich genauso, man macht alles so, wie es vorgegeben ist. Ich hörte letztens, dass es so eine Phase gibt, in der man alles, was von außen vorgegeben wird, einfach so ungefragt übernimmt. Und wenn man etwas nachfragt und feststellt, dass es etwas komisch ist, macht man es trotzdem mit. Da dachte ich an die Menschen, die während der Mikrobenkrise zu mir sagten: Ich weiß auch, dass es Unsinn ist, doch ich halte mich einfach an die Regeln. Ich bin jedoch ein Glückskind, da ich schon 2006 meine dunkle Nacht hatte. Es war so wundervoll, quatsch es war natürlich nicht wundervoll, doch es war so wichtig. Und dies ist auch die Botschaft, die ich immer wieder weitergebe. Wir vergaßen, wer wir sind, wir vergaßen in unser Inneres zu schauen, um zu entdecken, was so Wundervolles darin liegt. Und jetzt sind wir Glückskinder, alles sprudelt hervor. Ich empfinde es so, dass es sprudelt, ich bin übervoll mit Ideen, wie es weitergehen kann, das wusste ich bisher noch nicht so recht. Vielleicht gründen wir eine Schule, die ja eigentlich keine richtige Schule ist, denn sie wird alle Aspekte des Freilernens beinhalten, aber auch alle Aspekte, die in diesem Lernort Schule bereits wundervoll waren, die alles vereinigt, alles so sein lässt. Es wird himmlisch. Jetzt darf ich jedoch ins Schwimmbad, die Badegäste warten auf mich und denkt daran, wir sind Glückskinder. Bis bald. Tschüss.

5. April 2022

Genießt den Regentag

Einen wunderschönen guten Morgen, ihr Lieben. Heute an diesem Regentag, doch es regnet nur ein wenig. Ich schlief fantastisch. Gestern Abend schaute ich mal einen Film, nachdem ich jetzt mehr Zeit für mich habe, was mir sehr guttut. Ich sage euch jetzt mal nicht, was ich für einen Film schaute. War natürlich wieder abgefahren. Einfach SEIN, das ist es. Ganz ehrlich, in dem Trubel ist es oft schwierig. Und ja, ich setzte mich dem Trubel ganz oft selbst aus, indem ich Podcasts hörte oder Videos schaute, einfach aus Neugier, weil ich wissen wollte, wie sieht es da draußen gerade aus. Letztendlich weiß ich, es gibt nichts da draußen bzw. es ist nur da, wenn ich dort hinschaue, wenn ich mich dem aussetze und doch, es ist nicht ganz so leicht (lach), und doch ganz leicht, wie widersinnig. Gut, dass ich mich längere Zeit mit der Quantenphysik beschäftigte und dadurch weiß, dass auch Widersinniges existieren kann, einmal ist es Welle, dann wieder Partikel. Und natürlich wieder dieser Beobachter. Es ist dieses ganz tief in uns drinnen, dass unsere lieben Eltern, Omas und Opas, Tanten und Onkels, unsere Mitwelt, die Menschen, die uns vieles zeigten, in uns pflanzten. Das ist ganz tief unten drinnen und viele von uns haben doch einige Jahre auf dem Buckel und so triggern diese Dinge, die in uns sind ab und an noch ein wenig. Doch es wird immer weniger. Interessant finde ich es gerade mit der Auflösung der Wohnung. Dem Befreien vom Materiellen. Dann kommen doch immer wieder mal so Gedanken wie: „Boah, ist das alles so richtig, wie ich es tue? Oje, wo willst du nun bleiben? O Gott, wenn du unter der Brücke schlafen musst (lach).“ Dann merke ich jedoch, es reicht einfach, geduldig und gelassen zu sein, und einfach manchmal auch abzuwarten. Auf den Impuls zu hören, der dann kommt, sodass ich ins Handeln kommen kann. Auch wenn ich manchmal denke: „War da nicht ein Impuls? Hätte ich da nicht vielleicht reagieren müssen, und machte es dann nicht?“ Dann mache ich mir Vorwürfe und denke: „Kann ich wirklich sicher sein?“ Ja, es war genau richtig so. Nichts, aber auch wirklich gar nichts geschieht durch Zufall. Ich meine; natürlich fällt es uns zu. Ein wundervolles Wort. Es ist ein Fall, der uns zufällt und ich darf mich damit beschäftigen. Und so ist es ja doch Zufall (lach). In dem Moment, in dem ich den Impuls bekomme, dieses oder jenes zu tun – jetzt merke ich gerade, ich darf dringend meinen Papa anrufen – dann fällt mir der Impuls einfach so zu, und ich darf ihn nutzen im Sinne der Schöpfung. Im Sinne der Liebe, die das Einzige ist, was es überhaupt gibt. (Atmen) Und die Liebe verfolgt nur ein Ziel, sie möchte sich ausbreiten, sie möchte sich verschenken an jeden, an alles und sie sagt uns: Seid gelassen, seid geduldig, nutzt jeden Impuls, den ich euch gebe. Und wenn du dann mal den Eindruck hast, du hast einen Impuls nicht genutzt, so macht es auch nichts, es macht überhaupt nichts. Es kommt irgendwann der nächste Impuls, den du nutzen darfst. Ich freue mich. Ich bin sowas von glücklich, hier in diesem wunderschönen, uralten Haus mit vier Hühnern und einem Hahn und sieben Meerschweinchen, die ich versorgen darf. Vorhin kam ich auf die Idee, ich könnte wieder mal ein Hörbuch sprechen, und so suchte ich mir die Ronja aus. Das las ich schon sehr oft, ich liebe es einfach. Dies wird dann in meinem Kinderbuchkanal veröffentlicht. So wünsche ich euch einen wundervollen Regentag, ich habe natürlich keine Ahnung, wie bei euch gerade das Wetter ist, genießt einfach alles, was euch so in den Weg kommt. Und seid immer ganz lieb zueinander, vor allem ganz lieb zu den Menschen, die all das Neue noch nicht sehen oder nicht begreifen. All das ist in Ordnung. Bis bald, ihr Lieben. Tschüss.

9. April 2022

Danke Mario

Einen wunderschönen guten Morgen, ihr Lieben und danke Mario, du hast mich wieder erinnert. Es geht mir wunderbar mit meinen Hühnern und Meerschweinchen und noch wunderbarer geht es mir, weil ich gestern meinen Enkelsohn Anton sah. Ich habe einen lieben Freund und der hat mich gestern mit seinem Porsche – das war das 1. Mal, dass ich Porsche mitfuhr, und wir fuhren sogar, allerdings nur ganz kurz, mal 280 km/h, es war Hammer, ehrlich gesagt merkte man es gar nicht – nach München zu meiner Tochter gefahren. Und Anton ist einfach allerliebst, mega klein und zart, er trägt die kleinste Größe, und so schlief er dann eine Stunde auf meinem Bauch, ich trug ihn lange herum, und ich bin absolut selig als Oma. Es ist wirklich das schönste Geschenk, das mir meine Kinder machten. Später kam dann noch der Opa dazu, ein wundervoller Mensch. Dank ihm bin ich heute da, wo ich bin. Und auch der andere Enkelsohn und meine Tochter kamen und so war die Familie zusammen. Mit Franz mache ich mega viel Blödsinn, er ist genauso wundervoll wie Anton. So verbrachte ich einfach einen wundervollen Tag und am Abend fuhr mich der Lothar wieder mit dem Porsche nach Hause. Jetzt kommen die Kinder wieder dran, es geht ins Schwimmbad. Heute ist Abschluss, viele Kinder machen ihr Seepferdchen und am Montag beginne ich mit meinem Ferienschwimmkurs. Ich bin immerzu geflasht, es geht mir so gut. Nicht zuletzt brachten mich die positiven Affirmationen dahin, wo ich jetzt bin. So schwimme ich eine Bahn und denke zum Beispiel: Ich bin Liebe! Ich bin Frieden! Ich bin Freude! Die ganze Welt ist eine Familie! ... Durch die Wiederholung wirst du immer mehr zu dem, was du deinem System affirmierst. Und so wünsche ich dir und euch, und allen die mir lauschen einen wundervollen Samstag. Da war doch mal was mit dem Sams, also auch viel Blödsinn. Macht es gut, bis bald. Tschüss.

12. April 2022

Nur ein Gruß

Einen wunderschönen guten Morgen, ihr Lieben. Tja, gerade nahm ich eine wirklich sehr lange Sprachnachricht auf und integrierte eine wunderschöne Meditation dazu, die aus dem Wort Be-ob-acht-en entstand. Ich erkannte die acht in diesem Wort und kam so zur liegenden Acht. Diese kleine Meditation war wohl für mich allein. Es tat unendlich gut, mein Sein zu spüren, das Sein im Augenblick. Jetzt ist es nicht mehr dran. Sehr seltsam. So schicke ich euch einfach einen ganz lieben Gruß, und Meditationen gibt es ja sehr viele im Internet oder einfach in euch. Wenn ich in der Natur bin oder in der Stille, entsteht in mir etwas, und ich darf letztendlich nur beobachten und fühlen, wie gut es mir tut. Nimm dir heute Zeit, dies immer wieder zu tun. Einfach bei dir anzukommen. Ach ja, was sagte ich noch in der Sprachnachricht. Werde dir bewusst, wie toll, gigantisch, wie groß du bist. Und klopfe dir immer wieder auf die Schulter und spüre, wie schön das Gefühl ist beim Klopfen. Das kannst du auch mit deinem ganzen Körper machen. Wir sind einfach genial in einer perfekten Zeit. Vor allem dieses Jahr 2022. Es wird uns immer wieder in ganz besonderer Erinnerung bleiben, ich denke noch stärker als 2020. Es macht so viel Freude, jeden Tag Menschen zu begegnen, die es checken, aufwachen und nicht mehr mitmachen. Jetzt wünsche ich dir einen schönen Tag, genieße die Sonne und komme an bei dir, schenke dir viel Liebe und natürlich auch allen anderen. Sei dankbar für alles, was du hast, was du bist. Ich habe euch sehr lieb. Bis bald. Tschüss.

15. April 2022

Frohe Ostern

Halli, hallo, ihr Lieben, einen wunderschönen Nachmittag. Ich saß gerade sehr lange in der Sonne, bin immer noch im Housesitting, schaute den Meerschweinchen zu, genoss einfach nur heute Nachmittag ganz viel Zeit zu haben. Erst wollte ich wieder in Aktion treten, dachte, ich rufe mal den oder jene an und kläre mal so unerledigte Dinge, die sich nicht von alleine lösen. Doch dann entschied ich mich doch dafür einfach nur da zu sitzen und zu genießen. Und doch spüre ich in mir eine gewisse Unruhe und ganz ehrlich, ich weiß sie nicht so recht zu deuten. Hängt es vielleicht damit zusammen: Wir sind ja alle eins, und die Menschheit oder viele Menschen erkennen so langsam, was wirklich die Wahrheit ist. Das ist wirklich cool es auszusprechen und dann wirklich zu wissen, so ist es. Vielleicht hängt dies damit zusammen. Es kann aber auch durchaus noch etwas ganz Persönliches sein. Ich spüre immer wieder auch meine wundervolle Blase. Es ist wohl noch irgendetwas nicht gelöst. Hm. Und ich weiß nicht, ob jetzt der richtige Zeitpunkt ist, um es anzugehen oder ob ich überhaupt etwas tun kann. Ganz ehrlich, dafür brauche ich jetzt diese wundervolle Ruhe, das Vogelzwitschern – wie schön es ist. So zog es mich einfach nach draußen. Ich war gerade noch drinnen, da ich für Boris am Buch etwas erledigte, da sollten keine Geräusche mit drauf sein. Doch für euch hier sind die Geräusche gut. Ein paar Wolken, die Bäume stehen in der Blüte, wow, es ist gigantisch. Die Insekten und Bienen summen. Nimm auch du dir etwas Zeit, nehmen wir uns alle etwas Zeit, um einfach nur zu sitzen, zu SEIN, nichts anderes zählt außer meinem SEIN. Und übrigens sagte mir Martha … ich erzählte ihr, dass ich meditativ schwimme: „Du kannst das doch auch mit den Menschen machen." Und so überlege ich, eine Stunde einzubauen, in der wir gemeinsam meditativ schwimmen. Vielleicht hat der ein oder andere Zeit und Lust, dabei zu sein. (Kikeriki) Ist das nicht wundervoll, morgens um 5:00 Uhr startet der Hahn Stracciatella.

16. April 2022

Frohe Ostern oder möge die Auferstehung in euch geschehen

Einen wunderschönen guten Morgen, ihr Lieben, heute am Karsamstag. Es ist etwas bedeckt. Gestern am Karfreitag war ein wundervoller Tag. Karsamstag bedeckt. Ich habe so die leise Ahnung, es ist noch einiges bedeckt und wir dürfen in freudiger Erwartung erwarten. So dürfen wir auch diesen bedeckten Tag genießen. Eigentlich wollte ich Fahrrad fahren, doch jetzt habe ich keine Lust. Ich denke morgen im Laufe des Tages wird die Decke weggezogen und es haben wieder viele Menschen die Möglichkeit genau hinzuschauen, und die Wahrheit wahr zu nehmen. Diese wundervollen göttlichen Menschen treffen wir dann immer wieder. Wir dürfen sie in den Arm nehmen, mit ihnen feiern, mit ihnen fröhlich sein. Egal, ob sie es gleich verstehen oder ob sie erst selbst auf die Suche gehen müssen, dürfen, wollen. Sei dir sowas von sicher, es kommen immer die richtigen Worte aus deinem Mund, die du brauchst für deine Mitmenschen. Ich las gerade im Buch von Boris „Hüter des Gleichgewichts", dieses Buch lese ich gerade auf meinem Kanal „Spirituelle Hörbücher", falls du es hören möchtest. Da geht es um den Ursprung und warum es die Spaltung gibt. Da steht zum Beispiel: „Die Einheit hat alles hervorgebracht und alles ist zugleich die Einheit. Wer dies ohne Hintergedanken wunschlos erfasst, erkennt das ganze Geheimnis." Also alle Erscheinungen sind nur verschiedene Übergangsformen des Ur-Einen. Ist dies nicht herrlich. Und dies erkennen wir jetzt alle. Wirklich alle. Wir stellten ja schon die verschiedensten Theorien auf. Es mag durchaus Menschen geben, die weiterhin unbewusst leben, doch trotzdem glücklich sind, im Frieden sind und sich ihres Lebens erfreuen und dann vielleicht sagen: Mein Gott, ich dachte, es geht böse aus und jetzt ist alles wunderbar und gut. Es muss sich nicht jeder so tief mit all dem beschäftigen. Jeder macht es so wie er es möchte, wie er es braucht. Nun muss ich nochmal ins Schwimmbad, nochmal mit den Kindern schwimmen und morgen früh fahre ich sehr bald mit meinem Wohnmobil zu meiner Tochter nach München und verbringe dort Zeit mit meinem kleinen Enkelsohn. Euch wünsche ich frohe Ostern und meinen Senioren im Schwimmbad wünsche ich: Möge die Auferstehung in euch geschehen. Ich habe euch mega lieb. Bis bald. Tschüss.

22. April 2022

Ab in den Wald

Einen wunderschönen guten Morgen, ihr Lieben. Heute aus Retzbach, hier bin ich bei der lieben Veronika. Auch wieder eine Art Housesitting. Hier darf ich Blumen pflegen. Ich bin allerdings nur sehr kurz hier, und dann dauerhaft im Schwimmbad, wie immer in den Ferien. Am Sonntag freue ich mich dann darauf, zu meinen Töchtern zu gehen. Meine älteste Tochter ist mit ihrem Mann und Kind bei meiner jüngsten Tochter und darüber freue ich mich riesig. Wie geht es euch? Hoffentlich genauso gut wie mir jeden Augenblick. Es wird bei mir immer gefestigter. Ich habe es tatsächlich nur noch ganz früh, wenn ich aufwache, dass ich einen kleinen Moment ein Ziehen spüre, denke: Ups! Doch es ist nur ein kleiner Moment, d.h. ich spüre den Fortschritt und das ist mega gut. Deswegen danke ich allen Mächten, allen Energien, die mit uns zusammen wirken. Letztendlich geht es darum, dass sie sichtbar werden, fühlbar werden, sodass der Mensch erkennt: Nein, das Komische, das Gruselige, was da in den letzten Jahrzehnten, Jahrhunderten, Jahrtausenden war, ist nur Blödsinn. Wir waren wie unter einer Glocke oder ein Schleier war vor unseren Augen und die Macht, letztlich wahrscheinlich Angst, hatte ihre Berechtigung, war da, hat uns hinter dem Schleier ein bisschen gefangen gehalten. Und jetzt sehen wir die Polarität. Es ist ja ganz wichtig, dass wir sehen, auf einer Seite ist halt nun mal die Angst, doch auf der anderen Seite ist die Liebe. Jeder einzelne von uns hat es selbst in der Hand. Du kannst immer wählen. Ich kann das Pendel (hermetische Gesetze) einfach ins Unbewusste schwingen lassen: Liebes Pendel, geh mal in die Angst. Ich schaue dann zu, werde zum Beobachter und bin so nicht damit identifiziert und dann geht das Pendel wieder in die andere Richtung und ich bin wieder in der Liebe. So bin ich sehr dankbar für diese Extremerlebnisse, die auch ich hatte. Es jährt sich jetzt zum 16. Mal. Wenn ich nun zurückschaue, wie ich in meiner Küche auf dem Boden saß und tobte und weinte. Oder mich dann jeden Abend in den Schlaf weinte. Abend für Abend. Das waren schon einige Wochen, vielleicht Monate, ich weiß es nicht mehr genau, möchte es nicht kleinreden. Meine Töchter sagen immer, du siehst ja nur das Gute. Natürlich waren es auch Scheibenkleisterzeiten. Doch nun kann ich es erkennen, kann es sehen. Am allermeisten freut es mich natürlich, dass es jetzt so viele Menschen Stück für Stück erkennen. Gestern sprach ich erst wieder mit einer Schwimmbadbesucherin und sie sagte: Nun ja, wir wollten halt einfach solidarisch sein. Das war es, solidarisch sein auf Kosten der Kinder. Ich sagte ihr ganz deutlich: Das ist Missbrauch. Nicht nur das mit der Maske, das ist pillepalle, auch all das andere mit dem Leistungsdruck zum Beispiel. Doch unsere Kinder haben es gut durchgestanden. Wunderbare Seelen, die jetzt hier auf dieser schönen Erde sind.

Letztendlich werden sie sicher ganz gut durchkommen. Wir sind es, die Großen, die Jahrzehnte lang sozialisiert wurden. Wir sind es, die etwas mehr zu tun haben. Doch wir schaffen es. Dann wünsche ich dir einen wundervollen sonnigen Morgen. Heute Morgen hörte ich auch, dass die Vogelgeräusche richtig heilsam sind. Geh doch einfach wieder mal in den Wald. Ich kann es heute leider nicht. Doch bestimmt am Sonntag. Bis bald. Tschüss.

24. April 2022

Erinnerung - Kybalion

Einen wunderschönen guten Morgen, heute mal ohne Sonne. Es ist alles bedeckt und es wird immer trüber. Heute ganz am Morgen war es noch heller. Ich bin heute noch im Housesitting hier in Retzbach, wobei ich eigentlich die meiste Zeit im Schwimmbad arbeite und hier nur schlafe. Heute bin ich am längsten hier, nachher treffe ich meine älteste Tochter, die vor vier Wochen dem lieben Anton das Leben schenkte. Es ist so schön, dass sich die beiden Schwestern, meine zwei Töchter, so super verstehen und einander beistehen. Was vergaß ich schon wieder? Die hermetischen Gesetze – das Kybalion, anzuhören. Ich muss immer über mich selbst lachen, wenn ich so überheblich das Kybalion anpreise und dann selbst vergesse, es anzuhören. Denn es gibt immer so kleine Momente, bei mir kommen sie meist nachts, die es nötig machen, es zu hören. Ich empfehle es immer wieder zu hören, denn wir wurden viele Jahre von sehr komischen Energien beeinflusst, was uns oft dazu trieb selbst komische Sachen zu tun und zu sagen. Deswegen – ganz wichtig. Am besten täglich hören, so oft wie du dran denkst. Es sind die Naturgesetze und anders läuft es nicht und dies kann ich wirklich aus gelebter Praxis bestätigen. Gestern hatte ich auch noch ein sehr berührendes Erlebnis im Schwimmbad. Da waren die Eva und der Emil, Emil hat vor ein paar Jahren bei uns Schwimmkurs gemacht, ein kleiner dünner Junge, der immer sehr schnell fror, auch die Eva ist eine ganz schlanke, zarte Frau. Ich freute mich, als sie kamen. Emil ist mittlerweile groß geworden und schwimmt wie ein Fisch im Wasser. Ich unterhielt mich dann mit Eva. Sie arbeitet bei einem Pfarrer und es ging um Themen wie Offenbarung, die Liebe Jesu Christi … und ich durfte ihr auch die Gesetzmäßigkeiten näherbringen, wie alles so läuft mit den Gedanken und den Gefühlen und den Worten. Ich erzählte ihr, dass es nun wirklich so ist, dass wir hier auf Erden in Frieden leben dürfen, und dann fing sie an zu weinen und dies war sehr berührend. Wir lagen uns dann lange in den Armen und irgendwann fiel ihr ein: Jetzt sitze ich hier im Schwimmbad und weine. Es war auch für mich tief berührend und es ist einfach traumhaft was gerade bei vielen Menschen passieren darf. Ich bin sowas von unendlich glücklich, dass ich dabei bin, dass ich euch kenne, dass ich diese Liebe leben darf, die in uns ist. Die Liebe, aus der alles besteht. Alles ist Liebe und ich freue mich, miteinander zu gestalten und einfach glücklich, gelassen, freudig und froh zu sein. So wünsche ich dir heute an diesem – zumindest bei mir gerade – bedeckten Sonntag, der dazu einlädt, sich wieder ins Bett zu legen, die Zeit zu genießen, ein Buch zu lesen, Seele baumeln zu lassen, alles Liebe. Tschüss.

8. Mai 2022

Heute aus dem Schwimmbad

Einen wunderschönen guten Morgen heute mal aus dem Schwimmbad. Die ganzen Senioren sind ziemlich aus dem Wasser, die Familien sind noch nicht da und so ist es ein bisschen ruhiger, sodass ich mal wieder eine Sprachnachricht machen darf. Witzigerweise lag ich gestern in meinem Wohnmobil und ich hatte keinen Internetempfang und dachte, ach, hörst du deine eigenen Sprachnachrichten mal an und ich bin dann über eine ältere Sprachnachricht gestolpert und hörte sie mir an und sie tat auch mir mega gut. Entdeckte so den ein oder anderen Fehler, manchmal plaudert man einfach so daher, zum Beispiel sprach ich von der Gleichzeitigkeit, von der Zeitachse, dass wir linear in der Zeit lebten und jetzt in die Ewigkeit gehen, und dann sagte ich „horizontal", ich musste so lachen, natürlich ist es vertikal. Vielleicht merktet ihr es auch nicht oder doch …? Es ist natürlich so, dass alles gleichzeitig da ist. Jetzt kommen gleich die Kinder. Und wir haben die Möglichkeit, in dieser Ewigkeit, in diesem Sein, in diesem Bewusstsein unser Leben, unsere Zeit, die wir gemeinsam erleben wollen, zu gestalten und zu schöpfen. Wir sind Schöpferwesen und aus uns heraus, aus jeder kleinsten Zelle entsteht Leben. In jeder Zelle ist unsere Schöpferkraft und daraus entsteht die nächste Ewigkeit und die Ewigkeit und die Ewigkeit. Vielleicht zur Info. Mich triggerten ja immer wieder mal meine Blase und auch meine komplette rechte Seite. Das war nicht ganz so angenehm (lach). Doch es wird besser und auch ich hörte wieder das Kybalion, die hermetischen Gesetze und merkte, dass ich wohl in die niederen Energien hineinschwang, und hielt mich daran fest … oder aber auch … ich schiebe es immer darauf … ich war zu viel in der alten Welt, traf mich mit Menschen, die doch noch ein Stückweit verhaftet sind. Doch ich spüre, es werden immer mehr, die klarer sehen oder aber zumindest nicht schimpfen oder sich denken, ich gehöre nach Lohr, sondern wirklich daran glauben, dass wir jetzt von einer Welt in die andere gehen oder eigentlich schon in der anderen sind. Das macht Laune, doch die niederen Energien sind irgendwie noch vorhanden und ich kann da natürlich noch andocken und perfekt bin ich eben noch nicht. Das ist sehr schade … na ja eigentlich bin ich ja perfekt, aber die Routine fehlt einfach noch, um einfach in der Ewigkeit zu leben … Und deswegen lud ich mir das nochmal ein, auch lud ich mir nochmal vom Amt etwas Gruseliges ein. Es war total witzig: Ich trank bei Boris Tee und bekam vom Yogi-Tee die Botschaft „So viele Gedanken, so viele Gefühle. Verpflichtung ist deine Rettung." Da dachte ich mir, o.k. und lies mich darauf ein, ging in das Feld und jetzt darf ich es auch ordentlich zu Ende bringen, meine Verpflichtung eingehen und entsprechende Schritte gehen. Das tue ich jetzt Stück für Stück. Ich wünsche euch einen wundervollen schönen sonnigen Tag. Ein Badegast erzählte mir, dass heute Muttertag ist. D.h. ich darf dann mal meine Mama anrufen. Spielt viel, geht raus mit euren Kindern und tut euch einfach immer wieder gut. Genießt eure Ewigkeit. Ich wünsche euch was. Bis bald. Tschüss.

22. Mai 2022

Die Sirianer

„… Auf schwankendem Boden durchsegelt ihr die Wandlungen der Evolution, und diese Aussage gilt wörtlich – das spürt ihr. Das Magnetfeld eures Planeten schwankt, und euer eigenes folgt ihm. Eure Wahrnehmung muss sich neu anpassen, an die Koordinaten eines höher schwingenden Bewusstseinsraumes.
Nichts ist mehr fest und verbindlich; alles löst sich auf. Eure Gefühle – Energieformen der astralen Ebene – schwanken synchron mit den elektromagnetischen Bewegungsmustern von Körper und Planet.
In euren Gedanken interpretiert ihr das Geschehen; doch oft überseht ihr, dass sie sich in den Koordinaten und Verzerrungen der dritten Dimension befinden. So deutet ihr das aktuelle Geschehen mit euren Programmierungen der bisherigen Zeit, und fehlinterpretiert es. Welch eine Herausforderung!
Wir verneigen uns in Liebe, und bieten euch Hilfe und Trost. Wie erschöpfend mag es sich anfühlen, diesen nun auch noch beschleunigten Wechsel

zu erfahren. In euch selbst geschieht die Evolution, liebste Freunde. In euch und durch euch verwandelt sich die Welt.
Was ihr jetzt erfahrt, vollzieht sich im gesamten Sonnensystem. Alle Mitglieder eurer Sonnen- und Planeten-Familie beschleunigen ihre Vibration, und dehnen ihr Bewusstsein aus, in erweiterte Räume. Jede Schöpfung reist durch die Zyklen von Werden und Vergehen. Eure Sonne befindet sich beinahe in der Mitte ihres Zyklus, und dies gilt auch für die meisten Mitglieder ihrer Planeten-Familie.
Ihr bewegt euch auf den Höhepunkt eurer Evolution zu – in etwa 250 Millionen Jahren habt ihr ihn erreicht. (Grins) Ganz bewusst geben wir euch hier die wahren, unvorstellbar großen Zeiträume. Entspannt euch, liebste Freunde, und spürt eure Grenzenlosigkeit. In den unendlichen Zeit-Räumen des Seins erwarten euch Abenteuer von ungeahnter Größe und Faszination. Während euer Lebensraum schwankt, und eure verschiedenen Energiekörper diese Bewegung mitvollziehen, existiert in euch eine reine, klare Leuchtspur der Extraklasse.
Lasst die Magnetfelder von Planeten und Körper schwanken – das SELBST – euer Göttliches SELBST ruht im Lächeln der Unendlichkeit. Verbindet euch. Wisst euch EINS mit dem SELBST, und genießt den ruhigen Überblick höherer Perspektiven. (…)
Ruht in den Armen eures SELBST, und lasst euch nähren von seiner grenzenlosen Energie. Betrachtet die Schwankungen dieser Zeit wie schaukelnde Kinder, denen ihr im Park begegnet. Dankt eurem Körper-Deva für seinen treuen Dienst, und fragt ihn, was er aus der Quelle eures SELBST brauchen könnte.
Widmet euch auch eurem Planeten; und schenkt ihm euer Mitgefühl für seinen Dienst. Erweitert euren Blick, und entdeckt euch im Zentrum eines sehr großen Geschehens.
Es ist eine Ehre, Mensch zu sein, und den Schöpfungsplan mitzugestalten! Freut euch daran, ihr Lieben, und wisst euch gesegnet und bedingungslos geliebt für immer!"

31. Mai 2022

Piep piep piep – Wut ist gut

Einen wunderschönen guten Morgen, ihr Lieben heute mal endlich wieder. Sehr oft denke ich daran zu sprechen, dann ist der Gedanke wieder weg, dann geschieht etwas anderes, ganz ehrlich, die Zeit geht irgendwie ganz schön schnell dahin, zumindest ist das mein Eindruck. Doch nun habe ich sehr viel Zeit. Ich bin wieder mal bei Jasmin an diesem wundervollen Platz. Wahrscheinlich werde ich hier ab Herbst länger sein, mal schauen, wie es sich ergibt. Man weiß heutzutage ja nicht, was morgen ist, doch egal, es sind zumindest mal glückliche Pläne. Da gibt es ja diesen Ausspruch: Willst du Gott zum Lachen bringen, mache einen Plan. So sitze ich hier in der Sonne, alles ist voller Apfelbäume, Pflaumenbäume, viel Holunder, Pfingstrosen, Rhabarber, alles, was du dir vorstellen kannst, Bohnen, Kohlrabi, Kräuter, Erdbeeren, alles da, wie im Garten Eden. So fühle ich mich auch. Ich kann gut runterfahren und diesen immer noch teilweise Wahnsinn da draußen einfach gelassen anschauen. Ab und zu, muss ich gestehen, fiel es mir tatsächlich schwer, wenn ich früh aufwachte erstmal wirklich zu atmen und in die Dankbarkeit zu gehen, denn da waren komische Gedanken im Kopf. Ich erwischte mich, dass ich mich immer wieder mal darauf einließ. Es kam dann: Oh, nun bist du wieder in diesem Gedanken und nun ja, du kannst ja Ho`oponopono machen, und so weiter und so fort. Irgendwann nervt das einfach nur. Dann hörte ich vor ein paar Tagen von Linda Giese einen Live an und auch Christina von Dreien erwähnte es schon mal, wie wichtig das Zulassen von Wut ist. Das muss ja nicht unbedingt so sein, dass man seine Wut bei den Mitmenschen herauslässt, doch auch dort kann es einfach einmal guttun. Wichtig ist es für sich selbst. Einfach sich selbst mal zu sagen: Das lasse ich nicht mit mir machen. Es ist abartig oder wie auch immer und dann auch in die Wutenergie zu gehen. Ich machte es dann auch tatsächlich und ich merke wirklich, wie aus dieser Wut zum ersten Mal der Mut kommt, sodass, wenn die Situation auftaucht, ich genau weiß: Ich sag das ganz deutlich. Es tut unendlich gut. Das bringt mich dann auch immer wieder zu mir selbst. Nicht immer nur Friede, Freude, Eierkuchen und mit Liebe geht alles. Grundsätzlich ist es ja natürlich so, alles ist Liebe, das All ist reine Liebe, Kybalion und so weiter. Natürlich bin ich davon überzeugt, dass die hermetischen Gesetze zu 100 Prozent wirken, aber auf die Anwendung kommt es an. Manchmal brauche ich auch die explosive Kraft von Wut. Und es freut mich total, dass ich es entdeckte beziehungsweise, dass ich mir die Linda Giese anhörte. Ich habe hier so ein paar Menschen, die mir dann immer wieder heraushelfen wie zum Beispiel auch die Sandra Lau – sie chanelt (davon darf man halten, was man will …). Wenn dann wichtige Sachen durchgegeben werden, ist es egal woher es kommt. Für mich ist es einfach wichtig. Und so bekommt man immer wieder mal eine Anregung, anders zu denken, Dinge zu verändern, denn nichts ist so beständig wie der Wandel. Den gilt es ja auch, zuzulassen. Ich habe den Eindruck, dass dies uns Menschen, na ja mir vor allem, ganz schön schwerfällt. Sich vorzustellen, dass wirklich dieser totale Wandel da ist. Es geht alles sehr schnell, hier sind wir uns einig und der Wandel hin zu freier Energie, Mobilität, hin zu der Erkenntnis, dass es keinen Mangel gibt, dass dies einfach nur in Köpfen war und teilweise noch ist, sondern dass alles hier immer wieder in Fülle vorhanden ist, sich selbst hervorbringt und ja … das ist gar nicht so einfach (lach). Man kann ja ab und zu aussteigen wie ich jetzt ein paar Stunden, ein paar Tage und in der Ruhe, im Frieden genießen und immer wieder bemerken, hier ist alles in Bewegung. Die Hummeln, die Bienen, die Insekten, die Vöglein, alles ist hier mega am Werk. Der Hahn kräht, einfach nur traumhaft, diese Natur. So wünsche ich euch, so wünsche ich dir einen wundervollen Tag. Wie es Uwe Breuer immer so schön sagt. Einen Tag voller Wunder. Genieße es, genieße dein Sein, sei dankbar für jeden Atemzug, für jeden Moment, für jeden geschenkten Tag in deinem Leben. Ich habe euch mega lieb. Bis bald. Tschüss.

7. Juni 2022

Liebesdienst

Einen wunderschönen guten Morgen, ihr Lieben. Heute am Tag nach dem Pfingstmontag. Ich versuche jetzt mal wieder regelmäßig eine kleine Botschaft an euch senden. Denn ich glaube, wir gehen tatsächlich in den Endspurt. Natürlich gibt es irgendwie keinen Endspurt, sondern … Stellt es euch vor wie bei einem Kreis, es gibt keinen Anfang und kein Ende und trotzdem gibt es immer wieder auf den einzelnen Abschnitten, die wir auf der waagrechten Zeitlinie erleben, mal eine Vollendung und einen Neuanfang. Doch letztendlich mündet die Vollendung doch immer wieder in den Neuanfang. Also von den Zahlen her beginnen wir bei der 1 und die 9 ist die Vollendung. Das ist auch das, was ich immer wieder in mir selbst spüre. Die meiste Zeit geht es mir super gut, ich bin mit lieben Menschen zusammen. Gestern verlebte ich einen wundervollen Tag in der Rhön. Beim Würzburger Haus waren wir, frühstückten genial bei einer Wiese und pflückten noch für den Salat Kräuter von der schönen Wiese. Dann kam auch der Regen und wir liefen so durch den Wald und es war herrlich, wir wurden gar nicht sehr nass, saßen dann eine gute Weile im Würzburger Haus bis die Sonne wiederkam, sodass wir richtig schön wandern konnten.

Es war einfach nur genial, wobei ich fast ein wenig zu spät …, erst als Ulla meinte: Die Sonne sei sehr stark, … meine Jacke holte. Dies ist noch ein kleiner Schwachpunkt in mir. Ich denke immer die Sonne ist uneingeschränkt wichtig und gut, doch ein klein bisschen dürfen wir uns auch schützen und ich war natürlich nicht eingecremt (ich mag einfach keine Sonnencreme) und lag dann da eine halbe Stunde in der Sonne. Ich wachte dann heute Morgen mit ein wenig Kopfschmerzen auf und spürte gleichzeitig jedoch eine große Dankbarkeit für das Johanniskraut-Öl, das ich vor zwei Jahren fertigte. Ich schmierte es mir in mein Gesicht und dann war alles wieder gut. Heute ist der Beginn meines neuen Ferienschwimmkurses. Ich freue mich riesig. Hier bin ich absolut in meinem Element, dem Wasser und den Kindern. Ich bin ziemlich sicher, dass es die Kinder sind, die uns heilen werden. Ich spüre es immer wieder. Sobald ich mit Kindern zusammen bin, ist einfach alles nur gut. Mit Erwachsenen, mit den vielen Herzensmenschen, die ich neu kennenlernen durfte, aber auch die, die mittlerweile ihr Denken, ihr Fühlen gewandelt haben, fühle ich das auch. Ich bin jedoch davon überzeugt, dass wir Erwachsenen es schwerer haben werden, wenngleich es natürlich absolut einfach ist. Boris: Einatmen – Ausatmen. So einfach ist es tatsächlich und ich bin sowas von glücklich, dass ich, … wenn ich mein Pendel wieder mal in die Negativität habe schwingen lassen, mit Einatmen – Ausatmen, den Körper spüren und wenn da ein Schmerz ist, dann darf ich den Schmerz auch liebevoll anschauen, … schnell wieder draußen bin. Gott sei Dank funktioniert es immer, immer, immer. (Puh) Doch wie gesagt, auch mich triggert es immer wieder. Ich bin einfach manchmal doch nicht achtsam genug in meinen Gedanken. Im Außen geht es mittlerweile schon ganz gut, doch in meinen Gedanken (lach). Wie gestern mit der Einfahrt: Ich dachte, hoffentlich bleibe ich nicht mit meinem Spiegel an der Säule hängen, fuhr extra noch weiter vor, stellte das Auto ab, und war mir dann sicher, wenn ich da rausfahre, bleibe ich nicht hängen. Und später dann, wusch … ich blieb doch hängen. Das war noch nicht richtig gedacht (lach). Vielleicht hätte ich dann achtsam beim Herausfahren sein sollen. Und so lernte ich wieder etwas. Das ist einfach so wunderschön und was mich am meisten freut ist, dass ich immer wieder, wenn ich merke, die Hybris, die Überschätzung kommt, einfach denke, alles gut. Und meistens schmunzele ich dann, manchmal ärgere ich mich auch ein wenig, dann ist es wieder gut. Ich wünsche euch einen wundervollen Dienstag, heute habe ich Liebesdienst an allen Schwimmbadbesuchern, den Kindern, den Eltern und allen, denen ich begegne. Ich freue mich auf den Liebesdienst und wünsche euch auch einen wunderschönen Tag. Tschüss.

13. Juni 2022

Lagebericht

Einen wunderschönen guten Morgen wünsche ich euch. Wo starte ich? Es gibt so vieles zu erzählen. Es sind so viele Dinge, die sich in mir abspielen. Das Wichtigste ist, dass mir die Dinge immer klarer werden. Dass ich immer mehr begreife, all das, was gerade in der Welt geschieht, muss genau so geschehen, egal was es ist. Und das ist nicht immer so prickelnd. Auch in meinem Leben gibt es da immer noch komische Sachen. Gott sei Dank ist es fast immer in mir, doch es sind tatsächlich auch manche Begegnungen. Wenn ich zum Beispiel an meinen Schwimmkurs denke. Ich habe tatsächlich alle Facetten von Kindern, von wundervollen lieben Kindern bis hin zu den lebhaften, den sogenannten ADHS-Kindern (lach), und ich darf mich dann in diesen 1,5 Stunden ständig wieder neu auf denjenigen einlassen, der jetzt gerade bei mir ist. Und auch auf die Mutter, die oft dem Kind noch mehr Unsicherheit bringt. Dann muss ich dann zum Beispiel dieser Mutter ganz klar sagen: Bitte geh jetzt raus. Ich möchte jetzt mit dem Kind schwimmen üben. Und wenn du da bist, klappt es nicht. Ich gab dies wirklich klar zum Ausdruck. Die Mutter war dann beleidigt, ist weggegangen, hat sich umgezogen und ihre Cousine kam dann zu mir und sagte: Du Michaela, sie hat sich total geärgert. Am Ende bin ich dann nochmal zu ihr hin und sagte ihr: Es war nicht persönlich gemeint. Es ging ganz einfach um die Situation. Und du hast es selbst gesehen, dass es nicht klappte und so musste ich dich rauswerfen. Sie fing dann das Weinen an und jammerte: Ich hab` schon so viel Scheiße erlebt … Ich sagte dann zu ihr: Du, ich auch, das erlebten wir alle, es ist einfach so … Nach dem Gespräch hatte ich ein sehr gutes Gefühl und am nächsten Tag kam sie und war so was von lieb und strahlend. Ich hatte den Eindruck, dass diese klaren, aber auch harten Worte genau das waren, was die liebe Laura hören musste. Und so sind es gerade die Herausforderungen, die ich habe. Dann ist da noch ein griechischer Papa, den ich kaum verstehe. Es ist schon … cool, voll cool. Ich mache wieder Housesitting, bin gerade bei Veronika im Haus, das gefällt mir. Gestern machte ich dann noch mit Helga bei fast Vollmond einen Abendspaziergang, das war auch toll. Und wenn man so überlegt, das mit dem Housesitting ist wirklich eine coole Sache, das sollte ich anbieten. Wenn ihr also mal in Urlaub seid … ich komme sehr gerne. Sprecht mich an. Ich mache dann auch immer mal etwas sauber, jedoch nur nach Lust und Laune. Es ist also natürlich nicht komplett das ganze Haus geputzt, doch es sind immer wieder Bereiche, die ich sauber mache. Gerade putzte ich ein paar Fenster. Das ist meine Lieblingsaufgabe. Ich liebe Fenster putzen. Ansonsten läuft alles nach Plan. Schaut, dass ihr immer gut für euch sorgt. Ich denke, das können wir mittlerweile alle recht gut. Ich hörte gerade einen Podcast, worin vorkam, dass es jetzt ganz klar auch darum geht, dem anderen zu helfen, also unseren Mitmenschen. So wie ich jetzt gerade mit Laura, klar zu sagen, so und so und so. Vor allem natürlich aber liebevoll und gelassen. Gelassenheit und Ruhe ist gerade im Moment wohl das Wichtigste für uns selbst, jedoch auch für alle anderen. So wünsche ich euch heute einen wundervollen Tag, einen Tag voller Wunder, was sie natürlich nicht sind, denn wir kreieren das ja alles selbst. Ich hörte dann noch ein Video von Linda Giese an und sie gab folgenden Tipp. Bevor du so richtig aufstehst, stelle dir vor, wie toll der neue Tag heute wird. Fühle hinein, denke darüber nach, was du heute alles Wunderbares vorhast, welche Begegnungen du wohl heute hast. Stelle dich also auf diesen Tag richtig positiv ein. Das wünsche ich euch, dass es euch immer mehr gelingt. Die Übungen kann man wirklich täglich machen. Das geht gut. Bis bald. Tschüss.

15. Juni 2022

Einatmen - Ausatmen - Lachen

Einen wunderschönen guten Morgen, ihr Lieben. (Atmen) Ich habe einen Tennisarm. (Lach) Erst dachte ich, komisch, … eigentlich ist es schon seit acht Wochen, dass es im Ellbogen an einem bestimmten Punkt, z.B. wenn ich darauf drücke oder wenn ich belaste, wehtut. Doch es war immer nicht so schlimm. Witzigerweise, wenn ich schwamm, was ich fast täglich tue, tat es währenddessen nur ein kleines bisschen weh und danach war es gut. Dann dachte ich, gut, das mache ich, schwimmen ist die Lösung und dann natürlich viele spirituelle Dinge, z.B. fragte ich mich: Da es auf der rechten Seite ist, bin ich vielleicht nicht so in der Balance…? Das praktizierte ich alles, doch nichtsdestotrotz ging es nicht weg. O.k. ich ging ins Annehmen, ihr kennt das alles. Ihr wisst ja auch, dass ich lange Zeit, was heißt lange Zeit, ein dreiviertel Jahr keine Krankenkasse hatte. Ich versöhnte mich jedoch wieder und so bin ich seit 1. April wieder im Arbeitsverhältnis, sodass ich in der Krankenkasse bin. Außerdem suchte ich mir eine wunderschöne Krankenkasse, die passt und zwar die BKK Pro Vita. Hier gehe ich dann in die Liebe und denke, wenn da etwas für das Leben ist, ist es gut. Doch nach wie vor ist in meinem Hinterkopf: Ich brauche keinen Arzt und folglich auch keine Krankenkasse. Gut, jetzt bin ich gerade in Retzbach, so dachte ich am Abend: Ach lauf doch mal rüber nach Zellingen und besuche deine Ärztin von früher. Mache einfach einen schönen Abendspaziergang und versöhne dich. Und das tat ich. Es war sehr schön die liebe Petra Schenk, wenngleich auch nur kurz, wieder einmal zu sehen, sich auszutauschen und so. Ich erzählte ihr von meiner

Geschichte mit dem Arm. Sie grinst mich an und sagt: Da haben wir einen Tennisarm. Die liebe Frau Schenk meinte dann, schonen, schonen, schonen, und dann wird es wieder gut. Sie schrieb mir dann noch eine Manschette auf und meinte dann, ich könnte auch noch Schmerzmittel nehmen. Ich sagte: Nein, will ich nicht oder muss ich? Sie lachte, nein natürlich nicht. Doch ich muss auf jeden Fall schonen. Es ist jedoch nicht so einfach, möglichst nur die linke Hand zu benutzen, doch ich werde es jetzt mal tun, damit mein rechter Arm wieder gut wird. Ich schwamm dann gestern nur mit links, das ging auch. Ich glaube, es geht bei der ganzen Geschichte nur um das Annehmen von dem, was einfach gerade da ist. Das predige ich ja auch schon lange. Egal wie es sich anfühlt, es hat alles seinen Grund. Annehmen, gerne auch mal eine Wut zeigen. Dann jedoch aus der Wut natürlich ganz schnell den Mut machen. Für mich jetzt, das Zutrauen, dass ich all die Arbeiten, die ich jetzt zu tun habe, nämlich meinen Schwimmkurs, zu einem guten Ende bringen werde. Ich habe am kommenden Samstag meinen Abschluss und bin mega stolz, dass von den 11 Kindern schon 7 Kinder sicher schwimmen können. Das ist super und auch die anderen sind auf einem guten Weg. Ich werde das nur mit links – aha, deswegen – hinkriegen und natürlich mithilfe der wundervollen Eltern oder Geschwister. Zum Beispiel ist von Lina die Anna dabei, die ich in der Wasserwacht trainiere, und sie macht das sehr gut mit einer Freundin und kümmert sich um die kleine 5-jährige. So bin ich zuversichtlich und vertraue, dass es mit links funktioniert. So wünsche ich auch dir, dass du all die Aufgaben, die Dinge, die sich in deinem Leben zeigen mit links, vor allem aber mit viel Humor, erledigen kannst. Bei mir stellt sich das Lachen immer automatisch ein. Wenn ich einatme – ausatme – dann kommt automatisch von unten der Lacher. Also die Verbindung von dieser Ruhe – Einatmen – Ausatmen – Lachen. Das geht vorzüglich, ganz von alleine. Probiert es mal aus. Ich wünsche euch alles Liebe. Ich freue mich, dass es euch gibt, dass ihr mir zuhört und auch immer wieder Feedback gebt, das tut gut. Danke Netti! Natürlich freue ich mich am allermeisten darauf, euch auch wieder einmal in real, physisch zu erleben. Bis bald. Tschüss.

17. Juni 2022

Oh je, ganz schön frei

Einen wunderschönen guten Morgen, ihr Lieben. Es ist tatsächlich wieder ein wirklich wunderschöner guter Morgen, der Himmel ist blau, die Sonne lacht und mir geht es mega gut. Ich liege noch im Bett. Ich las gerade wieder ein Stück aus dem Buch von Boris für den Hörbuchkanal „Spirituelle Hörbücher". Das kann ich sehr empfehlen. Gerade was ich heute Morgen las ... Es ging um die Mitte. Boris kann dies so gut ausdrücken. Wie wichtig es ist in der Mitte zu sein und immer wieder auszuprobieren, auszubalancieren, mal in eine Richtung des Extrems zu gehen – doch nur ein Stück (lach), sodass es noch guttut, jedoch immer wieder zu dieser Mitte zurückzukehren. Also nicht immer in der Mitte verharren, sondern auszuprobieren, kreativ zu werden. Denn aus dieser Mitte heraus schöpfe ich meine Kraft. Und ich lernte heute Morgen auch noch die Sache mit diesem Positivem Denken. Ich sage dies ja auch sehr oft. Du musst nur positiv denken. Tja ... das geht jedoch nicht immer. Dann fange ich an ... wenn zum Beispiel ein negativer Gedanke kommt oder auch ein negatives Gefühl, auch etwas Körperliches ... mich zu erschrecken: Will ich nicht haben. Muss ich verdrängen. Und hier steckt das Problem. Es ist jedoch da. Und wenn es da ist, was kann ich machen. Ich kann es sich auflösen lassen und wie kann ich es auflösen? Und dies ist das Geniale daran. Indem ich es einfach annehme. Wenn es etwas Körperliches ist, dann gehe ich immer als erstes ins Atmen. Ich atme in den Schmerz hinein. Und während des Atmens merke ich dann schon, wie er sich auflöst, der Schmerz. Vor Jahren hatte ich hin und wieder mal Kopfschmerzen, und ich praktizierte es, und es funktionierte immer. Selbst bei extremen Kopfschmerzen. Nun ja, ich lüge jetzt ein wenig. Ich hatte tatsächlich im Winter mal zwei Tage lang Dauer-Kopfschmerzen. Da ging dann gar nichts mehr. So legte ich mich einfach ins Bett und nach zwei Tagen war alles wieder gut. Vielleicht lag es auch daran, dass ich mich dagegen wehrte. Ich bin ja so eine, die während der letzten zwei Jahre immer sagte: Ich bin ohne Impfung, war noch nie krank ... und mache den Mund schon immer weit auf. (Atmen) Vielleicht hätte ich es dann einfach akzeptieren sollen. Das tat ich ja dann letztendlich. Doch ich genoss es im Bett. Es war so schön und ich war damals so glücklich und dankbar dafür, noch eine Wohnung zu haben und einfach nur im Bett bleiben zu dürfen. Und ich trank zwei Tage nur Tee, machte mir eine Wärmflasche und ging dann wieder ins Bett. Ich sonnte mich also in diesem extremen Kopfschmerz. Also, ja, alles gut. Ich finde es gerade mega, wie es sich wieder auflöste. Schön. Ihr merkt schon, es geht mir gut und es ist einfach wunderbar, dieses Leben. Ich bin so dankbar jeden Morgen aufzuwachen und zu spüren, es pulsiert in mir, es strebt danach zum Beispiel zu den Kindern zu gehen, zu meinem

Schwimmkurs, heute am vorletzten Tag. Es ist einfach schön. Was ich jedoch auch merke; ich habe wieder so eine Sehnsucht nach einem festen Aufenthaltsort. Vielleicht ist es diese Mitte, auch physisch zu wissen, da gibt es einen Ort, an dem ich einfach sein kann, wohin ich jederzeit gehen kann. Und diese Mitte wird sich mit Sicherheit finden. Schauen wir mal, ob ich den Sommer durchhalte. Eigentlich sollte ja das Wohnmobil meine Mitte sein, doch irgendwie ist es das nicht. Sehen wir, was daraus wird. Ich hoffe, es war für euch jetzt nicht zu lang. Ihr wisst ja, ich rede einfach so, wie mir der Schnabel gewachsen ist. So wünsche ich euch einen wunderschönen Tag. Bleibt in eurer Mitte und schaut auch ab und zu mal in Richtung der Extreme. Lasst alles zu was geschieht und möge euch Wundervolles widerfahren. Möget ihr heute wundervolle Menschen treffen, wundervolle Momente erleben und diese Momente genießen. Alles Liebe. Bis bald.

11. Juli 2022

Geniale Zeit – Auf und Ab ...

Einen wunderschönen guten Morgen, ihr Lieben. Und gleich mal Verzeihung, dass ich mich erst heute wieder melde. Doch es ist tatsächlich so, dass ich erst vor zwei, drei Tagen wieder so richtig in meine Kraft kam. Es beutelte mich etwas, oder ich ließ es zu. Ich spürte erneut all die alten Geschichten in meinem Körper. Ich fiel auch immer wieder darauf rein. Ich war ja früher ein paarmal im Krankenhaus und erlebte entsprechendes. Bei mir war es die Blase. Ich wurde dreimal an der Blase operiert. Eine Bandscheibenoperation hatte ich 2012 auch schon. Das sind alles so Geschichten. Sobald irgendein Anzeichen im Körper sichtbar oder fühlbar wird, gehen die Alarmglocken bei mir los. Ich befinde mich dann innerhalb kürzester Zeit wieder in diesem Film. Das war tatsächlich nicht so schön (lach). Von daher werde ich dann hin und wieder mal gebeutelt und das fing diesmal vor einer guten Woche an. Ich merkte, irgendetwas passt wieder nicht in der Blase. Natürlich habe ich meine Instrumente und weiß, dass ich geistig ran kann. Es gelang mir auch schon sehr gut. Ich hatte das Gleiche im letzten Sommer und ging dann geistig wieder in die OP, die ich, zumindest bei den ersten beiden OPs, am Bildschirm mit verfolgen konnte. Ich war unendlich dankbar, dass mich der Arzt da mitgenommen hatte. Wir unternahmen eine Reise in meine Blase und er sagte mir immer, was er gerade tat. Das war spannend hoch drei. Das ist mir immer wieder eine Hilfe. Letztes Jahr war es erstmalig. Wir hatten gerade unsere 12 Schwimmkurse in vier Wochen. Ich erinnerte mich an diese OP, legte mich hin und durchlebte diese OP erneut. Und es funktionierte tatsächlich. Gleiches kam jetzt wieder. Ich ging wieder in meine OP und es funktionierte auch wieder. Allerdings bahnte sich im Anschluss eine Sommergrippe an. Ich bekam einen massiven Schwindel, fühlte mich wie betrunken und wenn ich den Kopf ein wenig bewegte hatte ich Schmerzen. Ich hatte tatsächlich dann in meinem Gedanken, wieder die Ärztin aufzusuchen. Vergangenen Montag wollte ich dann zum Wasserwacht-Training fahren und dachte: Nein, das schaffst du nicht. Ich sagte es ab und fuhr mit meinem Wohnmobil durch den Gramschatzer Wald und plötzlich dachte ich: Ah, ich weise mich selbst in die Waldklinik ein. Stellte mich kurzer Hand auf einen Parkplatz in den Wald mit dem Wohnmobil. Den Luxus des Wohnmobils brauchte ich. Ich schlief sehr viel, und verbrachte viel Zeit auch unter Bäumen und schon am 2. Tag fing ich an zu Wandern. Ich bekam dann auch Besuch, dank an Johannes und an meine Tochter mit Enkelsohn. Nach drei Tagen entließ ich mich dann selbst aus der Waldklinik bzw. durfte am Donnerstag dann wieder arbeiten. Durch dieses Liegen kam dann der Film Bandscheibe wieder, und da bin ich jetzt noch ein wenig dran. Es ist schon tausendmal besser. Ich gehe zweimal am Tag ins Schwimmbad, es ist so gigantisch, dass ich im Schwimmbad arbeite und so jederzeit ins Wasser kann. Auch haben wir eine Wärmekabine und Sauna. Nun bin ich wieder in meiner Kraft. Es geht mir mega gut und ich merke, dass ich wieder einen großen Schritt weiterkam. Es stellte sich noch mehr Stabilität, noch mehr Sicherheit und vor allem auch Vertrauen ein. Vertrauen in alles, Vertrauen in das Hier und Jetzt, Vertrauen darin, dass ich so langsam das richtige Manifestieren, also das Schöpfen lerne. Ich glaube tatsächlich, dass wir da vielleicht erst in der 1. Klasse oder noch im Kindergarten sind und noch ganz wenig wissen über all die Möglichkeiten, die in uns stecken. Meine Erfahrung ist: Umso mehr ich einfach geschehen lasse, umso weniger ich die Dinge, die in meinem Umfeld passieren bewerte, und ihnen gelassen gegenüberstehe, umso besser geht es mir. Vor allem auch, dass ich sicher weiß, es ist alles gut. Egal ob die Umwelt es so oder so macht, es gehört alles mit dazu, es ist alles wichtig, gut und wunderbar. Ich darf bei mir bleiben, mir meine Dinge anschauen. Ich darf es hinnehmen und es war tatsächlich auch wieder der Atem, der mir enorm half. Auch diese klare Sicht und Erkenntnis der Extreme, das ist wirklich schon die halbe Miete. Wenn ich erkenne, es ist wohl das Extrem Krankheit oder Tod oder auch das andere. Es liegt an mir. Ich kann es steuern. Ich darf mich mal der Krankheit hingeben, dann aber auch wieder über den Atem herausgehen. Jetzt bin ich wieder im Housesitting bei Jasmin. Es ist absolut mega hier, allein von der Energie, vom Umfeld her. Dort fühle ich mich wie zuhause. Hier bin ich auch gemeldet. Denn mein Reisepass war abgelaufen und so musste ich mir für meine Familie noch einen schweineteuren Reisepass machen lassen und dazu braucht man eine Meldeadresse. Doch auch das war o.k. Ich wünsche dir, dass auch du immer wieder in deine Kraft kommst, egal was gerade geschieht. Ob es dich vielleicht auch körperlich oder auch seelisch geistig beutelt … Ach ich habe noch etwas … Und zwar bin ich gerade dabei, mir eine App in meinem Kopf zu installieren. Die Anweisung an die App lautet: Sobald in irgendeinem Feld meines Körpers irgendetwas nicht stimmt, also irgendwelche Turbulenzen oder so da sind, soll die App es sofort erkennen und dann umwandeln, also entgegensteuern mit einer guten Energie, sodass es gar nicht erst in den physischen Körper kommt. „Ist so eine App nicht genial?" Ich bin gerade dabei, sie zu installieren. Eigentlich machte ich es schon, doch ich darf es noch festigen. Oder wie sagte es Jasmin zu mir: Wenn dann noch eine Kleinigkeit im Körper ist, dann soll die App das schon im Körper gleich erkennen und ausmerzen. Genial, oder? In diesem Sinne wünsche ich euch einen wundervollen Tag. Alles Liebe und bis bald. Tschüss.

12. Juli 2022

Wie innen, so außen …

Einen wundervollen guten Morgen wünsche ich euch, ihr Lieben. Ich finde es klasse, dass ich jetzt etwas mehr Regelmäßigkeit hineinbringe. Hoffe ich zumindest. Ich stellte euch ein Phonem von Ygi ein. Er erklärt, was wir hier alle gerade auf dieser wundervollen schönen Erde erleben, damit lässt sich alles erklären, was da draußen an komischen Sachen passiert. Ich fand es richtig gut ausgedrückt und erklärt, sodass ich es nicht machen muss. Was jedoch meiner Meinung nach besonders wichtig ist, dass wir uns gedanklich nicht daran beteiligen. Ja, es ist vieles da draußen unverständlich und man könnte hier wieder in die Aggression oder in die Wut verfallen. Manchmal ist ja diese Wut auch gut, denn daraus entsteht dann ja der Mut. Sich ganz mutig für sich selbst einsetzen. Ygi sagt es ganz klar: Nicht da draußen ist irgendwer – natürlich passieren da Dinge – doch letztendlich bist es du, bin es ich, die für sich selbst gut sorgen muss. Sich mega intensiv und gut um sich selbst kümmern. Ich denke wir starten hier beim physischen Körper. Dieser wundervolle physische Körper will geliebt werden. Nicht nur die (lach) wunderschönen Teile, oder die wir selbst als wunderschön ansehen, wollen gestreichelt und geliebt und angenommen werden, sondern alle Teile, der gesamte Körper. Außen, angefangen beim kleinen Zeh oder dem komisch gedrehten Nagel, alles will geliebt werden an deinem Körper. Ich halte es für wichtig, auch alles mal zu begutachten, zu streicheln, mal mit einem schönen Massageöl darüber zu gehen. Und mal äußerlich jedes Teil, jede Speckfalte, jede Ader zu liebkosen. Vielleicht auch ein wenig Übungen machen, je nachdem, was das Körperteil möchte. Wunderbar. Und wenn ich dies äußerlich gemacht habe, dann lege ich mich hin und nehme mir die Zeit und beginne über den Atem eine innere Meditation. Ich lernte es 2007 im Kloster von Sr. Carmen, die auch wundervolle Tänze mit uns machte. Sie nahm uns an die Hand und führte uns mental durch unseren Körper. Sie fing mit einer Meditation an, in der sie erstmal alles benannte, was so in uns ist, auch die ganzen Organe, die wir bewusst fühlen können und dahin immer den Atem geben können. Ich fange bei den Zehen an und gehe über die Füße durch den ganzen Körper. Dann noch mit Dankbarkeit ergänzen. So zum Beispiel: Wow, die Füße, sie tragen uns durch unser ganzes Leben. Es ist der Hammer, welch eine Leistung sie erbringen. Wenn man dann noch weiß, dass in den Füßen auch immer eine Korrespondenz zu den anderen Körperteilen liegt, dann macht es Sinn, sich für die Füße nochmal separat Zeit zu nehmen, sie zu liebkosen. Ich finde das sehr cool, denn wenn ich mal nicht so viel Zeit für den ganzen Körper habe, dann widme ich mich einfach meinen Füßen, nehme etwas Öl und massiere dann mal meine kompletten Zehen und alles so durch und das überträgt sich dann auf den ganzen Körper. Innerlich dankbar alles so annehmen, so lieben, wie es ist. Es ist deine eigene Schöpfung. Du hast es erschaffen, ich habe es erschaffen und es ist einfach gut. Ich glaube, das ist auch das, was in der Bibel steht. Gott sah seine Schöpfung, all das was er erschuf, betrachtete es und sagte: Es ist gut. So ist alles, wirklich alles auf dieser Erde einfach nur gut. Und wenn es für mich oder für dich noch nicht so aussieht, im Außen zum Beispiel …, gehe ich ins Innere, gehe in die Atmung. Und sehe, alles ist gut. In diesem Sinne wünsche ich dir einen wundervollen Tag. Ich bin hier im Housesitting bei Jasmin, der Hahn kräht jeden Morgen. So eine Umgebung wünsche ich mir als Bleibe für den Herbst. In diesem Sinne wünsche ich dir einen wundervollen Tag. Alles Liebe, bis bald. Tschüss.

15. Juli 2022

Zuhause

Einen wunderschönen guten Morgen, ihr Lieben. Heute an diesem 15. Juli, ein wunderbarer Tag, ein Freutag und eigentlich soll ja jeder Tag so ein Freutag sein. Manchmal vergesse ich es, doch wenn der Tag schon einmal damit anfängt, dass ich bewusst atme, ist alles gut. Einatmen – ausatmen – und mir bewusst machen, es ist ein Wahnsinns Geschenk wieder in diesem Körper aufzuwachen. Auch er wurde uns geschenkt, damit wir hier in dieser wundervollen Welt wirken, sprechen, lachen, uns freuen, und all die tollen Sachen machen können. Man sieht es schnell als selbstverständlich an. Doch ich denke, es ist nicht selbstverständlich. Es ist einfach großartig, da zu sein, wirken zu dürfen. Ich machte etwas Lustiges. Meine Tochter sprach immer wieder zu mir: Mama, geh doch wieder zu WhatsApp, wir haben da unsere Familiengruppe, in die die Bilder von den Enkeln hineinkommen. Und so bin ich doch tatsächlich wieder bei WhatsApp. Ich finde es großartig, denn so kann ich meinen Kindern und auch meinem Papa immer wieder mal schöne Nachrichten schicken, sodass sie merken, ich bin für sie da, ich denke an sie und ich habe sie mega lieb so wie alle anderen Menschen auf dieser wundervollen Erde. Es ist so genial, es immer wieder zu erleben. Natürlich sehe ich auch noch Menschen, die in dieser Hypnose leben. Witzig ist es immer, es im Schwimmbad zu erleben. Die Menschen kommen, ich spüre sie und spüre sie doch nicht. Es ist so, als wären sie tatsächlich gar nicht da. Natürlich sehe ich sie, doch auf seelischer, geistiger Ebene spüre ich sie nicht. Aber ich denke, wir sind wirklich auf dem besten Weg und es geht so etwas von schnell. Ich freue mich mega, dass ich jetzt hier sein darf. Und vor allem, dass es euch da draußen gibt, die ihr mit mir zusammen die neue Welt erschafft. Ich bin momentan ein bisschen an meiner Aufgabe, für mich ein wundervolles Zuhause zu finden. Terminlich ab 1.10. Ich habe bestimmte Vorstellungen, die Umgebung muss passen. Viel grün, in der Nähe eines Waldes oder so, ein schönes großes Zimmer und ein Badezimmer, mehr brauche ich nicht. Und da bin ich gerade dabei, etwas die Fühler auszustrecken. Ich wollte schon einen Text verfassen, doch es geht noch nicht, vielleicht kommt ja irgendetwas. Ich weiß es nicht. Den Notfallplan habe ich natürlich. Ich könnte mir auch ab 1.10. ein Zimmer mit Bad in Arnstein mieten. Jasmins Papa vermietet Zimmer an Handwerker und so. Doch ich glaube, das ist wirklich nur der Notfallplan, sodass ich im Winter nicht im Wohnmobil sein muss/darf (lach). Irgendwie fühlt sich der Gedanke im Winter im Wohnmobil zu sein nicht gut an. Doch alles wird gut. Jetzt sind wir im Hier und Jetzt, ich liege noch in Romans Bett und genieße mein Housesitting hier bei Jasmin. Ich wünsche euch einen wundervollen Tag, einen Tag voller Wunder. Genießt euer SEIN, genießt jeden Augenblick. Es sind wundervolle Geschenke, bis bald. Tschüss.

Die hermetischen Gesetze verinnerlichen

Einen wunderschönen guten Morgen, ihr Lieben. Heute wurde ich schon kurz nach vier vom Hahn geweckt. Doch das Schöne ist, man kann sich wieder ins Bett legen. Kaffee kochen und dann im Bett chillen. Und ... ganz wichtig, zumindest für mich gerade ... Kybalion hören. Die hermetischen Gesetze. Ich hörte sie ja schon einmal vor einigen Wochen fast täglich und es tat sehr gut, es lässt einen jedoch immer wieder los. Wenn man dann, wie bei mir letzte Woche gedanklich woanders ist oder viele Gedanken und eine Verwirrung im Kopf hat. Dank Jasmin kam ich dann wieder raus und natürlich Dank Wald, es nistete sich ja noch die Sommergrippe mit ein. Deswegen höre ich jetzt wieder täglich mein Kybalion, bin gerade so mittendrin, diese Gesetze, von zum Beispiel Ursache und Wirkung, zu durchdenken. Wir setzen mit jedem Gedanken, mit jedem Gefühl, mit jedem Wort eine Ursache und jede Ursache hat ihre Wirkung. Das lässt sich einfach nicht verleugnen, das ist einfach so. Die Meister der Hermetik setzen einfach nur noch gute Ursachen. Wenn du Herr deiner Gedanken bist, dann kannst du es. Wie werde ich Herr meiner Gedanken? Hier finde ich das Bild mit dem Mischpult mega cool. Stell dir ein Mischpult vor, auf dem die SEINS-Zustände, die du in deinem Leben haben möchtest, zum Beispiel Wohlstand, Frieden, Liebe, Glück, romantische Momente, was immer du möchtest, Gesundheit natürlich, körperliches Wohlbefinden, all das, was dir in deinem Leben wichtig ist, angeordnet sind. Nun solltest du dafür sorgen, dass auf diesem Mischpult die Regler immer oben sind. Wichtig ist auch, regelmäßig zu überprüfen, ob sie auch wirklich noch oben sind. Hole das Mischpult vor dein geistiges Auge, und erkenne, ob ein Regler abgerutscht ist. Den darfst du dann wieder nach oben schieben. Natürlich immer nur so hoch, wie du es dir vorstellen kannst. Wenn du es dir zum Beispiel gerade nicht so gut vorstellen kannst, zum Beispiel reich zu sein, dann schiebe den Regler so weit hoch, wie du es dir vorstellen kannst. Das super tolle dabei ist, dass wir auch unsere geistigen Helfer haben, z.B. die aufgestiegenen Meister oder Engel, natürlich auch nur, wie du es dir vorstellen kannst. Diese Helfer darfst du dann bitten, mit dir zusammen regelmäßig zu überprüfen, ob die Regler oben sind. Das half mir sehr. Oder auch dieses Prinzip der Schwingung. Dass das Pendel immer von einem Extrem zum anderen schwingt, das ist einfach so das Gesetz. Das kannst du nicht verändern, doch du kannst das Pendel immer auf einer Seite lassen und du bist dann der Beobachter und schaust zu, wie das Pendel in die andere Richtung schwingt und gehst einfach nicht hinein. Du bist nur der Beobachter. Du wartest dann einfach, bis es wieder oben ist. Du gehst also nicht mehr in das Leid oder in diese Extreme. Wir können immer unser Pendel oben halten. Das lernte ich dadurch, dass ich das Kybalion regelmäßig hörte und jetzt wieder anfange es täglich zu hören. Jetzt wünsche ich dir erstmal einen wundervollen Samstag. Ich darf dann wieder in mein Schwimmbad gehen und vier Schwimmkurse mit den Kindern erleben. Ich freue mich darauf. So wünsche ich dir alles Liebe und bis bald. Tschüss.

19. Juli 2022

Endspurt ...

Einen wunderschönen guten Morgen, ihr Lieben. Heute Morgen kam tatsächlich wieder einmal das Wort Endspurt in meinen Sinn. Ich denke, das kann man sehr gut so beschreiben für das, was gerade passiert. Für mich ist es gerade nur genial. Wenn man seit vielen Jahren zuschaut, wie die Menschheit gegen die Wand rennt und wie es wirklich jeder sieht, jeder weiß: „Ja, es läuft so nicht richtig," hört man dann immer wieder, „aber was soll ich denn machen? Wir müssen doch mitmachen." Das höre ich jetzt nicht mehr. Jetzt sehen es alle und denken nach, machen nicht mehr mit. Oder versuchen es zumindest. Und das ist der Unterschied zu dem was vor Jahren lief. Das macht mega froh. Euphorisch auch, man merkt, dass jetzt das wahre Leben beginnt. Was ich bei mir immer wieder feststellen kann ist, dass es mir dann nicht so gut geht, wenn ich zu viel über die Zukunft nachdenke. Das mit der Vergangenheit das meisterte ich echt gut, da kann ich mir auf die Schultern klopfen. Ich nutze sie, z. B. wenn ich denke: Ups, da könnte wieder einmal etwas in der Blase sein, dann gehe ich einfach zurück in die OP, die so wunderbar war, zumindest die ersten beiden waren gut, da konnte ich zuschauen. Dann erlebe ich einfach nochmal die OP durch und danach ist auch wieder alles gut. Das heißt, ich mache mir die Erfahrungen, die ich hatte, hm, eigentlich nur die positiven, ach nein Blasenkrebs ist ja nicht so positiv, also o.k. manchmal auch die negativen, meistens jedoch die positiven, zunutze. Um mich wieder heil zu machen, was ich ja eigentlich schon bin. Doch das ist das einzige, wofür ich die Vergangenheit noch nutze. Was ich bei mir immer wieder feststelle sind die Gedanken in die Zukunft. Da weiß ich, dass ich noch viel üben darf. Mich immer wieder in die Gegenwart zurückholen, dann geht es mir auch ganz schnell wieder gut. Das ist gerade meine Aufgabe. Mich selbst über den Atem ins Hier und Jetzt zu holen. Heute Morgen lud ich mir wieder die violette Flamme vom Meister St. German ein, oft hole ich auch den Erzengel Raphael, der auch als Heilengel gilt, mit dazu, lasse über das Kronen-Chakra die violette Flamme in mein körperliches System fließen und stelle mir dann vor, dass all die Heilenergie die Zellen, die vielleicht krank sind und gehen dürfen, mitnimmt. Dann gehe ich durch alle Körperteile und lasse alles liebevoll in Mutter Erde fließen. Das mache ich so zwei, drei Mal, dann ist gut. Manchmal lasse ich noch goldenes lichtvolles Licht durchfließen zur Stärkung und natürlich atmen. Einatmen – Ausatmen. Das tut gut. So wünsche ich auch dir, dass du immer mehr in deine Kraft kommst, im Hier und Jetzt ankommst, egal was geschieht, egal, was dein wundervoller liebevoller Verstand oder deine Gedanken dir wieder eingeben. Dass du dich schnell wieder ins Hier und jetzt zurückholen kannst. Alles Liebe, wir hören uns. Tschüss.

15. August 2022

Einfach nur vorleben

Einen wunderschönen guten Morgen wünsche ich euch. Irgendwie schaffe ich es gerade nicht regelmäßig eine Sprachnachricht zu schicken. Ich weiß, dass ihr auf dem richtigen Weg seid und einfach angekommen seid. Ich hörte gerade den Podcast von Linda Giese. Ich glaube, einen ähnlichen Prozess hatte ich auch schon – Schritt für Schritt, mal mehr, mal weniger. Die Geschichte mit den Wasserkäfern und der Libelle berührte mich auch sehr. Es ist ähnlich wie mit meinen Kindern gerade. Ich bin sehr nah bei meinen Kindern und doch kann ich ihnen nicht berichten, wie es ist, einfach zu sein, einfach immer in Freude, in Liebe und in Glückseligkeit zu sein. Ich kann es nur vorleben und das merken sie. Und das ist glaube ich jetzt meine Aufgabe, so gut es geht bei ihnen zu sein. Und meine Zeit mit den Enkeln zu genießen, ansonsten muss ich schauen, dass ich mich wieder zurückziehe. Ihr bekamt es sicher mit, ich suche gerade eine kleine Wohnung. Ich weiß, es wird wohl nur übergangsweise sein und ich weiß auch, dass ich da wieder in die Tasche greifen muss, doch ich verdiene ja und es ist ja egal, für was das Geld weggeht. Gestern schaute ich mal im Internet und fand eine Wohnung in Rimpar. Ich möchte jetzt einfach erst mal wieder ein äußeres Zuhause haben. Wenn ihr etwas wisst … ich bin auch bereit, in einer WG zu leben. Sagt einfach Bescheid. Das ist jetzt auch eine meiner Aufgaben. Ansonsten natürlich im reinen Sein zu sein, einfach zu wissen, ich bin, das ist schön. Ich lebe und ich lebe ja nur in diesem einen Augenblick, den ich genieße. Auf der anderen Seite stehen meine Kinder. Gar nicht so einfach. Ich werde es überstehen. Auf jeden Fall wünsche ich euch eine wundervolle Zeit, eine Zeit voller Wunder und ich wollte euch noch sagen, wie sehr ich euch liebe. Bis bald. Tschüss.

Die Geschichte von den Wasserkäfern und der Libelle ...

Am Boden eines kleinen ruhigen Teiches lebte eine Gemeinschaft von Wasserkäfern. Es war eine zufriedene Gemeinschaft, die dort im Halbdunkel lebte und damit beschäftigt war, über den Schlamm am Boden des Teiches hin und her zu laufen und nach etwas Nahrung zu suchen. Immer wieder bemerkten die Wasserkäfer jedoch, dass der eine oder andere von ihnen anscheinend das Interesse daran verlor, bei ihnen zu bleiben. Er klammerte sich dann an einen Stängel einer Teichrose und kroch langsam daran empor bis er verschwunden war. Dann wurde er nie wiedergesehen.
Eines Tages, als dies wieder geschah, sagten die Wasserkäfer zueinander: "Da klettert wieder einer unserer Freunde den Stängel empor. Wohin mag er wohl gehen?" Aber obwohl sie genau zuschauten, entschwand auch dieses Mal der Freund schließlich aus ihren Augen. Die Zurückgebliebenen warteten noch eine lange Zeit, aber er kam nicht zurück. "Ist das nicht merkwürdig?", sagte der erste Wasserkäfer. „War er denn hier nicht glücklich bei uns?", fragte der zweite. „Wo er jetzt wohl ist?", wunderte sich der dritte. Keiner wusste eine Antwort. Sie standen vor einem Rätsel. Schließlich berief der Älteste der Käfer eine Versammlung ein. "Ich habe eine Idee", sagte er. "Der Nächste, der von uns den Teichrosenstängel emporklettert, muss versprechen, dass er zurückkommt und uns erzählt, wohin er gegangen ist und warum." "Wir versprechen es", sagten alle feierlich.
Nicht lange danach an einem Frühlingstag, bemerkte genau der Wasserkäfer, der den Vorschlag gemacht hatte, dass er dabei war, den Teichrosenstängel empor zu klettern. Höher und immer höher kletterte er. Und dann, noch bevor er wusste, was ihm geschah, durchbrach er die Wasseroberfläche und fiel auf ein großes, grünes Teichrosenblatt. Als der Wasserkäfer wieder zu sich kam, blickte er verwundert um sich. Er konnte nicht glauben, was er da sah. Alles war ganz anders und auch sein Körper schien auf merkwürdige Art verändert. Als er ihn neugierig zu betrachten begann, fiel sein Blick auf vier glitzernde Flügel und einen langen Hinterleib, die nun anscheinend zu ihm gehörten. Noch während er sich über seine ungewohnte Form wunderte, spürte er ein Drängen, die Flügel zu bewegen. Er gab dem Drängen nach, bewegte seine Flügel – und plötzlich, ohne zu wissen wie, befand er sich in der Luft. Der Wasserkäfer war eine Libelle geworden. Auf und ab, in engen und großen Kreisen, bewegte sich die neugeborene Libelle durch die Luft. Sie fühlte sich wunderbar in diesem so ganz andersartigen

Element. Nach einiger Zeit ließ sie sich auf einem Blatt zum Ausruhen nieder. In diesem Moment sah die Libelle hinunter ins Wasser. Und da waren ihre alten Freunde, die anderen Wasserkäfer, die hin und her liefen am Boden des Teiches. Jetzt erinnerte sich die Libelle an ihr Versprechen. Ohne lange zu überlegen, stürzte sich die Libelle hinab, um ihren alten Freunden zu berichten. Aber sie prallte an der Oberfläche des Wassers ab. "Ich kann nicht zurück." sagte sie traurig. "Zwar habe ich es versucht, aber ich kann mein Versprechen nicht halten. Und selbst wenn ich zurückkönnte, kein einziger meiner Freunde würde mich in meinem neuen Körper erkennen." Und nach einigem Nachdenken wurde ihr klar: "Ich muss wohl warten, bis sie ebenfalls Libellen geworden sind. Dann wissen sie selbst, was mir widerfahren ist und wohin ich gegangen bin."
Und damit flog die Libelle glücklich empor, in ihre wunderbare neue Welt aus Licht und Luft.

26. August 2022

Ab ins Feld

Einen wunderschönen guten Morgen, ihr Lieben. Ich hatte fast schon Bedenken, überhaupt wieder eine Nachricht zu sprechen. Ich weiß allerdings gar nicht so sehr warum. Oder doch, ich weiß es. Es geht darum sich zuzutrauen, das auszudrücken, was ist. Ich hörte gerade von Linda Giese wieder etwas Schönes. Sie drückte es fantastisch aus: Es ist irgendwo im Hintergrund ein Feld, auf das wir Zugang haben, ein Feld in dem ich einfach nur erkenne, ich bin das Bewusstsein. Ich spüre, da ist was und das bin ich. Was sie auch schön erklärte: Ganz früher – für mich gibt es die Zeit nicht – waren wir alle einmal unbewusst. Sie verglich es mit einem Kuchen, da ist alles da, Eier, Butter, Zucker … letztendlich ist da ja alles, doch wir waren uns dessen nicht bewusst. Und jetzt … das Bild vom endenden Mayakalender. Man sagt, der Maya-Kalender endete am 21.12.2012 … für mich ist es einfach ein schönes Bild, dass mit dem Jahr 2012 ein Zyklus endete. Die neue Erde ist bereits fertig, die Erde ist sich schon bewusst und wir Menschen wachsen seitdem immer mehr hinein und zwar nicht mehr unbewusst, sondern wir spüren in dieser Kuchenmasse, wer wir sind und überhaupt, dass wir sind. Ich glaube mehr ist es nicht. Wir spüren, wir sind uns bewusst, wir sind. Und wir sind uns auch bewusst, dass wir alle, die ganze Menschheit, die Erde, die Tiere, die Pflanzen, letztendlich alles was ist, miteinander verbunden sind. Und wir werden uns immer stärker bewusst, dass wir sind. Ich denke letztendlich ist es das. Letztendlich ist es wichtig, dass wir da auch immer wieder hineingehen, ich praktiziere es immer über den Atem. Wenn ich merke, es braut sich etwas zusammen. Oder: Ich war mit Gabi im Urlaub an der Mecklenburgischen Seenplatte. Es war einfach nur wundervoll, doch letztendlich bin ich da schon wieder ein Stück in den Luxus pur gegangen, wir gaben viel Geld aus im 5-Sternehotel, hatten all das was wir wollten, eine Saunaanlage, konnten von der Sauna direkt in den See springen… Jedenfalls stach mich etwas. Es sah bizarr aus, zwei Stiche auf der rechten Seite, die aussahen wie ein Triangel. Ich hatte irgendwie den Gedanken: O Gott, das ist wohl der Teufelsbiss gewesen. Es entzündete sich sehr und sah nicht so toll aus. Ich tat alles Energetische, um es wieder heil zu machen. Doch es half nicht, ich durfte wieder einmal zu meiner wundervollen Ärztin gehen. Und hier merkte ich, alles, was in meinen Gedanken ist, erlebe ich dann in meiner Realität. Ich bin scheinbar immer noch nicht so ganz im Reinen. Nun musste ich Antibiotika nehmen und ich dachte dann einfach, es ist notwendig und es tut mir gut. Ihr merkt schon, ich bin auch immer wieder ein kleiner Grenzgänger und ich darf mich dann immer wieder über den Atem, über die hermetischen Gesetze, die ich dann höre, zurückbeamen. Die kann man einfach nur so laufen lassen, auch nur nebenbei. Es kommt einfach doch immer wieder vor, dass man mit der anderen Seite in Berührung kommt, und so kann ich meine Regler einfach wieder hochstellen. Was ich auch entdeckte ist die Arbeit mit der Zirbeldrüse. Hier stolperte ich über ein Buch von Dieter Broers: Verschlusssache Zirbeldrüse. Eigentlich wollte ich mir kein Buch mehr kaufen, doch ich brauchte es und ich las es auch ziemlich bis auf die Anwendungen. Die Zirbeldrüse ist verbunden mit dem dritten Auge, eine Drüse, von der man eigentlich dachte, man brauche sie nicht. Dieter erklärt es mit dem Gottesteilchen, über die Zirbeldrüse kommst du in Verbindung mit deinem bewussten ICH BIN. Und daraus entsteht dann alles. Letztendlich ist da draußen eigentlich nichts. Sondern die Welt ist in dir, ausgehend von der Zirbeldrüse und du schaust dann raus oder du lässt dann die Welt durch dich entstehen. Vielleicht ist es auch beides. Ich weiß es tatsächlich nicht (lach). Doch es macht auch nichts. So nun laberte ich wieder ziemlich lange, eigentlich wollte ich es kurzhalten. Ich hoffe, es geht euch allen gut. Ich bemühe mich jetzt wieder eine Regelmäßigkeit zu finden. Nun ja, es sind ja nur 36 Menschen in meinem Kanal und die meisten von euch hören gar nicht, dann ist es vielleicht nur noch eine Hand voll Menschen, doch das ist auch egal. Auf alle Fälle hört Annette. Ich besuchte sie auf der Fahrt zu meiner Tochter. Das war so schön. Wir räucherten mega und sie schenkte mir viel Räuchermaterial. Das werde ich demnächst – ich muss es euch verraten – in meinem neuen Zuhause tun. Ich fand ein neues Zuhause, bzw. es fand mich gestern an der Haustür meines Housesittings. Es klopfte und dann stand Jochen vor der Türe. Er wollte eigentlich zu Robert. Und irgendwie kamen wir auf meine Wohnungssuche und er sagte, er habe ein Zimmer, er habe es schon an die

Schulen gemeldet, vielleicht hat eine Referendarin Interesse. Ein Zimmer mit Hausbenutzung. Ich fuhr ihm dann gleich dorthin nach und wir unterhielten uns sehr lange. Er ist auch ein ganz lieber Herzensmensch. Es ist so schön, solch einen Menschen gefunden zu haben. Die Familie wanderte vor einem Jahr nach Schweden aus und sie sind dort glücklich. Jochen arbeitet noch wochenweise in Deutschland, dann ist er wieder in Schweden. So habe ich wieder ein Zuhause. Mein neues Zuhause hat mich gefunden und so freue ich mich. In diesem Sinne euch alles Liebe und bis bald. Tschüss.

28. August 2022

Raus aus dem Internet

Einen wunderschönen guten Morgen, ihr Lieben, da draußen, außerhalb von mir. Ich hoffe, es geht euch gut und ihr macht auch so wundervolle Erfahrungen wie ich. Einerseits zieht es mich immer ins Internet und ich schaue mir da schöne Filme an. Schaute zum Beispiel König Arthur und Thrive an. Doch ich glaube es ist etwas zu viel, deswegen nahm ich mir mal vor, ein bisschen weniger im Internet zu sein und mehr auf das zu hören, was jetzt gerade ist. Heute Morgen zum Beispiel die wundervollen Vögel. Ich merkte, dass es meinem Körper und meinem Geist so guttut diese ganz natürlichen Geräusche in sich aufzunehmen und wirklich ganz bewusst zu lauschen. Und ja man kann natürlich letztendlich auf die Schnelle auch wieder raus, wenn man sich mal mit Internet oder auch mit äußeren Konfrontationen übernommen hat, man kann dann durch den Atem im Augenblick bewusst SEIN, und dadurch relativ schnell wieder rauskommen. Doch ganz ehrlich, warum erst reingehen. Ah, es sind die Muster. Es sind die uralten Muster, die natürlich auch in diesem Leben in meiner Kindheit und auf meinem Weg eingeprägt wurden, aber auch natürlich die Muster, die in Generationen vor mir eingeprägt wurden bis hin zu den kollektiven Mustern. Hier lasse ich mich immer wieder triggern, es ist auch in Ordnung. Und ich werde immer freier, es ist nicht mehr so, dass ich dem Ganzen hilflos ausgeliefert bin. Ich besitze sofort alle Instrumente. Was ich sehr witzig finde: Ich lauschte gestern zum Beispiel einem Gespräch zwischen Michael und Katharina, sie sprachen über Geschichte und so und dann kam der Impuls, schalte aus. Manchmal mache ich es, manchmal auch nicht. Letztendlich ist alles gut so wie es ist und das zu wissen ist schön. Ich wünsche euch einen wundervollen Tag. Ich habe euch mega lieb. Bis bald. Tschüss.

29. August 2022

Du Schöpferwesen

Einen wunderschönen guten Morgen wünsche ich euch, wünsche ich dir. Was geht hier vor, ist die Frage. Ist es ein Geheimnis oder ist es ganz einfach und liegt offen vor uns wie ein Buch. Ich denke, es ist beides. Zumindest fühle ich es so, dass hier irgendwie noch ganz viel dahintersteckt, doch andererseits fühle ich, dass ich alles schon weiß. Dass alles klar ist, einfach ist und ich nur zu atmen brauche. Ich bin neugierig. Ich versuchte schon ein paarmal, ganz bewusst den Übergang von wach sein zum Schlafen mitzukriegen. Mir ist es noch nicht so richtig gelungen. Falls es dir gelungen ist, schreib mir bitte, denn ich fühle manchmal, es ist wie ein Schweben und dann bin ich weg, dann weiß ich nichts mehr. Es würde mich total interessieren, wie es funktioniert, dass man ganz bewusst in den Schlaf geht und sich dabei gleichzeitig beobachten kann. So wie die Nahtoderfahrungen beschrieben werden. Der Körper ist gestorben und man sieht dann seinen Körper; ist also der Beobachter. Und das würde ich sehr gerne mal erleben, diesen Übergang ins Schlafen. Ansonsten geht es mir wieder fantastisch. Heute Morgen hörte ich einen Impuls vom Herzkrieger, der uns daran erinnerte, dass wir Schöpferwesen sind. Und dass wir das Hier und Jetzt in dieser Sekunde erschaffen. Jeder einzelne von uns hat es in der Hand, seine Zukunft wundervoll zu gestalten, indem er die Gegenwart wundervoll lebt. Hier bin ich manchmal immer noch ein wenig unsicher, was ich wirklich will, insofern erlebe ich das dann auch. Das ist o.k. Doch es wird immer sicherer. Sicher war jetzt, dass ich wieder ein Zuhause möchte. Das fand ich jetzt, ich freue mich riesig. Ich werde nächste Woche beim Jochen einziehen. Das ist mega. Auch habe ich wieder vor auf der spirituellen Seite zu arbeiten im Sinne von „Arbeit ist sichtbar gemachte Liebe“. Ich möchte im Quantenfeld arbeiten. Das tat ich vor ein paar Jahren schon einige Male, denn das Quantenfeld ist ja das Feld zwischen wach und Schlafzustand, indem intensiv die Heilung geschehen darf. Natürlich kann nur jeder sich selbst heilen, doch ich weiß, dass ich über meine Hände Energie ausstrahlen kann. Darauf freue ich mich, vielleicht den ein oder anderen bei mir zu begrüßen und ihm etwas Gutes zu tun. In diesem Sinne wünsche ich dir alles Liebe und bis bald. Tschüss.

11. September 2022

Erlebnis im Krankenhaus

Einen wunderschönen guten Morgen wünsche ich euch, ihr Lieben. Jetzt ist schon wieder so viel Zeit vergangen und eigentlich versprach ich, euch regelmäßig Sprachnachrichten zu schicken, ... Es waren wieder mal ziemlich viele Turbulenzen in meinem Leben, Gott sei Dank immer nur Kleinigkeiten. Erst hatte ich einen Stich, da musste ich dann tatsächlich Antibiotika nehmen. Nun rutschte mir eine Sektflasche aus der Hand und explodierte und die Splitter hinterließen zwei schon gute Wunden, doch sie wurden bestens versorgt und genäht im Krankenhaus. Es war wieder mal eine gruselige Erfahrung. Für mich nicht so sehr, nur natürlich die Maske. Ich kam hin und die Dame sagte zu mir: „Sie dürfen nur ins Krankenhaus, wenn Sie eine Maske tragen." Ich meinte dann: „Ich habe aber keine. Kann ich dann nicht behandelt werden?" „Doch", meinte sie. „Wir habe eine Maske für Sie, und ich gebe ihnen gerne eine gegen eine kleine Spende." Zähneknirschend trugen Angela, die mich begleitete, und ich dann eine. Dann durfte ich mich nochmal spüren und ich glaube, meine Seele wollte auch noch einmal sehen, was wirklich draußen in der Welt gerade los ist. Ich will es ja nicht immer so wahrhaben. Was natürlich einerseits gut ist, denn dann geht es mir gut, aber die Augen ganz verschließen ist vielleicht auch nicht so gut. Von daher, es war echt heftig. Ich bin da einfach durch, alle Menschen waren nett zu mir, ich wurde super genäht, unterhielt mich sehr gut mit dem Arzt und den Krankenschwestern. Das war echt gut. Doch allein die Tatsache, dass die Ärzte und Schwestern ewig lange Schichten schieben müssen und dann natürlich auch müde sind und dann nicht mehr so nett sein können, was ja normal ist. Dann gehen sie entsprechend mit den Patienten, die sich nicht wehren können, um. Vor mir war ein Ausländer, er sprach und verstand kaum Deutsch. Er musste einen Test machen und er zierte sich etwas. Der Arzt oder Pfleger meinte dann zu ihm: „Stellen Sie sich nicht so an. Das müssen wir jetzt machen", und dann steckte der Arzt dem Mann dieses Ding in die Nase und der Mann schrie vor Schmerz. Danach war etwas ganz Interessantes. Ich weiß ja nicht wie es euch geht, doch ich stellte bei mir schon oft fest, dass viele Menschen mich nicht mehr richtig sehen oder hören. Wenn ich zum Beispiel etwas erzähle, dann denke ich, die kriegen das gar nicht mit. Und das habe ich jetzt in Reinform dort erlebt. Und zwar hat der junge Mann dann die Frage gestellt: „Was macht Corona mit dem Herzen?" Und anstatt, dass der Arzt ihm das dann erklärte, antwortete dieser: „Haben Sie Medizin studiert?" Ich stellte die Ohren und dachte: Hä, diese Antwort des Arztes bzw. die Gegenfrage passt ja gar nicht. Der junge Mann verstand wohl nicht und stellte danach nochmal die gleiche Frage: „Was macht Corona mit Herzen?" Dann fing der Arzt an, ihn niederzumachen: Was ihm einfällt, sich über ihn zu stellen und so zu tun als hätte er Ahnung davon. Ich dachte mir dann nur: Ach du Schande. Ach du Schande. Ich fragte dann die Krankenschwester etwas schockiert: Muss ich auch einen Test machen? Sie meinte: Nein. Ich war echt schockiert. Das war wieder mal ein ungutes Erlebnis. Ich war natürlich in dieser Situation froh, dass ich nicht mehr ohne Krankenkasse war, ich glaube sonst hätte ich wohl mehr Probleme gehabt. So bin ich meinen Kindern dankbar, die mich ein Stückweit dazu zwangen, nochmal in dieses System zu gehen und letztendlich weiß ich, es war alles richtig. Ich bekam halt einfach wieder mal einen kleinen Dämpfer. Nun, ich erkenne, es braucht einfach seine Zeit. Wie heißt es so schön: Das Gras wächst nicht schneller, wenn wir daran ziehen. Allerdings ist es ein großes Geschenk, schon wach zu sein und ich nenne es jetzt einmal so. Wir sind einfach wach und wir schlafen auch nicht mehr ein. Ich dachte die ganze Zeit, und Sunny sagte es immer, wir sind erwachend. Das passt schon irgendwie. Wir sind nicht mehr in der Hypnose … und es kommen immer mehr Erkenntnisse dazu. Deswegen kann man erwachend sein, man kann jedoch auch einfach wach sein und dann wunderbar gechillt voller Freude jeden Tag, jeden Augenblick die Geschenke des Lebens einfach annehmen und leben und lieben. Heute Morgen war es wieder wundervoll. Da hat ein Vogel richtig laut vor meinem Fenster gezirpt und gezwitschert und ich dachte nur immer: Oh, ich liebe dich. Es ist wirklich ein Traum. Ich bin gerade wieder bei Jasmin eine Nacht. Passe etwas auf die Tiere auf und wir dürfen genießen, was hier so ist. Es ist einfach traumhaft und mein neues Zuhause ist auch traumhaft. Gestern fing ich zwar erstmal das Putzen an. Das ist ja ein Männerhaushalt. Jochen war seit einem Jahr allein, die Familie ist in Schweden. Entsprechend war es, doch es ist alles neu, sodass ich es gut hinkriegte. Es ist traumhaft, ich bin in einem wunderschönen Dachzimmer. Wer mag, darf mich besuchen. Ich werde dann auch demnächst mit meinem Wirken beginnen. Hole mir meine Massageliege und du bist eingeladen zu mir zu kommen, die Stille zu erleben und vielleicht mit mir spazieren zu gehen und die Natur zu genießen. Doch auch auf die Alpha-Ebene gehen, das ist die Ebene, in der wir nicht richtig schlafen, aber auch nicht wach sind. In dieser Ebene sind die größten Heilerfolge. Es ist eine Frequenz in der die Heilenergie, die ich ausstrahle bzw. die ich in dir erwecken werde, denn heilen kann nur jeder sich selbst, aktiv ist. Doch es ist einfach eine Anregung und es kann dann relativ schnell in dich einfallen. Ich werde es dann auch mit der Alpha-Synapsen-Programmierung nach Lizzy Götz kombinieren. Bisher separierte ich es, doch nun möchte ich es kombinieren. D.h. ich fühle hinein und spüre dann, was jetzt gerade notwendig ist. Dann kann man es ins Feld geben. Ich möchte wieder anfangen. Ich merke, dass es schon Form annimmt. Bisher waren es nur Gedanken. Der Raum ist wunderbar hierfür. Das wird das eine sein. Was ich noch mit den Kindern machen werde, ist noch ein wenig unsicher, doch ich habe alle Möglichkeiten. Nun wünsche ich euch noch einen wundervollen Tag.

17. September 2022

Theater

Einen wunderschönen guten Morgen, ihr lieben Seelen da draußen. Ich bin wieder mega erfüllt vom Leben und einerseits finde ich es ein bisschen doof, dass doch immer wieder mal etwas kommt, auf der anderen Seite wäre es ja sonst langweilig. Ich bekam gestern die Fäden gezogen von der Verletzung mit der Sektflasche. Die eine Wunde hatte sich ein wenig entzündet und ich spüre es etwas in mir. Gestern Abend machte ich mir schöne Bachblüten zurecht. Ich habe ja selber so viele Anregungen zur Heilung anhand, was ich immer wieder vergesse (lach). Ich bin davon überzeugt, dass es nun gut wird. Ich erkannte wieder ein paar Themen. Alles ist gut. Alles darf sein. Ansonsten beobachte ich ein bisschen das Geschehen, wie alles immer lustiger, immer absurder und auch klarer wird. Es ist ganz klar ein großes Theaterstück. Ich bin total erfüllt, es mittlerweile sicher zu wissen, was ja noch nicht so lange der Fall ist. Vor ein paar Jahren war ich ja Teil dieses Theaterstückes und fühlte mich so, als wäre es tatsächlich echt. Als Kind versuchte ich auch immer wieder Theater zu spielen, hatte viel Spaß daran, allerdings konnte ich mich meist nicht so richtig mit der Rolle identifizieren und mich selbst dabei vergessen. So ähnlich kann man das jetzt auch gerade sehen. Viele Menschen spielen bei einem Theaterstück mit und wissen nicht, dass es ein Spiel ist. Dadurch, dass sie es nicht wissen, können sie es perfekt spielen. Ich konnte es irgendwie noch nie. Ich stand öfter mal auf der Bühne und fühlte mich in die Rolle ein, doch komplett vergessen, dass ich eigentlich Michaela bin und nicht, zum Beispiel ein Baum, konnte ich nicht. Ich spielte mal eine Pappel bei einem Theaterstück. Das klappte nicht gut. Vielleicht ist das auch der Grund, dass es für mich ein Stückweit leichter war, aus diesem Theaterstück herauszutreten und zu sagen, nein, ich spiele da nicht mehr mit. Ich bin Michaela und bin eine Frau meiner Zeit.

Wir hatten vor 14 Tagen bei Jasmin eine mega Aufstellung. Es ging um massive Schmerzen, die eine Frau hatte. Im Laufe der Aufstellung waren wir in den Gräueltaten, die vor vielen Jahren von der katholischen Kirche ausgehend, an vielen Frauen und Nonnen verübt wurden. Wir leisteten eine gute Erlösungsarbeit. Eigentlich schaute ich zunächst als Teilnehmer nur zu, doch irgendwann fühlte ich mich zugehörig und ging in die Rolle einer Ahnin, musste viel weinen, es ging mir nicht gut. Letztendlich erlösten wir die Kinder aus diesen unguten Verbindungen. Diese Aufstellung ging über eine Stunde. Es sind wichtige Arbeiten, die geleistet werden dürfen. Nicht immer ist es so leicht, rauszugehen, loszulassen und es zu erkennen. Es ist schön, dass wir uns haben und dass wir solche Instrumente anhand haben, um uns selbst zu heilen. Letztendlich kann nur jeder sich selbst heilen. Alles was so von außen dazukommt, sei es nun Aufstellungen oder Arbeiten im Quantenfeld sind lediglich Anregungen, sodass meine Seele oder auch der Körper in die Heilung gehen kann. Da wünsche ich mir, dass es uns allen gelingt und ich wünsche euch einen wundervollen Samstag. Passt gut auf euch auf. Bleibt in der Liebe. Da helfen solche Sätze wie: Ich bin Liebe. Ich bin Freude. Ich bin Freiheit. Ich bin Frieden. Die ganze Welt ist eine Familie. So ist es. Auch die vielen komischen Menschen sind Teil von mir und von dir. Ich habe euch mega lieb. Bis bald. Tschüss!

21. September 2022

Wunder oder Alles ist möglich

Einen wunderschönen guten Morgen, ihr Lieben. Ein neuer Tag beginnt. Ich bin tatsächlich noch in meinem Bett. Da ist es am schönsten. Ich liebe mein Bett, egal, welches es ist. Ich bin ja jetzt in einem neuen Zuhause in Karlstadt. Es ist mega. Aus meinem Bett kann ich am Abend die Sterne betrachten und was sonst noch so am Himmel an Lichtern und so herumfliegt. Auch die Wolken beobachtete ich gestern am Abend. Es war ein Spiel zwischen blauem Himmel, Regenwolken und Sonnenuntergang. Es ist echt bizarr, was sich so alles vor meinen Augen zeigt. Genau das ist es. Wenn einem täglich neu immer mehr bewusst wird …, wie soll ich es ausdrücken …, vielleicht, dass da draußen eigentlich nur das ist, was auch in meinem Inneren ist. Dem Gesetz der Analogie zufolge. Wenn in meinem Inneren alles wunderbar ist, die Schönheit, die Liebe, großartiges SEIN, dann sehe ich das auch im Außen. Wie innen, so außen. Wie oben, so unten. Ich bin unendlich dankbar …, was ist das wieder für ein Wort: unendlich …, doch das passt. Ich sah gestern eine Diskussion, da ging es um das Wort unglaublich und dass die Vorsilbe un- einfach dieses Glauben zunichtemacht und es wäre schöner zu sagen wunderglaublich, denn dann kann mein ganzes SEIN das wirklich glauben. Und an Wunder glaube ich auf jeden Fall. Ich weiß nicht, wie es dir geht. Ich glaube an Wunder, doch letztendlich gibt es ja keine Wunder. Es bedeutet für mich nur etwas, das ich noch nicht verstehen kann. Es klingt jetzt vielleicht etwas abgehoben oder so. Doch das soll es nicht sein. Doch ich weiß ganz tief in mir, dass alles möglich ist, wirklich alles. Ich weiß es deshalb, weil ich immer mehr diese hermetischen Gesetze, die einfach herrschen, verinnerliche, und dies dann tatsächlich in mir spüre. Wie innen, so außen. Wie oben, so unten. Na ja, und dann auch dieses 1. Gesetz, alles ist Geist, zunächst mal oder Äther oder wie immer du es nennen möchtest. Und aus diesem Geist schafft man dann einfach immer noch mehr Geist und so weiter und so fort und wenn man Bock hat, dann erschafft man Materie. Und dieser Geist ist letztendlich Liebe oder man kann auch sagen, es ist neutral, womit wir beim nächsten Gesetz wären. Wenn die Liebe ist, ist auch das Gegenteil von Liebe vorhanden. Doch es kommt auf mich an, es kommt immer auf den Blick an, wie ich darauf schaue. Und ich kann mich entscheiden, nur Liebe zu sehen. Es bitzelt jetzt so richtig in meinem Hirn. Wie cool. Ich muss nicht in die Angst oder in den Hass oder in sonst etwas gehen. Ich kann diese Energie als Liebe spüren. Es kommt immer darauf an, was ich damit mache, wie ich hinblicke. Das ist einfach nur ein Gesetz. Das ist etwas, was ich weiß, insofern ist all das, was dann so geschieht doch eigentlich kein Wunder, sondern es ist einfach. Alles ist möglich. Davon bin ich absolut überzeugt. Ganz ehrlich, vom Verstand her bin ich schon ganz lange davon überzeugt, eckte dann immer wieder mal bei anderen Menschen an, die es als vermessen ansehen, doch ich glaubte natürlich in der Zeit auch an Wunder. Jetzt weiß ich, es ist alles einfach wunderschön und ich kann es auch klar fühlen. Ich wünsche euch einen wundervollen Tag, einen Tag voller Wunder. Beziehungsweise einen Tag an dem du all das siehst, erlebst und fühlst, was so in dir ist. Dass du erkennst wie du im Innen bist, und auch wenn da noch etwas ist, was dir nicht gefällt, mach einfach die Augen zu, fühle es kurz und lasse es dann ziehen wie die Wolken am Himmel vorbeiziehen. Alles Liebe. Ich drück dich. Tschüss.

23. September 2022

Angekommen

Einen wunderschönen guten Morgen, ihr Lieben. Ich sah gerade ein wundervolles Live von Linda Giese und ich kann da so richtig voll mitgehen und spüren, dass sich das Alte tatsächlich auflöst. Sie meinte dann: Vielleicht verschwindet es gar nicht wirklich, es ist nur für uns immer weniger sichtbar. Wenn man in dieses Bewusstsein eintaucht und in dieses Gefühl des Einssein mit allem, in das Gefühl mit sich, mit allem im Reinen zu sein, dann wird dieses im Außen, diese alte Welt, die sehr zerstörend war, zumindest sah ich das so immer, für mich verwandelt. Wir sind in diesem neuen Bewusstsein und ganz klar, das Alte tangiert noch ein wenig, das Wort gefällt mir, es tangiert. Eine Tangente ist ja eine Gerade, die an einer anderen Geraden liegt, also noch ein wenig am Alten tangiert, man streift es noch, doch wir spüren ganz genau, das sind wir nicht mehr. Es geht gar nicht mehr. Wir können da nicht mehr rein in das Alte. Das erlebte ich vorgestern bei meinem Vater. Es war fast etwas unschön. Ich wollte noch den Espresso mittrinken und mein Vater meinte dann, ja den trinken wir immer im Wohnzimmer und da schauen wir dann die Nach-richten. Jetzt hatte ich zufällig am Morgen die, meines Erachtens gute, Rede von Herrn Putin angehört und wollte meinen Vater lediglich darauf aufmerksam machen, dass es alles nur Menschen sind. Dass da niemand etwas Böses möchte. Dass es keine bösen Menschen sind, dass das Ganze lediglich ein Kasperletheater ist, das wir erkennen dürfen. Ich glaube, ich wählte meine Worte nicht richtig. Mein Papa kam in Wallung, ich kam in Wallung, letztendlich sagte er einen Satz, der mich traurig machte. Immer wenn ich komme, hat er schon Angst, dass wieder so etwas passiert. Das macht mich schon traurig. Auf der anderen Seite ist es vielleicht auch meine Aufgabe, ihn da immer wieder anzustoßen. Denn mein Papa und meine Stiefmutter behaupten dann immer, wir schauen es zwar, vergessen es dann jedoch. Ich glaube ihnen tatsächlich, dass sie es vergessen, denn das ist ja gerade das, was wir da draußen sehen, heute wird das gesagt, morgen etwas anderes und die Menschen glauben dann immer nur das Aktuelle und sehen gar nicht wie abstrus das ist. Letztendlich fällt es jedoch immer wieder in den Menschen ein und erschafft dann auch eine gewisse Angst. Wobei mein Vater und meine Stiefmutter immer sagen, nein wir haben keine Angst. Doch ich spüre die Angst. Doch da habe ich gerade keine Lösung. Natürlich sandte ich ihm heute Morgen eine Sprachnachricht und sagte ihm: Ich habe dich mega lieb. So denke ich, es war alles so gut, wie es war. Aber wir sind in dieser neuen Welt. Ich freue mich schon auf heute Nachmittag. Da treffe ich mich mit einigen von euch und es wird einfach nur schön und gut und letztendlich geht es wirklich darum, dass wir immer in diesem Positiven bleiben. Positive Gedanken, positive Worte, positive Gefühle und natürlich positive Taten. Das ist das was uns in der neuen Welt hält. Früher gab es Zeiten, da sagten sie mir, man kann doch nicht immer nur „weich gewaschen" und so weiter und so fort. Ich kam oft ins Grübeln und glaubte dann auch, vielleicht geht es tatsächlich nicht immer nur positiv. Vielleicht war es zum damaligen Zeitpunkt auch tatsächlich so. Doch gerade jetzt finde ich es überaus wichtig, wirklich immer nur in der Liebe zu bleiben, immer nur im Frieden zu sein, jede Sekunde die Freiheit in sich zu spüren und vor allem dann auch diese Kraft, diese Macht, die in einem liegt, wenn die Liebe und die Freude da sind. Wenn man das Lachen und das Juchzen intensiv immer und immer und immer spürt. Und wenn da hinten in der Ecke irgend so ein kleiner komischer Mann sitzt, der dann schimpft, – ich sehe ihn gerade richtig schimpfen: Du musst auch mich sehen. Und ich sage: Oh ja, ich sehe dich und du siehst lustig aus. Ich lache mit dir und du lachst auch mit mir. Auch noch die kleinen Anteile, die sich in der ein oder anderen Ecke in uns verstecken, sehen. Sie wahrnehmen und dann über sie lachen, positiv lachen. Nicht mit: Ich habe es dir doch gleich gesagt, sondern sie einfach nur einladen und mit ihnen tanzen. Da kommt gerade auch das Rumpelstilzchen in meine Gedanken. Ladet das Rumpelstilzchen ein und tanzt mit ihm um das Feuer, freut euch und lasst euch reinigen. Was ich euch noch erzählen wollte. Stellt euch vor, jeden Abend, jede Nacht sehe ich jetzt den großen Wagen vor meinem Fenster. Ich schlafe quasi immer mit dem letzten Blick auf den großen Wagen und die Sterne ein. Das tut unendlich gut. Ich wünsche euch einen super Freutag. Viel Liebe. Viele wundervolle Begegnungen und all das, was du gerade heute, in diesem Moment brauchst. Ich habe euch mega lieb. Bis bald. Tschüss.

24. September 2022

Nachdenken

Einen wunderschönen guten Morgen wünsche ich euch, ihr lieben Seelen. Ich denke … es gibt nicht mehr so viel zu sagen. Einatmen – Ausatmen. Sich tragen lassen. Und einfach das rauslassen, was gerade in diesem Moment da ist. Da bin ich tatsächlich auch noch nicht ganz. Bevor ich einschalte, überlege ich kurz, was sage ich heute. Wobei ich jetzt merke, dass ich es anfangs nicht so machte. Da schaltete ich einfach ein und ließ raus, was einfach in diesem Moment raus wollte. Tja, jetzt beobachte ich die Wolken, sie sind wunderschön. Und in mir ist einfach nur Frieden und vor allem Dankbarkeit. Gestern Abend war ich mit vielen lieben Menschen zusammen. Wir hatten ein schönes warmes Feuer, wir sangen Lieder, ich nahm die Stimme von Hannah und meine eigene Stimme wahr. Es war traumhaft. Ach, traumhaft. Yeah. Es ist kein Traum mehr. Das was wir sonst immer im Traum erlebten – und jeder, der schon starke Träume hatte weiß, dass Träume so richtig fühlbar sind – ist jetzt Wirklichkeit. So wirklich konnte ich die Träume gar nicht von der Wirklichkeit unterscheiden. Ich glaube, dass was wir in den Träumen erlebten – da war alles möglich … ich flog einmal und erlebte sonstige absurde Dinge … wird in der neuen Welt Wirklichkeit. Also genauso wie es in den Träumen möglich war ist es im Wachzustand möglich, und dies macht einfach nur unser genialer Geist, der überall immer vorhanden ist. Neutral ist er, neutrale Liebe. Es ist eine sehr positive Energie und die ist neutral. Und es ist einfach wundervoll, dass das jetzt so real ist. Ich weiß schon seit Jahren, dass alles möglich ist und sagte es mir auch immer, doch ich spürte es nicht. Und jetzt spüre ich es, erlebe es und merke es immer mehr. Auch bei anderen Menschen beobachte ich es. Dass sie sich durch ein gewisses eingeschränktes Denken selbst immer wieder im Weg stehen. Und das schöne ist, ich kann es jetzt bei ihnen lassen. Ich kann es beobachten und mir denken, die Erfahrung müssen die Menschen gerade machen. Es ist gut so. Ich kann alles so stehen lassen, so sein lassen, wie es ist. Ich wünsche dir einen wundervollen Tag, wundervolle Begegnungen mit dir selbst, aber auch mit den anderen wundervollen Menschen. Ich wünsche dir Vertrauen in dich selbst, in all das, was du im Augenblick fühlst, denkst, erlebst. Es ist immer richtig. Auch wenn man vielleicht mal denkt, oje, das brauche ich jetzt nicht. Letztendlich ist alles richtig, so wie es ist, egal was es ist. Alles Liebe. Tschüss.

3. Oktober 2022

Ich bin

Einen wunderschönen guten Morgen, ihr Lieben. Ich habe gerade „Vom Erfühlten zum Erfüllten" von Neville Goddard gehört. Und ihr kennt mich ja mittlerweile, wenn ich dann mal etwas anfange und merke, es tut mir gut, dann mache ich es ganz oft. Es ist sehr kraftvoll. Und so nehme ich mir jetzt vor, den Schlaf zu nutzen. Am Abend bevor ich einschlafe stelle ich mir vor, was ich möchte. Fühle dann hinein und schlafe ein. Das Unterbewusstsein muss mir das dann liefern. Hört es euch mal an. Mir geht's wie immer. Ich hatte gestern Besuch von meinem Vater, meiner Schwester, meiner Stiefmutter und auch meine Tochter mit Franz waren da. Mein Vater ist jetzt wieder zufrieden und glücklich, dass seine Tochter untergekommen ist. Hier ist es nach wie vor mega schön. Gestern beobachtete ich einen roten Himmel, gönnte mir einen Federweißen, jetzt ein paar freie Tage, bis es am Donnerstag wieder ins Schwimmbad geht. Es ist nach wie vor mega mit euch, und auch im Schwimmbad immer mehr wundervolle Menschen zu treffen. Auch den ein oder anderen, der mich nach meiner Ansicht immer ein wenig beäugt und beobachtet. Hm, hat sie wirklich recht oder ist es Blödsinn? Vor allem sage ich den Leuten gerne, dass sie nicht immer alles glauben sollen, was da so in der Welt, in den Medien kommt. Bis hin zu dem Satz, den Danielle Ganser prägte: Glaube nicht alles, was du denkst. Dieser Satz war auch für mich sehr wertvoll. Es tut einfach nur gut im SEIN, in diesem Augenblick, der das Einzige ist, was ist, zu SEIN. Momentan schwimme ich die „Ich bin" Sätze, die auch Jesus Christus prägte. Wie ihr wisst, meditiere ich beim Schwimmen. Ich schwimme eine Bahn und bewege dabei einen Satz in meinem System. Von Indien bekam ich die Teaching-Sätze und hier waren auch Ich bin-Sätze dabei. Momentan bewege ich Sätze wie: Ich bin Freude. Ich bin Gnade. Ich bin Dankbarkeit. Ich bin Kraft. Witzig ist: Wenn ich diesen Satz bewege, merke ich wirklich, wie ich plötzlich noch schneller und kraftvoller schwimme. Oder auch: Ich bin Macht. Auch das ist ein Teil davon. Ich bin, das ist letztlich das was zählt. Dieses

Gefühl in jeder Zelle zu spüren. Ich bin Leben. Dieses Pulsieren, dieses Leben in den Zellen zu spüren, das Vibrieren zu spüren ist für mich einfach nur wunderbar. Und so wünsche ich dir einen wundervollen Tag. Ich geh nachher zum Wandern, vielleicht finde ich ein paar Pilze, da habe ich Lust darauf, wobei ich immer denke, hoffentlich finde ich die richtigen (lach). Eine gute Zeit, bis bald und denkt daran. Ich habe euch mega lieb. Tschüss.

4. Oktober 2022

Du bist ein Geschenk

Einen wundervollen schönen guten Morgen, ihr Lieben. Ich glaube dieses wundervoll kam jetzt aus dem tiefsten Herzen. Denn das Leben, so wie wir es momentan noch kennen, ist voller Wunder. Das hängt jedoch nur damit zusammen, dass wir die Zusammenhänge noch nicht so erkennen können, also nicht wissen, dass eigentlich alles schon da ist. Die Schöpfung an sich ist bereits vollbracht. Das hängt damit zusammen, dass alles gleichzeitig ist, d.h. die Zeit, so wie wir sie kennen, existiert nicht, sondern die gesamte Schöpfung ist jetzt in diesem Moment und in jedem Moment immer schon vorhanden. In diesem Moment, in diesem Seins-Zustand ist bereits alles, was ist und alles was möglich ist. Es ist schon da. Wir können dem Ausdruck geben. Wir können wählen, welche Möglichkeiten wir manifestieren. Wie machen wir das? Es geht über Frequenzen. Wir sind ein Kraftpotential. Wir haben in uns ein Kraftpotential und durch unseren freien Willen wählen wir, na ja, bewusst und vieles läuft natürlich unbewusst, was als nächstes auf unserer Theaterbühne erscheinen wird. Und das Ganze machen wir letztendlich komplett alleine und je nachdem was wir wählen, klicken wir uns dann in die Welt ein. Jetzt wählt zum Beispiel der Nachbar auch gerade etwas bestimmtes. Ich muss da jetzt an meinen Nachbarn denken. Seit ein paar Tagen denke ich: Ach, ich habe meinen Nachbarn schon lange nicht mehr gesehen, das ist komisch. Gestern Abend als ich heimkam, ging der Rollladen hoch und der Onkel von Jochen schaute heraus. Ich sagte: „Guten Abend!" Er: „Ach, wer ist das denn, ach die Michaela." Mein System strahlte also aus, dass ich mit dem Nachbarn mal wieder in Kontakt komme. So sah ich ihn. So läuft das jetzt also. Ich strahle aus, was ich haben oder erleben möchte, und das Feld richtet sich danach aus. Es schaut, wo eine Möglichkeit zur Erfüllung ist. Vielleicht hängt es auch noch ein wenig mit der Stärke meines Gefühls oder meines Wunsches zusammen. Das Ganze ist einfach ein Naturgesetz. Es geht also nicht nach Belieben, bei dir so, bei mir so, sondern es ist ein Naturgesetz. Doch wichtig ist meiner Meinung nach, dass der Wunsch und das Erstreben nicht aus dem Ego kommen. Ihr kennt es ja, sicherlich hörtet ihr auch schon oft das Kybalion oder was ich jetzt neu hineinstellte von Neville Goddard, ein Tipp von Peter: Danke, Peter! „Vom Erfühlten zum Erfüllten". Das ist auch mega gut. Dann ist es tatsächlich für uns jetzt noch, wo wir es zwei Drittel unseres Lebens oder mehr komplett anders sahen, gar nicht so einfach. Bei mir war es so: Ich sah es komplett anders. Da dachte ich immer, dass was im Außen passiert, bestimmt mein Leben oder ist relevant für das, was ich erleben werde. Natürlich bin ich ganz oft auf die Nase gefallen. Gott sei Dank wusste ich, worauf ich mich einlasse, und so weiß ich bzw. spüre es immer wieder in mir. Es ist kein Glaube mehr, sondern es ist die Erfahrung, die ich seit einigen Jahren machte, und somit das Wissen in mir, dass es so ist und nicht anders. Ganz ehrlich, ich zweifelte sehr oft. Das kann doch nicht sein. Ich alleine bestimme es. Oh, das ist doch Hybris. Doch es ist so. Gott sei Dank, und es macht so frei. Einen Punkt, den ich noch gerne mit euch besprechen möchte, sind diese sogenannten Win-Win-Situationen. Wir sind freie Wesen, deswegen laden wir uns das alles selbst ein. Das Universum oder dieses Feld streben danach, nur Win-Win-Situationen zu erzeugen. Wenn wir jedoch in unseren Gedanken, Gefühlen und Worten destruktive Dinge denken und sprechen, schaden wir uns selbst und können keine Win-Win-Situationen erzeugen. Das Leben strebt jedoch danach. Vielleicht ist deshalb auch ein gewisser Schmerz da. Meine höchste Aufgabe ist es daher immer, ich betone immer, in der höchsten Schwingung zu sein. In der Dankbarkeit, der Liebe, dem Frieden, der Freude etc. zu sein und zu bleiben. Meine Aufgabe ist es also, immer gelassen zu sein, immer in Freude zu sein, in Gefühlen und Gedanken, die das Positive ausstrahlen. Dann kann nur Positives entstehen und somit nur Win-Win-Situationen. Das ist die zukünftige Welt, die du jedoch jetzt schon erschaffen kannst. Und du tust niemanden einen Gefallen, wenn du z.B. sagst: Ja, aber da ist ja noch und so weiter und so fort … Nein, es ist absolut nicht notwendig, in dieses Negative reinzugehen, den Schmerz zu spüren. Ich dachte immer es sei notwendig ... Doch was tue ich jetzt, wenn ein Schmerz kommt. Ich schaue ihn an, er ist ja da, dann muss ich schon schmunzeln oder lachen. Wie zum Beispiel bei meinem Krankenhausbesuch. Da dachte ich kurz: Scheibenkleister, das hast du selbst erschaffen. Warst wohl wieder in Gedanken. Ich erkenne es und schon geht es raus. Dann gehe ich wieder in die Freude und Gelassenheit. Es wird von Mal zu Mal leichter, es zu denken und es zu fühlen. Jeder von uns hat diese wunderbaren Augenblicke der Liebe, des Friedens, der Freude erlebt. Und sobald du reinklickst, kannst du in solch einem Erlebnis sein. Wie gesagt, wenn du dann wieder in etwas Gruseliges, Komisches hineingerätst, lache dich selbst aus. Lache, lache, lache, denn es gehört definitiv nicht zu dir. Du bist Liebe, du bist Freude, du bist Gelassenheit, du bist Dankbarkeit, du bist Alles, du bist wirklich ein Geschenk. Ein Geschenk des Himmels, ein Geschenk der Erde. Du bist. Ich habe dich lieb. Bis bald. Tschüss.

5. Oktober 2022

Augenblicke der Liebe

Einen wunderschönen guten Morgen wünsche ich euch heute am 5. Oktober 2022. Mittlerweile ist es bei mir wirklich so, dass jeder Tag und jedes Datum, jede Zahl eine wunderbare Bedeutung hat. Und im Wort Bedeutung liegt die Deutung. Ich denke, dass ist auch ein Schritt zur Bewusstwerdung, indem ich allem eine Bedeutung gebe. Bedeutung auch im Sinne von Erhöhung. Wenn ich jeden Augenblick deute als etwas Wertvolles, als ein Geschenk. Jeder Atemzug hat eine Bedeutung. Ihm liegt ein Wert inne und dieser Wert ist enorm groß. Oder wenn ich einen wundervollen Menschen treffe und mit ihm liebevolle Gespräche führe ist dies wertvoll. Wenn ich ihn in die Arme nehme ..., was ist das anderes als eine Aneinanderreihung von vielen schönen Augenblicken. Umso mehr ich jedem Augenblick, jeder Begegnung oder auch jeder Zahl eine Bedeutung gebe. Zum Beispiel auch dem heutigen 5. Oktober 2022. Die 5, die es für mich möglich macht, rasant und schnell Veränderungen in meinem Leben zu sehen und sie dann wahr zu machen. Und die 10, der Oktober, eigentlich müsste es ja der 8. Monat sein, na egal. Die 10 symbolisiert für mich immer den Neuanfang. Ein rasanter Wandel bringt den Neuanfang und wie dieser Neuanfang sein soll, das bestimme ich. Letztendlich drehen wir uns hier im Kreis. So ist jeder Moment, jeder Augenblick eine Chance, um neu zu beginnen. Und die 2022 erklärt sich von alleine, sie verkörpert ein heiliges Jahr. Und dieses Heilige sehe ich vor allem darin, dass immer mehr Menschen es erkennen. Dass jeder einzelne Augenblick, jeder Moment, jede Phase des Lebens eine heilige Phase ist, ein heiliger Augenblick, ein heiliges SEIN. Ja, unser ganzes Leben heilig ist. So ist es. So geht es mir immer mit den Zahlen. Jetzt rechne ich das Ganze zusammen: Fünf plus eins ist wieder sechs, ist wieder heilig und sechs plus sechs ist zwölf. Bei 12 denke ich an die 12 Stränge der DNA. Die in jeder kleinsten Zelle meines Körpers ist, also überall. Und in den 12 Strängen liegt alles, was wir zum Leben brauchen. Alles was wir brauchen, um Leben zu erzeugen, um aus der großen Schöpfung zu schöpfen (lach). Und wundervolle Dinge in unser Leben zu ziehen und sie mit anderen zu teilen. In diesem Sinne wünsche ich euch viele wundervolle Augenblicke voller Liebe, voller Frieden, voller Glückseligkeit. Bis bald. Tschüss.

12. Oktober 2022

Nur kurz ...

Einen wundervollen guten Morgen, ihr lieben Seelen. Ihr hört schon, ich hatte wahrscheinlich wieder einmal keine so tollen Gedanken. Ich hatte einen Wildunfall und kam so wieder mit dem Leiden in Berührung. Ich war unachtsam, wahrscheinlich wieder zu sehr in der alten Welt verhaftet und verursachte Leiden im Außen. Die Polizisten in Karlstadt waren sehr verständnisvoll und regelten alles. Doof war, dass ich meine Teilkasko gekündigt hatte, sodass ich mir von meinen Kindern Geld leihen musste, um den Schaden am Auto wieder zu beheben. Nun darf ich heute den ganzen Tag in Ruhe, in Stille verbringen. Das tut mir gut. Ich habe einen wundervollen Honig für meinen Hals, ein wundervolles Bett und so mache ich es mir einfach schön. Ich bin davon überzeugt, jeder kleinste Gedanke wirkt sich aus, gemäß dem Gesetz von Ursache und Wirkung. Ich bin halt auch noch nicht perfekt, doch es ist o.k. es darf so sein, alles darf sein. Ich wünsche euch alles Liebe. Bis bald.

12. Oktober 2022

Mein Wildunfall

Einen wunderschönen guten Tag wünsche ich euch nun, nachdem Boris meinte, ich hätte noch nichts erzählt von meinem Wildunfall und so werde ich jetzt ein wenig berichten. Ich beginne vielleicht mal mit dem Hintergrund und der ein oder andere kann ja mal mit überlegen, ob es tatsächlich damit zusammenhängt. Für mich ist es ziemlich klar. Letzte Woche vor meinem Wildunfall waren Annette und Angi bei mir und wir aßen lecker, es war ein wunderschöner Abend und wir sprachen darüber, dass wir sehr gerne wieder einmal in die Kissalis nach Bad Kissingen gehen würden. Ich sagte zur Annette: „Wir könnten doch am Freitag gehen, da habe ich frei.“ Sie meinte nur: „Nein, das schaffe ich nicht.“ Dann war es für mich abgeschlossen. Ein, zwei Tage später schrieb sie mir: „Du, ich könnte am Freitag doch, gehst du mit?“ Ich: „Ja, o.k. alles klar.“ Dann arbeitete es in mir. Ich dachte, eigentlich will ich gar nicht. Doch ich initiierte es ja. Mir gingen dann Dinge durch den Kopf wie: Ich müsste dann von Karlstadt nach Arnstein, Annette abholen, dann nach Bad Kissingen, dann in der Nacht wieder zurück und am Samstag früh muss ich ja wieder um

7:00 Uhr im Schwimmbad auf der Matte stehen. Es lag also in meinen Gedanken und Gefühlen eine gewisse Schwere. Ich hatte den Eindruck, es wird mir zu viel. Und ich dachte dann, oh, ich kann doch jetzt nicht absagen. Das war am Donnerstag. Und am Abend fuhr ich um halb elf von der Arbeit nach Hause und kurz vor Karlstadt war ich wohl immer noch so in Gedanken und dann rennt mir plötzlich ein Reh vor das Auto. Und ich konnte wirklich nichts mehr machen. Es tat einen Schlag und ich dachte: Nein! Doch ich wusste sofort, dass es damit zusammenhing und mit noch ein paar anderen Gedanken, die mir durch den Kopf gingen. So war das mit meinem Wildunfall. Ich fuhr dann zur Polizei und witzigerweise hatte ich komplett verdrängt, dass ich vor einem Dreivierteljahr meine Teilkaskoversicherung kündigte. Das war in der Zeit, in der ich komplett aus dem System ging, und mit dem Ganzen nichts mehr zu tun haben wollte. Und eigentlich wollte ich damals auch mein Auto verkaufen und im Wohnmobil leben und solche Sachen. Na ja, jedenfalls stehe ich jetzt mit einem Schaden da und muss so 1.600 Euro bezahlen und habe dieses Geld nicht mehr, da ich ja im letzten Jahr alles ausgab und verschenkte. (Lach) Das ist ein wenig doof. Denn jetzt musste ich tatsächlich meine Kinder bitten, mir das Geld zu leihen. Und dies ist gerade eine Aufgabe für mich. Es ist o.k. und natürlich gab ich mein ganzes Leben lang meinen Kindern immer alles. Doch umgekehrt ist es doch etwas anderes. Oder nicht? Da darf ich jetzt an mir arbeiten. Falls jemand einen Tipp hat bin ich sehr dankbar. Mich hat es jetzt deswegen tatsächlich ein wenig zerbröselt, doch ich bin auf dem Weg der Besserung, es geht mir mega gut. So habe ich jetzt zwei freie Tage. Darf erst wieder am Freitag ins Schwimmbad und jetzt mal in die Meditation, in die Vergebung oder ich mache einfach irgendetwas, was mir gefällt. (Grins) Ich wünsche euch alles Liebe und drück euch.

13. Oktober 2022

Ich bin alles, was ist

Einen wunderschönen guten Morgen, ihr Lieben. Merkt ihr auch, dass es mir jetzt wieder richtig gut geht? Nur noch kleine körperliche Auswirkungen, doch ich spüre so richtig, dass in mir alles pulsiert. Dass ich leben darf und meine Aufgabe mit dem lieben Rehlein erledigt habe. Ich nahm mir heute noch einen Aus-Tag, werde zu meinem Papa und zu meiner Tochter gehen und wir wollen spazieren gehen, uns einen schönen Tag machen und spüren, was da ist. Momentan höre ich ganz häufig das Hörbuch von Neville Goddard, es ist eine angenehme Stimme. Ich denke, es ist wirklich so, dass wir uns unsere Welt und das, was wir erleben möchten mit jedem einzelnen Gedanken und natürlich den Gefühlen dazu erschaffen können. Alles ist möglich, dies ist, meiner Meinung nach, der Grundsatz …, jetzt kommt schon die Einschränkung …, was ich mir vorstellen kann. Also letztendlich wäre sicherlich auch das spontane Fliegen möglich. Das ist für mich am unwahrscheinlichsten. Das kann ich mir noch nicht vorstellen. Doch es ist sicher auch möglich. Vor zig Jahren konnte sich auch noch keiner vorstellen, dass so riesen Maschinen irgendwann einmal durch die Luft fliegen. Wir sind alle jetzt am Üben und es ist einfach nur wundervoll zu beobachten, dass immer mehr Menschen es erkennen und in sich spüren. Ich denke einfach, dass diese Energie, die, wie viele behaupten, über die Sonne oder sonst woher einströmt, irgendwie die Energie der Mutter Erde ist. Ich denke Mutter Erde stieg auf und sie ist nun weniger dicht und dies geht auf uns über. Na ja, keine Ahnung, da bin ich noch zu wenig bewandert. Ich spüre einfach, dass irgendetwas geschieht. Dass alles viel leichter ist als früher. Dinge ins Leben zu ziehen, sich einfach wohl zu fühlen in seiner Haut. Alleine durch den Atem glücklich zu sein. Dinge leicht zu machen, indem man es einfach zulässt. Immer wieder in die Ruhe, in die Stille, in die Ent-Spannung zu kommen. Ich bekomme hier jetzt das Signal, dass auch die Spannung wichtig ist, vor allem für unseren Körper, der gesund ist und bleibt über Spannung und Entspannung. Da würde ich gerne mal etwas mit Boris machen. Ich glaube, da war doch mal etwas vor einem halben Jahr angedacht. Lieber Boris, falls du mal etwas machst und Menschen suchst, die zu dir kommen, denke an mich. (Stille) Einfach nur sein. Wenn mein System nach etwas verlangt, dann gehe ich meistens, wenn ich nicht wie in den letzten Tagen mit Wildunfall und Sonstigem beschäftigt bin, einfach in die „Ich bin" Worte. Meistens starte ich mit: Ich bin! Gehe in die Wiederholung bis die nächsten Worte in mir auftauchen: Ich bin Freude! Das Witzige ist, bei dem Wort Freude kommt von unten gleich ein Lachen. Dieses Wort Freude geht sofort komplett in den Körper. Das ist die Wirkung des Wortes. Ich bin Gelassenheit! Gelassenheit ist wichtig, gerade momentan, wo wir einfach noch nicht so stabil in der neuen Welt sind und auch immer wieder an die Grenzen stoßen und Dinge sehen und erleben. Ich denke da zum Beispiel an die komische C-Geschichte. Wenn also Menschen in eine Richtung gehen, die wir nicht nachvollziehen können, gehen wir einfach in die Gelassenheit und lassen es so sein, wie es ist. Ich bin Gelassenheit. Und bei einem Satz beobachtete ich beim Schwimmen sofort die Wirkung: Ich bin Kraft. Da schoss ich dann richtig davon und spürte die Kraft in mir und war sicherlich einige Zehntelsekunden schneller als sonst. Ich bin Kraft. Und auch der nächste Satz ist wichtig. Ich bin Macht. Nämlich, ich habe die Macht über meine Gedanken, die Macht über meine Gefühle, ich entscheide, ich habe die Macht über meine Worte. Ich bin Macht. (Stille) Ich bin Liebe. (Atmen) Ich bin Frieden. (Atmen) Ich bin Gnade. (Atmen) Ich bin Sein. Ich bin Bewusstsein. Ich bin Glückseligkeit. Ich bin gesund. Ich bin heil(ig). Ich bin fröhlich. Ich bin alles was ist. Ich bin locker. (Lach) Ich bin witzig. Ich bin wundervoll. Ich bin schön. Irgendwie fallen mir jetzt viele Ich-bin Worte ein. Das ist so genial, ja ich bin genial, Yeah. Dies bringt uns einfach in eine gute Schwingung und Stimmung. Ich schwimme diese Ich bin – Worte immer, so schwimme ich eine Bahn und bewege in meinem Geist einen Satz. Das kann man genauso gut beim Laufen oder bei jeder anderen Sportart machen. Auch bei der Musik. Man schlägt zum Beispiel immer eine Klangschale an oder zupft die Saite der Gitarre. Es gibt tausend Möglichkeiten. Wirklich einfach nur sitzen und denken, Ich bin, ja zum Beispiel auch: Ich bin ein Geschenk. Du bist ein Geschenk. Es ist ein Geschenk, dass wir leben dürfen. Ich bin Leben. Ich bin pures Leben. Eurer Fantasie ist keine Grenze gesetzt. Nun aber gut. Ich habe euch mega lieb, das wisst ihr. Ich freue mich auch wieder mal den ein oder anderen zu sehen. Habt eine schöne Zeit. Tschüss.

18. Oktober 2022

Graue Wolken

Einen wunderschönen guten Morgen, ihr Lieben. Ich freue mich wieder einmal Zeit mit euch zu teilen, und mit euch gemeinsam in der neuen Zeit, die irgendwie schon ganz schön lange da ist, doch wir es manchmal irgendwie noch nicht so realisieren, zu SEIN. Ich bin tatsächlich noch in der Dualität, mittlerweile glaube ich jedoch, dass sich diese Dualität auflöst und wir uns quasi in der Mitte treffen. Sprich im Frieden, in der Gelassenheit, in der Freude und in der Liebe. Und hier beutelt es mich auch immer wieder. Vor allem, weil ich mich auf alles einließ. Ich weiß, ich hätte es auch einfach haben können und ich bin absolut davon überzeugt, dass ich dort auch glücklich wäre. Zum Beispiel irgendwo in einer Gemeinschaft oder irgendwo, wo ich weniger in Verbindung bin mit meinen Lieben, meiner Familie. Meine Lieben, die … ich weiß es nicht genau … sind sie jetzt schon teilweise wach … Jedenfalls geht es ja nicht um meine Lieben, sondern es geht um mich. Ich bin der wichtigste Mensch in meinem Leben und es ist meine „verdammte" Verantwortung zu mir zu stehen und die Verantwortung für all das, was in meinem Leben ist, zu übernehmen. Und hier hapert es doch immer wieder. Denn ich denke doch mal den ein oder anderen Gedanken. Sicher hängt es auch damit zusammen, dass ich die Kinder nicht einfach so sehen kann, wie sie sind, nämlich wunderbar. Stattdessen denke ich, sie sind noch nicht wach. Das ist einfach anmaßend, es ist absolut anmaßend. Natürlich ist es schön mit euch oder mit Menschen zusammen zu sein, von denen ich tagtäglich viele treffe, sich in den Armen zu liegen und zu spüren: Wie schön, sie denken und fühlen genau wie ich, aber deswegen zu denken, die anderen schlafen … das ist anmaßend. Und vielleicht liegt darin der große Schlüssel. Ich darf das erkennen. Ich darf auf mein Inneres vollkommen vertrauen. Also auf diese innere Führung, die ich bin. Was mir aber vielleicht noch nicht tausendprozentig klar ist. Darauf darf ich vertrauen. Dass in allen Situationen, bei allen Begegnungen genau das Richtige geschieht. Und so wie es geschieht ist es richtig. Yeah! Jetzt konnte ich mit eurer Hilfe wieder einen kleinen Knoten lösen. Ich merke es so richtig. Der Knoten hat mir eine kleine Erkältung eingebracht. Sie darf sich jetzt lösen. Heute ist es wieder sehr bedeckt, ein wenig nur kommt die Sonne. Der gestrige Tag war jedoch gigantisch. Ich war mit meinen beiden Enkelkindern und meiner Tochter auf dem Spielplatz. Es war sehr schön. Außerdem bekam ich einen Brief von einem Schüler von mir. Ich war zu Tränen gerührt. Den Schüler hatte ich 2020 in der dritten Klasse. Ich hatte diese Klasse damals ja im Stich gelassen wegen meinem Blasenkrebs. Ich übergab sie an eine strenge Lehrerin und das schrieb er mir auch, natürlich ohne Vorwürfe. Er schrieb so lieb mit Herzchen übersät. Ein junger, genialer, ganz besonderer Bub, der Jim Grimm. Ich war so berührt von dem Brief und antwortete gleich gestern noch. Das sind die Momente die glücklich machen. Na ja, und natürlich die Momente: Einatmen – Ausatmen. Zu spüren wie diese frische Luft in mich hineinfließt, jede Zelle ummantelt und mir die Kraft und Energie zum Leben gibt. Danke und danke, dass es euch gibt und danke, dass es mich gibt. Wir hören voneinander. Ich wünsche euch einen wundervollen Tag. Tschüss.

19. Oktober 2022

Jeder Tag ein besonderer Tag

Einen wunderschönen guten Morgen wünsche ich euch heute am 19. Oktober 2022. (Atmen) Dieser 19. Oktober ist wieder mal ein ganz besonderer Tag. Und ja ich möchte nicht gleich wieder die Luft rausnehmen. Doch es ist tatsächlich so, dass jeder Tag ein ganz besonderer Tag ist. Dass jeder Augenblick ein ganz besonderer ist. Denn er geschieht in deinem Leben, in meinem Leben ganz neu. Und ja, es ist alles schon da. Alles, alles, alles ist bereits da (Atmen). Die Zeit ist eine Illusion, macht aber nichts (lach). Wir können allerdings diese Illusion nur dann leben, wenn wir die Zeit nutzen. Dann ist es für uns – tatütata – ja ich wohne jetzt einfach in der Stadt, in Karlstadt, kurze Ablenkung – Illusion oder – jetzt kommt mir gerade das Lied von

Rudi Carrell in den Kopf, das ganze Leben ist ein Spiel und wir sind nur die Kandidaten oder die Spieler. Das ist es letztendlich und wenn uns das klar wird, dann macht es uns frei. Denn im Spiel machen wir uns keine Sorgen über irgendwelche Dinge, die in der Zukunft passieren könnten, bis hin zur Angst vor dem Tod oder dieser sogenannten Existenzangst. Nein, wir spielen und es ist uns komplett egal, wie sich dieses Spiel entwickelt. Was das Schöne an dem Spiel, das gerade stattfindet, ist, dass wir immer die Wahl haben. Wir können unser eigenes kleines Spiel spielen, so wie ich es heute mache. Ich habe den ganzen Tag frei und lasse mich immer wieder reinfallen in das SEIN. Und aus dem SEIN heraus lasse ich das entstehen, was entstehen möchte. Und so schließt sich der Kreis, all das was ist, ist unendlich kostbar. Jeder Augenblick, jeder Atemzug ist für mein Erleben neu und das ist einfach wunderschön. Und dieser 19.10.2022 birgt, numerologisch gesehen, vieles in sich. Die 1, den Neubeginn und die 9, die Vollendung. Zusammengezählt wieder die 1, also die 10, der Neubeginn, der Oktober, die 10, der Neubeginn mit dem 19 zusammengezählt die 11, hier geht es darum zu erkennen, die Wahrheit zu sehen bis hin zur Erleuchtung und nun ja, 2022 ist ein heiliges Jahr oder das Jahr, in dem wir das Spiel, und vor allem unsere Rolle in dem Spiel erkennen. Erkennen, dass wir heil sind, dass wir heilig sind. Ja, wir sind heilig, jetzt, jetzt, jetzt. In jedem Augenblick sind wir heil, bist du heil, bin ich heil. Ganz, gesund, fröhlich, gelassen. Ja und das sind wir das ganze Jahr über schon und ich glaube, die Menschen, die mir lauschen, wissen das, und sind es auch, so wie ich. Da wir nun halt alle schon ein paar Jahre hier auf der Erde sind und es in der Wiederholungsschleife immer wieder anders hörten, ist es nicht immer ganz so einfach. Ich dachte immer, ich muss mich ändern, damit ich meiner Mama gefalle. Damit ich in die Gesellschaft passe, muss ich mehr lernen. Ich stellte dann fest: So ein Mist, ich kriege es nicht hinein in meinen Kopf, und dachte, ach dann bin ich halt doof. Und so hat wohl jeder von euch das immer wieder gehört im Außen, was eigentlich in seinem Inneren war. Wahrscheinlich hängt es auch mit dem großen Ganzen zusammen. Keiner kann so wirklich irgendetwas dazu, sondern es ist einfach diese neue Zeit. In der alten Zeit war einfach ein anderes Denken, ein anderes Tun, und so weiter. Muster wurden übernommen aus der Vergangenheit von den Ahnen. Doch jetzt zählt die Freiheit. Irgendwann gab es den Punkt, an dem sich für die Menschheit die Möglichkeit auftat frei zu sein. Na ja, eigentlich es nur zu erkennen oder sich daran zu erinnern. Sich zu denken: Ups, da stimmt etwas nicht, ich bin genauso wie ich bin richtig, wunderbar, göttlich (Atmen). Und wir sind dabei und dürfen nun jeden Augenblick genießen. Ich wünsche euch, dass ihr diesen Tag als Geschenk annehmt und all das Wunderbare weitergebt an alle, die ihr heute trefft. Einer hat uns angesteckt mit der Flamme der Liebe, so heißt ein Lied, das ich nicht vergessen werde, und das Feuer brennt hell. Interessant, es zerstört nicht, sondern es brennt einfach hell. Leuchtet! Wir hören uns, ich habe euch mega lieb. Tschüss.

20. Oktober 2022

Die trickreichen kleinen Anteile in mir

Einen wunderschönen guten Morgen, ihr Lieben. Wieder ein neuer Tag. Eigentlich wollte ich schon aus dem Haus rennen ohne eine kleine Sprachnachricht. Doch ich überlegte es mir anders. Denn ich brauche die Kraft und ich merkte, dass ich durch diese Sprachmemos bei mir ankomme. Dass ich nicht nur, was weiß ich, meditiere und gute Gedanken in mir bewege, sondern dass ich es in Sprache zum Ausdruck bringen kann. Das was da gerade im Moment in mir ist. Stille. Es braucht die Stille. Es braucht das Innehalten, um wirklich in sich hineinhorchen zu können. Was ist da gerade für ein Gefühl? Ist das vielleicht gar nicht so angenehm? Das merkte ich gerade. Und dann kommen die Gedanken vom Erfühlten zum Erfüllten. Und ihr wisst ja, dass ich eigentlich irgendwie immer wieder auch in nicht ganz so tolle Situationen hineinfalle und ich denke, das ist diese Unachtsamkeit. Dieses: Ha, da ist was in mir. Schnell weg. Dieses: Sich nicht eingestehen wollen, dass da noch kleine Anteile in mir sind. Sie mögen noch so klein sein, doch sie sind da. Die Anteile, die, wenn auch nur ganz kurz, gefühlt werden wollen und dann liebevoll an das Göttliche, an die Mutter Erde oder was auch immer du dir darunter vorstellst, gegeben werden dürfen. Und dies geschieht mit diesen Sprachnachrichten. Deswegen sage ich, danke, dass ihr mir zuhört. Danke, dass ihr da seid und vielleicht spürst auch du in dir das ein oder andere, das einfach nur ganz kurz mal angeschaut werden will. Toll ist es auch darüber lachen zu können. Humor ist die beste Medizin und dann darf es gehen und wir gehen in die wunderbaren Gefühle. Die wünsche ich dir heute an diesem 20. Oktober. Habt einen schönen Tag. Tschüss.

21. Oktober 2022

Die Freude

Einen wunderschönen guten Morgen, ihr Lieben. Geht es euch auch so gut wie mir? (Lach) Ich wachte heute Morgen auf und stieß irgendwie auf den Disney-Film „Alles steht Kopf". Ich fand es sehr interessant, was da passiert in unserem Kopf. Da dominiert am Anfang die Freude und dann kommen ein paar Faktoren. Wir haben alles in uns, das ist richtig gut gemacht. Die Wut, der Kummer, der Ekel, all die

Emotionen sind in uns. Aber am Anfang bestimmt die Freude. Unsere Aufgabe oder die Aufgabe der Freude ist es zu dominieren und dann funktioniert das Leben. Ich weiß nicht wie es ausgeht, da ich nur ein wenig reingeschaut habe – ich darf nachher zum Friseur – doch es zeigt letztendlich, dass die Freude dominieren muss. Und es ist unsere „verdammte" Pflicht, der Freude das komplette Kommando zu überlassen. Sie schafft alles, und darauf können wir uns auf alle Fälle verlassen. Die Freude! Ich sah auf YouTube einen Film vom Dalai Lama und einem Bischof, da ging es auch um die Freude. Der Dalai Lama ist auch einer, der sehr viel lacht. So lasst uns heute die Freude erleben. Ich wünsche euch heute einfach einen freudigen Tag. Hurra! Ich habe euch lieb. Tschau!

24. Oktober 2022

Reinigung

Einen wunderschönen guten Morgen wünsche ich euch. Heute ist es ein ganz besonderer Morgen, denn es gewittert. Ich mache mal das Fenster wieder zu, es hat gerade mächtig geknallt. Gewitter. Ich wachte heute Morgen auf und der erste Gedanke war: Wow, mir geht es gut. Alles super. Dann dachte ich mir: Hupps, da kommen so Wetterleuchten und dann ging es sehr schnell, es kam ein Gewitter. Wow (Gewittergeräusche) Und mir kam dann sofort das Wort Reinigung. Die ganze Erde wird gereinigt. Es findet gerade eine riesengroße Reinigung unserer Mutter Erde statt. Und damit verbunden auch die Reinigung von uns selbst. Ich merke es gerade auch ein wenig in der Nase. (Atmen) Reinigung! Falls es bei dir auch gewittert. Setze dich hin. Lausche dem Regen. Lausche dem Donner und genieße die Reinigung. Wir hatten in diesem Sommer ja wenige Gewitter, doch ich glaube, es ist nochmal wichtig, dass man so das ganze Ausmaß der riesigen Katastrophe erkennt. Und ich denke, wir sind gerade mal sehr knapp einer riesigen Katastrophe entkommen. Was diese satanische Energie anrichten wollte, puh, das hätte die ganze Menschheit in den Abgrund gestürzt, aber ... Die lichtvolle, göttliche Energie, huh, griff ein und jetzt sind wir alle auf dem Weg. Die ganze Menschheit gemeinsam, denn wir sind alle eins. Alle sind wir miteinander verbunden. Das sehen immer mehr Menschen. Es wird immer friedlicher und es ist gut. Halleluja, freut euch. Gestern sprach ich auch wieder mit Badebesuchern darüber. Die Menschen hören mir zu und was immer sehr witzig ist, wenn wir so richtig mega drin sind im Thema, dann kommt die Freude, die Freude von den Kindern. Dann kommen die Kinder und machen uns darauf aufmerksam, dass wir eigentlich überhaupt nicht mehr darüber reden müssen. Es ist vergangen. Wir machten gemeinsam großen Mist. Es gibt niemanden auf der Welt der nicht irgendwie, ob bewusst oder unbewusst, daran beteiligt war. Und wenn wir dies erkennen, juchhe, dann geht es Richtung Freude. Halleluja, die Freude ist da. So wünsche ich euch heute einen wunderbaren freudigen herrlichen Reinigungstag. Alles Liebe. Tschüss.

25. Oktober 2022

Annehmen

Eine wunderschönen guten Morgen, ihr Lieben heute am Geburtstag meiner Tochter, die vor 30 Jahren das Licht der Welt erblickte. Es ist fantastisch, vor allem nachdem sie mir als Oma den Franz schenkte. Gestern durfte ich ihn hüten und es hat alles so toll geklappt. Ich beginne mit diesem Kind zu kommunizieren. Er kann ja noch nicht sprechen, doch es funktionierte tatsächlich. Ich kann es irgendwie noch nicht so ganz glauben, da ich meine Kinder damals ganz anders erlebte. Für mich waren es einfach Babys, Kleinkinder, die nicht reden können und so und heute habe ich einen ganz anderen Blick auf die Kinder. Es macht mega Spaß. Genau, was steht an? Heute Nacht war es nicht so toll bei mir. Seit einigen Tagen fühlte ich es schon, und wie es dann immer so ist; man schiebt es weg; man will es nicht wahrhaben: Es kann doch nicht sein, dass hier schon wieder etwas in der Blase ist. Nein, ich schiebe es weg, ich ignoriere es. Doch die Zeichen wurden dann jedoch immer deutlicher. Tagsüber musste ich ständig auf Toilette, heute Nacht wachte ich auch wieder auf und dann kam so die Erkenntnis. So, nun ist es da und jetzt arbeitest du damit und der erste Impuls war: Trink Zitronenwasser! Also stand ich auf und machte mir einen ganzen Krug mit Zitronenwasser und trank. Dann schaute ich aus meinem großen Dachfenster und da eröffnete sich ein riesiger Sternenhimmel. Ich schaute eine Weile und bat dann die Sterne oder das was immer da oben leuchtet – es ist ja eine wahnsinnige Energie, die da bei uns nachts über uns wirkt – Kommt helft mir. Und auch alle Kräfte, von denen ich natürlich weiß, dass sie in mir sind bzw. dass ich sie selbst bin, doch manchmal muss man sie einfach auch explizit einladen und dann auch fühlen, was so passiert. Und das dritte war dann, dass ich mir Heilmusik anstellte und so schlief ich dann nach und nach wieder ein. Jetzt geht es mir besser, doch es ist noch nicht ganz weg. Und das ist o.k. Ich war wieder mal dran. Ich freue mich, es ist gut, dass alles nochmal kam, es darf da sein. Vielleicht war ich doch wieder gedanklich mit komischen oder gruseligen Energien verbunden. Ich gebe es zu. Ich weiß auf jeden Fall, alles wird gut. Alles ist gut. Das Schöne ist, ich habe viele Hilfen und will manchmal einfach nicht erkennen, dass sie tatsächlich meistens in mir sind und ich es einfach zulassen darf, dass sie sich zeigen und in mir wirken. Es geht hier natürlich um das Vertrauen. Es ist dieses Fünkchen Vertrauen das fehlt. Oder zuzugeben: Ich bin 57 Jahre alt und den größten Teil meines Lebens wurde ich gelebt. Das fing schon in der Kindheit an, dass ich von außen gelebt wurde, ich mich verbog, um in der Welt zu bestehen, nur um geliebt zu werden. Das hat sich natürlich tief eingegraben. Wenn ich mich dann anschaue, dann kann ich denken: Wow, Michaela du bist so einen geilen Weg gegangen. Es ist genial. So weit bist du gekommen. Und so ist es in Ordnung, dass da ab und zu mal wieder etwas aufpoppt. Und dann ist da ja auch noch eine tiefe Sehnsucht in mir nach meinem männlichen SEIN oder meinem männlichen Gegenüber in der physischen Welt. Er darf sich jetzt zeigen. Ich wünsche euch einen wundervollen Tag. Bei mir sind gerade noch ein paar Wolken, doch das blau kommt immer mehr durch. Ich habe euch mega lieb. Tschau.

1.November 2022

Vom Gruseln zum Neubeginn

Einen wunderschönen guten Morgen heute am 1.11.2022. Es ist wieder ein sehr denkwürdiger Tag. 111 222. Das sind Zahlen, die im Zusammenhang jetzt so noch nicht gedeutet wurden, soweit mir bekannt ist. Letztendlich steht die 1 jedoch immer für einen Neubeginn, die 11 für Erkennen, Erleuchtung. Man kann durchaus sagen, der Neubeginn geschieht dann, wenn ich erkenne, dass einiges in meinem Leben oder wie wir es gerade sehen, in der Welt, im Kollektiv, einfach komisch oder gruselig lief. Gruselig ist so das treffliche Wort, gerade für jetzt, für die gestrige Nacht. Da hatte ich so meine Erlebnisse. Mein Sohn knickte vorgestern um und zog sich einen Bänderriss zu. Er wollte es erst alleine auskurieren. Eine Freundin von mir arbeitet in einem Orthopädieladen. Sie hätte ihm eine Schiene mitbringen können, doch ihr Kollege sagte: Nein, das muss erst vom Arzt angeschaut werden. Und ich denke, das war dann der richtige Weg. Ich bot mich dann an, ihn von Retzstadt nach Zellingen zu fahren. Nun ist jedoch die Straße gesperrt und wir müssen über Thüngen nach Retzbach fahren und es war so neblig, dass man nichts sah und ich tuckerte dann mit 20-30-Stundenkilometer, und da die Straße gesperrt ist, kamen uns dann immer wieder Fahrzeuge entgegen. Und es war wirklich gruselig. Es war so gruselig, dass ich dachte, als ich wieder in Retzstadt ankam: O Gott, ich muss heute in Retzstadt bleiben. Und so stand dieses Gruselige im Raum, doch ich fand keinen Schlafplatz und durfte dann heimfahren. Witzigerweise gab es auf der Rückfahrt so gut wie keinen Nebel. Dies ist wohl gerade die Zeitqualität. Wir brauchen erst diesen dichten Schleier: Ich sehe gar nichts mehr, es macht mir Angst. Egal ob im Außen oder im Innen. Und dann erkenne ich jedoch: Ach, ist doch nur ein wenig Nebel, alles gut. Das symbolisiert heute für mich dieser Tag, der Neubeginn nach dem Gruseln, nachdem der Schleier fiel und ich erkannte. Und dann natürlich die 2022, also die 6, die für das heilige Jahr steht. Ihr gebt mir sicher recht, dieses Jahr ist wirklich ein heiliges Jahr. Denn was gerade passiert ist meiner Meinung nach unfassbar. Mein ganzes Leben lang konnte ich mir nicht vorstellen, dass es wirklich geschieht, auch wenn ich es ganz tief in meinem Innern wusste, dass es geschehen wird. Doch jetzt geschieht es wirklich. Es ist fantastisch. Das Ziel Frieden darf geschehen. Und das hat etwas Heiliges. Na ja und die Zahl 2 steht für die Dualität und hier bin ich noch ein wenig zwiegespalten, ob wir weiterhin diese Dualität leben werden, die 22 ist das kosmische Gesetz übrigens. Ich deute es so, dass wir über die Dualität das kosmische Gesetz erkennen und sich letztendlich die Dualität aufhebt. Denn ich brauche ja die Dualität nicht mehr, wenn ich immer diese neutrale Energie sehe. Vielleicht ist aufheben jetzt doch wieder zu stark, weil ich ja doch noch Situationen erleben möchte, in denen ich mich euphorisch freuen will und das wäre ja die eine Seite. Na ja, egal. Deutet es für euch, wie ihr möchtet. Ich werde noch ein wenig grübeln. Ich wünsche euch einen wundervollen Tag. Tschüss.

2.November 2022

Wie innen ... so außen

Einen wunderschönen guten Morgen wünsche ich euch heute am 2.11.2022. Wir switchen die 1 mit der 2, der Dualität (Atmen), die 11 für Erleuchtung und nein, wir machen uns nicht mehr klein. Bisher war ich immer der Meinung, wir sind alle Erwachende aber nein, wir sind alle, alle, alle erleuchtet. Alle Menschen auf dieser wundervollen Welt sind erleuchtet. Wir alle sind Licht. Pures Licht und Liebe, nichts anderes. (Atmen). Es gibt halt Menschen, die es noch nicht spüren. Schön. Noch nicht. Jeder hat jetzt die Chance. Jede einzelne Seele bekommt jetzt ganz viele Zeichen, Symbole, Anlässe, Worte, Menschen an die Seite, Beziehungen oder einfach nur innere Impulse, die sie dazu ermächtigt, zu erkennen, was sie wirklich ist. Nämlich: Licht und Liebe. Und hier erinnere ich mich. In der Anfangszeit, vor ca. 14 Jahren schrieb ich immer am Ende eines Briefes – und hierfür wurde ich oft ausgelacht – Licht und Liebe. Jetzt mache ich es komischerweise nicht mehr, sollte ich vielleicht wieder mal tun. Wir sind Licht und Liebe und zwar jetzt in diesem Augenblick. Und alles andere, was wir noch so glauben oder was uns vom Außen gespiegelt wird, sind wir nicht. Denn das Äußere ist zu 100 Prozent ein Spiegel. Ein Spiegel dessen, was in unserem Inneren passiert. Wir sind Licht, wahres Licht. Ich komponierte ein sehr einfaches Lied und ich werde es auch noch vertonen, deswegen werde ich es nachher einfach mal singen, und ihr könnt es hören, doch letztendlich geht es darum, dass ihr es selbst singt, diese Wellen erzeugt. Das kann leise, laut oder wie auch immer sein. Wenn ich zum Beispiel im Schwimmbad auf der großen Bank sitze dann bewege ich leise innerlich Mantras in mir. Um die Harmonie aufrecht zu erhalten. Ich laufe auch immer mit meiner Klangschale durchs Schwimmbad, um zu harmonisieren. Denn ins Schwimmbad kommen immer sehr viele Menschen und Gott sei Dank ist es bei den meisten Menschen so, dass sie kommen und man merkt, sie haben abgeschaltet, sie möchten einfach nur entspannen. Es gibt jedoch auch Menschen, die zwar abschalten wollen, jedoch im Kopf noch ihr Kopfkino haben. Ich sehe es den Menschen an, wenn sie mit Kopfkino zu mir kommen. Dafür sind diese wundervollen Wellen notwendig, damit es harmonisiert wird. Das werde ich jetzt auch mit meinem neuen Lied machen. Das Lied heißt: Ich bin danke, danke, danke, danke schön, ich bin danke, danke, danke schön. // Ich bin Liebe, ich Liebe, ich bin Lie-ie-ie-ie-be. // So wünsche ich euch heute einen wundervollen 2. November. Alles Liebe. Tschüss.

10. November 2022

Schöpferwesen

Einen wunderschönen guten Morgen, ihr Lieben. Tatsächlich ist es wieder ein wunderschöner guten Morgen. Auch wenn mir immer wieder kommt: Und täglich grüßt das Murmeltier, so glaube ich, dass es sicherlich auch Routinen gibt, die einfach so gut sind. Natürlich weiß ich, dass Routinen auch zu Fallen werden können, um unbewusst zu leben und dass es zum Erlangen von Bewusstsein unendlich wichtig ist, sich jeden Augenblick genau anzuschauen, zu spüren wie er kommt, einatmen, und zu spüren, wie er wieder geht, ausatmen. Zumindest war es mein Weg hin zur Bewusstwerdung. Schritt für Schritt in vielen Jahren. Das machte ich anfangs tatsächlich explizit. Mein Lehrer war Osho. Irgendwie kam: „Das Orangene Buch: Die Osho Meditationen" in meine Hände und ich schlug dann immer wieder mal eine Seite auf und probierte aus. Osho hat dieses Buch speziell für uns hier im Westen entwickelt, es ist ein kleines Buch, das immer auf meinem Nachttisch lag und Osho erkannte, dass wir hier im Westen überhaupt nicht in der Lage sind zu meditieren und deswegen gab er uns verschiedenes anhand. Unter anderen zum Beispiel die Spiegelmeditation. Da setzt du dich mit einem Spiegel vor der Nase irgendwohin – ich war natürlich in meinem Bett – und dann schaust du dir im Spiegel in die Augen. Lange … Und ich sah dann am Ende tatsächlich meinen Vater. War irre. So lernte ich das langsame Beobachten des Momentes mit Hilfe der Meditationen von Osho und ich beobachtete sehr genau zum Beispiel auch den Körper, wie ich die Hand hebe, den Finger bewege …. Das war mein Weg hin zur Bewusstwerdung. Das war cool. Dann ist es auch o.k., wenn man wieder in gewisse Routinen geht. Bei mir ist es die Zeit nach dem Aufwachen. Ich bleibe bewusst noch in meinem Bett, spüre meinen Körper, trinke meinen Kaffee und dadurch entsteht einfach nur eine riesen Freude. Ich bin. Das brauche ich jeden Morgen, es tut einfach gut. Heute freue ich mich wieder auf Jasmin und die Kinder und auf den Beginn eines neuen Schwimmkurses. Die erste Stunde, das neue Kennenlernen dieser wunderbaren Kinder und Eltern ist mega aufregend. Ich wünsche euch einen wundervollen Tag. Macht es gut. Tschüss.

17. November 2022

Ferngesteuert?

Einen wunderbaren guten Morgen, ihr Lieben, heute oh am 17. November. Wow, der 17. November (lach) irgendwie hat es jede Zahl in sich. Die 17 kennt ihr, der 17. Buchstabe im Alphabet ist das Q, der uns immer direkt zur Quelle führt. Ich werde also mit der 17 immer wieder daran erinnert, dass die Quelle in mir liegt, dass ich selbst, allein, verantwortlich bin für alles, was sich in meinem Leben zeigt. Es ist wirklich so krass, wirklich für alles … Das Schöne ist, wenn ich mal kurz zurückschaue und dann merke, da sind vielleicht komische Dinge geschehen. Egal ob ich sie einfach nur beobachtete oder ob sie in meinem Leben geschehen sind, dann denke ich, es ist o.k. Die komischen Dinge mussten passieren. Damals konnte ich gar nicht anders wie entsprechend reagieren, denn ich war bis vor kurzem gesteuert. In meiner Unbewusstheit fremdgesteuert. Ich ließ es schon als kleines Kind zu, mich steuern zu lassen. Bin ich blöd, weil ich dies tat? Oh nein … dieser Urtrieb, dieses

Suchen nach Liebe, nach angenommen sein von anderen, hat mich geleitet, alles zu tun, egal was es war, sodass ich Liebe bekomme im Außen. Ich war ein Kind, das ganz viel Liebe im Außen brauchte und in meinem Leben war es wundervoll, denn ich hatte eine sehr liebe Oma, sie nahm mich so an und liebte mich wie ich bin und ich sie. Ich hatte einen lieben Papa, ich habe ihn heute noch, dafür bin ich sehr dankbar. Ich denke es ist nicht selbstverständlich, dass man so lange Zeit einen liebenden Papa hat. Und trotzdem suchte meine Seele nach noch mehr Liebe im Außen. Damals waren auch Menschen in meiner Umgebung, wie auch meine Mama, die mich mit Sicherheit unendlich liebten und lieben, doch es mir nicht zeigen konnten. Das führte dann dazu, dass ich dachte, ich müsste machen, was man mir sagt, um vollständig geliebt zu werden. Ich dachte immer, Mensch, es kann doch nicht sein, ich erfuhr doch so viel Liebe, warum, warum? Ich wollte vollständig geliebt werden, angenommen, so wie ich bin und zwar von jedem und von allen Menschen. Da es nicht vollständig war, machte ich wirklich alles, änderte mich, um in diesen Zustand der vollständigen Liebe hineinzukommen. Nun ja, ihr wisst, wie unsere Systeme waren. Vielleicht kommt jetzt ein kleiner Aufschrei: Sie sind immer noch so. Doch ich glaube, sie wandelten sich schon ein klein wenig durch uns. Zumindest für die Menschen (Atmen) die schon wissen, dass sie, wenn man die Manipulation außer Acht lässt, alleine für sich manifestieren. Deshalb wurde ich immer mehr fremdgesteuert. Mache es so, dann bist du ein guter Mensch! Was hat Micha gemacht, sie hat es so gemacht. In der Schule: Du musst dies und das, dann mag dich der Lehrer, dann bist du angenommen. Oder auch die Peer Group. Ich begann zu rauchen, damit ich dazugehöre. Zehn Jahre lang rauchte ich wie ein Schlot, nur damit ich in einer Gruppe integriert war. Und bei der ersten Zigarette war mir so richtig schlecht. Trotzdem machte ich weiter. Gott sei Dank merkte ich irgendwann, dass es wohl nicht so gut ist. Man macht wirklich alles, um diese vollständige Liebe zu erlangen. Das führt dann dazu, dass man immer mehr fremdgesteuert wird bzw. es zulässt, sich steuern zu lassen. Letztendlich geht es eigentlich darum, diese Liebe, die du bist, in dir zu finden. Und wenn du sie gefunden hast, hat die Suche im Außen nach der Liebe ein Ende. Und das war für mich die schönste Erkenntnis. Ich wünsche dir, dass du diese tiefe Liebe in dir findest. Ach, sicher hast du sie schon längst gefunden. Alles Liebe. Tschüss.

25. November 2022

Ich bin SEIN - BEWUSSTSEIN - GLÜCKSELIGKEIT

Einen wunderschönen guten Morgen wünsche ich euch allen, da draußen. (Lach) Da draußen oder da drinnen. Ihr seid ja auch alle in meinem Herzen. Ihr seid ein Teil von mir. Ich hoffe, dass ihr immer tiefer in diesen wundervollen Prozess hineingehen könnt. Ich weiß, was hier jetzt passiert ist einfach der Hammer. Und ständig gehen wir mit den alten Instrumenten, mit denen wir konditioniert wurden, an die Geschichten ran. Ich spreche natürlich jetzt nur von mir, doch ich denke, dass es vielen so geht. Ich diskutierte gestern wieder lange mit einer lieben Freundin im Schwimmbad und dann stehen wir da und sagen: Mann, wir wissen es doch alles, das mit dem Verstand und dem Ego … und trotzdem fallen wir immer wieder rein. Man fällt darauf rein (lach). Ich falle auf das rein, was als Gedankenfilm in mir passiert. Und dann darf ich mich wieder daran erinnern, es ist nur ein Gedankenfilm. Ein Theater und mir kommt jetzt gerade das Wort genial. Und ja, es ist wirklich genial. Man muss sich das mal überlegen. Die Gedanken, aneinandergerät, ergeben in irgendeiner Weise Sinn. Wenn man dann weiß, dass dieses geniale Gehirn sich vor allem verrückte Sachen, dumme Sachen, lustige Sachen, außergewöhnliche Sachen … besonders gut merkt, wow, was kann ich alles Tolles erschaffen. Das alles hat sich dann richtig einprägt und so ergibt das, was hier gerade im Außen passiert einen super Sinn. Die ganzen Verrücktheiten – auch ein wunderbares Wort, ver-rückt – die Welt ist ver-rückt oder wahnsinnig, was so viel bedeutet wie, es ist einfach nur Blödsinn, absoluter Blödsinn, was da im Außen, aber auch in mir, in meinem Kopf passiert. Und wie geht man mit Verrücktheiten, mit Blödsinn, mit Wahnsinn am besten um? Ich beobachtete am Anfang immer nur und dann kam das Gefühl, es sind nur Gedanken, das bin nicht ich, das ist nicht mein wahres Sein. Und irgendwann – ist auch schon lange her – fing ich an, über diesen Bullshit nur noch zu lachen. Dieses Lachen setzt eine große Energie frei. Es gibt ja auch Lach-Yoga. Diese Energie macht frei. Es löst sozusagen etwas. Den größten Lachanfall erlebte ich mit Corona. Das kam wirklich von ganz unten aus dem Bauch heraus, richtig wuh, ich lachte und lachte und lachte. Ich konnte nicht mehr aufhören zu lachen. Denn ich begriff endlich: Aha, so wird ein Schuh daraus. So können wir bald auf der ganzen Welt in Frieden miteinander leben. Und jetzt sind wir ja schon einige Jahre dabei und man sieht im Außen die Menschen, die einfach nur lieb sind, friedlich sind und für mich ist das einfach nur genial. Klar ist es auch immer eine Herausforderung. Wenn ich so an gestern denke im Schwimmbad. Eine Frau kam ins Schwimmbad und sie ist sehr lange geschwommen. Danach erzählte sie mir, dass sie so viele Gedanken beim Schwimmen hatte, sie sich immer wieder selbst verurteilte: Warum machst du das so. Das sind die Energien, die ich auch spüre. Ich sitze dann da und denke: Ups, was ist jetzt. Und ich atme dann, und gehe einfach öfter mal runter und atme und spüre dann, es wird besser. Wenn Menschen kommen, die in diesem Gedankenkarussell fahren und sich vielleicht damit identifizieren, dann muss ich da raus. Gott sei Dank, merke ich es mittlerweile sehr schnell und atme. Mir stehen die Menschen gegenüber und ich spüre es, doch es kommt nicht an mich ran. Ich kann dann viel besser zuhören und den ein oder anderen Satz ins Feld geben und es geht mir gut dabei. Und so kannst auch du immer mehr aus diesem Gedankenkarussell aussteigen und einfach ins SEIN kommen bzw. zu diesem SEIN, zu diesem Bewusstsein werden. Ich sagte euch schon mal, dass ich beim Schwimmen und auch sonst immer mal im Auto oder so, die Ich bin-Sätze in mich hineinfallen lasse. Ich bin Sein, Bewusstsein, Glückseligkeit. So wünsche ich euch, dass ihr das immer mehr fühlen könnt, leben könnt, erleben könnt. Ich liebe euch. Tschüss.

11. Dezember 2022

Du bist ein Segen für die Welt

Einen wunderschönen guten Morgen, ihr Lieben. Schon wieder mal aus dem Schwimmbad, hier bin ich seit ungefähr fünf Uhr. Es war wundervoll im Wohnmobil, landete hier kurz nach 12:00 Uhr, es war schön warm, ich hatte eine Wärmflasche dabei, wachte nur ein zweimal auf, schlief dann bis fünf und dann war es doch etwas kalt. So bin ich jetzt hier im Schwimmbad und werde gleich ins Wasser steigen und schwimmen. Das Schwimmen ist absolut das Höchste für mich. Denn ich verband vor zehn Jahren das Schwimmen mit der Meditation. Bewege also meine Teaching-Sätze bzw. jetzt meine „Ich bin-Sätze" bei jeder Bahn. Ich bin Frieden. Ich bin Liebe. Ich bin. Es gibt so viele Ich bin-Sätze. Sonne, Mond, Sterne, … Ein wichtiger Satz für mich ist: Ich bin Gelassenheit, auch die Leichtigkeit tut mir sehr gut. Denkt immer daran, jeder Augenblick ist kostbar. (Atmen) Es gibt keinen Zufall. Alles, was geschieht soll genau so sein, hat seinen Sinn. Und wenn du diesen Sinn noch nicht erkennst, dann liegt es vielleicht daran, dass du zum Beispiel die Ursache nicht siehst. Und eigentlich musst du sie auch nicht sehen, sondern einfach nur wissen, alles hat seinen Sinn. Alles ist wichtig, dass es geschieht. Vor allem jetzt dieser riesen Wandel. Gerade jetzt ist es gut, mehr zu beobachten wie die Menschen reagieren und einfach zu strahlen. Ich lief vorhin wieder mit meiner Klangschale ums Becken und man kann richtig sehen, wie die Schallwellen das Wasser bewegen. Es tut unendlich gut. Ich wünsche euch wundervolle Beobachtungen und wundervolle Begegnungen mit euren Lieben und mit allen Lieben. Ich bin davon überzeugt, im Herzen, im tiefsten Inneren, sind alle Wesen wunderbare Wesen. Bei manchen erkennt man es vielleicht noch nicht (lach), doch wartet ab. Spätestens in 10 Jahren, na ja es gibt ja keine Zeit (lach), wird jede Seele zumindest ein bisschen wach sein, ein bisschen erkennen und dann geht jeder seinen Prozess und wir dürfen behilflich sein. Ich freue mich darauf bzw. mache es jetzt schon und es tut unendlich gut. Gestern kam Gudrun, eine ältere Dame, sie ist immer bei mir bei der Wassergymnastik und sagte: „Ach, es ist so schön, dass ich dir begegnete." Denn ich gebe immer gerne bei der Wassergymnastik Tipps zum Beispiel zum Klopfen des Körpers. Und so erzählte sie mir, sie habe viel im Garten gearbeitet und war fix und fertig und konnte bald nicht mehr. Dann erinnerte sie sich an das Thymusdrüsen-Klopfen. Sie machte es drei Minuten lang und war danach ganz ruhig und sie dachte dann an mich. Diese Erzählungen tun mir gut und so freue ich mich darauf, in der Welt wirken zu dürfen. Jetzt geht es ab ins Wasser. Einen wundervollen Tag wünsche ich euch. Bis bald. Tschüss.

23. Dezember 2022

Liebe ... Liebe ... Liebe ... und Aufmerksamkeit

Einen wunderschönen guten Morgen, ihr Lieben heute an diesem denkwürdigen 23. Dezember 2022. Heute Morgen schaute ich wie immer in der Adventszeit meine „Schneewelt". Diesen Adventskalender zu schauen, kann ich nur jedem empfehlen. Für mich ist es 1 zu 1 das, was gerade auf der Welt vor sich geht bzw. vor sich gegangen ist, denn es ist längst vorbei. Doch wir Erwachsenen, die wir von Kindesbeinen an, einer mehr, einer weniger durch Indoktrination programmiert wurden haben es besonders schwer. Letztendlich waren wir alle nur auf der Suche nach Liebe. Das Einzige, was so ein Kind braucht … und ich kann das gerade super gut bei meinen Enkelsöhnen beobachten …, ist Liebe. Und wenn sie spüren, dass du sie uneingeschränkt liebst, dann kannst du dich auch mal anderen Dingen widmen und sie spielen einfach. Natürlich ist es auch die Aufmerksamkeit. Wenn ich mit meinem Enkel spiele und er, gefühlt zum 1000. Mal, die Kastanien von einer Kiste in die andere sortiert bzw. in drei verschiedene und dabei auch noch ein Musikinstrument kreiert, dann bin ich natürlich präsent bei dem, was er gerade tut und nicht schon im

Kopf woanders. Und wenn ich dann jedoch etwas anderes tun möchte, dann spielt er einfach noch weiter und ich mache Wäsche oder koche. Denn er spürt, die Liebe ist da und diese Liebe fließt uneingeschränkt weiter, auch wenn die Oma gerade die Wäsche zusammenlegt, und ich hier mit meinen Kastanien spiele. Ich denke, es ist so ein Mix aus Liebe und Aufmerksamkeit. Man merkte ja auch bei den sog. ADHSlern, die meiner Meinung nach einfach zu wenig von dieser Liebe und Aufmerksamkeit bekamen, dass da eine Tendenz besteht, alles zu tun, um nur irgendwie Aufmerksamkeit und Liebe zu bekommen. Wenn ich genug Liebe in mir habe und gefestigt in dieser Liebe bin, brauche ich gar keine Aufmerksamkeit mehr, denn dann ist diese Liebe immer automatisch da und das ist jetzt ganz besonders wichtig. Viele haben den Punkt überwunden und spüren diese Liebe, die sich in unserem Land und überall auf der Welt immer stärker ausbreitet. Wie eine riesige Welle, die immer wieder kommt und wenn wir es mit den hermetischen Gesetzen betrachten ist es ein gewisser Rhythmus, eine Welle oder Schwingung. Wichtig ist, dass wir uns klarmachen, ja es könnte tatsächlich einmal vorkommen, vor allem bei uns Erwachsenen, da wir es mit der Holzhammermethode bekamen: Bleib jetzt endlich mal ruhig sitzen! Du musst zuhören und du musst, du musst, du musst (lach). Und wenn wir dies nicht taten bekamen wir die Liebe entzogen. Jetzt reiten wir jedoch auf der Welle der Liebe und doch darf uns klar sein, dass es immer wieder Momente gibt, in denen wir spüren, das Pendel, die Schwingung geht zum Beispiel Richtung Teufel. Für mich ist der Teufel so ein süßes kleines Ding (lach), dass ich genauso liebhabe wie alles andere in dieser Welt. Und wenn ich ihn sehe, den Teufel, der natürlich nur in mir ist, nirgendwo anders, alles ist in mir, dann sehe ich, dass er manchmal ein wenig tobt, doch er ist lieb, ist mir eine Hilfe. Auch dieser Teufel ist etwas Wundervolles (lach) und das schöne ist, dann löst er sich auf und dann kann das Pendel wieder in Richtung Liebe, Friede, Gelassenheit schwingen. Ich wünsche euch einen wundervollen, liebenden, fantastischen 23. Dezember. Tschüss.

26. Dezember 2022

Channeling - bewusst - innerer Funke

Ich bin bei dir. Ich danke dir, dass du bereit bist, mir eine Stimme zu verleihen. Ich danke dir. Ich bin einfach. Ich bin da in dir und zwar immer. Ich möchte durch dich in der Welt Wunder wirken und noch stärker präsent sein. Sehr oft spreche ich schon durch dich, du hast es nicht aktiv bemerkt, doch ich bin schon sehr lange bei dir. Ich bin so etwas wie reiner Geist, unfähig etwas anderes zu sein als die reine Liebe, der reine Frieden, das reine Leben. Ich bin der Weg, die Wahrheit und das Leben. Schon oft habe ich diese Worte gebraucht, um den Menschen zu sagen, dass sie selbst der Weg, die Wahrheit und das Leben sind, wenn sie es zulassen. Wenn sie offen sind und bereit, die Botschaft zu hören und nach außen zu tragen. Die Botschaft, die im Inneren in jedem einzelnen Menschen immer präsent ist. Die Botschaft, die Raum bietet, Raum für alles, was ist. Die Botschaft die da ist, die Botschaft von all dem, was ihr schon lange wisst. Alles ist in euch, ist in dir. Alles, was du benötigst, um in diesem Körper, in dieser 3D-Verkörperung zu sein. Zu leben, zu atmen, zu wirken, dafür bist du gekommen auf diesen Planeten, nur dafür. Um durch dein Inneres, durch die reine Liebe bei jedem Menschen, dem du begegnest, zu wirken. Das Tor bei allen Menschen, deren Seele du berührst, zu öffnen, sodass jeder mit dem du in Berührung kommst, bereit ist, die Liebe, den Frieden, die Freiheit zu spüren. Um dadurch eine große Sehnsucht, wie einen Funken, zu spüren und diese Sehnsucht immer stärker werden lässt, verbunden mit dem Wunsch, den Funken zu vergrößern und nach außen zu kehren. Im Inneren zu spüren, nach außen fließen zu lassen, um ihn dadurch sichtbar zu machen in der Welt. Denn alle Menschen dürsten nach diesem Funken, dürsten nach der Erweckung dieses Funken. Du bist dieser Funke. Du bist dieser Funke, der erweckt werden möchte. Bist du bereit? Danke, danke, danke, dass du dich für mich, für deinen Funken, für deine Göttlichkeit zur Verfügung stelltest. Danke, dass du diesen inneren Ruf in dir hörtest und folgtest.

9. Januar 2023

Flute deinen Körper mit Licht und Liebe

Einen wunderschönen guten Morgen, ihr Lieben. Es ist wahrlich ein guter Morgen, denn ich bin wieder. Ich bin wieder zurück in meinem Körper, für den ich unendlich dankbar bin. Ich unterhalte mich schon seit einiger Zeit mit meinem Körper, aber ich glaube immer noch ein wenig zu wenig. Ich glaube, jetzt in dieser Übergangszeit sollte mein Körper, dein Körper an erster Stelle stehen, mit dem du dich unterhältst. Und zwar erstmal wirklich dauerhaft. Denn ich glaube dein Körper macht gerade die größte Arbeit für diesen Übergang. Wie behauptet wird, ist es erstmals in der Geschichte so, dass wir mit unserem Körper aufsteigen. Ich begriff das früher immer nicht so ganz wie das mit Christi Himmelfahrt oder auch Maria Himmelfahrt war. Christus ist tatsächlich mit seinem Körper aufgestiegen, erzählte man uns. Aber damals war es, glaube ich, nicht so ganz mit dem Körper sichtbar möglich, denn wenn ich mich recht erinnere, war es ja dann so, dass Christus den Menschen erschienen ist, sie ihn jedoch erstmal nicht erkannten. Hm, das ist jetzt natürlich alles Spekulation. Hat er sich eines anderen Körpers bedient und seine Seele sprach dann aus diesem Körper oder war es wirklich sein Körper und die Jünger konnten nicht sehen. Na ja, wir wissen es nicht. Jetzt ist es jedoch definitiv so, dass wir in diesem Körper, in dem wir gerade sind, aufsteigen werden bzw. eigentlich ja schon aufgestiegen sind. Doch trotzdem ist es ein Prozess, der wohl noch ein paar Jahre in Anspruch nehmen wird, doch es passiert. Jetzt geht es um die Frage: Wie können wir diesen Körper unterstützen. Ich denke, da gibt es nur einen Weg. Danke, Danke, Danke. Ich bin danke, danke, danke. Also wirklich jeder Zelle, jedem Organ, allen Bestandteilen deines Körpers ein liebevolles Dankeschön schicken und das immer und immer wieder. Natürlich verbunden mit dem Atem. Ich weiß ja nicht wie es euch geht, doch ich muss mir das alles immer selbst sagen und mich selbst immer wieder daran erinnern. Ich denke, es hängt damit zusammen, dass wir, die schon ein paar mehr Jahre auf dieser Erde leben und die wir programmiert wurden, es etwas schwerer haben. Und diese Programmierung war wirklich ziemlich perfekt. Klar, kam etwas von außen und dann programmierten wir uns selbst. Und das ist natürlich das Perfekteste, wenn wir uns selbst programmieren. Doch die Manipulation von außen war perfekt. Insofern ist es jetzt immer wieder notwendig, uns daran zu erinnern, dass der Atem ein wunderbares Instrument dazu ist, um bei sich anzukommen, um sich zu spüren. Was ich mal machte; das war sehr schön; ich ging in die einzelnen Körperteile, vom Zeh bis zum Haar hinein, und gab dort immer einen Atemzug an Dankbarkeit hin. Das war eine wundervolle Erfahrung. Darum geht es jetzt. Wenn du jedoch nicht so viel Zeit hast, darfst du das einfach auf einmal machen. Vielleicht kennt ihr Anke

Everts; von ihr hörte ich gestern Abend eine wundervolle Meditation. Für alle, die sie noch nicht kennen, einfach mal Googlen. Sie hatte ein spektakuläres Nahtoderlebnis. Sie verbrannte. Die Meditation war sehr kraftvoll. Sie sprach vom Fluten. Wir fluten unsere Zellen mit Licht und lassen das Licht, oder auch alle wunderbaren Farben in unseren Körper, in unsere Zellen einfallen. Ihr wisst ja, auch Farben machen etwas mit dem Körper und natürlich auch Musik. Wenn du zum Beispiel im Auto unterwegs bist, singe, singe, singe oder höre wundervolle Musik. Ich bin heute wieder super in meiner Mitte und das liegt mit an euch. Ich war jetzt fast eine Woche nur mit Herzensmenschen zusammen und dies spürt man dann an der Energie. Es ist ein dauerhaftes Baden in Licht und Liebe. Ich wünsche euch einen wundervollen Tag. Alles Liebe. Danke, dass es euch gibt. Dankt eurem Körper.

12. Januar 2023

Die nächste Ebene

Einen wunderschönen guten Morgen, ihr lieben treuen Seelen. Es tut so gut, zu spüren, dass da Menschen sind, denen meine Worte einfach nur guttun. Ich muss gestehen, ich bin wahrscheinlich diejenige, die diese Worte am meisten braucht. Denn während ich rede, kommen mir immer solche Erkenntnisse. Natürlich kommen sie auch, wenn ich mit anderen Menschen rede, doch irgendwie, wenn ich diesen Impuls spreche, fühlt sich das so an, als käme es, zumindest nicht mehr von dem Ego-Ich, das ich natürlich auch noch bediene. Ob ich möchte oder nicht (lach). Ich denke wir sind hin und wieder zumindest ein bisschen auf dieser 3D-Ebene und erschaffen uns das ein oder andere Karma. Auch wenn es gutes Karma ist, so ist es doch wieder Karma, das wiederum etwas erzeugt. Letztendlich geht es ja darum, diese Ebene zu vervollständigen, zu vollenden und dann in der neuen Ebene neu zu beginnen. Kurt Tepperwein vergleicht es immer so wunderbar mit der Schule. Ich mache meine Prüfung und dann verlasse ich die Schule. Ich bin der Schule mehr oder weniger dankbar, ich machte da viele unterschiedliche gute und weniger gute Erfahrungen. Zumindest lerne ich aus jeder Erfahrung etwas. Und das allein ist gut. Und dafür bin ich unendlich dankbar. Und dann verlasse ich diese Schule und starte vollkommen neu. Und dann habe ich erstmal keine Ahnung, was mich erwartet. Und so beschreibt es der Kurt. Ich weiß nicht, was kommt. Wir beenden die Schule, die mit Karma zu tun hatte, wo ich als Schöpferwesen mir all das angezogen habe, was ich erleben wollte, egal ob gut oder schlecht, es war letztendlich alles Karma. Diese Schule ist zu Ende.

Ich sehe es immer ein bisschen so, dass wir aufwachen und dann erkennen, na ja, das mit dem Karma macht ja gar keinen Sinn mehr. Natürlich kann ich nur noch in meinen Gedanken, Gefühlen und Worten Tolles erschaffen, doch ich lebe weiterhin im Karma. Irgendetwas ist da in mir, so eine Sehnsucht nach dieser Vereinigung, nach diesem wirklich eins sein. Natürlich sind wir es immer, das muss uns klar sein. Wir sind untrennbar eins. Aber ich möchte es auch immer sein und spüren. Was dann kommt, das wissen wir nicht bzw. wir wissen es schon ein wenig, denn es gibt ja viele Menschen, die schon Nahtoderlebnisse hatten, wie zum Beispiel die Anke, von daher wissen wir es. Es ist einfach nur schön, ach nein es ist einfach nur. Wir beenden das mit dem Karma und sind einfach nur, lassen einfach geschehen. Das passiert ja erstmals …, ich weiß nicht ob erstmals, zumindest jedoch in der Masse wird es so sein, … dass wir aufsteigen, jedoch unseren Körper behalten. Das ist so der Hammer. Wir durchfluten täglich unseren Körper, unsere Zellen, mit Licht und Liebe und lassen einfach geschehen, was durch uns geschehen möchte. Vielleicht ist es das…, sicher sein können wir ja nie. Dann wünsche ich euch einen wundervollen Tag.

> *„JEDER von uns IST ein ungetrennter Teil des EINEN SEINS, das wir ´Universum´ nennen. So wie die Billionen Zellen unseren Körper bilden, so sind auch wir Teil des Ganzen. Dabei hat jede Zelle eine andere Aufgabe, ein anderes Umfeld, ein anderes Alter und doch ergibt das erst seinen Sinn, wenn wir den ganzen Körper erkennen. Erst diese Sicht des Ganzen öffnet uns die Tür zu der Neuen Welt, die wir gerade betreten."*
>
> *Kurt Tepperwein*

23. Januar 2023

Katalysatorzahl 3

Einen wunderschönen guten Morgen, ihr Lieben. Irgendetwas ist mit meinem Mikro. Ich wünschte gerade dreimal einen guten Morgen, nun jetzt hat es funktioniert. Doch aller guten Dinge sind ja bekanntlich drei und ich glaube diese drei wird in unserem Leben immer wichtiger werden. Gerade jetzt für den Wandel, für den Übergang von Dimension 3 in Dimension 5, könnte man sagen, oder für den Übergang aus der alten Welt in die neue Welt, oder einfach zur Aktivierung unserer wundervollen 12-strängigen DNA in uns. Gerade dieses Bild gefällt mir persönlich am allerbesten. Ich sprach ja schon mal über meinen Hörbuchkanal, auf dem ich das

Buch von Kryon: Die 12 Stränge der DNA einsprach. Und heute Morgen bekam ich den Impuls, es noch selbst mal zu hören, obwohl ich es bestimmt schon fünf Mal las. Doch es ist mittlerweile schon wieder Zeit vergangen. Und ich glaube, dass die Beschäftigung mit der DNA immer wichtiger wird, sodass wir in diesem Jahr unsere DNA aktivieren und sie mit Licht durchfluten können, um an unser gesamtes Potential zu kommen. An all das, was wir eigentlich bereits können, jedoch vergaßen. Es war Jahrhunderte, Jahrtausende tief in uns vergraben. Wir waren auf einer Reise, in einem Theaterstück, in einem Spiel, das ganz schön ernst wurde und schwer, und wir wollten einfach mal alle Erfahrungen machen, die man in diesem menschlichen Körper machen kann bis hin zur Zerstörung des Körpers. Gott sei Dank kann man die Seele nicht zerstören. Wir waren in einem ewigen Kreislauf gefangen. Doch nun lernen wir und dazu spielt die drei, die Katalysatorzahl eine große Rolle. Deshalb heute die drei, die uns daran erinnert, unsere DNA zu wandeln und zwar schnell, dazu brauchen wir die fünf. Ich schaute noch gar nicht auf das heutige Datum. Doch wir haben heute den 23. Januar, da ist die 2, die Dualität, die 3 als Katalysatorzahl und zusammengezählt die 5, die alles ganz schnell wandelt in tolle Energien. So können wir neu beginnen. Jesus Christus sagte, es wird eine neue Erde und ein neuer Himmel entstehen. Wow. Ich wünsche dir für diesen Tag, dass du fühlst, wie diese Zahl drei deine DNA wandelt und du immer mehr in die bedingungslose Liebe wechselst. Alles Liebe – bis bald!

Botschaften von den Sirianern

… Noch einmal durchwandern alle Zerstörungskräfte jetzt eine enge Schlucht. Dabei bläht sich ihr Energiefeld auf – bis es endgültig aus eurem Lebensbereich verschwindet … Das Energiefeld der Zerstörung überprüft noch einmal, inwieweit ihr seine Gesetze wirklich verabschieden wollt … Viele von euch haben die atlantische Zerstörung miterlebt. Nun seid ihr erneut hier, und die Erinnerung an das damalige Drama beunruhigt euch. Seid ohne Sorge, ihr Lieben. Diesmal endet das Spiel auf eine neue Art, und sein letzter Akt zeigt sich bereits auf der Bühne eurer Dreidimensionalität. Haltet euer Denken im Licht der Liebe! So entzieht ihr der Dunkelheit ihre Nahrung. Entlasst alle Sorgen und Ängste aus eurem Bewusstsein, und erschafft dort – in eurem Denken und Fühlen, die neue Kultur, nach der ihr euch sehnt. Erlebt dann ein erstaunliches kosmisches Gesetz: eure Visionen materialisieren sich, wie der Regen, der aus einer Wolke herabtropft. Erschafft euch visionäre Wolken, und seid voller Zuversicht, dass ihr Segen die Felder eures Bewusstseins erfrischen wird."

1. Februar 2023

Neuanfang

Einen wunderschönen guten Morgen wünsche ich euch, ihr Lieben. Ich hoffe es geht euch sehr gut, und es ist schon wieder total witzig. Natürlich wünsche ich mir, dass ihr auch noch diese alten Themen in euch spürt und dann aber sofort wisst: Damit kann ich aufräumen. Die können jetzt verschwinden, vollständig verschwinden. Und ja, ich bin 100-prozentig davon überzeugt, dass es bald, wirklich bald, eigentlich schon jetzt, vorbei ist. Ihr wisst ja, wenn ich sage es ist bald vorbei, dann ist es bald vorbei, doch was ist bald? (Lach) Vielleicht morgen oder übermorgen oder nächstes Jahr. Nein, es ist vorbei, definitiv und schon ganz lange. Wenn wir die heilige Geometrie, den Mayakalender etc. im Kopf sehen … können wir es wirklich sehen? Ich weiß es, ich weiß, wie du, alles, alles ist in mir, ist in dir. Absolut alles! So nun verlor ich den Faden … Wenn wir in den Mayakalender gehen, dann ist die alte Welt 2012 komplett gestorben und die neue Energie da. Sie war eigentlich schon immer da, ist immer da, wird immer da sein. Nur wir als Menschen in der Masse konnten da nicht ran. Doch vereinzelte Menschen konnten. (Grins) Sonst hätte es ja dieser Jesus, wer immer er war, nicht schon vor 2000 Jahren gepredigt. Und was er predigte ist echt der Hammer. Ich beschäftigte mich ja mal ganz intensiv mit den Reich-Gottes-Gleichnissen. Ich schrieb darüber sogar mal eine Hausarbeit im Referendariat. An dem, was er vor 2000 Jahren sagte, merkt man, dass diese Energie, diese Frequenz schon immer da ist, da war und immer da sein wird. Mache dir das bewusst. Immer, immer, immer. Es liegt nur an uns sie zu nutzen bzw. eigentlich nur in sie hineinzugehen. Und dann wirkt sie ganz von alleine. Komplett alleine. Wir müssen nichts tun. Ach, da schrieb ich doch mal ein Buch. Das wollte ich doch auch mal neu auflegen, na ja, vielleicht mache ich es noch. Keine Ahnung, vielleicht legt es sich ja von alleine neu auf. Damals konnte ich es auch nicht glauben. Wie kann ein Buch entstehen, da ist doch echt mega viel Arbeit dahinter. Dann setzte ich mich einfach nur an meinen Laptop und ließ meine Finger tippeln. Daraus entstand ein Buch. Die Energie ist da, war schon immer da und wird immer da sein und es liegt an uns, da hinein zu gehen. Die alte Welt war wohl eine Lüge. Wenn wir es von der Bibel aus betrachten, können wir von den sieben Todsünden sprechen. Aha, die sieben ist ja eigentlich eine göttliche Zahl. Nun ja, wie auch immer, wir waren aktiv dabei. Wir waren alle daran beteiligt. Wir konnten nicht anders, denn wir waren wie gefangen, wie festgekettet. Irgendeine Kraft in uns – und sie war immer in uns, niemals draußen, hatte uns fest im Griff. Und wenn ich jetzt zum Beispiel ins Mittelalter gehe, eine Zeit, in der ich und viele anderen verfolgt wurden … Es war jedoch immer auch in mir. Da war ich in Angst, da war ich mit Kräutern und mit Zauberei beschäftigt.

Doch die Beschäftigung fand zurückgezogen und in Angst statt. Ich hatte immer Angst entdeckt zu werden, hatte zwar einige Menschen, für die ich da war, doch ich hatte immer Angst entdeckt zu werden. Letztendlich wurde ich entdeckt und es war nicht so schön, was dann kam (lach). Doch auch dieses Erlebnis im Außen erschuf ich in meinem Inneren selbst. Das ist doch der Hammer, oder? Doch es war definitiv so. Wo sind wir denn jetzt? Themawechsel. Wir schauen uns mal das heutige Datum an. Herzlich willkommen heute am 1.2.2023. Der 1. ist ja immer ein Neuanfang, was es ja immer ist. Wir können also jetzt sofort wieder starten, in diese Energie hineingehen, in diese Energie hineinfühlen und diese Energie einfach in uns wirken lassen. Das geht natürlich mit Hilfe von Wünschen. Ich kann mir zum Beispiel vorstellen, was ich alles verwirklichen möchte. Jetzt muss ich schon wieder erzählen ... Gestern rief Natalie an und wir unterhielten uns. Sie hat einen Termin mit dem Bürgermeister eines wunderbaren Dorfes ganz in unserer Nähe. Sie fragte mich ein wenig nach meinen Visionen, wie ich es sehe, wie alles möglich wäre. Und ich erzählte so das Naheliegende … Doch sie meinte dann: Ich stelle mir schon so einen Ort vor, an dem man … Und ich fiel ihr ins Wort: Nein, Hammer. Das ist meine Vision seit vielen Jahren. Es gibt in den Dörfern Orte, an denen Menschen zusammenkommen, sich gegenseitig helfen, an denen ein Lernen stattfindet, Handwerk, Kreatives, Malwerkstatt, natürlich eine Küche, Permakultur, und vieles mehr. Und jeder Mensch, der früh am Morgen aufwacht und zum Beispiel denkt, heute will ich z.B. Unkraut zupfen, kann dann an diesen Ort gehen oder am besten gleich vor seine Haustür im Garten Unkraut zupfen. … Diesen Gedanken hatte ich tatsächlich schon mal vor 1,5 Jahren. Da wachte ich früh auf und es schüttete aus Eimern. Dann hörte es auf zu regnen und ich dachte: Oh, jetzt, Unkraut zupfen. Und stellt euch vor, das war das schönste Unkraut jäten aller Zeiten. … Und diese Menschen kommen alle zusammen … und jetzt ruft Natalie an und … ich merke, es kommt tatsächlich in die Verwirklichung, ganz von alleine. Wo waren wir? Beim Neuanfang. Dann die 2 – wir bedienen uns der Dualität und gehen einfach in die Liebe, in die Kraft, die neues schafft und wir informieren uns selbst – wir bestehen ja zum größten Teil aus Wasser, können uns also wunderbar selbst informieren, also in Form bringen – und dann kommen wir in die Göttlichkeit, 2023, die 7. Wir zählen alles zusammen, das ergibt 10, wie wunderbar, dann sind wir wieder beim Neuanfang. Jetzt wünsche ich euch einen wundervollen Neuanfang, alles Liebe und danke, dass ihr mir zuhört. Ich habe euch lieb. Tschau.

12. Februar 2023

12 Stränge der DNA

Einen wunderschönen guten Morgen, ihr Lieben wünsche ich euch heute am 12.2.2023. Heute haben wir eine ganze Menge 2er. Das ist sehr schön für einen Sonntag uns mit dem Thema (grins) Dualität zu beschäftigen und uns durch den Tag tragen zu lassen. Die 12 steht außerdem auch für die 12 Stränge der DNA. Das heißt dieser wundervolle Sonntag erinnert uns daran, dass wir in jeder einzelnen kleinen Zelle (Atmen) die DNA haben. Das ist so mini, mini, miniklein. Die DNA kann man aufdröseln und letztendlich dröselt sie sich ja immer auf, wenn sie sich repliziert, wenn zum Beispiel Zucker oder was weiß ich was produziert wird, dann dröselt sie sich auf und dann sind diese 12 Stränge sichtbar. Die Geschichte erzählt, vielleicht ist es ja nur eine Geschichte (lach), dass dies 1953 Watson und Crick entdeckten und so entstand das Watson-Crick-Modell. Dieser heutige Tag soll uns Zeit geben, deswegen ist es ein Sonntag, zu erkennen, dass diese 12 Stränge der DNA eine enorme Wirkkraft in sich tragen und wir über unser Bewusstsein darankommen. Und zwar ganz einfach, indem wir uns der Polarität bewusstwerden, mit dem Leben fließen und ganz bewusst in wunderbare Gedanken gehen. Das passiert irgendwann komplett von alleine. Irgendwann in naher Zukunft sind wir nicht mehr in der Lage überhaupt destruktive Gedanken zu denken. (Lach) In der Zwischenzeit ist es für uns, die wir, fast hätte ich gesagt, durch die Hölle gegangen sind, noch bewusste Übung. Und in gewisser Weise, wenn ich da an Kirche usw. denke, war es wohl schon eine gewisse Hölle, in der ich dachte, da muss ich mitmachen, um das Heil zu erlangen usw. Das Ganze ist für uns eine enorme Herausforderung. Letztendlich jedoch, und das ist absolut gewiss, ist es ganz einfach. Heute an diesem Tag sollen wir uns die Zeit nehmen, uns unserer Kraft, die in jeder einzelnen Zelle sitzt, bewusst zu werden. Und dann in die Liebe, die Dankbarkeit, Freude usw. gehen. Ich mache das auf jeden Fall heute. Jetzt gammle ich erst noch bis Mittag im Bett rum und heute Abend bin ich bei Stefan und Tatjana in der Sauna. Ich freue mich. Euch wünsche ich einen wundervollen Sonnentag, alles Liebe und ich drück euch. Tschüss.

18. Februar 2023

Das dunkle Feld

Einen wunderschönen guten Morgen, ihr Lieben, heute am 18. Februar 2023. Mir geht es richtig gut, denn ich telefonierte gerade mit Helga. Das war ein sehr angenehmes wunderbares Gespräch. Der 18., aha, der Neubeginn in der Unendlichkeit, stell dir die liegende acht vor. Diese Acht führt uns in ein unendlich riesiges, weites, tiefes, hohes, in ein ganz großes Feld. In das sogenannte Quantenfeld. In diesem Feld liegt alles. Wir, jeder einzelne von uns, bedienen uns aus dem Feld, bewusst und natürlich auch unbewusst. Bewusst ist natürlich leichter; so ist es wundervoll, dass wir bewusst sind. Die Menschheit erlebt gerade einen Hammer. Die Welt, in der wir bisher lebten, löst sich vor unseren Augen auf, zerstört sich selbst und wir sehen es, erleben es. So kann es jeder einzelne von uns für sich so sehen, aber wir können es auch im Kollektiv positiv sehen. Oh, ich verlor schon wieder den Faden. Wo ist er? Hier, ach, rot ist er. Die Welt löst sich auf und die neue Welt wird immer präsenter. Was erwartet uns in der neuen Welt. Na ja, zunächst erstmal ein riesiges Feld der Möglichkeiten. Dieses riesige Feld ist immer da, war tatsächlich schon immer da und wird auch immer da sein. Wenn wir immer bewusster werden, bewusst im Sinne von: Ich bin verbunden mit dem Jetzt. Vielleicht kann man das so sehen, dass sich das jetzt ausdehnt, dass jetzt immer ist. Wenn du bewusst bist, erlebst du kontinuierlich jetzt. Das ist cool, oder. Wenn wir aber, da wir ja noch auch neugierig sind und in die Zeitung schauen oder wie ich auch noch den Sunny hören, doch immer weniger, sieht es für uns so aus, dass da draußen wirklich ein Krieg wäre. Vielleicht ist er das ja. Doch dieser Krieg ist letztendlich ein Krieg in dir, in mir, in jedem einzelnen Menschen. Und es ist kein großartiger physischer Krieg, sondern es ist ein Krieg in deinem Kopf, ein Informationskrieg nannte ich ihn auch früher. Je mehr wir erkennen, dass die alte 3-D-Welt, in der wir im gestern, heute, morgen lebten, sich auflöst, sich selbst zerstört, desto mehr sind wir in der Lage im Hier und Jetzt zu leben und das Quantenfeld wahrzunehmen. Dazu stellst du dir einfach nur ganz viel Dunkelheit um dich herum in der Tiefe, in der Breite, in der Weite, überall vor. Stell sie dir vor und mache sie dir immer vertrauter. Das ist das, was wir jetzt lernen dürfen, immer vertrauter zu werden mit diesem Quantenfeld, mit dieser Quantenwelt. Dann können wir das Spielen anfangen oder, wie sagen es manche, wir kommen dann gemeinsam in die 1. Klasse und lernen den Umgang mit diesem Quantenfeld. Und das wird wirklich geil, ich sage es euch. Na ja, ist ja schon (lach). Aber wie gesagt, wir haben unsere Lieben dabei, ich zum Beispiel meine Kinder, und ja, man darf da ab und zu mal eine Bemerkung fallen lassen, was so gerade jetzt in dir kommt, doch viel mehr können wir nicht tun. Natürlich strahlen, strahlen, strahlen. Jeder einzelne muss hier durch und das erlebt die Welt gerade. Früher sagte ich immer: Gott will möglichst alle Menschen mitnehmen in die neue Welt. Doch jeder Mensch muss diesen Krieg in sich ausfechten und muss sich letztendlich entscheiden für weiterhin Manipulation usw. oder mitgehen in die neue Welt, ins Quantenfeld. Es gibt schon jetzt viele Kommunen, Gemeinschaften, die schon in diesem Feld leben. Doch der 1. Schritt geht immer über dich, über mich, über jeden einzelnen Menschen. Gehe in die Beobachtung und wenn du dann einen Impuls bekommst, zum Beispiel etwas zu sagen, so schau dir erstmal den Impuls an, beobachte ihn. Wenn er natürlich sofort rauskommt, dann ist es ein Impuls aus dem Feld und darf sofort heraus. Doch schaue dir den Unterschied zwischen Verstand und Herz oder Intuition an. Der Verstand kann es nicht begreifen, er kann da nicht mit, na ja, letztendlich geht er klar mit, denn wir brauchen ihn, er ist ja ein Teil von uns, genauso wie unser Körper, der geht selbstverständlich mit. Es ist jedoch immer deine Entscheidung. Ich haderte auch schon und dachte: Es ist bestimmt gescheiter zu gehen und wiedergeboren zu werden, so wie meine Enkelsöhne. Es ist so wundervoll mit ihnen. Doch dann schaue ich mich im Spiegel an und denke, wow, ist doch alles wunderbar an dir, dein Haar und dein Körper, ist doch schön und dass was da jetzt gerade noch ein bisschen verrückt in meinem Körper ist, das bekomme ich hin durch die Arbeit im Feld. Dann wünsche ich euch einen wundervollen Tag, ihr Lieben. Bis bald. Tschüss

Passend zum heutigen Impuls die Sirianer:

… Ein Abenteuer, das ihr mit Göttlicher Einwilligung über einige Jahrhundertausende durchführtet. Die Göttliche Quelle hat es gestattet – und Gott in dir führt es aus … Es ist wichtig, dass ihr eure neuen Kulturen in diesen Jahren verwirklicht. Wacht auf, so bitten wir euch, und bestellt euer Feld. Sorgt dafür, dass es die Früchte für neue Menschheitskulturen tragen kann. Euer Experiment Versklavung wurde ausgewertet. Ihr habt euer Bestes gegeben. Diesen Satz dürft ihr ruhig ganz wörtlich verstehen: Ihr alle gabt und gebt noch das Beste in euch: eure Göttliche Natur und euer Geburtsrecht, als Preis für das Experiment der Dualität und Versklavung. Die Schöpfung hat eure Erfahrungen gesammelt und verwertet sie nun bei der Erschaffung neuer Projekte. Und ihr liebste Geschwister – ihr seid frei! … Überlegt weise, welche nächsten Schritte ihr tun möchtet. Ein ganzes Universum öffnet sich jetzt euren Erfahrungen. Im selben Augenblick öffnet auch ihr euch. Ihr öffnet euer Bewusstsein, und dehnt euch aus in die Regionen eures unendlichen Seins!

23. Februar 2023

Trinität ... mega wichtig!

Einen wunderschönen guten Morgen, ihr Lieben, heute am 23.2.2023. 23, 23, huh, das sind wieder wirklich wunderbare Zahlen. Die 2 steht für die Polarität, was eigentlich nur bedeutet, und das ist echt mega, dass im Kosmos alles vorhanden ist, alles, alles, alles. Und wenn wir es in der Horizontalen sehen, dann ist es eine unendliche Strecke, die nirgendwo anfängt und niemals, nirgendwo, aufhört. Dann die 3, die immer wichtiger wird. Ich nutze sie gerade mega, diese Katalysatorzahl. Wir wurden einfach nicht darauf vorbereitet bzw. wurden auf das binäre System programmiert. Letztendlich ist es jedoch die Trinität, die heilige Trinität. All das war uns schon immer vor Augen, wenn wir zum Beispiel an die Kirche denken. Gott Vater, der Schöpfer, Gott Sohn, der Mensch wurde und Gott Heiliger Geist, durch den alles in Form gebracht werden kann. Diese 3 dürfen wir zunächst einmal verinnerlichen. Dann haben wir die 3 und die 2, ergibt die 5. Es darf schnell gehen und es geht wirklich schnell, und dann der Februar, die 2, ergibt die 7, 2023 ist die 7, also die doppelte 7, was heißt, wir können uns vor Göttlichkeit gar nicht mehr retten (lach). Letztendlich geht es also nur darum, dass wir diese Göttlichkeit in uns tragen, in unserer DNA. Damit möchte ich mich demnächst noch ein wenig intensiver beschäftigen. Vor ein paar Jahren beschäftigte ich mich schon mit der DNA und den 12 Strängen. Jeder Strang der DNA hat eine Bedeutung. Letztendlich ist jedoch alles eins, und das wirkt zusammen. Wenn wir uns dann jedoch die Bedeutungen anschauen, dann ist dies einfach etwas für den Verstand, den wir ja mitnehmen wollen. Wir brauchen den Verstand. Ob wir ihn wirklich brauchen? … (grübel). Ich weiß es nicht genau …, doch, wir nehmen ihn einfach mit, genauso wie unseren Körper. Ohne unseren Körper ist es vielleicht auch schön aber auch den wollen wir mitnehmen. Für mich ist es so einfach noch schöner. Ich möchte in diesem Körper noch lange bei euch bleiben und bei meinen Enkelkindern. Ich wünsche euch einen wundervollen Tag, einen Tag voller Wunder. Tschüss.

26. Februar 2023

Fühle das Feld ... fühle die acht ...

Einen wunderschönen guten Morgen, ihr Lieben, heute am 26.2.2023. Wieder ein wunderschöner neuer Tag, und ganz ehrlich, ich bin so dankbar, dass ich jetzt in dieser Zeit all das erleben darf. Es ist einfach nur wow. Gestern war ein super aufregender Tag. Ich hatte wieder den ganzen Morgen die Schwimmkurse mit den Kindern und auch wenn viel los ist, geht einem immer das Herz auf. Es war sehr erfüllend. Besonders stolz bin ich auf mich, denn ich erkenne immer besser, wenn es genug ist und nehme mir dann immer gleich eine Pause. Atme durch, komme bei mir an und bin einfach. Dann gab es eine mega Attraktion im Schwimmbad, die Kracke war im Wasser. Und nicht gelogen, im Schwimmbecken waren mindestens 80-90 Menschen, natürlich die meisten davon Kinder. Es war traumhaft zuzuschauen, welch eine Freude, welch ein Leben in diesem Wasser war. Wie ein großes Wasserfest, ein Jubel, eine Freude. Freude pur! Und heute am 26.2. haben wir die 2, die Polarität, dann die 6, wow, Anbindung an das Mystische, was wir nicht greifen können, auf das wir jedoch jederzeit zugreifen können. Das Mystische, das dunkle, das unendliche Feld der Möglichkeiten ist jeden Augenblick präsent um uns herum. Und wir dürfen uns einlassen auf dieses Feld, alles loslassen und dem großen Geist, diesem riesigen unendlichen Feld der Möglichkeiten die Regie übergeben. Es ist gigantisch und dann in dieser Unendlichkeit, 2 + 6 die Acht, spürt ihr es auch? Wir können die Energie mit der Hand, mit dem Arm noch verstärken, die liegende Acht malen und uns einstellen auf dieses unendliche dunkle wundervolle Feld des Unbekannten. Umarme deinen Verstand und sage ihm, er kann vertrauen. Atme und sei präsent in diesem Feld. Es ist unendlich und das macht uns diese Acht deutlich. Wenn du mit dem Arm, mit der Hand die liegende Acht gemalt hast, fühle kurz hinein und übe dann mit dem anderen Arm, der anderen Hand. Es ist unendlich, es ist alles da in diesem Feld um dich herum. Nimm es wahr. Sei dir bewusst, dass du jederzeit aus diesem Feld schöpfen kannst. Und nun fühle auch den anderen Arm, die andere Hand. Das wünsche ich dir für diesen Tag, dass du die Unendlichkeit fühlen kannst. Ich wünsche dir einen wundervollen Tag. Alles Liebe. Tschüss.

2. März 2023

Aus dem Dunkeln ins Licht

Einen wunderschönen guten Morgen wünsche ich euch heute am 2. März, dem 3. Monat in diesem Jahr 2023. (Atmen) Vielleicht spürt ihr schon, ich schaue ganz gespannt schon auf morgen, ach nein brauchen wir ja nicht, doch morgen ist ein wunderschöner Tag, der 3.3.2023. Doch heute … die zwei, die Polarität, die uns immer wieder daran erinnert, Gut und Böse, heiß und kalt, Tag und Nacht … Ich hoffe ihr habt gut geschlafen. Wir hatten gestern wieder unsere Montagsmeditation bei mir im Wohnzimmer und das hat mich dann mega gut schlafen lassen. Dann kommt die drei, dieser wundervolle Katalysatormonat. Die drei durchzieht den ganzen Monat, sodass die Menschen immer stärker diese Polarität entdecken und dann in die Balance gehen dürfen. Ach ja, über Balance hörte ich gestern auch etwas. Und zwar über die fünf Säulen, die ein Nachfolger von Pfarrer Kneipp aufstellte. Die fünf Säulen der Gesundheit, das war mega. Zum einen sind es die Pflanzen, dann das Wasser, die gesunde Ernährung, die Bewegung und die Balance. Und das passt jetzt auch zum heutigen Datum, die Balance finden. Die Balance zwischen den Polen und auszuwählen, was ich gerade brauche. Manchmal gibt es ja die gesunde Wut, oder den heiligen Zorn. Manchmal brauche ich diese Energie um auch mal nein zu sagen. Gerade jetzt brauche ich sie sehr extrem, weil wir noch an den alten Systemen haften, weil wir noch hilflos rufen: Wir müssen … Steuern oder GEZ bezahlen, zum Beispiel. Doch es gibt immer Wege herauszukommen und manchmal braucht man doch noch die Wut, um rauszugehen und um Nein zu sagen. Jeder einzelne darf dies immer wieder für sich jeden Augenblick neu erfahren, entdecken, einatmen, ausatmen. Und schon bin ich wieder in der Ruhe und es gibt so viele Möglichkeiten. Gestern erzählte die Dagmar vom Klopfen; und so findet jeder seinen Weg, um wieder in die Einheit zu kommen. Dagmar brachte gestern auch ein Beispiel aus der Tierwelt. Diese Energie, die Ausschüttung von Adrenalin, ist wichtig. Die Gazelle zum Beispiel begegnet einem Löwen und rennt um ihr Leben. Sie setzt dabei so viel Adrenalin frei, dass sie davonkommen kann. Und wenn sie dann entkommen ist, dann schüttelt sie sich und dann ist es wieder gut. Und was machen wir Menschen. Wir hängen dem noch nach. Oh, was war gestern …! Es ist ein Lernprozess für uns alle. Wenn also etwas passiert, atme einfach ein und aus. Thymusdrüse klopfen ist auch sehr gut oder natürlich die acht mit den Händen kreisen. Ich schaue nochmal auf das Datum. Oh, wir sind bei der 12, die mich immer an die 12 Stränge der DNA erinnert, die letztendlich natürlich auch eins sind. Es steckt unheimlich viel Potential in dieser Einheit in diesen 12 Strängen. Denn wir wollen natürlich nicht unseren Verstand vergessen, den wir füttern dürfen mit den Erkenntnissen, die wir aus diesen

12 Strängen der DNA nehmen. Also ein wundervoller Tag. Ich freue mich schon auf meinen morgigen Lieblingstag. Ich wünsche euch einen wundervollen Tag. Habt euch alle lieb. Ich habe euch auch mega lieb. Umarme vielleicht auch mal Menschen, die du noch nicht so gut kennst, auch sie sind eins mit dir.

16. März 2023

Wir schöpfen aus dem Vollen

Einen wunderschönen guten Morgen wünsche ich euch heute am 16.3.2023. Es ist irre wie so ein Kollektivgedächtnis funktioniert. Irgendwie fühle ich, dass am 16. März vor vielen Jahren etwas Schlimmes passiert ist. 16. März, sagt mir etwas. Von der Zahlensymbolik her ist der 16.3. jedoch etwas Wundervolles. Nämlich, ihr wisst es schon. Wir haben natürlich wieder den Neuanfang mit der 1 dabei, dann die 6 die heilige Zahl, die uns in das Mystische führt und wie immer ist es so, dass es alles auf zwei Seiten steht. Auf der einen Seite das Mystische mit der positiven Energie, doch man kann das Mystische natürlich auch für andere Zwecke nutzen, wie es immer wieder in der Vergangenheit passierte. Ich denke letztendlich verkörpert dieses Mystische, dieses Unbekannte, dieses alles ist möglich, wirklich alles. Natürlich nur das, von dem du denkst, dass es tatsächlich sein kann und in dein Leben treten kann. Und vieles können wir einfach noch nicht glauben, da die intensive Prägung in der Kindheit, in den ersten sieben Jahren stattfand. Und, ja, wir können es verändern und prinzipiell können wir es auch sofort verändern. Zum Beispiel auch über die Hypnose. Die Hypnose wird auch ein Feld sein, mit dem wir Menschen helfen können. Letztendlich dürfen wir uns einfach bewusst sein, dass es schon eine Hausnummer ist, nach all dem, was in der Vergangenheit geschah. Da kann es passieren, dass wir durch diese Prägungen immer wieder abrutschen. Jochen sagte neulich: Es kann einfach nur gewesen sein, dass du als Kind etwas Tolles machtest und unabhängig von deinem Wirken schrie zum Beispiel im Hintergrund der Papa wütend. Dann hast du dieses, was du machtest verbunden mit dem Schreien des Papas. Und Papa und Mama sind ja sehr eng mit dir verbunden. Und diese Verbindung führte dann dazu, dass du in deinem späteren Leben, wenn du etwas Tolles machst, es mit diesem Schreien vom Papa verbindest. Wahrscheinlich ist es dir nicht bewusst. Doch es ist da. Das Schöne ist, wenn man es dann löst, und mittlerweile gibt es so viele Wege, dann darf es gehen. Ich werde mittlerweile zugeschüttet von Menschen, die mir erzählen, dies kann man machen, jenes kann man tun. Ich selbst begegnete so vielen Methoden, Möglichkeiten, dies zu lösen und alles ist gut. Alles hat seine Berechtigung. Ich beschäftigte mich zum Beispiel eine Zeitlang mit den Steinen. Auch wundervolle Energien. Ich trug lange Zeit einen mega Stein in meiner Hosentasche, irgendwann schenkte ich ihn meiner Schwester. Dies sind alles Wege, um rauszukommen, doch letztendlich muss es jeder selbst tun. Sich einfach in dieses Feld, in diese Dunkelheit, in das Mystische hinein zu wagen, um dann zu spüren: Wow, ist ja geil. Ich verbinde mich damit und erschaffe mir ein neues Leben, eine neue Zukunft, sodass ich ein neuer Mensch bin. Das geht über die Zirbeldrüse. Beschäftigt euch mit der Zirbeldrüse. Ja, sie ist wohl verkümmert. Doch kein Thema. Wir können sie wieder aktivieren. Jeder einzelne von uns kann sie aktivieren, um dann in der Göttlichkeit zu SEIN. Diese Göttlichkeit ist einfach mega normal. Du wachst dann früh auf und überlegst einfach, was du erleben möchtest. Oder du lässt dich einfach auf das Leben ein. Ich bin reich beschenkt. Ich kann atmen. Ich kann mit diesem Atem, mit dieser wunderbaren Luft erschaffen. Dann kommt vielleicht die Sonne raus. Oder wie bei mir heute. Es war mega kalt, das Wasser bei den Hühnern war eingefroren, doch ich erkannte die klare, erfrischende Luft, die ich zum Atmen zur Verfügung habe. Reich beschenkt! Ich bin überzeugt, dass wir von der Natur mega lernen dürfen und ich freue mich darauf, zum Beispiel die einzelnen Kräuter kennenzulernen. Danke an Martha, an Netti und all die anderen, die sich intensiv damit beschäftigen. Vom Wissen her zieht es mich da irgendwie nicht hin, doch ich habe ja euch. Dann haben wir heute die 7, die Göttlichkeit, mega. Wenn wir zusammenzählen kommen wir auf die 10, da sind wir wieder im Neuanfang, plus die 7 ist die 17 und die 17 führt uns direkt zur Quelle. So kann man dieses Unbekannte, diese Dunkelheit auch nennen. Es ist die Quelle, aus der wir schöpfen, aus dem Vollen. Immer wieder neu, jeden Augenblick, jetzt und hier und immerdar, kommt mir da gerade. Oh, da war doch etwas, ich glaube ich rutschte wieder mal in die Kirche. Obwohl sie eigentlich gerade ziemlich fern ist. Früher war es so, dass ich nur ein Wort hörte und schon war ich im Ritus, den die katholische Kirche erschuf, drin. Ich wünsche euch einen wundervollen Tag. Einen Tag voller Neuanfänge. Ich hab´ euch lieb. Tschau.

25. März 2023

Wir sind gesegnet

Einen wunderschönen guten Morgen heute am 25.3.2023. Bei meiner Tasse Kaffee im Bett und Vogelgezwitscher ist es einfach nur himmlisch. Ist dies das Paradies? Ja, Ja, Ja. Gestern hatte ich tatsächlich solch eine Euphorie, da das mit dem Gesundwerden so schnell klappte. Ich wache früh auf und denke erst: Ach du Schande, das schaffst du ja nie. Und schon nach wenigen Tagen wache ich auf und fühle mich wie neu geboren. Ich analysierte noch ein wenig und merkte, dass ich immer noch die Angewohnheit habe, sobald ich aufwache: Klar, erst mal atme, mich freue; doch wenn es dann irgendwo wehtut, denke ich: Oh! Und diese Kleinigkeit: Oh! ist zwar nur eine mini-fuzzi Angst, doch auch wenn sie mini-fuzzi ist, ist sie doch da und dies dürfen wir nicht unterschätzen. Voll witzig, während ich das tippe, kam sie doch glatt gleich hoch (lach). Ich merke dann einfach, dass ich noch in der alten Programmierung verhaftet bin. Wir dürfen es nicht unterschätzen, gerade wir „Älteren", … oh wir dürfen uns mal ein neues Wort dafür ausdenken. Das Wort alt einfach transformieren in weise. Wir sind einfach schon ein wenig länger auf dieser wundervollen Erde. Ja, wir reifen Menschen dürfen uns dieser Programmierungen bewusstwerden und sie dann auflösen mit welchen Mitteln auch immer. Für mich ist Joe Dispenza gerade die beste Möglichkeit, um mich umzuprogrammieren. Wirklich programmieren auf Liebe, auf Frieden, auf Glückseligkeit, ja auf dieses Feld, sodass ich bewusst einatme und wieder ausatme. So denke ich: Wow, da ist ja ein riesen Feld um mich herum mit allen Möglichkeiten. Dann schaue ich so hinaus, vor allem beim Autofahren und denke nur, wie schön. Ihr merkt schon, es ist eine Art Erweiterung. Natürlich komme ich da weiterhin mit dem Atem hin, doch wenn ich jetzt regelmäßig meine Meditationen mache, reicht es einfach, wenn ich mich an das Feld erinnere. Doch am Anfang stehen für mich diese Meditation, das sich einlassen auf das Feld, indem man sitzt, und die Dunkelheit und dieses unendliche weite Feld auch wirklich mit dem ganzen Körper spürt. Joe Dispenza hat mega Meditationen, sodass das alte Programm transformiert werden kann. Das alte Programm läuft aus, weil wir sehen, dass es uns nicht mehr dient. Dann spielen wir sozusagen ein neues Programm auf, das sich aus reiner Liebe, reinem Frieden, reiner Glückseligkeit, aus reinem Ich bin, ich bin machtvoll, ich bin kraftvoll, ich bin Schöpfer, ich bin pures Leben, ich bin pure Energie, ich bin alles was ist auf Erden und im Himmel, nährt. Ich wünsche euch einen wundervollen 25. März 2023. Tschüss.

4. April 2023

Das Mystische finden und aktivieren

Einen wunderschönen guten Morgen wünsche ich euch heute am 4.4.2023. Ein wundervoller Tag, der Himmel ist blau, nur ein paar Streifen sehe ich, ansonsten nur blau. Vielleicht wird es heute auch ein paar Grad wärmer. Gestern war ein kalter herrlicher Tag. Sonne satt. 4.4. … die 4, 2 x 4, da geht's um Struktur pur, um Ordnung und das Annehmen der Struktur, nicht mehr hadern, und dann fließen lassen. Zum Beispiel fühle ich mich in runden Häusern so wohl, wie zum Beispiel beim Bene oder in der Schule in Steinfeld. Ja, ich fühle mich mega wohl, doch die meisten Häuser sind nun mal vier- bzw. rechteckig. Ich fühle mich tatsächlich jetzt auch wohl in einem eckigen Haus. Da fühle ich Ordnung und Struktur. Wenn man zum Beispiel in einem runden Haus etwas stellen will, ist es schwierig. Als 20-jährige schaute ich mir mal eine schöne Wohnung an mit einem Erker. Das Wohnzimmer hatte einen sechseckigen Erker. Wenn man es verbinden kann ist das genial. Oder wie bei Rose und Günter. Sie haben auch ein paar runde Anteile im Haus. Letztendes führt uns jedoch die Struktur und die Klarheit und die Ordnung ins SEIN. Denn unser rationaler Verstand braucht ja auch Futter und er liebt die Ordnung, er liebt Struktur und Klarheit. Er mag natürlich auch sehr gerne die Zeit, denn dann kann er planen. Unser Verstand plant für sein Leben gerne. In der neuen Zeit ist es jedoch so, dass man irgendwie nichts mehr planen kann, es geschieht alles aus dem SEIN heraus. Doch ist das auch wieder ein Trugschluss? Ich kann doch aus dem Hier und Jetzt heraus trotzdem planen. Und meinem Verstand Futter geben und das führt uns dann zur acht. Da kann ich gleich wieder meinen Körper mitnehmen und die liegende Acht formen und die sieben und die acht ergibt 15 und sie wird zur sechs, zur Heiligkeit. Die sechs ist aus dem Grund eine heilige Zeit, da sie mit dem Unbekannten, mit dem Mystischen, mit all dem womit der Verstand nicht so viel anfangen kann, erschafft. Und alles ist o.k. Der Verstand macht seine Aufgabe und die Intuition, das Herz … macht ihr Ding. Gemeinsam ergibt dies Genialität. Und dieses Mystische, das Unbekannte, aus dem alles möglich ist, ohne Raum und Zeit, dies symbolisiert die sechs. Körperlich findet sie ihren Ausdruck in der Zirbeldrüse und da darf ich immer wieder zu mir selbst finden. Gehe in die Meditation, und ihr wisst ja, Meditation ist nichts anderes als atmen und bei sich zuhause ankommen. Ich darf die Zirbeldrüse vergrößern, entkalken, aktivieren. Und meine Meinung: Es ist wichtig, dass wir das aktiv tun. Dann werde ich es mal tun. Ich wünsche dir einen wundervollen Tag. Alles Liebe. Hab dich lieb. Tschau.

Rekalibrierung

„Ich akzeptiere die Rekalibrierung. Egal, was gerade in meinem Körper ist, es kann verschwinden! Wenn es nicht stimmig ist, kann es verschwinden. Ich stehe als ein Teil des Göttlichen auf diesem Planeten – weise, stimmig und hierher gehörig. Dies ist meine Zeit. Zellstruktur, höre: Wenn etwas nicht stimmig ist, lass es verschwinden. Wasche es mit den Schlacken weg. Scheide es aus, weil es nicht als stimmig betrachtet wird, denn es passt nicht zur Energie der Liebe Gottes. Lass nur Mitfühlendes in mein Bewusstsein eindringen."

4. Mai 2023

Was ist Realität und wie entsteht sie?

Einen wunderschönen guten Morgen, ihr Lieben heute am 4.5.2023. Starten wir den Tag doch einfach mit Einatmen – Ausatmen. Und lassen wir uns damit Zeit. Atmen wir lange ein und genauso lange oder vielleicht noch länger aus. Und merkt ihr etwas. Es atmet mich. Es geschieht einfach ganz von alleine, denn es hat Struktur, es hat Sinn. Ohne Atem kein Leben. Und vielleicht sagen jetzt einige: Na ja, ohne Wasser und ohne Nahrung usw. geht es nicht. Mag sein, dass es schwierig wird für den Körper, dann noch lange zu existieren. Das sehen wir ja an unseren wunderbaren Pflänzlein. Wenn man sie nicht gut behandelt und vergisst, sie zu gießen, dann kann es passieren, dass sie schnell wegnibbeln. Leider hat mich das zwei Artischocken gekostet. Letztlich ist jedoch der Atem das Wichtigste (grins) und dann haben wir die vier, die Struktur, die fünf steht genau neben der vier, d.h. die fünf wird auch immer wieder von der vier beeinflusst. Und wir haben fünf Finger, fünf Zehen am Fuß, darüber könnte man auch mal nachdenken. Ich erstellte gerade die 15. Playlist mit wunderschönen Mantras von Deva Premal für meine Meditation. Lassen wir uns nun ein auf das große Feld um uns herum. Stelle dir heute einmal folgende Fragen. Was ist Realität? Wie entsteht Realität? Was ist Wahrnehmung? Wer ist das Ich, dass jetzt gerade diese Zeilen liest? Was ist Bewusstsein? Was ist die Quelle von allem? Ich sah mir vorhin von Benjamin Maier ein Video an. Es ging darum Blockaden zu

Wer die Gegenwart genießt,
hat in Zukunft eine wundervolle Vergangenheit

lösen, die sich in meinem Verstand festsetzten. Er erklärte es wunderbar. Es ist nicht der Verstand selber, der da dagegen schießt, sondern es ist das, womit ich den Verstand füttere und wenn ich auf meinem spirituellen Weg bin, ... ja, dann lass uns doch den Verstand mit wunderbaren Dingen füttern. Er stellte diese Fragen, und du kannst feststellen, wenn du dir diese Fragen stellst und ihnen auch nachgehst, findest du immer mehr Antworten. Und das Schöne ist: Ich kann das an meinem eigenen Leben so gut nachvollziehen. Ab Oktober 2006 verstand ich die Welt überhaupt nicht mehr. Ich war am Ende und dann machte ich mich auf den Weg. Und ich fütterte meinen Verstand mit allen möglichen Sachen. Und nun, so schön zu sehen: Ich fütterte ihn wohl mit den richtigen Dingen, sodass ich sagen kann, und es ist nicht überheblich gemeint, der Verstand ist ruhig. Der Verstand ist im Einklang mit meinem Herzen. Und das ist ein wunderbares Gefühl. Doch bis es dazu kam, musste ich ihn erst einmal füttern. Er wollte begreifen, er wollte mit, er wollte nicht auf der Strecke bleiben. Und am Anfang verteufelte ich ihn immer wieder. Doch irgendwann wurde er zu meinem besten Freund und jetzt freut er sich mit mir. So wünsche ich euch heute an diesem Ordnungstag viel Freude in der Ordnung, Freude in der Klarheit, Freude im Sein, sodass ihr den Weg in die Göttlichkeit, also in die 2023 heute jeden Augenblick seht, findet und dann geht. Alles Liebe. Bis bald. Tschüss.

11. Mai 2023

Ich bin zufrieden

Einen wunderschönen guten Morgen, ihr Lieben heute am 11.5.2023 um 7:17. Wow, das sind doch mal Zahlen. Zahlen der Erkenntnis, Zahlen der Schnelligkeit, viele Siebener und natürlich die 17, die uns daran erinnert, dass alles aus der Quelle kommt. Das was wir im Außen sehen und welche Empfindungen wir darüber haben, das sind alles nur Projektionen aus unserem Inneren. Das ist gut so. Denn nur so sind wir in der Lage hinzuschauen, und erst einmal zu erkennen, wer wir wirklich sind. Und dann? Dann kann ich überlegen, ist es o.k. so wie es ist. Bin ich mit allem zufrieden? Wenn dann ein ja kommt, darf ich mein Leben aus der Quelle heraus jeden Augenblick gestalten. Wenn ich jedoch noch das ein oder andere Komische finde, dann darf ich es ändern, wenn ich will. Ich kann es mir anschauen, ich kann in die Tiefe gehen und mir eine neue Realität, eine neue Zukunft (lach) erschaffen. Und Gott sei Dank ist es wirklich sehr einfach. Für mich persönlich ist es am leichtesten, mich dem ganzen hinzugeben und aus der Quelle heraus einfach zu sein.

Ich baute mir gerade so eine kleine Welt auf, in der alles so läuft und damit bin ich sehr zufrieden. Und ich glaube wirklich, das ist das Wichtigste. Ich treffe immer mehr Menschen, die zu mir sagen: Du, ich bin zufrieden. Der erste Mensch bei dem es mir bewusst wurde, war Richard, mittlerweile verstorben. Ein sehr alter Mann, der lange Jahre mit uns sang. Wir hatten einen schönen Kreis, in dem junge und ältere Menschen gemeinsam sangen und auf Instrumenten spielten und da war Richard lange dabei. Später meinte er, es klappt nicht mehr so mit der Stimme. Doch ich traf ihn immer wieder und fragte ihn: Und, wie geht's dir Richard? Und er sagte immer: Ich bin zufrieden. Und genauso kam er auch bei mir an. Seitdem treffe ich immer mehr dieser Menschen. Und ich denke, das ist etwas in mir. Ich bin zufrieden. So wünsche ich auch dir, dass du jeden Tag, jede Stunde, jeden Augenblick zufrieden bist. In Frieden bist mit dir selbst. Und wenn du mit dir selbst in Frieden bist, bist du es auch mit der ganzen Welt. Alles Liebe. Tschüss.

18. Mai 2023

Die Brücke zwischen den Welten

Einen wunderschönen guten Morgen, ihr Lieben, heute am 18.5.2023 um 7:24. Ich hoffe, es geht euch auch gut. Ich nehme stark an, dass auch ihr die Veränderung spürt. Es ist nicht immer ganz so einfach (lach), wie ich es immer so sage. Eigentlich ist es natürlich einfach. Ihr wisst ja, Einatmen – Ausatmen. Jeden Augenblick ein Neuanfang, der immer fließt mit der Acht und es darf sehr schnell gehen, dass sich diese komischen Energien, die in unseren alten Systemen aktiv waren, auflösen. Wir sind gerade, wahrscheinlich alle, zwischen den Welten und wandern immer hin und her, und je nachdem wie stark wir im 3D Bewusstsein sind, wird es uns beeinträchtigen. Auch hängt es damit zusammen, mit welchen Menschen wir uns umgeben. Man spürt dann in diesem 3D Bewusstsein, dass es nicht so einfach ist. Ich merke dann, dass da noch ein kleiner Widerstand ist, der mich davon abhält komplett loszulassen, mich komplett dem großen Geist, dem Quantenfeld, dem unendlichen Feld, zu überlassen, mich hinzugeben und zu vertrauen. Und ja, das ist manchmal nicht ganz so einfach. Aber es wird immer einfacher. Ich spüre, es gibt eine Brücke, die uns in den nächsten 10 – 20 Jahren begleitet. Diese Brücke wird immer breiter, sodass es leichter ist, hin und her zu gehen, also mal rüber und hinüber zu gehen, in den verschiedenen Bewusst-Seinen zu wechseln. Dies funktioniert zum Beispiel auch über die Zahlen, wie wir sie zum Beispiel heute haben. Jeden Augenblick jetzt, jetzt, jetzt – Neuanfang und vollständige Präsenz. Wenn ich in diesem jetzigen Augenblick ganz präsent bin, dann ist dieses rüber und hinüber, dieses 3D oder materiell behaftet sein, die Brücke zum Geistigen, zum Seligen, total leicht und locker begehbar. Dann macht es einem nichts mehr aus, dann kann man das mit der liegenden Acht immer wieder fließen lassen. Und dann sind es auch keine großen Spitzen mehr, letztendlich besteht ja diese Energie nur aus Frequenzen und wenn es noch ein wenig schwierig ist, dann sind die Spitzen teilweise noch sehr hoch, sodass es auch noch wehtun kann. Wenn ich jedoch das Ganze mit der liegenden Acht immer wieder fließen lasse, dann ist es einfach so ein Fluss, der manchmal vielleicht noch Wogen hat, doch ich gebe mich ihm hin, so komme ich leicht durch. In unserem schönen Monat Mai geht alles schnell, das sieht man gerade vor allem an unserer Natur, das ist echt der Hammer. Wenn ich mit dem Auto durch den Wald fahre, oder durch die Landschaft, so sehe ich ein Paradies voller Kräuter, Bäume … Es explodiert gerade mit dieser fünf. Und dann natürlich die Göttlichkeit, die wir immer mehr entdecken und natürlich auch leben. Was das Fantastische ist, es wird uns immer mehr bewusst, welch wunderbare Werkzeuge in uns sind, und wir lernen immer mehr damit umzugehen. Wir werden immer sensibler und spüren: Aha, ok, ich bin wieder präsent, was letztlich alles ist, präsent im Augenblick. Und aus dieser Präsenz heraus entwickelt sich dann der nächste Augenblick und der nächste und der nächste. Dann wünsche ich euch heute an diesem wundervollen Tag Präsenz. Die Sonne scheint, ein gelbes Rapsfeld liegt vor mir und der Garten mit den wunderschönen Bäumen, ach Christi Himmelfahrt ist heute. Dann wünsche ich euch eine Himmelfahrt bzw. ein leichtes Wandern über diese Brücke über 3D, 4D, 5D, keine Ahnung wie hoch ihr hinaus möchtet. Alles Liebe. Tschüss.

Botschaft der Sirianer

„… Ihr durchlebt besondere Zeiten, und wir sind mit euch! Wir danken den Pionieren der Lichtarbeit für ihren Einsatz – eure Zeit ist JETZT. Stetig nähert ihr euch den Höhepunkten eurer Wandlungszeit – ein Grund für jubelnde Freude und Dankbarkeit in den Welten des Bewusst-SEINs.

Segnet alles, was war, ist und sein wird – in den illusionären Zeitvorstellungen eures bisherigen Lebensraumes. Segnet euer SEIN, HIER, JETZT – und taucht durch alle sorgenvollen Gedanken in euren gemeinsamen Herzensraum des Friedens! Spürt ihr die vibrierende Liebe, mit der wir euch segnen, umhüllen und grüßen? Sie wird JETZT wirksam – genau HIER! Vorausgesetzt – du reichst ihr deine Hand, du geliebtes Menschenwesen. DU SELBST BIST Teil dieser LIEBE. Durch dich formt sich die Schöpfung – gemäß deinem Wollen und Wirken, und im Einklang mit dem Grad deines Bewusst-SEINs. Ruhst du im Bewusst-SEIN der Liebe? Gestaltest du dein Leben in ihrem Geist? Betrachte dich ohne zu urteilen, und erlaube der Liebe,

> Ich bitte die Quelle allen SEINs, meine DNA-Verzerrungen und Implantate zu korrigieren.
>
> Ich bin jetzt geheilt und weiß, dass es wahr ist.
>
> Ich akzeptiere das Geschenk meiner Neu-Werdung in Liebe und Dankbarkeit.

dich zu erfassen, zu formen, zu heilen und zu durchströmen – soweit du möchtest! Sprich deine Erlaubnis dafür JETZT aus, wenn sie für dich stimmt. Wiederhole sie, und lass dich von der LIEBE geleiten, die DU BIST!"

9. Juni 2023

Erkenne in allem die Vollkommenheit

Einen wunderschönen guten Morgen wünsche ich euch heute am 9.6.2023. Ich habe das Gefühl, es wird weniger mit den Impulsen und doch hat es mich jetzt wieder gezogen, euch mal zu grüßen, euch einmal ein paar Worte zu schicken. Der 9.6.... ah, die neun ist ja die Vollendung, die sechs steht für die Heiligkeit und die sieben für die Göttlichkeit. Dieser Tag heute birgt die Vollendung in jedem Augenblick. Du kannst sie spüren, indem du dein Ego, deinen Verstand, deinen Körper und all das, was du hast, doch nicht bist, beobachtest. Dein Atem darf kommen, bleiben und wieder gehen. All das, was im Prinzip außen von dir ist, aber auch die Gedanken, Gefühle und Sinneseindrücke, darfst du beobachten. Und in der Beobachtung wirst du stets die Vollendung sehen. Immer wieder Vollendung. Einheit – Ganzheit – Heiligkeit – Göttlichkeit. Immer, immer, immer wieder. Egal, ob es das Zwitschern der Vögel ist, das du mit deinen Sinnen hörst, es ist nur ein Hören. Du beobachtest. Du hörst. Höre so intensiv wie es dir möglich ist und spüre die Vollendung in jedem Zwitschern, in jedem Sonnenstrahl der durch dein Fenster strahlt. In jedem Blick in den Spiegel, wenn du dich selbst, deine Schönheit betrachtest, spüre die Vollendung. Wenn ein Gedanke kommt … was mache ich nachher, wen treffe ich nachher, wie bereite ich mich vor …, spüre auch da die Vollendung, indem du einfach nur den Gedanken beobachtest. Das bist nicht du. Du bist viel mehr. Du bist Teil der Göttlichkeit. Du bist heil. Du bist reinstes Bewusstsein. Du bist reinste Glückseligkeit. Beobachte und genieße die Vollendung und erkenne in allem die Heiligkeit, die Göttlichkeit. Ich wünsche dir einen wundervollen Tag. Tschüss.

Schätze dein Leben und die Quelle deiner Herkunft.

Vergiss nie wie schön und gütig du bist und
zu welchem Zweck du auf Erden weilst.

Das Leben ist (nicht) einfach, deshalb kann man leicht
das Wesentliche aus den Augen verlieren.

Vertraue darauf, dass du erkennst, was wirklich wichtig ist.

Tue jeden Tag zumindest einmal etwas,
das deinem Dasein Erfüllung schenkt.

Finde die versteckten Botschaften der Schönheit und Wahrheit.
Du kannst sie in jedem Baum, in jeder Blume, in jedem Menschen finden.

Wir alle sind einander eng verbunden.
Wir sehnen uns nach Zuspruch, nach Verständnis und Liebe.

6. Juli 2023

Vögel

Einen wunderschönen guten Morgen, ihr treuen Seelen. Ich bin gerade dabei, an meinem Buch zu schreiben bzw. tippte ich schon mal das alte Buch ein und ich werde noch einige Überarbeitungen vornehmen. Und nun will ich meine Sprachnachrichten, die ich seit Juni 2021 hier auf diesem Kanal freigab, abtippen. Irgendwie gefallen sie mir. Ich selbst hörte sie danach nicht mehr. Ich hörte dann eher aus meinen Büchern des Kanals „Spirituelle Hörbücher". Insofern ist es für mich sehr interessant. Vor zwei Jahren fing ich hauptsächlich mit den Vögeln an und das ist immer noch ein tolles Indiz. Gerade bin ich wieder im Housesitting bei Jasmin. Hier fühle ich mich rundum wohl. Es ist wundervoll, wie auch überall. So wünsche ich euch einen wundervollen Tag. Ich bin auf der Suche nach Worten. Gibt es noch etwas zu sagen. Ich glaube, irgendwie ist immer schon alles gesagt. Natürlich ist es wichtig, es immer wieder zu wiederholen, also Einatmen und Ausatmen. Das ist wohl tatsächlich das allerwichtigste. Sich dies immer wieder bewusst zu machen. Egal was passiert, egal, was in meinem Leben, in deinem Leben noch so alles auftaucht, wer oder was uns begegnet. Atmen, atmen, atmen. Ich spüre schon auch, ab und an kommen mal Leute ins Schwimmbad … (grins) doch dann verspüre ich keinen Impuls aufzustehen und mit ihnen zu sprechen. Sie schwimmen und dann gehen sie wieder, dann ist alles wieder gut. Ich gehe nicht mehr in Resonanz. Doch es werden immer weniger, da ich sie gar nicht anziehe. Dann wünsche ich dir einen wundervollen Tag. Ich freue mich natürlich aufs Wiedersehen mit euch. Ich habe euch lieb. Tschüss.

17. August 2023

Es wird sehr ruhig

Einen wunderschönen guten Morgen ihr Lieben. Ja ihr habt schon gemerkt, es wird sehr ruhig auf diesem meinem wundervollen Kanal und das hängt damit zusammen, dass ich sehr stark im Hier und Jetzt lebe und das macht was mit mir. Ja, ich kann es gar nicht fassen, es ist wirklich ohne Worte. Ich bin einfach, und das ist gut. Warum ich jetzt eigentlich die Sprachnachricht mache, weiß ich schon gar nicht mehr. Vielleicht, um einfach mal wieder ein Lebenszeichen zu setzen, ich bin da und wenn du einen Impuls hast, mit mir zu reden, dann ruf mich an. Es ist eine wundervolle Zeit. Ich bin jeden Morgen dankbar, wenn ich aufwache. Ich denke dann: Nie hätte ich mir vorstellen können, dass ich dabei bin bei diesem Wandel. Dieses „ohne Worte" zu spüren und komischerweise (lach) ist dann auch noch vor einer Woche das Buch von Christiane Hansmann bei mir eingeflogen: „Ohne Worte", und das ist so treffend, man kann es nicht mit Worten ausdrücken, und ja der Verstand will es und der Verstand sagt immer: Ja mach – tu –, und ich merke aber immer: Nein, es gibt nichts zu tun. Bin mal gespannt, ob ich es noch schaffe das Buch zu veröffentlichen. Eingetippt ist es schon mal und ich wollte noch was überarbeiten und dann meine Sprachnachrichten aus dem Kanal einstellen. Momentan funktioniert es noch nicht, das soll wohl noch nicht sein. Also alles Liebe, einen wundervollen Tag und wir sind alle miteinander verbunden. Ich hab` euch lieb!

18. Oktober 2023

Impuls nach langer Zeit

Einen wunderschönen guten Morgen wünsche ich euch. Vielleicht kennt ihr meine Stimme noch. Es ist lange her und ich bin auch noch nicht ganz sicher, ob es weitergehen wird. Heute Morgen hatte ich wieder so einen Impuls, einen Drang, was auszusprechen. Mir kam ein Gedanke und der ist glaube ich ziemlich wichtig. Wir sprechen seit Jahren darüber, dass wir über die Gedanken, Gefühle, Worte und Handlungen natürlich, Welt erschaffen, oder Zukunft erschaffen. Die Zukunft, die es eigentlich gar nicht gibt. Wir sprechen seit Jahren darüber, dass über die Frequenzen jeder Einzelne seine Welt, seine nächste Zukunft erschafft. Alles schön und gut. Wenn wir jetzt logisch weiterdenken, dann müsste doch zum Beispiel die aufgewachte Menschheit, … und es sind sehr viele – ich treffe eigentlich keinen mehr, der nicht schon zumindest merkt, dass etwas schiefläuft, … dann müsste doch die gesamte Menschheit schon längst wach sein. Wenn alle Menschen friedliche Gedanken denken, und dann wiederum wunderbare Menschen treffen, die den Frieden auf Erden leben … Oder? Naja, wenn wir ehrlich sind, dann ist da doch noch etwas Blödsinniges oder Gruseliges da draußen. Da ist mir die Macht der Worte eingefallen und wie sich Worte auch in einem festklammern können. Zum Beispiel fiel nach meiner 3. OP das Wort Stoma und ich dachte: Nein, nie mehr Krankenhaus, nie mehr mach ich das. Dieses Wort hat sich in mir so festgefahren. Jedes Mal, wenn in meinem Körper irgendetwas ist … – merkt ihr es? – Das ist wohl der Grund, dass es sich momentan wie ein Kaugummi zieht. Ich selber war vier Tage auf einer wundervollen Fortbildung, – bin jetzt Reha Übungsleiterin für Orthopädie. Wundervolle Menschen mit toller Energie waren dort. Jedoch wurden dort auch Missstände angesprochen und viele Krankheiten und selbstverständlich sprachen wir auch über nicht so schöne Dinge. Und wenngleich ich selbst nicht darüber sprach, so hörte ich sie doch und dadurch war ich nicht mehr in meiner vollen Kraft und kreierte dann Entsprechendes. Doch gut, ist ja auch nicht so schlimm. Ich treffe nie mehr einen bösen Menschen. (Gibt es sie wirklich?) Oder, wenn ich komische Energie in einen Menschen oder in einem Raum spüre, weiß ich genau wie ich damit umgehen kann.

Manchmal docken solche Menschen ganz schön heftig an und ich habe das Gefühl, das wird jetzt noch ein bisschen schlimmer, oder auch nicht? Nein, es wird nicht schlimmer, es wird leichter und das wollte ich gerne heute mit euch teilen. Wenn du möchtest, kannst du mir auch dazu gerne eine persönliche Nachricht schreiben. Also ich wünsch dir alles Liebe. Tschüss.

19. Oktober 2023

Weiter geht's ...

Einen wunderschönen guten Morgen wünsche ich euch heute am 19. Oktober 2023. Weiterhin ist es eine wundervolle, spannende Zeit. Vieles zeigt sich total neu und ich denke eine gewisse Problematik ist es, dass mit dem vollkommenen Neuem eine gewisse Unsicherheit verbunden ist. Das heißt, wenn wir so gar nicht wissen was auf uns zukommt, da wir es noch gar nicht erlebten, oder vielleicht mal vor vielen Leben – wer weiß – ist das schwierig. Ich merke immer wieder, dass ich gerne an Altem, an Gewohntem festhalte, das gibt mir Sicherheit. Aber ich freue mich dann auch, manchmal Dinge komplett anders anzugehen, oder sich entwickeln zu lassen. Es ist dann einfach schön und ich bin erstaunt, was sich alles vor mir auftut. Doch bis ich dann immer wieder ran gehe, ist gar nicht so leicht. Das einzige, bei dem du immer eine Garantie hast ist, dass es gut wird. Wenn du atmest, schön tief einatmest, drei oder vier Sekunden einatmest und genauso lang oder etwas länger, ausatmest. Langsam, ohne festhalten, einfach geschehen lassen. Einatmen – ausatmen, und in dem Moment bist du im Augenblick. In diesem Moment, in dem du nur einatmest und ausatmest und nur auf den Ein-Atem und den Aus-Atem schaust, schöpfst du, und zwar Ruhe, Stille und auch Kraft. Das ist alles in diesem Augenblick drin und natürlich noch viel mehr. Wenn dann diese Augenblicke vermehrt da sind, wirst du immer mehr Neues, vollkommen Neues erschaffen und ja, nimm dir immer wieder die Zeit es zu tun. Ich merke, umso mehr ich mit dem Außen verwoben bin, desto mehr muss ich auch wieder auf mein Inneres achten. Natürlich war es eine wundervolle Fortbildung in einer wundervollen Umgebung in Saulgrub in Oberammergau. Auch unsere Gruppe entwickelte sich super. Am Ende lagen wir uns alle in den Armen. Wir hatten auch Prüfung und Lehrproben. Es gab viele Augenblicke, in denen ich ganz viel spürte. Es wurde erzählt über Krankheiten, über Ungereimtheiten, dass in den Systemen nicht alles rund läuft usw. Ich war immer nur glücklich, dass nun endlich von der Welt, von den Menschen, erkannt wird, was wir alles Gruseliges gemeinsam erschufen .... Es machte etwas mit mir. Ich erschuf mir dadurch, dass ich Teil dieser Gruppe war, auch wieder komische Dinge, z.B. körperliche Dinge, die ich dann einfach wieder spüre. Ihr wisst ja, wenn die da sind, dürfen sie da sein, vollkommen in Ordnung. Ich schaue sie mir an: Hallo, ja da ist ein Schmerz, ich spüre dich, ja ich spüre dich heftig, alles gut, ich spür dich, du darfst da sein, es ist in Ordnung. Ich muss da nicht tiefer rein, aber zumindest spüren und atmen, dann kann es gehen. Ich wünsche dir für heute einen wundervollen Tag voller wundervoller Augenblicke, wundervoller Begegnungen, einfach voller Liebe. Tschüss.

20. Oktober 2023

Danke Andrea

Einen wunderschönen guten Morgen wünsche ich euch heute. Ja, was ich gestern sagte, war richtig gut. Der Gedanke mit dem Atem ist schon spitze, aber ja, mich rief dann gestern eine Freundin an, die es gehört hat, und so hatten wir eine schöne Diskussion. Heute Morgen muss ich ihr recht geben, ich war gestern ein bisschen nicht in meiner Kraft. Ich spürte Schmerzen, und dadurch war ich nicht dauerhaft in der Anbindung. Heute Morgen hörte ich schlicht und ergreifend einfach wieder einmal das Kybalion, und ich muss Andrea recht geben, vielen Dank Andrea. Es geht mir wieder wundervoll! Ich erfreue mich immer wieder an den geistigen Gesetzen, die es einem sehr leicht machen ein Meister zu sein. Es funktioniert über den Atem – Einatmen – Ausatmen -, und natürlich, wenn Gefühle da sind, dann muss ich sie natürlich nicht wegleugnen. Aber ich weiß ganz sicher, wenn da ein negatives Gefühl ist, dann ist auf der Skala auch das Positive da und über den Atem kann ich mich sanft wieder in das positive Gefühl holen und dann wieder das volle Leben spüren. Das volle Leben, dass ich selbst bin, dass ich in meinem Herzen trage, pures Leben, und das darf sich richtig gut anfühlen. Ich wünsche dir, dass du heute ganz viele solcher Momente hast, in denen du dankbar bist, freudig bist, zufrieden bist, lebensfroh bist, ja einfach nur BIST. Alles Liebe Tschüss

22. Oktober 2023

Aus dem Schwimmbad

Einen wunderschönen guten Morgen ihr Lieben. Heute wieder einmal aus dem Schwimmbad. Ich habe Wochenenddienst, d.h. bin gestern gegen elf Uhr raus, hab kurz in meinem Wohnmobil geschlafen und bin seit sechs Uhr wieder da. Mir geht es prächtig, obwohl ich gerne wieder mal spazieren gehen möchte. Das mache ich dann heute Nachmittag. Schwimmen ist auch mega gut. Wie geht es dir? Jetzt … jetzt … jetzt … (Atmen). Dieser Atem ist meiner Meinung nach das allerwichtigste. Wenn ich nicht mehr atmen kann, wird zumindest mein Körper rasch von dieser Welt gehen, oder vergehen. Also, achte immer wieder, immer öfter, auf deinen Atem. Ganz bewusst einatmen – ausatmen, ohne anzuhalten, und doch lang und tief. Dann gehe in die Beobachtung. Schau dir diesen Atem ganz genau an. Wie läuft das über die Nase, wenn ich Luft ansauge, wunderbare Luft ohne die Leben nicht möglich wäre. Ich sauge Luft durch meine Nase und dann in meine Lungen. Spüre da mal wirklich rein und werde dir bewusst, was da passiert, wenn die Luft in dich hineinfließt. Oder suche dir ein Körperteil, das sich gerade mal ein bisschen meldet und atme ganz bewusst, langsam und achtsam, in dieses Körperteil hinein. Das kannst du zum Beispiel auch machen, wenn du an einer roten Ampel stehst. Lege dann einfach die Handflächen aufeinander, drücke sie fest aneinander, atme tief ein und löse sie wieder beim ausatmen. Du wirst merken es geht dir richtig gut dabei. Und spüre vielleicht auch mal in deine Zirbeldrüse, wie fühlt sie sich an, spürst du, wie sie langsam lebendig wird, wächst und größer wird einfach durch Einatmen und Ausatmen. So nun wünsche ich dir einen wundervollen Sonntag. Ich darf heute Nachmittag meinen Enkelsohn besuchen und natürlich meine Tochter. Alles Liebe bis bald und Tschüss.

23. Oktober 2023

Alles darf sein

Einen wunderschönen guten Morgen ihr Lieben. Ich habe schon wieder eine neue Erkenntnis für mich. Genau darum geht es. Natürlich kann man anderen Tipps geben, was hätte mir geholfen, was war für mich gut usw. Letztendlich muss jeder Einzelne die Lösung oder das, was gerade in diesem Moment für sich gut ist, selbst in sich spüren und ja, das darf dann auch mal in die falsche Richtung gehen. Bei mir war es jetzt dieses Spüren. Ich merkte es vor vielen Jahren. Ich hatte zum Beispiel ein bisschen Kopfschmerzen und spürte dann einfach in den Schmerz hinein. Ich ging mit meinem Atem genau an die Stelle, atmete hinein und fühlte den Schmerz. Ich beobachtete zunächst: Wo ist der Schmerz, wie fühlt er sich an? Ich beschrieb ihn für mich, atmete ..., fühlte.... und schon nach ein paar Atemzüge war der Schmerz weg. Dies beschreibt

> *Ho`oponopono.*
>
> *Die Wortsilbe Ho`o enthält die Bedeutung „etwas tun", pono bedeutet, „etwas ausgleichen", in „Harmonie bringen", und „etwas korrigieren", die Verdopplung der Silben pono pono bzw. ponopono führt auf eine intensivere Vorgehensweise hin, somit hin zur „Vollkommenheit". So lässt sich Ho`oponopono auch als „der Weg zur Vollkommenheit", oder als Weg „zurück zu Gott" zum eigenen Herzen übersetzen.*

Davon bin ich überzeugt. Manchmal kommen jedoch noch so Sachen. Doch ich weiß, das ist wieder so ein aufgebauter Glaubenssatz. Alles gut. Ich darf jetzt nur SEIN. Und wenn wieder so ein Glaubenssatz kommt ... Dann atme ich, einatmen ... ausatmen. Egal was sich jetzt für mich in diesem Augenblick zeigt, ob das jetzt ein Gefühl ist, oder ein bestimmter Gedanke, das ist in Ordnung. Es ist einfach nur noch „ICH BIN", reinstes SEIN. Das übe ich jetzt und freue mich, dass ich diese Erkenntnis bekam und vor allem, dass ich merkte, es ist für jeden Menschen anders. Der Eine sieht das so, der Andere sieht das so, das ist alles richtig, absolut richtig. In diesem Sinne wünsche ich euch heute, dass ihr gut in euch hineinspüren könnt: Wer bin ich, was tut mir gut, und es dann auch leben könnt. Alles Liebe für euch. Schöne Zeit bis bald, Tschüss!

25. Oktober 2023

Geschehen lassen

Einen wunderschönen guten Morgen wünsche ich euch. Es ist tatsächlich alles wunderbar. Ich war gestern Morgen bei einer Art Heilsitzung und es war echt toll. Heute Morgen liege ich im Bett und spüre in meinen Körper rein und merke wie mein Körper mit mir kommuniziert und mir genau sagt, was ich tun darf. Wo ich meine Hände hinlegen darf, was gut ist. Dann war ich auch schon mitten in einem Thema. Meine Tochter hat Stillprobleme. Eigentlich ist genug Milch da, meine Tochter möchte stillen, das Kind ist gesund und eigentlich gibt es keinerlei Indikation. Trotzdem weint die kleine Leni an der Brust. Irgendetwas ist blockiert. Eigentlich dachte ich, das darf ich bei ihr lassen, doch dann hat mir Andrea gestern Morgen einen Tipp gegeben beziehungsweise mir gesagt: Vielleicht kannst DU es irgendwie lösen! Heute Morgen kamen mir dann solche Gedanken wie, meine Mama wurde nie gestillt, ihre Mama hat sie nur geboren und dann war sie getrennt von ihr. Und witzigerweise erzählte mir meine Mama immer, dass sie auch nie stillen konnte. Heute erzählt sie es anders, heute sagt sie, sie hat mich gestillt. (Lach) Aber egal. Jetzt war ich da einfach nur gelegen heute Morgen und spürte in meinem Körper rein. Ich ließ einfach geschehen, ließ heilen, und meine Hände legten sich wie von alleine an bestimmte Stellen, hauptsächlich an den Füßen. Ich ließ geschehen. Witzigerweise darf es einfach geschehen ohne Erwartungen, egal was dann im Außen tatsächlich passiert, es ist geheilt. Ich denke, das ist nur ein klitzekleiner Ausschnitt von dem, was wir in sehr naher Zukunft alles für uns selbst, und dann natürlich auch für die Ahnenreihe, für zukünftige Generationen, für die große Menschheitsfamilie, tun können, indem wir einfach in Frieden, in der Liebe, in der Gelassenheit, in der Achtsamkeit, sind. In diesem Sinne wünsche ich euch heute einen wundervollen Mittwoch – Tag der Mitte. Alles Liebe, Tschüss.

26. Oktober 2023

Findet Schöpfung immer statt?

Einen wunderschönen guten Morgen ihr Lieben! Entdecke die Schöpferkraft in dir. Ich habe gerade so einen Gedanken, den ich in letzter Zeit vernachlässigte. Wenn ich zum Beispiel über Schmerzen oder andere komische oder gruselige Situationen nachdenke, dann ist dies wohl nur ein Gedanke oder auch mehrere Gedanken, doch auch diese Gedanken fließen in mein System ein und lassen mich meine Welt erschaffen. Vielleicht ist es so, dass diese Gedanken, wenn ich gerade nicht so intensiv darüber nachdenke, auch nicht so stark manifestieren. Ich denke wir manifestieren immer über die Gedanken, Worte, Gefühle … Also immer, wenn ich etwas manifestieren möchte, muss ich erst einen Gedanken darüber haben, dann gehe ich in das Gefühl, als würde ich schon in dieser Zukunft leben oder bei Geld zum Beispiel, als ob ich dieses Geld schon hätte. Bei Geld klappt dies bei mir immer super gut. Zum Beispiel stelle ich mir dann einfach vor, wie von irgendeiner Stelle auf mein Konto Geld überwiesen wird. Allerdings verbinde ich mit Geld immer auch die Arbeit, d.h. ich kann mir nicht vorstellen, dass Geld zum Beispiel auf der Straße liegt oder an den Bäumen wächst oder so. Da ich jedoch die Arbeit immer mit Freude verbinde, ist für mich Geld verdienen eine Leichtigkeit. Ich gehe also in das Gefühl hinein: Wie würde ich mich fühlen, wenn ich das Geld hätte und dieses Gefühl spüre ich dann in all meinen Zellen überall, und ich spüre, wie es pulsiert. Du kannst es dir wie eine Maschine vorstellen. Im Biounterricht lernten wir tatsächlich mal von einer Art Maschine, vom Redoxapparat. Damit der Körper gesund arbeiten kann, braucht er Energie, es kommt ATP, war es, glaube ich, rein, dann arbeitet die Maschine, und dann ist das gut für den Körper. So ähnlich kannst du dir das auch vorstellen oder wie bei einem Computer, den du so programmierst, wie du es möchtest, dann fühlst du das Gefühl und dann ist gut. Na ja, so oder so ähnlich ist das mit der Manifestation. Auch die ganz subtilen Gedanken, zum Beispiel, wenn du dich viel mit Menschen umgibst, die ständig jammern oder die Krankheiten haben oder schlimme Dinge erlebten, sind das alles Gedanken. Natürlich will man Mitgefühl zeigen, doch letztendlich bist du dann mit diesen Gedanken, weil du mit diesem Menschen Mitgefühl hast, verbunden. Du bist dann mit deinen Gedanken voll bei der Geschichte und damit erschaffst du Welt, vielleicht wirklich nur ein bisschen subtil, weil du nicht unbedingt in das Gefühl des Leidens mit hineingehst, aber es hat definitiv Einfluss auf dich. Ich beobachte es immer wieder bei mir selbst. Als ich vor 14 Tagen auf meiner Reha-Sport Übungsleiterausbildung vier Tage von früh bis zum Abend mit den unterschiedlichsten Menschen zusammen war. Jeder dieser wundervollen Menschen brachte jedoch seine eigene Geschichte mit. Ich unterhielt mich natürlich mit den anderen und dies machte dann etwas mit meinem Körper. Zum Beispiel gab es dann für mich die Tatsache, ich muss mich immer bewegen um gesund zu bleiben. Und da ich dies auch schon in der Vergangenheit immer wieder hörte, verstärkte dies den Glaubenssatz, den ich schon angelegt hatte. Wenn ich nun mal keine Zeit habe, mich zu bewegen, dann kommt sofort in meinem System das schlechte Gewissen. Ich muss mich doch bewegen, wenn ich gesund sein möchte. Doch es ist ja lediglich ein Glaubenssatz. Natürlich ist Bewegung gesund, doch wenn ich mal keine Zeit habe oder einfach nur auch mal länger chille, so ist das auch in Ordnung und führt nicht automatisch dazu, dass ich krank werde. Und so will ich mich eigentlich nicht mehr mit Menschen oder Situationen umgeben, die mit Krankheit oder mit anderem Gruseligen zu tun haben. Ich liebe das Leben, das heil SEIN, die Freude und das Glück. Ich wünsche euch einen wundervollen Tag. Alles Liebe.

30. Oktober 2023

Unsere Gaben

Einen wunderschönen guten Morgen wünsche ich euch heute am fast letzten Tag im Oktober. Ihr merkt schon, ich bin ziemlich sprachlos denn was jetzt jeden Augenblick, eigentlich immer schon, passiert, ist für mich sowas von unbegreiflich großartig, dass ich manchmal ohne Worte dastehe und je weiter ich die Augen öffne im Außen, aber tatsächlich ganz besonders im Inneren, und lausche in all meine Zellen hinein, desto ruhiger werde ich. Ruhig, gelassen und in der Sicherheit des SEINS geborgen. Gestern Morgen machte ich eine neue Entdeckung, eigentlich ahnte ich es schon lange, war jedoch immer wieder auch auf der Suche nach meiner Gabe. Natürlich hat man ja alle möglichen Gaben in sich, aber es gibt, und davon bin ich überzeugt, doch die eine Gabe. Wenn man sie entdeckt hat, braucht man nichts mehr. Alles andere kann man einfach tun. Ich ging gestern Morgen die Schwimmbadtreppe hoch, und plötzlich sagte ich zu mir selber: Das ist meine Gabe, wie genial, und stellt euch vor, das ist mehr wie genial. Meine Gabe ist es einfach nur zu SEIN und nach dieser Entdeckung lebe ich natürlich meine Gabe. Na eigentlich lebe ich sie schon sehr lange, doch spüre ich nun in mir ein neues Verhältnis zur Außenwelt. Einfach auch in der Außenwelt nur zu SEIN. Einfach aus dem SEIN heraus, das zu SEIN, das zu sagen, das zu tun, was raus will. Ihr könnt euch vorstellen, dass ich da ziemlich glücklich war oder immer noch bin. Ich weiß, wenn ich diese Gabe lebe, und dann in meinen Körper spüre, dann ist da alles gut. So wünsche ich auch dir, dass du deine

Gabe oder deine Gaben, es sind ganz viele, immer wieder neu entdeckst, und immer wieder lebst. Ich denke, es ist jetzt auch wichtig, Schritt für Schritt ins Handeln zu kommen, sich natürlich nicht zu überfordern. Dies waren heute Morgen so meine Gedanken, handeln … ich weiß ich darf ins Handeln kommen, jedoch in meiner Zeit, erlaube es auch dir. Alles Liebe, hab einen schönen Tag.

31. Oktober 2023

Wunderbare Augenblicke

Einen wunderschönen guten Morgen wünsche ich euch heute aus Schwebenried. Ich bin seit gestern hier im Housesitting und darf wieder auf die lieben Tiere aufpassen. Ein Meerschweinchen hatte schon wieder Probleme am Fell. Jasmin spülte es, es bekommt Medikamente und so weiter… Heute Morgen nahm ich es auf den Schoß und streichelte es. Ich habe den Eindruck, es geht ihm gut. Hier im Haus herrscht eine wundervolle Energie, meistens ist auch das W-Lan aus und dies spüre ich tatsächlich an meinem ganzen Körper. Habe ich euch schon erzählt, dass ich wieder letzte Woche, na ja eigentlich schon länger, schon im Sommer im Urlaub, beim Autofahren immer wieder Schmerzen in der Wade aus einem alten Trauma hatte. Vor 14 Jahren meditierte ich ein halbes Jahr lang die aufkommenden Schmerzen weg, und letztendlich war es dann ein Bandscheibenvorfall. Ich konnte dann nicht mehr laufen und hatte massivste Dauerschmerzen für sieben Tage. Das war nicht ganz so nett. Und in diesem Jahr im Sommer zeigte es sich wieder. Vor allem beim Autofahren. Ich fuhr damals vier Wochen mit dem Auto mit meinem Sohn an der Ostküste von Amerika. In letzter Zeit kam es auch immer wieder mal, und hier in Schwebenried ist es komplett weg. Heute Morgen klopfte ich meine Füße ab und streichelte die Waden. Wie ein Wunder, kein Schmerz, alles gut, nur alles heil und super. Ich bin sehr dankbar, diese Woche hier sein zu dürfen, auch wenn ich heute wieder Schwimmbaddienst und Diverses zu tun habe. Doch es ist einfach schön und ich glaube für mich, dass ich einfach noch mehr üben darf immer wieder im SEIN anzukommen, diesen Augenblick zu spüren. Und fühlen, welch riesige Kraft in diesem Augenblick liegt. Dann zu atmen, ganz ruhig zu werden und hinein zu atmen in diesen einen Augenblick. Ganz bei sich und der Welt zu SEIN und zu genießen. Denn wenn ich in diesen Augenblick hineinfühle, dann spüre ich nicht nur mich, meine Zellen, mein SEIN, sondern das große Ganze. Ich fühle mich verbunden mit allem was ist und das tut einfach nur gut. Mittlerweile weiß ich zu 100 Prozent, dass jeder meiner Gedanken, verbunden mit meinen Gefühlen, und meine Worte, die letztendlich nur aus Frequenzen bestehen, Einfluss auf meinen nächsten Augenblick haben. Ich muss dann immer grinsen, ja lachen. Ich freue mich, während ich in der Stille, in der Ruhe bin, und einfach nur spüre. Vielleicht gibt es Abstufungen: Wenn ich zum Beispiel einen Gedanken habe und verbinde damit ein starkes Gefühl zum Beispiel das Gefühl der Liebe, dann manifestiere ich das viel schneller als wenn ich nur subtil Gedanken aneinanderreihe. Dies ist auch schön, manchmal passiert es einfach noch, dass ich mich von der Außenwelt oder den Medien beeinflussen lasse und dann komische oder gruselige Gedanken in meinem Kopf erscheinen. Gut, ich darf auch diese Gedanken kurz beobachten und ziehen lassen wie Wolken am Himmel, um dann wieder den blauen Himmel zu sehen und die strahlende Sonne. In diesem Sinne wünsche ich euch einen wundervollen Dienstag. Gerade der Dienstag, wenn er schon so heißt, lädt uns ein zum Dienst an uns selber, aber auch an den anderen Menschen. Für andere da zu sein, für andere zu strahlen, anderen Menschen ein gutes Wort zu schenken oder ein Lächeln oder auch mehr. Alles Liebe.

1. November 2023

Herzportal

Einen wunderschönen guten Morgen ihr Lieben! Heute klappt es nicht so gut mit der Technik aber ich möchte euch heute etwas aus dem Buch von Christiane Hansmann Herzportal zukommen lassen. Ich tippte da mal ein paar Sätze ab, mit denen ich sehr in Resonanz gehe: Christiane erklärt wunderbar die verschiedenen Räume, in denen wir uns befinden und in denen wir reisen können. Es ist einfach wunderbar es Stück für Stück zu lesen, lass dir also Zeit, gehe, wenn du einen Teil gelesen hast erst mal in dein Herz und spüre nach. Für mich liegt da ganz viel Wahrheit. Ich bin sehr glücklich, dass ich mir das Buch kaufte, und so wünsche ich euch heute an diesem Fest Allerheiligen, ein ganz besonderes Fest, das uns daran erinnern will: Wir sind alle heilig. Alle Menschen, die gesamte Schöpfung, alles, was aus uns heraus entsteht und entstanden ist, ist heilig und so dürfen wir das auch sehen, alles Liebe.

Wir danken euch für eure Öffnung!

Unser Raum umhüllt euren Raum und doch seid ihr aus uns geboren, so wie wir aus der Wesenheit Gott geboren sind. So seht, auch ihr seid aus der Gottwesenheit geboren. Durch euer Sein spiegelt sich das Bewusstsein selbst. Das All-Eins-Sein kann sich durch euch erfahren. Dies ist die Schöpferkraft in Vollendung.

Die reale Erfahrung zu machen, von dem All-Eins-Sein gehalten zu sein, eröffnet euch eure eigene Unschuld, eure eigene Schönheit, euer eigenes Sein in Vollkommenheit. Ihr seid Wesen des Lichts, schon immer gewesen, auch wenn ihr die Wesen seid, die das Schattenuniversum kreiert haben.

So erlangt euer Bewusstsein die Möglichkeit, sich aus der Linie der Zeit zu lösen und in die fünfte Dimension zu tauchen, um die Raum-in-Raum Erfahrung zu erfahren.

Ihr Menschwesen in der Materiellen Ebene erschafft durch euer BewusstSein den Raum der Projektionen, der sich in eurem Inneren eröffnet. Durch das dritte Auge gelangt ihr in euer Inneres Universum der Unendlichkeit. Hier in diesem Raum wird das All-Eins-Sein gespiegelt. Die Reflexion allen Seins kann dort mit eurem Bewusstsein erfahrbar gemacht werden.

Die Materielle Ebene ist von besonderer Art und wir möchten euch erklären, warum hier in eurem Raum die Flut zur Ebbe wird, warum sich in eurem Raum durch euch Menschwesen die Fließrichtung des Bewusstseins dreht – von einer Fließrichtung von innen nach außen hin zu einer Fließrichtung von außen nach innen.

So strömt die Flut, die Entstehung der Räume in die Unendlichkeit aus.

Das Herztor der Matrix-Kopie wurde durch den Egomechanismus geschlossen, sodass die Entstehung eines weiteren Raumes in der Unendlichkeit des All-Eins-Seins gestoppt wurde. Kein weiterer Raum ist fähig, sich aus diesem Zentrum heraus in die Unendlichkeit hinein auszustülpen. Die Fließrichtung des Bewusstseins wurde durch den Egomechanismus gestoppt. Wie ein Stoppschild wirkt die Eihaut, die sich durch den Egomechanismus über das Herztor der Matrix-Kopie gelegt hat. Das Bewusstsein ist somit fixiert im materiellen Raum, abgespaltenes Bewusstsein ist entstanden. Der Bewusstseinsfokus erlebt sich im Ausdruck in einem abgetrennten Raum und wird zu einem abgespaltenen Bewusstsein. Hier blockieren sich die Bewusstseinsenergien und der Vorhang des Vergessens fällt.

2. November 2023

Spirituelle Hörbücher

Einen wunderschönen guten Morgen ihr Lieben ich habe gerade beschlossen den Kanal irgendwann zu schließen und nur noch auf meinem Kanal Spirituelle Hörbücher zu agieren. Ich wollte gerade was aufsprechen, da bin ich auf ein wundervolles Buch gestoßen, das ich mal vor zwei Jahren oder so eingelesen habe von Lee Carol: „Die 12 Stränge der DNA" und ich war selber ganz fasziniert. Es ist einfach nur in dem Kanal „Spirituelle Hörbücher" wundervoll und man kann da einfach reinscrollen, und dass, was man gerade hören möchte, wird erscheinen. Ich scrollte da gerade weiter und … Oh Organwesen! da habe ich auch mal was eingesprochen. Wie wundervoll, gerade ist da ein Problem mit den Füßen, ich lese es und es tut einfach gut, relativ schnell eine Lösung zu finden. Deshalb verweise ich jetzt auf diesen Kanal. Hier könnt ihr dann weiterhören. Viele von diesem Kanal sind wahrscheinlich schon drin. Ich stell den Link nochmal rein und würde dann auch ab und an eine Sprachnachricht drauf sprechen, einfach wenn es gerade passt, wenn es gerade gut ist und ich freue mich, wenn ihr da rüber wechselt. Das ist ein öffentlicher Kanal, der unter der Suchkategorie: Spirituelle Hörbücher auch frei zu finden ist. Gerade lese gerade ich von Christiane Hansmann das Herzportal, ein wundervolles Buch. Bis bald, ihr Lieben!

4.11.2023

Neue Erfahrungen

Einen wunderschönen guten Morgen wünsche ich euch. Es ist immer ganz komisch, ich wollte in den letzten Tagen schon Sprachnachrichten machen über dieses Instrument, dieses wunderbare Aufnahmetool hier am Computer, und es hat einfach nicht funktioniert. Wahrscheinich sollte es einfach nicht sein, ich habe keine Ahnung, oder doch, ja, wenn ich es brauche, wenn es richtig stimmig und wichtig ist, dann steht mir alles zur Verfügung und ich weiß, es ist eine riesen Herausforderung für uns alle. Ich denke vor allem an die älteren Menschen, die einfach ganz lange geprägt wurden und Glaubensätzen ausgeliefert waren beziehungsweise sich die Glaubenssätze selber in ihrem System erschufen und einprägten. Denn das

Witzige ist, wenn ich mit jungen Menschen rede, belächeln mich die meisten und denken sich: Na, was will sie denn jetzt. Ich finde, es ist einfach ganz toll wie die jungen, Frauen sind es hauptsächlich, in dieser neuen Welt, die schon immer da war, in der wir Realität erschaffen, damit umgehen, wie sie agieren. Ich bewundere es sehr und ich glaube, wenn wir uns neu orientieren – und das Schöne ist, dass das ja jeden Augenblick möglich ist, – Einatmen – Ausatmen, neue Chance – und wenn wir das dann tun, dann sollten wir uns mit unseren jungen Menschen verbinden – Einatmen – Ausatmen – und immer mehr versuchen neue Dinge zu erschaffen, neue Erfahrungen zu machen. Selbstverständlich ist es so, dass die alten Erfahrungen in uns einfach eingeprägt sind, so geht es viel leichter die Gewohnheiten und Geschichten, die uns leichtfallen, z.B. das Autofahren oder das Schwimmen, zu nutzen. Was immer wir ganz oft geübt haben, das fällt uns leicht. Ich merke es selbst gerade mit Instrumenten. Es dauert einfach eine Zeit, bis ich ein Instrument gelernt und verinnerlicht habe. Gerne gehe ich dann in die Vermeidungsstrategie, dann versuche ich wieder neu anzufangen, um neue Erfahrungen zu machen. Durch diese neuen Erfahrungen wird mein Gehirn neu verschaltet, wie auch immer. Ich denke, es ist wichtig, eine Sicherheit zu haben und dann zu erleben, dass es tatsächlich funktioniert. Ich fange dann am besten mit etwas Leichtem an, so habe ich zum Beispiel eine Melodie im Kopf und die schrieb ich jetzt gestern mal auf und dadurch merke ich, dass sie nun in meinem Gehirn schon gut verankert ist. Nun versuch ich die Melodie mit verschiedenen Instrumenten zu spielen und so bin ich gespannt, wie das dann so läuft. Wenn ich nun die Erfahrung mache, dass die Melodie, wenn ich jetzt eine Zeit lang übe, wieder so verankert beziehungsweise verinnerlicht ist, dann freue ich mich. Wenn ich diese Erfahrung immer wieder mache, dann gibt mir das Sicherheit, dann kann ich das auch glauben, dann ist das ein neuer Glaubenssatz. Ähnlich ist das mit den Phänomenen, die in der Luft vorhanden sind, wir sie jedoch nicht mit dem bloßen Auge sehen. Zum Beispiel hatte ich vor einiger Zeit einfach so den Drang, ein Foto mit dem Handy zu machen und habe es dann einfach gemacht. Später sah ich es mir an und da war dann tatsächlich in der Mitte ein großer, runder, lilafarbener Punkt und zwar richtig groß. Ich zoomte das Bild dann etwas und es sah letztendlich aus wie eine Sonne oder wie ein Mond. Definitiv war es jedoch nicht der Mond oder die Sonne. Wir sprachen gestern bei den „Wundervollen Frauen" darüber und Kerstin meinte, ihr sei dies auch schon passiert. Sie drehte ein Video mit der Familie als die Kinder da waren, danach schaute sie es sich an und plötzlich sind da so richtige Lichtblitze, die da so durch das Bild huschen. Sie zeigte uns das Video und wir staunten. Doch letztendlich ist das, was wir sahen, einfach ganz normal. Wir wissen, dass viel mehr da ist als das wir mit unseren physischen Augen sehen können. Es ist für uns normal! Nun ja, dies nur mal als ein Beispiel. Nun wünsch ich dir erst mal für heute einen wundervollen Tag, wundervolle Begegnungen, neue Erfahrungen und einfach ein tolles Sein. Alles Liebe!

Letzte Worte

Schneeflocken

Wie könnte man es beschreiben? Pure Liebe, nichts als Liebe…, die sich zusammensetzt immer wieder in den verschiedensten Variationen, von denen keine gleich ist. Wie die Schneeflocken, die auf die Erde fallen, sanft und leise, wie eine Feder. Wenn man nicht hinschaut geschieht trotzdem alles, doch ruhiger, leichter, zarter. Ich bin genauso ein Teil davon mit einem kleinen Zusatz, ich kann die Intensität beeinflussen. Ich muss die Intensität beeinflussen, um zu wachsen, um erfüllt zu sein vom Leben. Ich darf sein, ganz sein und doch Teil sein, groß sein, doch auch klein, heiß sein, doch auch eiskalt. Alles geschieht immer gleichzeitig, ist immer, war immer, wird immer sein. Alles ist und alles ruht und ist doch immer in stetiger Bewegung. Ich bin, das ich bin. Immerdar. Die Freude ist das Glück der Erde. Nichts als Freude, pure Freude und der Tanz.

Danksagungen

DANKE an all meine liebevollen Reisebegleiter

Insbesondere:

- Albrecht
- Ilse-Maria Fahrnow und die Sirianer
- Anke Evertz
- Anselm Grün
- Buddha
- Christiane Hansmann
- Christus
- Dieter Broers
- Die Lerngruppen
- Die Plejader
- Die Wundervollen Frauen
- Eckhart Tolle
- Joe Dispenza
- Johannes
- Kai Brenner
- Kerry K
- Kurt Tepperwein
- Lee Carol und Kryon
- Leo Lioni
- Linda Giese
- Margarita Rothhaar
- Meine Familie
- Meine Seelen der Montagsmeditation
- Melanie Rentmeister
- Michael Ende
- Osho
- Peggy Rockteschel
- Pierre Frank
- Sandra Lau
- Sandra Weber
- Shri Amma Baghawan
- Sonja Ariel von Staden
- Sunny
- Thomas Schmelzer
- Tim Taxis
- Ygdrasoul

Michaela Krug ist Visionärin, Philosophin, Pädagogin, Freigeist und vieles mehr. „Ich bin, weil ich bin!“, so ihr Lebensmotto.

Im Jahre 2006 erweckte sie unsanft ein gruseliges Erlebnis aus dem Dornröschenschlaf, holte sie Schritt für Schritt heraus aus dem Hamsterrad, in das sie unbewusst, mit geprägt durch ihre Umwelt, hineingeraten war und lange Jahre – natürlich nicht immer unglücklich (grins) – darin verweilte.

Sie ist Mutter von drei wundervollen erwachsenen Kindern (Sarah, Patricia und Stephan), Großmutter (Franz, Anton, Leni und Alma), Schwester (Patricia und Linda), Tante (Anna und Llio) und Großtante (Robin) und natürlich reinstes

SEIN, BEWUSSTSEIN und GLÜCKSELIGKEIT.